Sinn „Und ich lebe wieder an der Isar"

Studien zur Jüdischen Geschichte
und Kultur in Bayern

Herausgegeben von Michael Brenner
und Andreas Heusler

Band 1

R. Oldenbourg Verlag München 2008

Andrea Sinn

# „Und ich lebe wieder an der Isar"

## Exil und Rückkehr des Münchner Juden Hans Lamm

Mit einem Geleitwort
von
Charlotte Knobloch

R. Oldenbourg Verlag München 2008

Gedruckt mit Unterstützung von The Cahnman Foundation, Inc., und Center for Jewish History, New York.
Wir danken dem Stadtarchiv München und dem Freundeskreis des Lehrstuhls für Jüdische Geschichte und Kultur e.V. an der Ludwig-Maximilians-Universität München für die freundliche Unterstützung.

*Bibliografische Information Der Deutschen Nationalbibliothek*
Die Deutsche Nationalbibliothek verzeichnet diese Publikation in der Deutschen Nationalbibliografie; detaillierte bibliografische Daten sind im Internet über <http://dnb.d-nbb.de> abrufbar.

© 2008 Oldenbourg Wissenschaftsverlag GmbH, München
Rosenheimer Straße 145, D-81671 München
Internet: oldenbourg.de

Umschlaggestaltung: Dieter Vollendorf, München
Umschlagbild: Gerd Pfeiffer, München
Gedruckt auf säurefreiem, alterungsbeständigem Papier (chlorfrei gebleicht).
Satz: Typodata GmbH, München
Druck und Bindung: Humbach und Nemazal, Offsetdruck GmbH, Pfaffenhofen

ISBN 978-3-486-58395-3

# INHALT

# GELEITWORT

Von Charlotte Knobloch

„Uns haften noch die Eierschalen des Ghettos an und ihrer müssen wir ledig werden: Um unser Willen und kommenden Generationen wegen, aber auch um des Judentums Willen, wenn wir es nicht als Mumie bewahren, sondern als lebendige Kraft erhalten wollen", formulierte Hans Lamm 1959 in einem seiner zahlreichen Essays. Schon damals also hat er erkannt, dass der provisorische Charakter der jüdischen Gemeinden – das Sitzen auf gepackten Koffern – ein Trugschluss war. Schon damals war er bereit, die politische sowie gesellschaftliche Abstinenz, die noch viele Jahre nach der Befreiung kennzeichnend für die jüdische Gemeinschaft waren, zu überwinden.

Mit Blick auf die tiefe Wunde, die das NS-Regime unserem Volk zugefügt hat, ist dies außergewöhnlich.

Nicht minder bemerkenswert ist die Tatsache, dass Hans Lamm überhaupt aus dem Exil nach München zurückgekehrt ist.

Denn damals war Deutschland für uns nur eine Durchgangs-Station auf dem Weg in ein neues, freiheitliches Leben. Keiner von uns wollte hier bleiben – umgeben von Menschen, an deren Händen das Blut unserer Familien klebte. Ich selbst habe eine zusätzliche handwerkliche Ausbildung absolviert, um leichter ein Arbeitsvisum für die Vereinigten Staaten zu bekommen. Zunächst war es nur das Schicksal – nicht mein Wille – das mich hier bleiben ließ.

Warum also sollte jemand freiwillig in das Land der Täter zurückkehren? Die Straße ins Ungewisse hatte Hans Lamm doch bereits erfolgreich beschritten. Was hat ihn – den Verjagten – dazu bewogen, umzukehren?

Das vorliegende Buch liefert Antworten auf diese Fragen. Vorsichtig und behutsam nähert sich die Autorin der Person Hans Lamms. Dabei berücksichtigt sie die Aussagen jener, die ihn kannten ebenso wie persönliche Dokumente – Briefe, Eindrücke sowie Empfindungen, die Hans Lamm regelmäßig in seinen Essays und Zeitungsartikeln festgehalten hat. Entstanden ist dabei ein einfühlsames und dichtes Porträt, das nicht nur das Schicksal eines Rückkehrers rekonstruiert und damit wichtige Impulse für die Remigrationsforschung setzt, sondern darüber hinaus einen Blickwinkel einnimmt, der sich durch etwas Besonderes auszeichnet: Den Wunsch zu verstehen.

Die Autorin leistet damit einen Beitrag zur Überwindung von Vorbehalten gegenüber uns Juden und erleichtert ein unbefangenes sowie verantwortungsbewusstes Miteinander von jüdischen und nichtjüdischen Münchnern.

Zweifelsohne ist dies im Sinne Hans Lamms. Denn als Präsident der Israelitischen Kultusgemeinde München und Oberbayern hat mein Amtsvorgänger immer auch daran gearbeitet, die gläserne Trennwand zwischen Juden und Nichtjuden zu durchbrechen und einen Dialog zu fördern.

Für damalige Verhältnisse war das revolutionär. Denn das abgeschottete und versteckte Hinterhof-Leben der jüdischen Gemeinde wurzelte in tief sitzenden Berührungsängsten, die ihren Grund in der unmittelbaren Erfahrung von Hass und Ausgrenzung hatten. Hans Lamm war in seinem kontaktfreudigen, offenen und offensiven Auftreten eine große Ausnahme.

Ohne Zweifel basierte diese frühe Aufgeschlossenheit auch auf seinem bewussten Entschluss, nach Deutschland zurückzukehren. Während viele von uns zunächst nur unfreiwillig hier waren und ihren Platz in der deutschen Gesellschaft erst noch finden mussten, hatte er sich bereits entschieden: München war seine Heimat und sie sollte es bleiben.

Als ich Hans Lamm 1985 in das Präsidentenamt der Israelitischen Kultusgemeinde nachfolgte, habe ich mir zum Ziel gesetzt, diesen Gedanken für alle Münchner Juden erfahrbar zu machen. Mit der Eröffnung unserer neuen Hauptsynagoge im Herzen der Stadt ist das gelungen. Die jüdischen Bürger Münchens haben in der Mitte der Gesellschaft wieder eine Heimat gefunden und die Eierschalen des Ghettos endlich abgeschüttelt.

Ich danke der Autorin für diese wichtige und eindrucksvolle Publikation. Den Herausgebern Professor Michael Brenner und Dr. Andreas Heusler danke ich für ihr Engagement bei der Vorbereitung dieser Veröffentlichung. Dem Buch wünsche ich viele interessierte Leserinnen und Leser.

München, im Sommer 2007


*Charlotte Knobloch*
Präsidentin des Zentralrats der Juden in Deutschland
Präsidentin der Israelitischen Kultusgemeinde München und Oberbayern

Das Suchen und Finden des Mitmenschen
darf keine einmalige und vereinzelte Feiertagstat sein,
nicht allein auf den Verwandten- und Bekanntenkreis beschränkt sein,
sondern umschließt auch das Wagnis,
die Mauern einzureißen, alle Wälle,
die wir gegen Menschen anderer Religion,
Nationalität oder Rasse aufgetürmt haben.

Lamm: Vom Ebenbild G'ttes.

# ZU DIESEM BUCH

Für einen Juden, der vor dem Aufstieg der Nationalsozialisten und dem Grauen des Dritten Reiches in Deutschland geboren wurde, ist es keine Selbstverständlichkeit, dass seine Geburtsstadt auch der Ort war, an dem er sein Leben beschließen sollte. Nur wenige deutsche Juden entgingen dem Tod in den Vernichtungslagern der Nationalsozialisten; viele rettete nur die häufig in letzter Minute erfolgte Emigration ins Zuflucht gewährende Ausland. Insgesamt wird die Zahl der jüdischen Emigranten aus Deutschland auf etwa 278 000 Personen geschätzt. Von ihnen kehrten jedoch höchstens vier Prozent in das Land der Vertreibung, nach Deutschland, zurück.[1]

Hans Lamm war einer von ihnen. Geboren 1913 in München, rettete er sich 1938 ins amerikanische Exil und erlebte eine doppelte Rückkehr nach Deutschland: zunächst kam Lamm bereits 1945 für einen Zeitraum von sieben Jahren aus dem Exil zurück, bevor 1955 – nach drei weiteren Jahren Aufenthalt in den USA – die zweite, dauerhafte Rückkehr nach Deutschland erfolgte. Als Dolmetscher bei den Nürnberger Prozessen, als Journalist und Gründer des ersten Verlags für Judaica im Deutschland nach der Katastrophe machte er sich einen Namen. Spätestens in seinen Funktionen als Kulturdezernent des Zentralrats der Juden in Deutschland und Präsident der Israelitischen Kultusgemeinde in München wurde er in ganz Deutschland und weit darüber hinaus bekannt. „Ich lebte an der Isar und ich lebe wieder an der Isar" – so überschrieb Lamm seine Lebensgeschichte in einem Gespräch mit seinem langjährigen Freund Schalom Ben-Chorin. Seiner Autobiographie hätte er diesen Titel geben wollen, einem Werk, das sicherlich die zwei einschneidenden Ereignisse thematisiert hätte, die sein Schicksal bestimmt haben: auf der einen Seite die Emigration in die USA 1938, auf der anderen die Rückkehr nach Deutschland nach 1945.

Mit der Frage, was ihn zu der Rückkehr nach Deutschland, zu seiner „Heimkehr zum Ursprung" veranlasst habe, wurde Lamm oft konfrontiert,

---

[1] Die Annahme von höchstens vier Prozent jüdischer Remigranten bezieht sich auf die Juden, deren Rückkehr von den jüdischen Gemeinden in Deutschland verzeichnet wurde.

besonders häufig von Juden, die nach Amerika emigriert waren und zu Besuchen nach München kamen. Diese Personen konnten nicht begreifen, „dass ein ehemaliger Münchner Jude heute wieder ein Münchner Jude ist."[2] Auch sein Jugendfreund Ben-Chorin, der 1935 nach Israel ausgewandert war, konfrontierte Lamm in ihrem Gespräch, das am 10. Mai 1983 in Jerusalem aufgezeichnet wurde, mit dieser Frage. Damit, so vermutete Lamm, hätten sich andere mehr befasst als er, und außerdem sei sie schwierig zu beantworten. Dennoch versuchte er, seine Gedanken zu diesem Thema kurz zu erläutern:

„Zu sagen, dass dies alles Zufall wäre, würde sicherlich nicht der Wahrheit entsprechen, wie ich überhaupt der Meinung bin, dass es Zufälle kaum gibt. [...] Zufälle werden oft von uns herbeigeführt und manipuliert und ich hätte natürlich auch in Amerika bleiben können und in Amerika ein Leben gestalten können. [...] Ich komme nun zum Kern Deiner Frage: Warum Rückkehr in die Geburtsstadt? [...] Für mich war das ein relativ natürlicher Entschluss, den ich vielleicht erklärlich machen kann, mit einem Wort des auch nach Berlin und München zurückgekehrten Schauspielers Fritz Kortner, der einmal gesagt haben soll: Als der Grund für mein Exil – und er meinte Hitler – als der Grund für mein Exil verschwunden war, blieb kein Grund mehr für mich, im Exil zu bleiben, und ich kehrte – sagte er – nach Deutschland zurück."[3]

Liest man diese Worte Lamms, könnte man den Eindruck gewinnen, seine Rückkehr nach Deutschland sei eine einfache Entscheidung gewesen, die er zu einem bestimmten Zeitpunkt getroffen und dann in die Tat umgesetzt habe. Es wirkt fast so, als hätten die Jahre des Exils ihn nicht von der alten Heimat entfremdet, als hätte Lamm an die Zeiten vor der Vertreibung anknüpfen können, fast als hätten die Schrecken der nationalsozialistischen Herrschaft nicht seine Verbundenheit mit seiner alten Heimat in Frage gestellt, wie viele seiner Schicksalsgenossen es beschrieben haben. War dem jedoch tatsächlich so? Wie verlief diese Rückkehr in das ‚Land der Täter' für Lamm? War es tatsächlich einfach ein natürlicher Entschluss, eine einmal getroffene Entscheidung? Was waren Lamms berufliche Tätigkeiten, seine persönlichen Interessen und akademischen Ziele? Was waren seine Empfindungen und Erfahrungen in Zusammenhang mit der Rückkehr? Diese Fragen, aber auch der Verlauf der Rückkehr, Lamms Leben in Deutschland und sein weiteres Verhältnis zu den USA nach seiner Rückkehr stehen neben biographischen Fakten und der Darstellung von Lamms Persönlichkeit im Mittelpunkt der Betrachtung.

Ausgangspunkt der Erarbeitung der Lebensgeschichte Lamms waren die wenigen Aufsätze und Monographien, in denen er – in erster Linie als der Präsident der Israelitischen Kultusgemeinde in München – Erwähnung findet.[4] Wenige weisen in diesem Zusammenhang darauf hin, dass es sich bei

[2] SchArchivBR: Gespräch. Vgl. auch Lamm: Hans Lamm. Deutsch-Jüdischer Publizist, S. VI.
[3] SchArchivBR: Gespräch.
[4] Bodemann: Gedächtnistheater, S. 9; Geller: Jews, S. 48; Honigmann: Das Projekt von Rabbiner Dr. Bernhard Brilling, S. 231; Roemer: The Making of a New Discipline, S. 179.

Lamm um einen Rückwanderer aus der Emigration handelt.[5] Die bis heute
ausführlichste Darstellung zu Lamm ist der Aufsatz „Hans Lamm (1913–1985).
Präsident der Israelitischen Kultusgemeinde" von Brigitte Schmidt, der 1988
veröffentlicht wurde. Diese biographische Vorstellung gibt dem interessierten
Leser auf vier Seiten einen kurzen Überblick über das Leben eines vielbe-
schäftigten Mannes.[6] Weitere – deutlich kürzere Darstellungen – zu Lamm
finden sich in einzelnen Lexika.[7]

     Die vom K.G. Saur Verlag 1984 veröffentlichte Bibliographie „Hans Lamm.
Deutsch-Jüdischer Publizist", an deren Herausgabe Hans Lamm noch selber
mitwirkte, verdient an dieser Stelle besondere Erwähnung.[8] Auch wenn das
288 Seiten umfassende Werk keine Autobiographie Hans Lamms darstellt, so
lassen die 100 ausgewählten Aufsätze und die knapp 1000 im Anhang beige-
gebenen Titel einige interessante Rückschlüsse auf die persönliche Entwicklung eines in die Emigration gegangenen Publizisten zu. Die Bibliographie
stellt jedoch keine vollständige Auflistung aller von Lamm veröffentlichten
Zeitungsartikel, Aufsätze, Monographien und Sammelbände dar. Gerade die
für die Fragestellung der vorliegenden Arbeit wichtige journalistische Tätigkeit zur Zeit der Emigration findet in ihr keine Berücksichtigung.[9] Aufgrund
dieser veröffentlichten Materialien lässt sich vielleicht noch der äußere Ablauf
von Lamms Rückkehr rekonstruieren, Aussagen über die inneren Prozesse
der Remigration können daraus jedoch nicht erarbeitet werden. „Ergiebig
hingegen sind Nachlässe, Briefwechsel, Autobiographien, Familiengeschich-
ten, eben alle Quellen, in denen sich inoffizielle Verbindungen und Netzwerke,
Innensichten und Stimmungen, Freundschaften und Abneigungen nieder-
schlagen."[10] Genau diese Quellen galt es für die Darstellung der Lebensgeschichte Lamms und zur Beantwortung der Fragen in Zusammenhang mit seiner Rückkehr nach Deutschland zu finden, – soweit zugänglich – zu erschließen
und auszuwerten.

     Glücklicherweise hinterließ Hans Lamm umfangreiches Material, das eine
Darstellung seiner individuellen Erfahrungen im Exil und nach seiner Rückkehr ermöglicht sowie persönliche Entscheidungsmomente überliefert. Das

[5] Brenner: Nach dem Holocaust, S. 90; Krauss: Heimkehr, S. 129; Krauss: Jewish Remigration, S. 113; Schüler-Springorum: The „German Question", S. 204f. und S. 225. Vgl. auch
Biller: Exilstationen, S. 375.
[6] Fälschlicherweise wird zu Beginn des Artikels sein Geburtsdatum mit dem 6. Juni 1913
(anstelle des 8. Juni 1913) angegeben. Schmidt: Hans Lamm, S. 321. Vgl. zum Geburtsdatum StadtAM, NL Lamm, Akt 1.
[7] Röder/Strauss: Lamm, Hans, S. 410; Lamm, Hans, in: Deutsche Biographische Enzyklopädie, S. 206; Lamm, Hans, in: Men of Achievement, S. 402f.; Frey: Hans Lamm, S. 263;
Lamm, Hans, in: Who's Who in Germany, S. 862; Lamm, Hans, in: Who's Who in Israel,
S. 229; Lamm, Hans, in: Who's Who in World Jewry, 1955, S. 427f.; Lamm, Hans, in: Who's
Who in World Jewry, 1978, S. 514; Presser: Lamm, S. 497.
[8] Lamm: Hans Lamm. Deutsch-Jüdischer Publizist; StAM, NL Lamm, Akt 9 und Akt 197.
[9] Lamm: Hans Lamm. Deutsch-Jüdischer Publizist, S. 235–279.
[10] Krauss: Die Region, S. 27f.

Literatur- und Quellenstudium, das diesem Buch vorausging, basierte vor allem auf englisch- und deutschsprachigem Archivmaterial. Die Hauptquelle, ohne die diese Darstellung des Lebenswegs Lamms in der vorliegenden Form nicht möglich gewesen wäre, ist Lamms schriftlicher Nachlass, der Ende der 1980er Jahre ins Stadtarchiv München (StadtAM) gelangte. Der Nachlass enthält sowohl persönliche Dokumente bzw. Unterlagen Lamms und Korrespondenzen als auch Sammlungsgut zu einzelnen Personen und Sachgebieten. Einen weiteren Schwerpunkt bilden Manuskripte, gedruckte Artikel und Bildmaterial. Erst 1995 begann man die Erschließung des Nachlasses, der seit deren Beendigung zur Nutzung freigegeben ist.[11] Obwohl Hans Lamm in diesem Jahr bereits seit 22 Jahren verstorben ist, unterliegt ein beachtlicher Teil der im Findbuch verzeichneten Akten nach wie vor der Schutzfrist. Von den 351 Nachlassakten konnten für die vorliegende Arbeit knapp 250 ausgewertet werden.[12] Im Stadtarchiv München befinden sich darüber hinaus noch ein Teil von Lamms Privatbibliothek, eine Sammlung von Zeitungsartikeln zu seiner Person sowie der Nachlass von Stadtschulrat Fingerle und die Aktenbestände des Leihamtes, die, soweit erforderlich, ergänzend in die Untersuchung einbezogen wurden.

Der Teilnachlass von Schalom Ben-Chorin, der mir ebenfalls im Stadtarchiv München zugänglich war, enthält umfangreiche Korrespondenz zwischen den Jugendfreunden Ben-Chorin und Lamm, die von 1934 – teilweise lückenhaft – bis 1957 erhalten ist.[13] Dieser Briefwechsel stellt die wichtigste Grundlage zur Erarbeitung der Erfahrungen und Überlegungen Lamms in der Zeit des Exils und der Phase der ersten Rückkehr nach Deutschland dar und wurde zu diesem Zweck ausgewertet.[14] Das Zentralarchiv zur Erforschung der Geschichte der Juden in Heidelberg (ZA) erwies sich, ebenso wie die Archive des Bayerischen Rundfunks (BR) in München, als wichtiger Aufbewahrungsort wertvoller Quellenbestände, die besonders die Tätigkeit Lamms als Kulturdezernent des Zentralrats bzw. als Mitarbeiter des BR und als Mitglied des Rundfunkrats beleuchten.[15]

Die Vielfalt möglicher Blickwinkel macht es nicht immer leicht, Grenzen zu setzen. Um den Rahmen der vorliegenden Darstellung, die vor allem die Fra-

[11] Für eine detaillierte Auflistung des Inhaltes vgl. StadtAM, Repertorium zum NL Lamm.
[12] Mehr als 100 Akten des Nachlasses Lamm sind aus Gründen des Personenschutzes nach wie vor für die Benutzung gesperrt. Erschwerend kam hinzu, dass große Teile des Nachlasses noch nie bearbeitet wurden.
[13] Die Korrespondenz zwischen Ben-Chorin setzt sich bis zu Lamms Tod 1985 fort. Der Großteil dieser Briefe der späteren Zeit befindet sich noch im Haus der Ben-Chorins in Jerusalem und wird derzeit sortiert.
[14] Zum postalischen Prinzip biographischer Darstellungen vgl. Weigel: Korrespondenzen, hier bes. S. 45.
[15] Zu genaueren Angaben zur Quellen- und Literaturrecherche vgl. das ausführliche Quellen- und Literaturverzeichnis im Anhang. Auf einen Überblick zur Remigrationsforschung wird an dieser Stelle verzichtet. Eine ausführliche Darstellung der Forschungsliteratur zu diesem Thema findet sich bei Lissner: Den Fluchtweg zurückgehen, S. 9–22.

ge von Exil und Rückkehr in den Blick nimmt, nicht zu sprengen, mussten die gleichermaßen interessanten und erwähnenswerten publizistischen, psychologischen und privaten Aspekte, die wichtige Bestandteile der Lamm'schen Persönlichkeit ausmachen, leider stark eingeschränkt werden. Das für eine Beantwortung der Fragen nach Lamms Privatleben notwendige Quellenmaterial ist leider entweder nicht erhaltenen oder nicht zugänglich, weshalb das Thema in der vorliegenden Darstellung soweit es Quellen gibt, aufgegriffen, jedoch nicht vertieft wird. Da das vorliegende Buch ebenso wenig eine Werkbiographie werden sollte, konnten Lamms außerordentlich zahlreiche journalistische bzw. literarische Veröffentlichungen nur dann einbezogen werden, wenn die Beiträge autobiographische Züge tragen oder das Thema Rückkehr direkt thematisieren und deshalb von besonderer Bedeutung für das Verständnis von Lamms Persönlichkeit und seinem Lebensumfeld waren.[16]

Allein aufgrund der aus dieser Studie gewonnenen Erkenntnisse lassen sich keine allgemeingültigen Schlussfolgerungen über jüdische Rückkehrer formulieren. Erst durch die Gegenüberstellung des Verlaufs der Rückkehr von Hans Lamm mit den Lebensgeschichten anderer Remigranten wird ein Bild der bisher vergleichsweise unbekannten jüdischen Rückkehrer entstehen. Die Frage, ob Lamms Rückkehr nach Deutschland eine für die jüdischen Rückkehrer typischen Verlauf genommen hat oder eine Ausnahme darstellt, wird sich abschließend erst dann klären lassen, wenn weitere Einzelschicksale biographisch aufgearbeitet sind. Die Aufgabe der Remigrationsforschung wird es sein, diese Arbeiten bereitzustellen.

Ein ganz besonderer Dank geht an das Stadtarchiv München, das nicht nur den persönlichen Nachlass von Hans Lamm erfasst und mir zur Verfügung gestellt hat, sondern die Publikation darüber hinaus durch die Bereitstellung zahlreicher Abbildungen fördert. Meine intensiven Recherchen im Stadtarchiv waren in dieser Form nur aufgrund der Unterstützung und des großen Entgegenkommens der dortigen Mitarbeiter sowie des besonderen Einsatzes von Hans-Joachim Hecker und Anton Löffelmeier möglich.

Unverzichtbar, besonders für die Darstellung der Persönlichkeit Lamms, waren eine Reihe von Interviews, die ich mit Personen aus Hans Lamms privaten und beruflichen Umfeld führte. Zu meinen Gesprächspartnern zählten Avital Ben-Chorin, Ingrid Gailhofer, Helmuth Ettenhuber, Richard Grimm, Hans Limmer, Alfred Lottmann, Helga von Loewenich, Klaus-Josef Notz, Michael Schanz, Bernhard Schoßig, Jörg Schröder, Uri Siegel, Ruth Steinführer und Hans-Jochen Vogel. Ihnen allen gilt mein Dank für Ihre Zeit und Geduld sowie die ausführliche Beantwortung meiner Fragen. Zu ganz besonderem Dank verpflichtet bin ich Ellen Presser und Brigitte Schmidt, die mir nicht nur in unseren Gesprächen zahlreiche Fragen beantworteten und Kontakte zu

---

[16] Zur Frage der Heranziehung des literarischen Werkes als Quelle vgl. Kurzke: Zur Rolle des Biographen, hier bes. S. 175f.

Zeitzeugen vermittelten, sondern Fotos und Dokumente zugänglich machten, die für die Darstellung der Münchner Jahre ganz besonderen Wert haben.

Für die Unterstützung meiner Arbeit in den weiteren Archiven danke ich Peter Honigmann, Alon Tauber und Eva Blattner (Zentralarchiv zur Erforschung der Geschichte der Juden in Deutschland, Heidelberg), Hermann Straub (Bibliothek und das Historische Archiv des Börsenvereins), Michael Schanz (Haus Buchenried, Leoni) sowie den Mitarbeiterinnen und Mitarbeitern der Archive des Bayerischen Rundfunks. Für die kurzfristig gewährte Unterstützung bei der Übersetzung der zahlreichen englischsprachigen Zitate möchte ich mich bei Margret Szymanski an dieser Stelle sehr herzlich bedanken.

Dieses Buch ist die überarbeitete und erweiterte Fassung meiner Magisterarbeit, die im Winter 2005/2006 von der Fakultät für Geschichts- und Kunstwissenschaft der Ludwig-Maximilians-Universität München angenommen wurde. Meinem Magister- und Doktorvater Michael Brenner, danke ich für die vielfache Unterstützung während meiner Recherchen, sein wohlwollendes Interesse am Fortschreiten dieser Arbeit und die mir zuteil gewordene Förderung während der Phase der Überarbeitung und Erweiterung des Manuskripts. Meinem Zweitgutachter Hans Günter Hockerts gilt mein Dank besonders für die Betreuung während der Magisterphase und die Möglichkeit, das Thema der Remigration im Seminar zu diskutieren. Gedankt sei auch Andreas Heusler, dessen Tür während meiner zahlreichen Besuche im Stadtarchiv für Fragen stets offen stand. Die vielen Gespräche über die Lebensgeschichte Lamms und die Quellen gaben immer wieder neue Impulse, die meine Arbeit sehr bereichert haben. Michael Brenner und Andreas Heusler gilt darüber hinaus mein ganz besonderer Dank für die Aufnahme der Arbeit in die Reihe der Studien zur jüdischen Geschichte und Kultur in Bayern. Für den persönlichen Kontakt und die gute Betreuung des Manuskripts von Seiten des Verlags bedanke ich mich besonders bei Cordula Hubert. Darüber hinaus möchte ich The Cahnman Foundation, Inc., New York, und dem Freundeskreis des Lehrstuhls für Jüdische Geschichte danken, deren Unterstützung zu dem Zustandekommen dieses Buches beigetragen hat.

Last but not least danke ich allen meinen Freundinnen und Freunden, genauso wie meinen Eltern und Geschwistern für Ihr geduldiges Zuhören, kontinuierliches Nachfragen und die kritischen Rückmeldungen zum Manuskript, durch die meine Sichtweisen jedes mal neu erweitert und bereichert wurden. Auch für den notwendigen Abstand vom Schreibtisch habt Ihr immer wieder gesorgt sowie mit verlässlicher Aufmunterung und mitunter freundlicher Ironie den Schreibprozess begleitet – dafür ganz herzlichen Dank!

München im Juli 2007
*Andrea Sinn*

# KINDHEIT UND JUGEND IN MÜNCHEN
## (1913–1938)

## Dort, wo meine Wiege stand

Hans Lamm wurde am 8. Juni 1913 als zweiter Sohn von Ignaz und Martha Lamm in München geboren.[1] Sein Bruder Heinrich, der den Spitznamen Heini trug, hatte bereits am 19. Januar 1908 in der Stadt an der Isar das Licht der Welt erblickt.[2] Erst kurz zuvor waren die Eltern aus dem schwäbischen Buttenwiesen in die Residenzstadt München gezogen, wo Ignaz als Inhaber einer Metallschmelze zu den königlichen Hoflieferanten zählte.[3]

Erstmals getroffen hatten sich Ignaz Lamm und Martha Pinczower auf der Hochzeit von Louis Lamm (1871–1943), dem älteren Bruder von Ignaz. Während dieses großen Festes war jedoch nicht nur Ignaz, sondern auch der zwei Jahre jüngere Beno Lamm (1877–1967) auf die Cousine der Braut aufmerksam geworden und begann – deutlich offensiver als sein älterer Bruder – um die Gunst der jungen attraktiven Dame zu werben. Dem brüderlichen Konkurrenzkampf wurde letztlich erst mit der Entscheidung Marthas ein Ende gesetzt, so erinnerte sich Hans Lamm an Erzählungen seiner Mutter. Ihr sei Beno zu romantisch gewesen, weshalb sie den weniger leidenschaftlichen und eher konservativ eingestellten Ignaz heiratete.[4] Martha, im Gegensatz zu ihrem Mann eine gelassene, unbeschwerte Frau, die vor ihrer Heirat als Lehrerin gearbeitet hatte, war im schlesischen Ratibor, nahe Breslau, aufgewachsen. Ignaz dagegen stammte aus einer alt eingesessenen schwäbisch-jüdischen Familie und war stolz auf diese Herkunft, was immer wieder zu Spannungen in der Beziehung der Eltern führte. Denn auch wenn beide aus religiösen Familien stammten, in denen beispielsweise die *Kaschrut*, die jüdischen Speisegesetze, ganz selbstverständlich eingehalten wurden, so ließ Ignaz Lamm seine neun Jahre jüngere Gattin doch immer wieder spüren, dass er der Auffassung sei, sie, die Frau mit dem ostjüdischen Hintergrund, stamme nicht aus vergleichbaren Verhältnissen wie er.[5]

Trotz aller Charakterunterschiede vermittelten die Eltern ihren zwei Söhnen nicht nur die Grundlagen des jüdischen Glaubens, mit denen sie selber

---

[1] Kaufmanns-Eheleute Ignaz (geb. 13.1.1875 in Buttenwiesen; gest. 4.6.1944 in La Feria, Texas) und Martha Lamm, geb. Pinczower (geb. 13.5.1884 in Ratibor; gest. 1931 in München). StadtAM, NL Lamm, Akt 6, Stammbäume und Lebensläufe Lamm; StadtAM, NL Lamm, Akt 86, Lebenslauf Lamm vom 27.4.1982; SchArchivBR: Gespräch.
[2] Geb. 19.1.1908 in München; gest. 12.7.1974 in Harlingen, Texas. StadtAM, NL Lamm, Akt 6, Stammbäume und Todesanzeige Heinrich Lamm; SchArchivBR: Gespräch.
[3] Zum Unternehmen Ignaz Lamms vgl. Hans Lamm Reminiscences, 6/5/77, Privat; Ausstellung München 1927, nicht paginiert, zwischen S. 160 und S. 161.
[4] Hans Lamm Reminiscences, 6/5/77, Privat.
[5] Ebd.

Martha Lamm mit Sohn Heinrich, 1911.

Ignaz Lamm, undatiert.

groß geworden waren, sondern machten sie gleichermaßen selbstverständlich mit der bayerischen Tradition vertraut. Samstags gingen alle vier Lamms in die Synagoge des „kleinen orthodoxen Synagogenvereins ‚Ohel Ja'akov', der von der Orgel in der großen Synagoge [...] und auch von dem liberalen Rabbiner Professor Werner, hinter dem (und dessen Antizionismus) die große Mehrheit der Gemeinde stand, nichts wissen wollte"[6]. Völlig selbstverständlich war der anschließende Spaziergang mit Onkel Beno und dessen Frau im Englischen Garten. Häufig gab es unterwegs lebhafte Diskussionen, denn die zwei Brüder Ignaz und Beno unterschieden sich – trotz oder gerade wegen der einst gleichermaßen vorhandenen Begeisterung für dieselbe Frau – in ihren Ansichten und Einstellungen durchaus.

Die Sabbat-Gesetze und die Gebräuche an den Feiertagen hatten im Hause Lamm nicht allein die Kinder, sondern auch die christlichen Angestellten der Familie verinnerlicht. Besonders klar blieb Hans Lamm die streng katholische Köchin Babett in Erinnerung, die aus Unterthürheim im bayerischen Schwaben, einem Dorf in der Nähe von Buttenwiesen stammte. Sie war irgendwann

[6] Scholem: Von Berlin nach Jerusalem, S. 144. Zur Geschichte der Synagoge Ohel Jakob (hebr. Zelt Jakobs) vgl. Specht: Die Feuchtwangers, S. 63–74. Zum Verhältnis von Liberal und Orthodox vgl. Angermair: Eine selbstbewusste Minderheit (1892–1918), bes. S. 115–118.

zwischen den Geburtsjahren der zwei Lamm-Söhne zur Familie gekommen und arbeitete fast dreißig Jahre bei ihnen:

„Sie [Babett] wachte darauf, daß wir am ‚Schabbes‘, wie er bei uns hieß, nicht reisen, nichts außerhalb des Hauses tragen, kein Geld oder Schreibwerkzeug berühren würden. Wenn am Pessach-Fest (dem Fest der ungesäuerten Brote)[7] mein Vater sie bat, in der benachbarten Wirtschaft ‚Zum Brüderl‘ Bier zu holen, dann reagierte sie alljährlich mit gespieltem Entsetzen ‚Aber, Herr Lamm, Sie dürfen doch jetzt kein Bier trinken‘ und wenn wir am Abend des Rosch-ha-Schana-Fests (der mit Silvester nichts gemein hat)[8] vom Gottesdienst in der (am 9. November 1938 zerstörten) Synagoge ‚Ohel Jakob‘ an der Herzog-Rudolf-Straße heimkamen, dann entbot sie uns ein ‚Gutes neues Jahr‘ mit der Selbstverständlichkeit, mit der wir ihr Weihnachtsgeschenke und -wünsche am Heiligen Abend gaben. Nein, ein Weihnachtsbaum war in unserem Haus nicht zu finden, die Chanukkaleuchter[9], die Vater und wir Buben entzündeten, genügten ihr anscheinend.“ [10]

Diese fromm-jüdische Welt, in der Hans Lamm aufwuchs, beschränkte sich jedoch nicht allein auf das Miteinander in der Familie. Integriert wurden auch Gäste, die so gelebtes Judentum kennen lernten. Eine dieser Begegnungen ist in den Erzählungen Fritz Rosenthals (später Schalom Ben-Chorin)[11] lebendig festgehalten. Der kleine Fritz stammte aus einer Familie, in deren Haus kein Sederabend gefeiert und die Sabbate nicht gehalten wurden. – „Es war das typische Drei-Tage-Judentum, das die zwei Tage des Neujahrsfestes und den Versöhnungstag noch irgendwie berücksichtigte, aber sonst gab es keinen jüdischen Brauchtum.“[12] Der Abend des Pessach-Festes, zu dem Rosenthal in die elterliche Wohnung seines Freundes Hans in der Bruderstraße 12 eingeladen worden war, blieb dem Jungen ganz unvergesslich, da es der erste Sederabend war, den er erlebte. Im Gespräch mit Hans Lamm erinnerte sich Schalom Ben-Chorin an folgende „kuriose Angelegenheit“:

„Mein lieber Vater, der schon im Jahre 1924 gestorben ist, der holte mich also von Eurer Sederfeier ab, und es war vereinbart, er möge um zehn Uhr abends kommen, um den kleinen Jungen abzuholen. Die Feier war aber noch nicht ganz beendet und es wurden einige

---

[7] Pessach (hebr. Vorüberschreiten) gehört zu den höchsten Festen des Judentums und wird acht Tage gefeiert. An den ersten beiden Abenden, den Sederabenden (seder, hebr. Ordnung), wird im Kreis der Familie beim gemeinsamen Lesen der Haggadah (hebr. Verkündung, Erzählung), dem Auszug aus Ägypten, d. h. der Befreiung der Israeliten aus der Sklaverei, gedacht.
[8] Rosch ha-Schana (hebr. Kopf des Jahres) ist das jüdische Neujahrsfest.
[9] Chanukka (hebr. Einweihung) ist das jüdische Lichterfest. Das Fest erinnert an die Wiedereinweihung des Zweiten jüdischen Tempels in Jerusalem (164 v. Chr.). Laut Überlieferung befand sich nur genug Öl im Tempel, um das ewige Licht, das in jedem Heiligtum ununterbrochen brennen muss, für einen Tag am Leuchten zu halten; durch ein Wunder brannte das Licht jedoch acht Tage, bis neues geweihtes Öl hergestellt worden war. Daran erinnern die acht Arme des Chanukkaleuchters. Jeden Tag wird eine Kerze mehr angezündet, bis am Ende alle acht Kerzen leuchten.
[10] StadtAM, NL Lamm, Akt 323, Requiem für Babett.
[11] Geb. als Fritz Rosenthal am 20. 7. 1913 in München; gest. 7. 5. 1999 in Jerusalem. Fritz Rosenthal emigrierte 1935 nach Palästina und nannte sich offiziell seit 1937 Schalom Ben-Chorin (vgl. Ben-Chorin: Jugend an der Isar, S. 66–74; SchArchivBR: Gespräch).
[12] SchArchivBR: Gespräch.

Tischlieder gesungen, und Dein Vater sagte zu meinem: ‚Herr Rosenthal, nehmen Sie doch Platz und feiern Sie mit, bis wir fertig sind.' Und mein Vater sang aus vollem Halse mit. Als wir nach Hause gingen, sagte ich: ‚Papa, warst Du schon einmal bei Lamms?' Er sagte: ‚Nein.' Ich sagte: ‚Und woher kennst du dann diese Lieder?' Ich stellte mir vor, sie würden nur im Hause Lamm gesungen. Ach, das alles war meinem Vater kindvertraut, und er hatte es leider nicht an mich weitergegeben..."[13]

Letzten Endes waren es diese und vergleichbare Begegnungen – das selbstverständliche Feiern jüdischer Feste – die bewirkten, dass Fritz Rosenthal im Alter von fünfzehn Jahren seinen Weg zurück in der Tradition des Judentums suchte.[14]

In der Familie Lamm dagegen war die erfolgreiche Tradierung von jüdischer Religiosität und Kultur selbstverständlich. Hans und Heinrich wuchsen in einem dezidiert jüdischen Elternhaus im Stadtteil Lehel auf, in dem viele Familien aus dem Umkreis des Synagogenvereins „Ohel Jakob" lebten. Zu dieser Gruppe von Juden gehörte auch die Familie Feuchtwanger, für die „der selbstbewusste Umgang mit dem eigenen Jüdisch-Sein, mehr noch als das, ein Gefühl des Stolzes auf die jüdische Geschichte, Religion und Kultur" kennzeichnend war. „Die Zugehörigkeit zum Judentum wurde überhaupt nicht thematisiert oder diskutiert, man lebte es einfach", belegt Heike Specht sehr eindrucksvoll diese Art der fromm-jüdischen Tradition, in der bekannte und weniger bekannte Vertreter und Vertreterinnen des deutsch-jüdischen Bürgertums aufwuchsen.[15] Was Specht beispielhaft für die Familie Feuchtwanger aufzeigt, gilt in vergleichbarer Weise auch für die Lamms: Der Alltag der Familie war durch den jüdischen Kalender strukturiert, die Feiertage nahmen einen prominenten Platz im Familienleben ein, und neben dem religiösen Inhalt der Feste wurde den Kindern gleichzeitig ein gewisses Maß an historischem Bewusstsein und Stolz auf die eigene jüdische Herkunft vermittelt. Charakteristisch ist für das im Hause Lamm gelebte Judentum jedoch noch etwas Zweites. Die Lamms verbanden – auch hier, wie es scheint, ähnlich der Familie Feuchtwanger – eine strikte jüdische Orthodoxie mit einem bestimmten Maß an Offenheit für ihre Umgebung, was den Kindern die Möglichkeit gab, bewusste Juden und der neuen Zeit aufgeschlossene Bürger zu sein: Man interessierte sich für die deutsche Literatur, war kulturbewusst und verspürte gleichermaßen eine enge Verbundenheit zur bayerischen Tradition. Dieser Lebensstil war für viele emanzipierte, aber dennoch orthodox lebende jüdische Familien im Kaiserreich und der Weimarer Republik charakteristisch.[16]

Trotz der Unterschiede in ihrem Verhältnis zum Judentum verband Hans Lamm und Fritz Rosenthal mehr als nur die gemeinsame Erinnerung an den

---

[13] Ebd.
[14] Ebd.; StadtAM, NL Lamm, Akt 8, Karin Friedrich: Ihr Lebensziel ist Aussöhnung, in: Süddeutsche Zeitung vom 21.3.1983; StadtAM, NL Lamm, Akt 8, Johann Freudenreich: Versöhnung war sein Lebensziel, in: Süddeutsche Zeitung vom 24.4.1985.
[15] Specht: Die Feuchtwangers, S.110f.
[16] Ebd., S.109–126, zuletzt bes. 109, Anm.121.

Sederabend in Lamms Elternhaus. Erstmalig trafen sich die zwei in der zweiten Klasse der St. Anna Schule. Noch bis ins Jahr 1920 war die St. Anna Schule als Folge des Ersten Weltkrieges besetzt gewesen, weshalb Hans Lamm die erste Klasse der Türkenschule besuchte und Fritz Rosenthal bis zur Wiedereröffnung in einer Privatschule unterrichtet wurde. Im Klassenzimmer verband die zwei Jungen vor allem die Tatsache, dass beide keine Musterschüler waren. Die in der Schule begründete Freundschaft zwischen Fritz Rosenthal und Hans Lamm setzte sich fort, auch als beide schulisch getrennte Wege gingen. Rosenthal wiederholte die fünfte Volksschulklasse, weil er ein „Filmkind" wurde. Er spielte in dem Stummfilm „Die Perlen des Dr. Talmatsch" einen kleinen Detektiv in der Maske von Charlie Chaplin und verpasste durch die für die Dreharbeiten erforderliche Abwesenheit zuviel Unterrichtsstoff. Hans Lamm dagegen wechselte ohne Unterbrechung direkt auf die Luitpold-Oberrealschule, die zu dem Zeitpunkt auch sein älterer Bruder Heinrich besuchte, und war Fritz Rosenthal seitdem schulmäßig – aber auch nur schulmäßig, wie Fritz Rosenthal stets betonte – immer ein Jahr voraus.[17]

Besonders während der Schulzeit empfand Hans Lamm die Tatsache, der jüngere von zwei Brüdern zu sein, als deutliche Benachteiligung. 1977 berichtete er seinem Neffen Michael ausführlich über die in dieser Zeit verspürten Gefühle:[18]

„Ich wurde nie gefragt, ‚Auf was für eine Schule willst du gehen?‘, sondern ich wurde automatisch in dieselbe Schule geschickt, auf die mein Bruder gewechselt hatte. Ein Gymnasium oder ein Mischtyp, der als Realgymnasium bezeichnet wurde, wäre dagegen viel besser für mich gewesen, weil Mathematik mich nicht sonderlich interessierte. Ich wäre im Gymnasium oder im Realgymnasium viel besser gewesen, wo Literatur und die feinen Künste unterrichtet wurden, und ich hätte eine bessere Bildung erhalten als in einem der anderen Schultypen.
Aber niemand stellte es in Frage, dass Hans dieselbe Schule besuchen musste wie Heini, was schlimm für mich war, denn ich war ein schlechter Schüler. Es war noch aus zwei anderen Gründen schlecht für mich. Erstens, weil Heini eine Klasse übersprang und damit wieder seine Überlegenheit zeigte, weil dies sonst niemals jemand schaffte – es war sehr ungewöhnlich. Vermutlich musste er sogar eine Erlaubnis von irgendeiner Stelle in der Schulbehörde erhalten.
Und das verschlimmerte mein Minderwertigkeitsgefühl. Und es hatte noch eine weitere Folge, über die ich heute lachen kann, aber damals war es nicht zum Lachen: meine sehr schwachen Leistungen in den höheren Klassen – in den Klassen 7, 8 und 9 der Oberreal-

---

[17] Zur Türkenschule und St. Anna-Schule vgl. StadtAM, NL Lamm, Akt 6, Stammbäume und Lebensläufe Lamm; StadtAM, NL Lamm, Akt 8, Karin Friedrich: Ihr Lebensziel ist Aussöhnung, in: Süddeutsche Zeitung vom 21.3.1983; StadtAM, NL Lamm, Akt 8, Johann Freudenreich: Versöhnung war sein Lebensziel, in: Süddeutsche Zeitung vom 24.4.1985; SchArchivBR: Gespräch. Zum Besuch und Abschluss der Luitpold-Oberrealschule vgl. Unterlagen der FAUEN, Bestätigungsschreiben Huther, Oberstudiendirektor der Luitpold-Oberrealschule in München vom 3.6.1951; StadtAM, NL Lamm, Akt 6, Stammbäume und Lebensläufe Lamm; SchArchivBR: Gespräch .
[18] Nach seinen Kindheitserinnerungen wurde Hans Lamm am 5.6.1977 von seinem Neffen Michael, Sohn seines Bruders Heinrich, geb. am 11.2.1936 in London, gefragt, der eine Abschrift des mit seinem Onkel Hans in den USA geführten Gesprächs anfertigte.

schule –, wurden immer überschattet, weil die Lehrer die exzellenten Leistungen von Heini vor 3 Jahren kannten. Sie wussten: Oh, das ist der jüngere Bruder von Lamm, der die 7. Klasse übersprungen hat, und der Jüngere kann auch nicht doof sein. Offensichtlich ist er nicht dumm, denn er schreibt gute Aufsätze, also ist er nur faul. Und so wurde ich immer ein bisschen von den Lehrern als Faulpelz verfolgt, der sich keine Mühe gibt. Ich weiß noch, dass ich einmal von der Schule eine Strafe wegen Faulheit erhielt, was natürlich lächerlich ist. Man kann jemanden bestrafen, wenn er Steine durch die Schulfenster wirft, aber nicht, wenn seine Leistungen schwach sind. Aber meine schwachen Leistungen wurden eben als Leistungsverweigerung angesehen und nicht als Unfähigkeit. Dies hatte wahrscheinlich mit der Pubertät zu tun, oder einfach damit, dass ich für die Naturwissenschaften nicht begabt war; also in diesem Sinne litt ich unter Heinis Überlegenheit; ich litt eindeutig darunter."[19]

Aber auch außerhalb der Schule, erinnerte sich Lamm, hatte er Mühe, aus dem Schatten seines Bruders herauszutreten. Der fünf Jahre ältere Heinrich, so charakterisierte ihn Hans, war nicht nur musikalisch, sondern auch handwerklich begabt. Er erstellte hervorragende Holzschnitzereien und war darüber hinaus ein guter Zeichner. Dies alles waren Bereiche, in denen sich Lamm aus Angst, nicht Gleichwertiges erreichen zu können, gar nicht erst versuchte. „Ich habe es nicht probiert, denn es gab den überwältigenden Bruder, der ein Wunderkind war – und man versucht nicht, ein Wunderkind zu übertreffen..." Lediglich im Bereich des journalistischen Schreibens entwickelte Lamm im Laufe der Zeit ein Gefühl der Sicherheit, das ihn befähigte, einen Wettstreit mit seinem Bruder in dieser „Disziplin" anzustreben. Heinrich, der sich früh schon auf die Naturwissenschaften spezialisiert hatte – er studierte seit dem Wintersemester 1926/27 an der Ludwig-Maximilians-Universität München –, verspürte jedoch kein Bedürfnis an einem geschwisterlichen Kräftemessen.[20] So eröffnete sich Hans die Möglichkeit, ohne direkten Vergleich und brüderliches Konkurrenzdenken seine Begabung weiter zu entfalten.[21]

Bemerkenswert und zugleich eine mögliche Erklärung für diese ausgeprägten Gefühle des geschwisterlichen Wettstreits ist die Tatsache, dass sich die zwei Brüder – unabhängig von den empfundenen oder tatsächlich vorhandenen (Un-)Fähigkeiten – sehr nahe standen. So scheint es beispielsweise keine getrennten Freundeskreise, gegeben zu haben, wie es bei dem Altersunterschied leicht hätte sein können. An Situationen, in denen Heinrich sich als der Ältere aufgespielt hätte, der mit seinen Freunden etwas unternimmt, ohne den „Kleinen" dabei haben zu wollen, konnte Hans Lamm sich nicht erinnern, ganz im Gegenteil:

„[...] Wir waren immer zusammen. Es gab keinen Sonntag, an dem wir keinen Ausflug zusammen gemacht hätten. ... Nur er und ich. Ich nehme an, dass das eine liebevolle Gewohnheit war. Für ihn war es keine [Verpflichtung]; niemand sagte Heini, er solle Hans mitnehmen, aber er tat es. Natürlich gefiel mir das. Ich erinnere mich an einen Sommer,

---

19  Hans Lamm Reminiscences, 6/5/77, Privat (Original in englischer Sprache).
20  Heinrich Lamm war bis zum Sommersemester 1931 an der LMU München eingeschrieben. Vgl. Archiv der LMU München, Stud-Kartei-I (Heinrich Lamm).
21  Hans Lamm Reminiscences, 6/5/77, Privat (Original in englischer Sprache).

Die Lamm- und Ascher-Kinder
ca. 1917. Von links nach rechts:
Hans, Edith, Isidor, Ruth Carola,
Heinrich.

als wir alle in den Ferien eine Floßfahrt auf dem Main machten – von Würzburg fluss-
abwärts in die Nähe von Frankfurt. Es war wunderbar. Ich muss unglaublich jung gewesen
sein – 13, 14 oder sogar noch jünger. Ich erwähne das nur, um zu betonen, dass es für
ihn eine Selbstverständlichkeit war, die Tour nicht mit den As[c]her-Jungen oder dem
As[c]her-Mädchen, das in seinem Alter war, oder mit anderen Gleichaltrigen zu machen,
sondern mit seinem jüngeren Bruder. Offensichtlich betrachtete er es nicht als Opfer, denn
sonst hätte er es anders eingerichtet."[22]

Kaum ein Tag verging, an dem nicht eines oder mehrere der vier Kinder der
Nachbarsfamilie Ascher – Ruth Carola, Isidor, Menny und Edith[23] – die zwei
Lamm-Brüder zum gemeinsamen Zeitvertreib besuchte. Aber auch Ausflüge
und Späße zu zweit wurden mit zunehmendem Alter häufiger und bedeuteten
für Hans und Heinrich gleichermaßen großes Vergnügen. Ein Streich, an den
besonders Heinrich sich gerne erinnerte, war die heimliche Herstellung von
Wein, der dann von den Geschwistern dazu genutzt wurde, die Hühner der

---

[22] Dieses sowie die folgenden Zitate und Informationen bis zum Ende dieses Kapitels
sind entnommen aus: Hans Lamm Reminiscences. 6/5/77. Privat (Original in englischer
Sprache).
[23] Ruth Carola (geb. 1907), Isidor (geb. 1908), Menny (geb. 1910) und Edith (geb. 1911).

Familie Lamm „besoffen" zu machen. Hans war außerdem von einer vierwö-
chigen Reise nach Venedig ganz begeistert, die Heinrich und der fünfzehnjäh-
rige Hans mit einem der Ascher-Jungen zu einem unglaublich günstigen Preis
unternommen hatten.

In Worte gefasst wurde dieses Gefühl der Zuneigung jedoch nicht, so wie
ein Gespräch über Gefühle oder die Demonstration emotionaler Verbundenheit auch im Umgang mit den Eltern eine Ausnahme darstellte. Hans Lamm
führt diese Tatsache auf das väterliche Vorbild zurück: „Wir waren eine Familie, [...] die zögerte, über Emotionales zu sprechen. [...] Es galt als unschicklich,
seine Gefühle den anderen gegenüber auszudrücken. Es mag nicht schlecht
gewesen sein, Gefühle zu hegen, aber es wäre unanständig bzw. unangebracht
gewesen, sie zu zeigen." Besonders für den Vater war dies oberstes Gebot,
was dazu führte, dass Lamm ihm gegenüber eine gewisse Distanz verspürte.
Diesen Abstand erklärte Lamm jedoch auch durch die Ausstrahlung, die von
seinem Vater ausging: „Mein Vater war ein Mann, den niemand lieben konnte, oder dem niemand sehr nah sein konnte. [...] Ich hatte keine besonders
enge Beziehung zu meinem Vater. Für mich war er immer eine ziemlich strege
und bedrohlich wirkende Figur." Dass bei Hans Lamm dennoch nicht der Eindruck entstand, von den Eltern nicht geliebt zu werden, ist sicherlich der Mutter zuzuschreiben. Lamm fühlte sich ihr deutlich näher als seinem Vater, sie
war für ihn die prägende Bezugsperson seiner Kindheit. Seit der Geburt ihrer
Kinder hauptberuflich Mutter, hatte sie sich ihre Weltoffenheit und Flexibilität, die sie während ihrer Ausbildung zur Lehrerin für die englische und französische Sprache gewonnen hatte, bewahren können. Sie achtete nicht nur
darauf, ihren Söhnen das von väterlicher Seite vorenthaltene Gefühl von Ge-
borgenheit und Zuneigung zu vermitteln, sondern hatte zugleich ein Auge auf
die schulische Ausbildung der Söhne. So führte Hans beispielsweise das Interesse an der englischen Sprache, das die Brüder im Laufe ihrer Schulzeit gleichermaßen entwickelten, auf ihre Förderung zurück. Beide Söhne erzielten
dank mütterlicher Unterstützung gute Noten und lernten die Sprache deutlich
besser, als es allein durch die schulische Vermittlung möglich gewesen wäre.

# Die Zeit der großen Umbrüche

Die Kindheit und Jugend Hans Lamms wurde jedoch nicht nur durch das familiäre, religiös geprägte Umfeld bestimmt. Je älter Hans Lamm wurde, desto stärker wurde seine persönliche Entwicklung durch die politischen Ereignisse im Deutschen Reich bzw. in der Weimarer Republik beeinflusst. Im Jahr 1913 geboren, erlebte Lamm mehr oder weniger bewusst die „historischen Umbrüche" der zwanziger und dreißiger Jahre, in denen sich der Alltag in seiner Heimatstadt München spürbar veränderte.

Vor Beginn des Ersten Weltkrieges lebten in München etwa 11 000 Juden.[24] Auf die Mobilmachung und Kriegserklärung im August 1914 reagierten die meisten von ihnen genau wie ihre christlichen Nachbarn: Man bekannte sich öffentlich zum Nationalismus, äußerte patriotische Bekenntnisse und Treuebekundungen für Kaiser und Vaterland. Viele, vor allem junge Männer, meldeten sich freiwillig zum Dienst an der Waffe. Nur wenige äußerten (bereits) zu Beginn des Krieges zurückhaltend-skeptisch Bedenken gegenüber den politischen Entwicklungen und stimmten nicht in die Kriegsbegeisterung ein.[25]

Hans Lamm war während des Ersten Weltkrieges ein kleiner Junge von gerade ein paar Jahren, der weder etwas von kriegerischen Auseinandersetzungen verstand, noch Anzeichen für politische Umbrüche wahrzunehmen wusste. Deshalb ist es nicht erstaunlich, dass die große Politik sein Leben zu diesem Zeitpunkt nicht berührte. Da sein Vater und der in München wohnhafte Onkel Beno, die für ihn wichtigsten männlichen Bezugspersonen in wehrpflichtigem Alter, nicht in den Krieg zogen, gab es für Hans Lamm auch im Familienalltag keine spürbaren Veränderungen, die durch aktuelle Ereignisse hätten erklärt werden müssen. Auch keiner der drei Brüder der Mutter, die an der Front kämpften, wurde getötet oder so schwer verletzt, dass die Familie durch persönliche Verluste mit den Schreckensseiten des Krieges konfrontiert worden wäre und die Kämpfe thematisiert hätte.[26]

Einzelne Momentaufnahmen aus dieser Zeit blieben jedoch auch in der Erinnerung Lamms haften. So weiß Lamm beispielsweise, dass er mit seinem Bruder Heinrich während der Jahre des Krieges einige Sommer in Folge bei seinem Großvater Max Lamm[27] in Buttenwiesen verbracht hatte. Wie viele andere Familien, deren Verwandte auf dem Land lebten, reagierten Ignaz

---

[24] Ophir/Wiesemann (Hg.): Die jüdischen Gemeinden in Bayern, S. 15 und S. 33 (ohne Quellennachweis).

[25] Angermair: Eine selbstbewusste Minderheit (1892-1918), bes. S. 132-136; Specht: Zerbrechlicher Erfolg (1918-1933), hier S. 137-139.

[26] Hans Lamm Reminiscences, 6/5/77, Privat.

[27] Max Lamm (geb. 1.4.1842 in Wittelshofen; gest. 13.1.1917 in Buttenwiesen). Seine Frau Hanna Lamm, geb. Altmayer war bereits vor der Geburt der zwei Lamm-Söhne gestorben (geb. 24.1.1836 in Ederheim; gest. 24.10.1906 in Buttenwiesen). StadtAM, NL Lamm, Akt 6, Stammbäume.

und Martha Lamm so auf die sich immer stärker zuspitzende Nahrungsmit-
telknappheit, die sich bis zum Ende des Krieges besonders in den Städten
ununterbrochen verschärfte. Durch den Aufenthalt beim Großvater sollten
zumindest die Kinder den unmittelbaren Auswirkungen des Krieges entkommen. Das Ausweichen auf das Land sorgte zudem dafür, dass die Kampf-
handlungen und auch die aus der Situation heraus erwachsenen Ängste und
Bedrohungen, welche die Erwachsenen empfanden, Hans in dieser Zeit ver-
borgen blieben. Lediglich die Tatsachen, die sich auf seinen kindlichen Alltag
auswirkten, wurden von ihm wahrgenommen, jedoch in die „heile Welt" des
Kindes integriert, ohne dass diese dadurch zerstört worden wäre. Die Aufenthalte beim Großvater gehörten für Lamm zu den positiven Erlebnissen
seiner Kindheit: „[Wir fuhren zu ihm] wie wir es in den Sommerferien getan
hatten. [...] Oh ja, es ist richtig, natürlich gab es eine Lebensmittelknappheit,
[...] und auf dem Land hatten wir eher die Möglichkeit Eier und Milch zu
bekommen. Aber ich verlebte dort einfach eine schöne Zeit, vergleichbar mit
dem Ausflug zu einem Sommerlager."[28] Eine andere Einzelheit, die Lamm
vermutlich deshalb im Gedächtnis geblieben war, weil sie sich spürbar auf
den Alltag des Kindes ausgewirkt haben dürfte, war die Erkrankung der
ganzen Familie: „Ich erinnere mich an eine schreckliche Grippewelle, die
Spanische Grippe, die 1916-17 viele Menschen das Leben kostete. Auch wir
waren alle krank; aber ich denke, es war eine ziemlich komische Angelegenheit. Niemand fürchtete um sein Leben."

Das erste politische Ereignis, das Lamm als ein solches wahrnahm, ereignete sich am 7. November 1918: es kam zur Revolution in München. Der Krieg
war verloren, als im Oktober 1918 Prinz Max von Baden (1867-1929) das Amt
des Reichskanzlers übernahm. Zu diesem Zeitpunkt wusste jedoch niemand,
wie es politisch im deutschen Kaiserreich weitergehen sollte oder würde. In
dieser aufgewühlten Stimmung floh auch noch der bayerische Monarch, die
Stimmung in der Residenzstadt schlug endgültig um: die Revolution war in
vollem Gange. Viele der Menschen, die Zeugen der Ereignisse in München
wurden, erinnerte das revolutionäre Treiben an eine Art Karneval. „Sie ließen
ihre Soldaten, die eben noch unter strengster Militärgewalt gestanden hatten,
hinaus auf die Straße: das war Revolution. Keiner befahl mehr, keiner diri-
gierte, die Stadt war voller unruhiger Menschen, die wussten, es habe etwas zu
geschehen, aber sie wussten nicht was. Und da die Münchner ein lustiges,
derbes Volk sind, so wirkte es fast wie ein Faschingsrummel, ohne Ernst da-
hinter."[29] Ein Großteil der jüdischen Familien in München – viele von ihnen
gehörten bürgerlichen Kreisen an – verfolgte die revolutionären Ereignisse
mit wachsendem Unmut und zunehmender Sorge. Auch Ignaz Lamm trafen
die Ereignisse im November 1918 nicht nur deshalb besonders hart, weil er

---

[28] Dieses sowie das folgende Zitat sind entnommen aus: Hans Lamm Reminiscences,
6/5/77, Privat (Original in englischer Sprache).
[29] Straus: Wir lebten in Deutschland, S. 224.

Hans Lamm als Fünfjähriger in
kaiserlicher Uniform.

überzeugter Monarchist und unabhängig von individueller religiöser Überzeugung treuer Wähler der Bayerischen Volkspartei war. Allein schon der Gedanke, der SPD, die im Landtag für ein Schächtverbot eingetreten war, seine
Stimme zu geben, war für ihn ausgeschlossen.[30] Persönlich stellte die durch
die Geschehnisse des 7. November verhinderte Beförderung Ignaz Lamms
vom Hoflieferanten zum Kommerzienrat – sie war ursprünglich für Weihnachten 1918 vorgesehen gewesen – den eigentlichen und persönlich schwerer wie-
genden Verlust dar. Ignaz Lamm, so erinnert sich sein Sohn Hans, erklärte
den Kindern – halb-scherzend, halb-ernsthaft –, dass die Juden, welche die
Revolution verursacht hatten, dafür verantwortlich seien, dass er den Titel
nicht erhalten habe. Er sagte dies nicht ganz überzeugt, da er sich sehr wohl
darüber im Klaren war, dass die Revolution nicht nur von Juden verursacht
worden war. Aber die Tatsache, dass der erste Ministerpräsident Bayerns,
Kurt Eisner, ein Jude war und auch einige der prominenten Führer der revolutionären Ereignisse jüdischer Abstammung waren, reichte, um die ganze

---

[30] StadtAM, NL Lamm, Akt 323, Requiem für Babett.

Revolution als jüdisch hinzustellen.[31] Obwohl gerade erst fünf Jahre alt und keineswegs in der Lage, die Bedeutung dessen zu verstehen, was sich politisch ereignete, verspürte Hans Lamm nicht zuletzt durch die Erläuterungen des Vaters sehr deutlich, dass Anspannung und Veränderung in der Luft lagen.[32]

Erst mit dem Aufkommen der nationalsozialistischen Bewegung zu Beginn der 1920er Jahre war jedoch der Punkt erreicht, an dem Lamm selbst unmittelbar mit dem politischen Geschehen konfrontiert wurde. Aufschlussreich zu Lamms Erfahrungen in den 1920er Jahren ist sein Aufsatz „Wie ich den 30. Januar 1933 erlebte"[33], in dem er knapp 30 Jahre nach Ende des Zweiten Weltkrieges ausführlich über seine Erinnerung an die Anfänge der nationalsozialistischen Bewegung sowie die Ernennung Hitlers zum Reichskanzler reflektiert. Sein im Folgenden ausführlich abgedruckter Aufsatz gibt jedoch nicht nur einen Einblick in die Gedanken eines von den nationalsozialistischen Maßnahmen betroffenen Angehörigen der jüdischen Minderheit, sondern beschreibt zugleich die sich in den Jahren entfaltende Stimmung, die den Alltag der Juden in den 1920er und 30er Jahren im Deutschen Reich beeinflusste.

„Mein Erleben des Tags der Hitler'schen ‚Machtergreifung' – wobei dieser Terminus zu dramatisch ist, denn der Reichspräsident ernannte den Führer der NSDAP ganz legal und legitim zum Kanzler – kann sich nicht auf jenen mir noch sehr gut erinnerlichen Montag, 30. I. 1933 beschränken.

Als junger Jude, der in der ‚Hauptstadt der Bewegung' aufwuchs […] konnte ich weder mein Judentum noch seinen tödlichen Feind ignorieren. Die riesigen roten Plakate mit dem Vermerk ‚Juden ist der Zutritt verboten' prägten sich jedem von uns ein. Schon früher hatten wir Münchner Juden, freilich ohne es zu wissen, um was es sich handelte, Hakenkreuze auf den Helmen der ‚Weißen' Truppen gesehen, die zur ‚Befreiung' Münchens nach der Räte Herrschaft eingerückt war[en]: einer dieser Freischärler wurde bei uns einquartiert und mit jüdischer Gastfreundschaft empfangen, umsorgt und verwöhnt...

Weit ernster war für uns der Putsch, der von Hitler am 9. November 1923 im Bürgerbräukeller inszeniert wurde und zu seiner kurzfristigen ersten ‚Machtergreifung' führte. Als kleiner Junge las ich die trotz allem unerwartete Nachricht der Bildung der Regierung Hitler – Ludendorff – v. Lossow und Seisser in aller Frühe in den ‚Münchner Neuesten Nachrichten' (Vorläuferin der 1945 geschaffenen ‚Süddeutschen Zeitung'). Wie an jedem Tag gingen wir (mein sechs Jahre älterer Bruder Heinrich und ich) zur Schule, wurden aber alle (Christen wie Juden) nach ein paar Stunden heimgeschickt. Dort fanden wir Verwandte und Bekannte bedrückt vor: Nachrichten von Haussuchungen und Gefangenennahmen erregten uns: der 40-jährige Gemeinderabbiner Dr. Leo [Baerwald] wurde nachts in einen Wald verschleppt und mit Erschießung bedroht; dass er im Weltkrieg Feldrabbi-

---

31  Hans Lamm Reminiscences, 6/5/77, Privat. Vgl. dazu auch Thomas Mann: Tagebücher, S. 63 (7. 11. 1918).

32  Zur Revolution in München vgl. Specht: Zerbrechlicher Erfolg (1918–1933), S. 137–143; Bosl: Bayern im Umbruch. Zur Biographie Eisners vgl. Grau: Kurt Eisner.

33  StadtAM, NL Lamm, Akt 322, „Wie ich den 30. Januar 1933 erlebte", undatiert. Die Darstellung der historischen Ereignisse erfolgt in Lamms Beitrag in Form eines Rückblicks. So ist es möglich, dass Lamm in seiner Beschreibung auf Einzelheiten und Zusammenhänge eingeht, die er als Jugendlicher sicher nicht in der von ihm aufgezeigten Komplexität wahrgenommen hatte. Zu den Entwicklungen in München vgl. Specht: Zerbrechlicher Erfolg (1918–1933), bes. S. 146–154; Hanke: Zur Geschichte der Juden in München.

ner gewesen war, störte die nationalen Recken nicht, doch wurden damals weder er noch andere Juden getötet. Zartbesaitet oder rücksichtsvoll freilich waren die SA-Leute nicht (die SS gewann erst nach dem Röhmputsch am 30. Juni 1934 an Bedeutung); ich erinnere mich genau wie der betagte Kommerzienrat Sigmund Fraenkel – verehrt von Christen wie Juden – [...] tätlich in einer Straßenbahn angegriffen [wurde]. Sein Sohn Alfred setzte sich mutig für seinen verdienstvollen Vater ein [...], worüber Hitlers ,Völkischer Beobachter' mit den mir unvergesslichen Worten ,Den Jungen stach der Haber' berichtete. Wir registrierten zwar solche Vorfälle, meinten jedoch, dass der Spuk der ,Völkischen', wie die Nazis nach dem Hitler Putsch sich nannten, ein- für allemal erledigt sei, nachdem der österreichische Hochverräter Hitler zu einer erstaunlich kurzen Haftstrafe auf der Festung Landsberg verurteilt worden war. [...] Bei der Reichspräsidentenwahl am 10. April [1932] hatte Hindenburg mit 53% des Zentrums und Liberalen und der SPD den Nazi-Gegenkandidaten Hitler (36,8%) und den Kommunisten Thälmann (10,2%) geschlagen. Wir interpretierten den ,Sieg' des stockkonservativen 85jährigen monarchischen Generals als ,Sieg' der Republik und der Demokratie. Keine 10 Monate vergingen bis er Hitler zum Kanzler der Republik machte. All diese Warnsignale haben die wahren Demokraten und Republikaner (darunter etwa 600000 Juden) leider nicht genügend erschreckt und ihnen nicht die Augen geöffnet. Unpolitisch und immer erschütternd optimistisch schöpften sie aus fast jedem Geschehen (unbegründet) Hoffnung: Hindenburg schlug die links- und rechtsradikalen Kandidaten Thälmann und Hitler mit knapp 3%: Sieg der Demokratie? Stimmverluste bei Reichstagswahlen von Juli bis November 1932: 4,3% nicht schlecht – nein, wunderbar: Die Banditen haben abgewirtschaftet! Brüning – Papen – Schleicher: demokratische Reichskanzler par excellence? Nein, nicht gerade, aber doch besser als ,Führer' Hitler!

So tröstete man sich in seinen allzu berechtigten Ängsten und flüchtete in trügerische Illusionen!

[...] Mein Erleben des 30. Januar 1933? Ich habe mich darüber kaum ausgelassen, denn dass dies mehr war, als irgendein Regierungswechsel, wie er seit 1919 ja nicht selten war, das war den wenigsten erkenntlich. Daß ich politisch hellsichtiger gewesen sei als andere, ältere, erfahrenere Juden im Reich, – das behaupte ich nicht.

Wer die Chronik jener Jahre liest, wird klar ablesen, dass auch die Führung des deutschen Judentums – praktisch alle religiösen und anderen Organisationen hatten sich in der ,Reichsvertretung der deutschen Juden' (sie hatte mehrfache Namensänderungen später über sich ergehen lassen müssen) zusammen geschlossen – nie klipp und klar die Gefahr erkannt[e], die 1938/39 auch dem Arglosesten erkenntlich wurde: Deportation in Arbeits-, Konzentrations- und Vernichtungslager in Osteuropa.

Der 30. Januar 1933 löste Entrechtung und Verfolgung, Krieg und Ausrottung von etwa fünfzig Millionen (darunter fünf bis sechs Millionen europäischer Juden) aus. Er erwies sich als nicht schicksalsträchtiger und katastrophaler als der 1. August 1913 [sic], an dem durch die Kriegserklärung an das zaristische Russland der Erste Weltkrieg ausbrach, der ,nur' fünf Jahre währte und ,nur' Millionen an allen Fronten und Ländern forderte.

Zwei Punkte sollten abschließend noch gemacht werden: wer die Autobiographien, die aus jener Zeit stammen[34] studiert, wird feststellen, dass keiner der Männer und Freunde, die ehrlich zurückblickten, dass keiner nur annähernd ahnte, welche Schrecken, welch Entsetzliches auf sie und ihre Familie hereinbrechen würde. Die mangelnde Voraussicht, die uns alle gekennzeichnet hat, hat zur Steigerung der Tradition beigetragen.

---

[34] Anm. Lamms: Immanuel Birnbaum, ,Achzig Jahre dabei gewesen', 1974; Schalom Ben-Chorin, Ich lebe in Jerusalem, 1972[1], 1981[2]; Ders., Jugend an der Isar, 197[4][1], 1981[2]; Max Hachenbuch, ,Lebenserinnerungen', 1978; Theodor Lessing, ,Einmal und nie wieder', o.J.; Franz Oppenheimer, Erlebtes. Erstrebtes. Erreichtes, 1964; Hans Joachim Schoeps, ,Die letzten dreißig Jahre', 1956; Ders., ,Rückblicke', 1963; Margarete Susman, ,Ich habe viele Leben gelebt', 1964; Hans Mayer, ,Ein Deutscher auf Widerruf', 1982.

Dieser Aufsatz ist nicht Ansatz einer Autobiographie: aber ich könnte (was ich nicht hier beabsichtige) aufweisen, wie der Student, der noch im Frühjahr 1933 einen Aufsatz ‚Die Aufgaben des neuen deutschen Feuilletons‘ schrieb, der den Professor Dr. Karl d'Ester so begeisterte, dass er ihn ungekürzt vorlas, während die Aufsätze von Hunderten von nazinahen ‚Märzgefallenen‘ Studenten nur erwähnt wurden. Das Studium konnte nicht fortgeführt werden, in der Jüdischen Gemeinde wurde freiwillig gearbeitet, in den bis November 1938 noch zahlreichen jüdischen Zeitschriften im Land und im Reich geschrieben, in der vergessenen Wanderbücherei des Landesverbandes der jüdischen Gemeinden in Preußen mitgearbeitet, in der Hochschule für die Wissenschaft des Judentums 1937/38 studiert und dann im September (kurz vor dem der Nestor der ‚Lehranstalt‘, wie sie damals hieß, Professor Ismar Elbogen) emigriert: nicht, wie betont aus Einsicht, sondern auf Drängen des ein Jahr vorher ausgewanderten älteren Bruders und des alten Onkels im Mittelwesten der Vereinigten Staaten. So kam's, so ging's – nicht ausgeklügelt, nicht vorgeplant, mehr zufällig. Zufall, der mir das Leben rettete ...“

Auch wenn Lamm davon spricht, dass sein Aufsatz, wie er den 30. Januar 1933 erlebte, „nicht Ansatz einer Autobiographie“ sei, so lässt er doch gerade in den letzten Absatz seines Beitrags bewusst einige biographische Informationen einfließen, die dem Leser einen Einblick in die Lebenswelt des jungen Münchner Juden gewähren. Diese Angaben unterstützen jedoch nicht nur die Darstellung Lamms, sondern werden von ihm bewusst genutzt, um abschließend zu betonen, dass er aus eigener Erfahrung wusste, wovon er sprach. Zwei Fragen sollen ausgehend von dieser autobiographischen Skizze im Folgenden aufgegriffen werden: Wie verlief Lamms Weg in der vom zunehmenden Antisemitismus geprägten deutschen Gesellschaft? Welche persönlichen Höhen und Tiefen erlebte dieser junge Mann, der sein Studium aufgrund der fortschreitenden nationalsozialistischen Rassenpolitik abbrechen musste?

# Momente der Veränderung

Für Lamm persönlich gab es bis zur Machtübernahme Hitlers drei sehr unterschiedliche Ereignisse, mit denen er sich auseinander zu setzen hatte und die sein Leben deutlich veränderten: die Wirtschaftskrise 1929, die Erkrankung und der Tod seiner Mutter sowie der Beginn seines Studiums.

Während die Inflation zu Beginn der zwanziger Jahre die Familie Lamm nicht besonders schwer getroffen hatte, bedeuteten die Ereignisse des Jahres 1929 den Anfang vom Ende für den väterlichen Betrieb. Die Familie, die bis zum November 1929 zwar nicht reich, aber wohlhabend gewesen war, sah sich auf einmal mit Sorgen konfrontiert, die man in dieser Form bis dahin nicht gekannt hatte. Das Unternehmen des Vaters, der in der frühen Kindheit Lamms noch eigene Schmelzöfen betrieben hatte, wurde zu einem wenig rentablen Second-hand Betrieb mit einem kleinen Büro in der Corneliusstraße 31. So verzweifelt, dass man Dritte um Hilfe fragte, war man nicht, aber der Alltag der Familie veränderte sich spürbar. Klar wird das Ausmaß der deutlich verschlechterten finanziellen Situation der Familie im Zusammenhang mit den Feierlichkeiten zu Lamms Bar Mitzwa, die genau auf das Krisenjahr 1929 fiel. Besonders offensichtlich wird der gewandelte Lebensstandard der Familie, weil Lamm seine Bar-Mitzwa-Feier mit der seines Bruders vergleicht:

„Heinis Bar Mizwa war ein großartiges Ereignis mit einer großen Feier. Er ist 1908 geboren, also fand die Bar Mizwa 1921 statt. Da meine Familie offenbar zu der Zeit recht wohlhabend war, kamen viele Verwandte nach München, und es gab eine große Feier mit vielen Gästen. Sie fand in der Loge statt, in der mein Vater Mitglied war.
Ich weiß noch, dass ich an der Abendgesellschaft nicht teilnahm; den Grund weiß nicht; denn ich war schon 6 1/2 Jahre alt, aber aus irgendeinem Grunde nahm ich nicht teil. Aber ich erinnere mich an eine kleine Familienfeier in unserer Wohnung, bei der ich ein Gedicht aufsagte und als Münchner Kindl – die Figur des Münchner Stadtwappens – verkleidet war. An diese Dinge erinnere ich mich.
Dann erinnere ich mich, dass meine eigene Bar Mizwa, die 1929 stattfand, eine sehr bedrückende Angelegenheit war, weil die wirtschaftliche Situation sich so furchtbar verschlechtert hatte, dass nur der engste Familienkreis anwesend war und es keine öffentliche Feier gab. Meine Mutter entschuldigte sich irgendwie bei mir und sagte, sie könnten es sich nicht leisten, etc., und ich sagte ‚Ja, ich verstehe‘. Es verletzte mich nicht allzu sehr, glaube ich, denn die objektive [finanzielle] Situation war wirklich schlecht, und ich würde nicht sagen – und ich glaube, dass ich nie das Gefühl hatte – man hätte für den Großen eine Menge Pomp und Aufhebens gemacht und hätte für den Kleinen keinen Pfennig übrig gehabt. Die eine Situation war gut, und dann war sie schlecht. Ich weiß nicht, wie meine Bar Mizwa gewesen wäre, wenn sich die wirtschaftliche Situation nicht verschlechtert hätte. Trotzdem setzte es sich in meinem Kopf fest und verwandelte traumatisch den Zusammenbruch der wirtschaftlichen Situation."[35]

Sichtbarster Ausdruck dieser durch die Not hervorgerufenen Veränderungen war aber die erneute Berufstätigkeit der Mutter: Martha Lamm begann Ende der 1920er Jahre eine Ausbildung zur Psychotherapeutin. Für ein halbes oder

---

[35] Hans Lamm Reminiscences, 6/5/77, Privat (Original in englischer Sprache).

ganzes Jahr studierte sie in Wien und ließ die Familie in der Obhut ihrer ledigen Schwägerin Cilly, die bereits einige Jahre zuvor zur Familie gekommen war und die Mutter im Haushalt unterstützte.[36] „Dies war wahrlich […] eine Leistung für eine Frau in den Mittvierzigern. Sie kehrte zurück und hatte einige Patienten und arbeitete, so vermute ich, sehr erfolgreich", erinnert sich Lamm an diese Tätigkeit der Mutter.[37] Dies blieb jedoch nicht die einzige Beschäftigung, die Martha Lamm aufnahm, um den Lebensunterhalt der Familie abzusichern. So arbeitete sie auch als Vertreterin für einen Cousin, der in Berlin lebte und mit Stoffen handelte, und plante darüber hinaus für das Schuljahr 1930/31 bei sich zuhause einen Volksschulersatzkurs (1. Klasse) für Kinder anzubieten, die aus gesundheitlichen Gründen die allgemeine Volksschule

[36] Cilly Lamm, geb. 23.9.1873 in Wittelsbach; gest. in den 1950er Jahren (vgl. StadtAM, NL Lamm, Akt 6, Stammbäume Familie Lamm). Martha Lamm studierte in Wien bei Dr. Lazar (Hans Lamm Reminiscences, 6/5/77, Privat).
[37] Hans Lamm Reminiscences, 6/5/77, Privat (Original in englischer Sprache).

nicht besuchen konnten.[38] Dass eine Frau zu Beginn der 1930er Jahre in diesem Umfang, wie Martha Lamm es tat, ihr Leben umstellte, um die Familie zu ernähren, ist in jedem Fall bemerkenswert. Hans Lamm beschreibt das Außergewöhnliche an dieser Bereitschaft der Mutter und ihrem Verhalten sehr treffend, wenn er sich erinnert: „Diese Entwicklungen zeugen von einer gewissen Flexibilität ihrerseits, die bereits Mitte vierzig war; sie zeigen, dass meine Mutter deutlich besser mit den wirtschaftlichen Schwierigkeiten fertig wurde als mein Vater, der niedergeschlagen und deprimiert war, während sie auf zwei unterschiedlichen Wegen voranschritt."[39]

Bevor sich jedoch die zuvor genannten Pläne vollständig umsetzen ließen, erkrankte Martha Lamm schwer. Die Ärzte diagnostizierten Ende des Jahres 1930 „irgendeine Form der Psychose", die es ihr unmöglich machte, den zahlreichen Tätigkeiten weiter nachzugehen. Da sie beim Ausbruch der Psychose bereits 47 Jahre alt war, vermutete man zunächst, dass sie in die Wechseljahre gekommen sei und sich ihr Zustand von allein nach wenigen Wochen oder Monaten bessern würde. Als man erkennen musste, dass dies nicht der Fall sein würde, verbrachte sie zunächst einige Zeit in einem privaten Sanatorium. Da auch diese Maßnahme keinen Erfolg zeigte, wurde Martha Lamm in die Oberbayerische Kreis-Heil- und Pflegeanstalt Eglfing-Haar[40] eingewiesen. Hans Lamm besuchte sie dort nur einmal: „Ich meine, ich war mit meinem Vater dort, und ich erlebte den Besuch als eine so angsteinflössende Erfahrung – meine Mutter war irgendwie durcheinander – dass ich spontan äußerte, dass ich nie wieder dorthin gehen wollte."[41] Die Frage, ob er seine Mutter ein weiteres Mal besuchen wollte oder der Einrichtung fernbleiben würde, war bereits wenige Tage später obsolet: Kurz nach Lamms erstem Besuch erhielt die Familie mitten in der Nacht einen Anruf, der sie informierte, dass sich der Zustand der Mutter stark verschlechtert hätte und mit dem Schlimmsten zu rechnen sei. Als die drei männlichen Lamms das Krankenhaus erreichten, war Martha Lamm bereits verstorben. Was letztlich zum Tod der Mutter führte, blieb Lamm ein Rätsel. „Man würde vielleicht sagen, dass Menschen nicht an psychischen Krankheiten sterben, daher meine ich mich zu erinnern, dass man mir sagte, es seien Herzbeschwerden gewesen oder dass ihr Herz still stand und sie starb. Aber das alles ist mir nicht ganz klar, und ich war

---

[38] Vgl. z.B. die Anzeige in der Bayerischen Israelitischen Gemeindezeitung Nr. 3/1930, Kategorie Geschäftsnachrichten, S. 46: „Frau Martha Lamm, Bruderstraße 12/01, Fernruf 23901, beabsichtigt im Schuljahre 1930/31 einen Volkschulersatzkurs (1. Klasse) mit 10–15 Wochenstunden durchzuführen und bittet, da wegen der durch behördliche Verordnungen beschränkten Schülerzahl nur wenige Kinder aufgenommen werden können, um baldige Anmeldung von Kindern, die aus gesundheitlichen Gründen die allgemeine Volksschule nicht besuchen sollen." StadtAM, NL Lamm, Akt 6.
[39] Hans Lamm Reminiscences, 6/5/77, Privat (Original in englischer Sprache).
[40] Zu Informationen über die psychiatrische Einrichtung in Eglfing-Haar vgl. Ohlen: Oberbayerische Kreis-Heil- und Pflegeanstalt Eglfing-Haar.
[41] Dieses sowie das folgende Zitat sind entnommen aus: Hans Lamm Reminiscences, 6/5/77, Privat (Original in englischer Sprache).

Hans Lamm 1932.

damals ziemlich jung – 18 Jahre alt, und ich vermute, dass die ganze Sache
mehr oder weniger vertuscht wurde, da ‚Geisteskrankheiten' damals irgendwie tabu waren. Wäre sie an Lungenentzündung gestorben und ein Mensch
ohne psychische Störungen gewesen, hätte man offener darüber gesprochen." Die Frage nach der Ursache für den Tod der Mutter beschäftigte
Lamm noch viele Jahre später. Sie führte soweit, dass Lamm seinen Bruder
Heinrich dahingehend zu überreden versuchte, die Unterlagen des Kranken-
hauses zu erbitten, um Gewissheit zu erlangen, erhielt jedoch von diesem
nicht die erhoffte Unterstützung. Tante Cilly, die nach dem Tod Martha
Lamms den Haushalt der Familie führte, konnte die Mutter zwar in diesem
Bereich ersetzen, jedoch in keiner Weise die Lücke schließen, die für Lamm
durch das Fehlen der Mutter als wichtigster Bezugsperson entstand. Zeitgleich verließ auch noch sein Bruder München, der sein praktisches Jahr als
Mediziner in Breslau absolvieren wollte, so dass Lamm plötzlich mit dem
Verlust zweier geliebter Menschen konfrontiert wurde, was ihm sehr schwer
fiel.[42]

Trotz dieses Schicksalsschlags setzte Lamm seinen Weg in München fort:
Nachdem er 1932 an der Luitpold-Oberrealschule das Abitur abgelegt hatte,[43]
schrieb er sich noch im selben Jahr an der Ludwig-Maximilians-Universität
München für Jura ein.[44] Nach der Machtübernahme Hitlers am 30. Januar
1933 erkannte Lamm jedoch sehr schnell, dass es Juden wohl trotz der immer

[42] Hans Lamm Reminiscences, 6/5/77, Privat.
[43] Vgl. Unterlagen der FAUEN, Bestätigungsschreiben Huther, Oberstudiendirektor der
Luitpold-Oberrealschule in München vom 3.6.1951.
[44] Archiv der LMU München, Stud-Kartei-I (Hans Lamm); Unterlagen der FAUEN,
Bestätigung über Studium an der LMU München vom 11.11.1949; StadtAM, NL Lamm,
Akt 6, Stammbäume und Lebensläufe Lamm; StadtAM, NL Lamm, Akt 197, Vorwort des
Autors; SchArchivBR: Gespräch.

noch vorhandenen Möglichkeit, ein Studium der Jurisprudenz zu beginnen, in absehbarer Zukunft nicht erlaubt sein würde, als Anwalt oder Richter zu arbeiten. Ob dieser Einsicht entschied er nach zwei Semestern Jura, auch „Zeitungswissenschaft" zu studieren. Bereits zu Schulzeiten aktives Mitglied der Schülerzeitung „Das Band" und begabter Verfasser kurzer Geschichten, fühlte er sich zur „Journalisterei" hingezogen, eine Leidenschaft, die dazu führte, dass Lamm bereits in jungen Jahren eine wöchentlich abgedruckte Kolumne für die Bayerische Funkwoche und den Funkkurier schrieb.[45] Mit seinem Freund Fritz Rosenthal realisierte er 1933 sogar den Traum, eine eigene jüdische (Jugend-)Zeitschrift herauszugeben. Dieses gemeinsame Kind, das den Buber'schen Titel „Zwiesprache" trug, wurde in Eigenproduktion vervielfältigt, erlebte aufgrund der Zeitereignisse jedoch nur eine einzige Nummer. Eine Bestätigung für seine journalistische Fähigkeit, die Lamm in dieses Projekt eingebracht hatte, erhielt der junge Student auch an der Universität. Die von Lamm bereits in seinen Erinnerungen an den 30. Januar 1933 kurz angedeutete Anekdote über den Studenten Lamm zeigt nicht nur, wie stolz dieser auf das von Professor d'Ester im Rahmen einer Veranstaltung ausgesprochene Lob für seinen Ausdruck war, sondern welche Inhalte in den Lehrveranstaltungen thematisiert wurden:

„D'Ester hat sich – und ich will dem Verstorbenen es nicht ankreiden – sehr rasch umgestellt auf den Kurs der neuen Zeit. Er hatte für das Frühjahrssemester '33 einen Kurs oder ein Seminar über das Feuilleton angekündigt [...] und da gab's viele hundert Hörer. Und er gab als erste schriftliche Arbeit, die wir leisten sollten, einen Aufsatz mit dem Thema ‚Die Aufgaben des neuen deutschen Feuilleton'. Und da saß der kleine Jude Lamm und der musste auch schreiben. Und nach ein paar Wochen gab Karl d'Ester die Aufsätze zurück und sagte ‚Ja, alle seien ja wunderbar und sie strotzten alle vor nationaler Gesinnung und es sei sehr erfreulich, dass die Hörer alle das Wesen der nationalen Revolution und ihre Wiederspiegelung im Feuilleton erkannt hätten. Aber eine Arbeit möchte er doch vorlesen, denn die sei ganz anders.' Und da ahnte ich schon, was Schreckliches passieren würde – und er las meinen Aufsatz vor, natürlich – wofür ich ihm heute noch dankbar bin – ohne den Namen des Autors zu erwähnen; hier hatte ich in einer Weise, die der Herr Reichspropagandaminister Goebbels als typisch talmudisch bezeichnet hätte, jenes Wort analysiert: Aufgaben des Feuilletons – der Feuilleton muss [...] unterhalten, des neuen deutschen Feuilletons: es gibt kein neues, es gibt kein altes, es gibt nur deutsches, es gibt nur gutes Feuilleton. Nationales Feuilleton, Feuilleton ist international und ist nicht national geprägt, und ob ich mich über Feuilleton noch geäußert habe weiß ich nicht. Immerhin empfand ich der Tatsache, dass er keinen der supernationalen, sondern meinen jüdisch-talmudistischen Aufsatz vorgelesen hat, doch als Symptom dafür, dass eigentlich mit meinem mehr verstanden war als mit den anderen."[46]

Aufgrund der fortschreitenden nationalsozialistischen Rassenpolitik musste Lamm das Studium jedoch nach drei Semestern endgültig abbrechen. Seinen Unterhalt verdiente er durch die Arbeit als freier Journalist – er schrieb v. a. für die Bayerische Israelitische Gemeindezeitung in München, das Israeli-

---

[45] StadtAM, NL Lamm, Akt 6; SchArchivBR: Gespräch.
[46] SchArchivBR: Gespräch.

tische Familienblatt (Hamburg) und das Berliner Jüdische Gemeindeblatt[47] –, und er engagierte sich zudem von 1934 bis 1937 mit verschiedenen Tätigkeiten in der Israelitischen Kultusgemeinde München. Er wirkte nicht nur als Helfer der Sozialabteilung der Israelitischen Kultusgemeinde München, sondern war darüber hinaus als Assistent des Leiters des Jüdischen Lehrhauses sowie des Bibliothekars der jüdischen Gemeinde angestellt und Leiter des Jugenderziehungswesens des Verbandes Bayerischer Israelitischer Kultusgemeinden. Regelmäßig trafen sich junge Juden – unter ihnen auch die Jugendfreunde Lamms, Harry Obermair (später Maor) und Fritz Rosenthal – unabhängig von ihren (gegensätzlichen) politischen Ansichten im jüdischen Jugendheim in der Herzog-Rudolf-Straße zu Gesprächen, Veranstaltungen und Diskussionen, die nicht selten von Lamm organisiert und moderiert wurden.[48]

Den drohenden Zeichen der aufkommenden Katastrophe gegenüber war Lamm genauso blind wie viele der anderen Juden im Deutschen Reich. Zunächst in der Schule, später als Student wurde er zwar – wie alle Mitglieder der jüdischen Gemeinschaft – immer wieder mit den bereits erwähnten politischen Ereignissen konfrontiert, eine sich steigernde Bedrohung für sein Lebens erkannte er hierin jedoch nicht:

„Es gab eine Zeit, ich würde sagen von 1933 bis '38, in der man – nicht ganz unberechtigt – annahm, dass die Juden irgendwie in einem Ghetto als eine tolerierte nationale Minderheit leben würden, die ihren Lebensunterhalt irgendwie erwirtschaften würde, aber die in ihrer physischen Existenz nicht unterstützt würde. Es gab Anzeichen solcher Tendenzen, diese änderten sich aber später. Von 1933 bis zu meiner Emigration lebte ich [...] ich würde nicht gerade sagen glücklich, aber ich würde auch nicht sagen unglücklich. Man lebte eben, und man schrieb und studierte, ohne zu merken, dass man auf einem Vulkan saß."[49]

Für sich persönlich konnte Hans Lamm die Auffassung, die „Hauptstadt der Bewegung" sei viel stärker nationalsozialistisch geprägt gewesen als andere Städte[50] und die Juden hätten deshalb die Katastrophe zumindest hier kommen sehen müssen, nicht bestätigen:

---

[47] Von 1930 bis 1938 arbeitete er für die Bayerische Funkwoche und Funkkurier, München; Bayerische Israelitische Gemeindezeitung, München; Berliner Jüdisches Gemeindeblatt, Berlin; C.V.-Zeitung, Berlin; Das Schild, Berlin; Der Morgen, Berlin; Israelitisches Familienblatt, Hamburg; Juedische Rundschau, Berlin (StadtAM, NL Lamm, Akt 6, Stammbäume und Lebensläufe Lamm; SchArchivBR: Gespräch.

[48] StadtAM, NL Lamm, Akt 6, Stammbäume und Lebensläufe Lamm; StadtAM, NL Lamm, Akt 12, Entwurf des Antrages auf Darlehensgewährung nach §§ 90 und 62–72 des BEG von Lamm für das BLEA; StadtAM, NL Lamm, Akt 205, Schreiben von Lamm an CONFIDENTIAL vom 15.11.1968; SchArchivBR: Gespräch. Lamm war bereits zu seiner Zeit auf der Luitpold-Oberrealschule für die Schulbibliothek zuständig. Vgl. StadtAM, NL Lamm, Akt 149, Dankesworte von Dr. Lamm nach der Verleihung der goldenen Medaille „In Honorem Fautoris" am 20.11.1979.

[49] Hans Lamm Reminiscences, 6/5/77, Privat (Original in englischer Sprache).

[50] Diese Auffassung wurde wissenschaftlich bestätigt von Hanke: Zur Geschichte der Juden in München, bes. S. 299f.; Selig: Richard Seligmann, S. 1–64; Heusler: Verfolgung und Vernichtung (1933–1945), bes. S. 161f.

„Ich weiß nicht, ob München eine besonders nationalsozialistische Stadt war. Ich glaube
hier war doch alles immer mit einem gewissen Maß an Gemütlichkeit und Urbanität oder
der berühmten bayerischen Liberalität gemischt. Wenn dem nicht so gewesen wäre, wären
Münchner Juden viel früher ausgewandert. [...] Die Münchner Juden, um einen Münchner
Ausdruck zu gebrauchen, haben sich in München sauwohl gefühlt. [...] Ich würde sagen,
dass auch in der Nazizeit, oder in der Prä-Nazizeit, ich hab's Abitur 1932 gemacht, es zwar
einige Nazis an der Schule gab, aber das war alles sehr gemütlich, und da ich zum Beispiel
am Sabbat nicht schrieb, und wenn ein Lehrer eine Schulaufgabe am Samstag geben
wollte, dann die ganze Klasse schrie: ‚Nein, der Lamm kann ja nicht schreiben!‘ und dann
wurde am Samstag eben keine Schulaufgabe gemacht. Also, es gab, und ich glaub, dass ich
hier nicht verkläre und verniedliche, es gab nicht einen bestialisch-bösen wahnwitzigen
Antisemitismus, sondern, wie Leute damals sagten, einen gemütlichen, mit dem man aufgewachsen ist. Man wusste halt im Kaiserreich, dass Juden keine Offiziere und keine ordentlichen Universitätsprofessoren und keine obersten Richter wurden, aber davon abgesehen konnte man leben und leben lassen.“[51]

Vor diesem Hintergrund kann man vielleicht eher nachvollziehen, warum für
Lamm der Gedanke, zu emigrieren, trotz der sich verschärfenden Situation für
die Juden in Deutschland zu Beginn der 1930er Jahre in keiner Weise relevant
war.[52] „1935 konnten wir das Leben noch genießen, auch die kulturellen Aktivitäten der Münchner Juden, die sehr zahlreich waren“, erinnert sich Eric Lucas, der seit dem Frühsommer des genannten Jahres in München junge Menschen jüdischen Glaubens auf ihre Auswanderung nach Palästina vorbereitete.
„Da war Dr. Ludwig Feuchtwanger, der Bruder des berühmten Schriftstellers
Lion Feuchtwanger. Er gab die Zeitung der jüdischen Gemeinde heraus und
hielt Vorträge, die stets überfüllt waren. Kein geringerer als Martin Buber kam
nach München, um im Rahmen der jüdischen Erwachsenenbildung vor jüdischem Publikum zu sprechen. Er nahm sich insbesondere Zeit, um zu Jugendgruppen zu sprechen, wie wir es waren. Ein junger Mann meines Alters namens
Hans Lamm war ehrenamtlicher Sekretär des Jüdischen Jugendzentrums.“[53]
Diese Tätigkeit, der Lamm in München mit großer Begeisterung nachging, die
ihn aber nicht Vollzeit beschäftigte, gab ihm die Möglichkeit, auch in den dreißiger Jahren vergleichsweise viel zu reisen. So besuchte er 1936 seinen aus zionistischer Überzeugung nach Palästina ausgewanderten Freund Fritz Rosenthal in Haifa und war häufig zu Gast bei seinem Bruder Heinrich in Breslau,
der dort im Krankenhaus seine spätere Frau Annie Thea Hirschel kennen gelernt hatte.[54] Die Beziehung zu Heinrich war auch in den 1930er Jahren sehr

51  FernsehArchivBR: Juden in München. Die Sendung, der dieses Zitat entnommen ist,
    wurde 1982 aufgenommen und ausgestrahlt.
52  Zur Situation für Juden in Deutschland 1933/34 vgl. den 1934 verfassten Beitrag von
    Reichmann: Vom Sinn deutsch-jüdischen Seins.
53  Lucas: Junge Juden, S. 49. Zur Biographie Ludwig Feuchtwangers vgl. das ausführliche
    Nachwort von Rolf Rieß in Ders. (Hg.): Gesammelte Aufsätze, S. 190–225, zu seiner He-
    rausgeberschaft der Bayerischen Israelitischen Gemeindezeitung vgl. ebd., S. 201f. sowie
    S. 208–210.
54  Annie Thea, geb. Hirschel (geb. 4.8.1907). Zu den Besuchen vgl. StadtAM, JUDAICA-
    Varia, Akt 1, Brief von Lamm an SBC vom 17.12.1935 sowie 17.4.1936.

eng, litt jedoch durch die räumliche Entfernung und Heinrichs Beziehung mit
Annie. Lamm fiel es anfänglich sehr schwer, eine Frau an der Seite seines Bruders zu akzeptieren: „Ich weiß, dass ich anfangs [Annie] gegenüber sehr feind-
selig war. Ich hatte starke Einwände gegen die Beziehung. Später fand ich
mich mit der Tatsache ab, dass sie geheiratet hatten, und ich glaube, die Beziehung besserte sich." Durchaus selbstkritisch erinnert sich Lamm, wie mühsam
ein gegenseitiges Akzeptieren in der Anfangsphase gewesen war: „Ich erinnere mich an eine Fahrradtour – Heini, sie und ich – und wir stritten uns über
etwas. Ich weiß nicht [...] Ich wollte umkehren, und sie wollte nicht umkehren. Das zeigt die Spannung. Es war nur meine kindliche Unfähigkeit, einen
Bruder aufgeben zu können, der mehr oder weniger mein alleiniges Eigentum
gewesen war."[55]
Eine wichtige Entscheidung, die Hans und Heinrich Lamm nicht gemeinsam,
aber beide mit einigem zeitlichen Abstand trafen, war die, sich vom orthodoxen
Judentum abzuwenden. Hans Lamm erinnerte sich, dass Heinrich Mitte der
zwanziger Jahre zunächst eine extrem orthodoxe Phase durchlebte, bevor er für
sich erkannte, „dass die Orthodoxie keinen Sinn ergab, dass es keinen Grund
gab, die orthodoxe Lebensführung fortzusetzen"[56]. Unerwartet plötzlich schloss
Heinrich Lamm mit der orthodox-jüdischen Tradition seiner Kindheit ab und
schlug einen Weg ein, der in die entgegengesetzte Richtung führte. Ganz so
schnell wie sein Bruder brach Hans nicht mit den vertrauten Gewohnheiten. Er
entschied erst Mitte der dreißiger Jahre, die religiösen Gesetze nicht mehr
einzuhalten.[57] So durchlebte Hans unabhängig von seinem Bruder einen Ablö-
sungsprozess, der mit einer grundlegenden Infragestellung des jüdischen Selbst-
verständnisses, wie er es von den Eltern vermittelt bekommen hatte, einherging.
– Ist Judentum ausschließlich Religion? Ist es Nationalität? Kann es beides
sein? – 1936, als Lamm seine Position gefunden zu haben schien, versuchte er
seine Erkenntnisse zu diesem Themenkomplex in einem über mehrere Tage
hinweg verfassten Brief darzulegen. Ausgelöst worden war diese – für Lamm
eher ungewohnte – Offenheit durch den Eingang eines Schreibens von einem
Freund, der sich in Palästina mit denselben Fragen nach dem eigentlichen Inhalt und Selbstverständnis des Judentums befasste. Da Lamm selbst das Thema
für außerordentlich wichtig erachtete und es ihn in seiner Komplexität trotz aller Antworten nach wie vor intensiv beschäftigte, leitete er die Korrespondenz
am 7. Oktober 1936 in Auszügen an einen kleinen Kreis von Freunden zur Stellungnahme weiter, um mit ihnen darüber diskutieren zu können. Auch wenn
nicht alle von Lamm angeführten Einzelheiten nachvollziehbar sind, so ist dieser Briefwechsel eines der wenigen Zeugnisse, in dem seine Gefühle festgehalten sind und das Auskunft darüber gibt, welche Gedanken zur Zeit des politischen Umbruchs und der äußeren Bedrohung in seinem Inneren tobten.

[55] Hans Lamm Reminiscences, 6/5/77, Privat (Original in englischer Sprache).
[56] Ebd.
[57] Ebd.

Die von Lamm ausgewählten Textpassagen nehmen immer wieder indirekt Bezug auf die aktuellen Ereignisse, sind jedoch in diesen Bezügen so klar, dass sie im Folgenden unkommentiert (und in gekürzter Form) wiedergegeben werden:[58]

„München, den 24. September 1936

[...] Meine Beziehung zur jüdischen (und jeder anderen) Religion ist gegenwärtig so vollkommen nicht-bestehend, daß ich mir und anderen da gar nichts vormachen will. Von anderen unterscheide ich mich hierbei vielleicht dadurch, in welchem Ton ich dies gesteh: Andere mögen sich dieser ihrer ‚Freiheit‘ brüsten; ich nicht. Denn ich bin davon überzeugt, daß einer, der zu glauben vermag, viel subjektiv-sinnvoller und glücklicher leben kann als einer, der nicht glauben kann. Du hast nun klar erkannt, wie untrennbar Judentum und Religion zusammen gehören, daß das – von zionistischen Verschleierungs-Ideologien manifestierte – jüdische Volkstum ohne Religion nur als unwesentliche, sehr inhaltsarme Sache besteht. Aber, so müssen wir weiter bekennen, – und da schließt sich der verhexte Zirkel – wir, die wir ungläubig, also unreligiös, sind, vermögen deshalb beim besten Willen gar nicht, das Judentum so anzunehmen, wie es eben ist und wie es historisch geworden ist: nämlich religionserfüllt. Es muß immer wieder (gerade auch zu Euch hin!) gesagt werden, daß alles andere, was wir an Jüdischem zu pflegen für richtig halten, sei es nun T'nach[59] oder Chassidismus[60] oder Midraschim[61], nur voll erkannt und genommen werden kann, wenn man vermöchte, sich auf die gleiche Grundlage zu stellen, die diesen Dingen damals selbstverständliche Basis war: die religiöse nämlich. Man muß den Mut aufbringen, noch einen Schritt weiterzugehen und folgendes aussprechen: Es ist doch irgendwie eine ungeheure Verantwortungslosigkeit, wenn wir mit Selbstverständlichkeit in unseren Gemeinden (die doch – darüber hilft kein noch so schwungvolles Gerede hinweg – wesensmäßig Religions-Gemeinden sind und bleiben, und nicht ‚Volks-Gemeinden‘, was sie zeitweilig aus praktischen Notwendigkeiten werden können, nicht aber aus inneren Gründen!) verharren. Laufen wir nicht Gefahr, unjugendlich verspießert zu sein, wenn wir es allzu schnell als Feigheit, Fahnenflucht (oder wie sonst die einschlägige Entrüstungs-Vokabel heißen mag) kennzeichnen würden. Dabei kann ich es persönlich wesentlich besser verstehen, wenn einer glaubt, aus innerem Reinlichkeitsgefühl dies tun zu sollen, als daß wir Ungläubige allesamt schlaff in einer Gemeinschaft mittreiben, deren überwältigend-religiösen Charakter wir nicht wegleugnen können noch wollen. In all dem jüdischen Betrieb, in dem wir stecken und dem wir uns aus äußeren Gründen auch nicht entziehen wollen oder können, sollten wir uns so etwas öfters vor Augen führen als es zu geschehen pflegt. [...] Es ist eine unbillige Forderung, für jede Negation ein ebenso starkes positives Bekenntnis erwarten zu wollen. Meine Vorstellungen von ‚jüdischem Geist‘ sind zu verschwommen, als daß ich hierüber wesentliches aussagen könnte. Einiges weniges, wie der unbedingte Wille zum Recht (vgl. WASSERMANNs ‚Idee der Gerechtigkeit‘) wie ein bestimmter Stil geistiger Haltung, Denk- und Handlungs-Weise mag zu erkennen sein. Die 1900 Jahre, in denen Juden als stete Minderheit zu leben gezwungen waren, hat nicht nur ihren Körper und manche äußere Eigenschaft

---

[58] StadtAM, NL Lamm, Akt 32, Schreiben von Lamm an einen Kreis von Freunden zur Stellungnahme vom 7.10.1936.

[59] Der Tanach ist die Heilige Schrift der Jüdischen Religion. Die drei Hauptteile sind die Tora (Weisung), die Nevi'im (Propheten) und die Ketuvim (Schriften). Sein Kanon besteht aus 39 Büchern.

[60] Der Chassidismus ist eine von der Kabbala beeinflusste, ekstatisch-mystische jüdische Frömmigkeitsbewegung, entstanden um 1750 aus den Anhängern des Baal Schem Tow in Südostpolen.

[61] Das Wort Midrasch (hebr., pl. Midraschim, abgeleitet vom hebräischen Verb darosch, „suchen, forschen") ist die Bezeichnung für die rabbinische Auslegung der Bibel (auch Exegese).

geprägt, sondern auch das innere Gesicht, den Willen nach Frieden und Gerechtigkeit und Freiheit der Minoritäten. Daß für diese Ausbildung dieses jüdischen Geistes außer den 1900 Jahren Galut-Geschichte auch die religiösen Ueberlieferungen im Judentum wichtig waren, ist so selbstverständlich, daß es hier nicht näher ausgeführt zu werden braucht. Vielleicht können noch mehr Wesens-Elemente des ,jüdischen Geistes' angegeben werden; daß das eigentlich-Jüdische immer Religiöses ist und daß derjenige, der daran nicht teil hat, kein vollkommener Jude ist, dessen bleibe ich mir wohl bewusst. Daß ein bloßes ,Trutz-Judentum', d. h. das ehrenvolle Bekennen zu einer zu Unrecht verfolgten Gemeinschaft, erst recht kein zugänglicher Ersatz für verloren gegangene Inhalte sein kann, ist ebenfalls so naheliegend, daß es nur der Vollständigkeit halber hier nochmals gesagt werden soll, obschon mancher heute durch ,Betrieb' und ,Mit-Stolz-den-gelben-Fleck-tragen' in erstaunlicher Weise versucht, das, was ihm an innerer Beziehung fehlt, zu ersetzen.
Ich wäre froh, wenn ich Ermutigenderes, Positiveres hätt hierzu sagen können. Aber auch hier ist derjenige, der mehr gibt, als er hat, ein Lump.
[...]

(fortgesetzt am 6. Oktober 1936)
[...] Alfred fragte mich, was ich eigentlich unter „religiös" verstehe, und als ich „religiös" mit „gottgläubig" gleichgesetzt hatte, weiter, was ich unter „Religion" verstehe. Ob ich nun unter Religion den Glauben an Gott verstehe oder das Vertrauen an einen tieferen Sinn der Welt und ihres Geschehens oder den Glauben an eine gemeinschaftsbildende Lebensform. Diese Frage war ihm wichtig, weil er auf die von BUBER, ROSENZWEIG (und auch von ihm) vertretene Ueberzeugung hinwies, daß bei religiöser Haltung das Entscheidende nicht der Glaube an etwas sei, sondern die Bewährung im gläubigen T u n. Ich erwiderte, daß für mich von entscheidender Wichtigkeit und Vordringlichkeit zunächst der Glaube an Gott ist und daß sich daraus dann logisch auch die zwei weiteren Glaubens-Bestandteile (jedoch erst sekundär) ergeben. Das Tun, das Alfred demgegenüber als religiös bewährend bezeichnet, ist für mich – als ethisches Handeln – eine natürliche (nicht aber wesensmäßig religiöse) Forderung („Das Moralische versteht sich stets von selbst" VISCHER).

Parallel zu seinen Gedanken über die Inhalte jüdischer Religion beschäftigte Lamm aber gleichermaßen die zunehmend aussichtsloser werdende Situation für Juden in Deutschland. Waren für Lamm die Überlegungen, Deutschland zu verlassen, zum Zeitpunkt der Machtübernahme Hitlers kein Thema, bewirkte der sich verschärfende Antisemitismus im Deutschland der 1930er Jahre und die immer neuen Maßnahmen der Nationalsozialisten – besonders das Inkrafttreten der Nürnberger Gesetze –, dass er sich ernsthaft mit der Frage nach dem „Gehen oder Bleiben?" auseinander setzte.

Lamm konnte die spürbare Verschlechterung der Situation für die Jüdischen Gemeinden in seiner Münchner Gemeinde „Ohel Jakob" und bei der Organisation von Veranstaltungen des Lehrhauses verfolgen.[62] Auch wenn er noch 1936 – in der Zeit, in der jüdisches Lernen nicht mehr das Ergebnis freier Entscheidung, sondern das einzige war, was übrig blieb[63] – versuchte, ein abwechslungsreiches Schulungsangebot für jüdische Jugendführer in Bayern

---

[62] StadtAM, JUDAICA-Varia, Akt 1, Brief von Lamm an SBC vom 15.12.1936; SchArchivBR: Gespräch. Vgl. dazu auch: Wetzel: „Mir szeinen doh". München und Umgebung, hier bes. S. 330–334.
[63] Reichmann: Jüdisches Lehrhaus – 1936, S. 79.

auszuarbeiten und gleichermaßen bekannte als auch für die Erwachsenenbildung qualifizierte Referenten für Vorträge und Kurse in der Gemeinde zu gewinnen,[64] so mehrten sich die nicht mehr übersehbaren Probleme für Juden in Deutschland.

Die Veränderungen erlebte Lamm jedoch auch ganz persönlich, denn seine journalistische Tätigkeit wurde mehr und mehr beeinträchtigt. Zahlreiche jüdische Blätter, für die Lamm schrieb, mussten ihren Betrieb auf Druck der Nationalsozialisten einstellen, und nicht-jüdische Zeitungen weigerten sich zunehmend, Lamms Artikel abzudrucken.[65] Aber nicht erst seit dem Einsetzen der für ihn persönlich deutlich spürbaren antisemitischen Einschränkungen, beschäftigte Lamm sich letztlich doch mit dem Gedanken, Deutschland zu verlassen. Bereits seit 1935 zog Lamm ernsthaft in Erwägung, auf „gärtnerische Hachschara"[66] zu gehen, um so dem Regime der Nazis zu entkommen. Mit der Idee jedoch, „als übler – ganz unzionistischer – Zertifikatsjäger mich ins Land [Palästina] zu schmuggeln" konnte er sich – wie in seinen Ausführungen zuvor erwähnt – nicht anfreunden. Verzweifelt suchte er nach einem anderen Ausweg, stand aber der Idee seines Bruders Heinrich, gemeinsam mit ihm und seiner Familie in die USA auszuwandern, zunächst ablehnend gegenüber. „Mein Bruder war in US America, wohin er im Frühjahr auswandern will. Er möchte, daß ich mitgeh, aber sträflicherweise zieh ich nicht recht", berichtete Lamm noch im Dezember 1936 seinem Freund Fritz Rosenthal über diese ersten Bemühungen seines Bruders, ihn aufgrund der aussichtslosen Lage in Deutschland zu überzeugen.[67] Statt mit Heinrich und seiner Frau Annie in die USA zu gehen, zog Lamm von München nach Berlin. Seit Herbst 1937 studierte er insgesamt drei Semester bei Ismar Elbogen und Leo Baeck an der Hochschule (damals Lehranstalt) für die Wissenschaft des Judentums in Berlin, nicht um Rabbiner zu werden, sondern um sein jüdisches Wissen besser zu fundieren.[68] Letztendlich wurde jedoch das stetige Drängen seines Bruders ausschlaggebend dafür, dass Lamm sich für den Gang ins Exil entschied: „Mein Bruder machte mir deutlich, [...] dass junge Juden oder dass Juden im Allgemeinen in Deutschland keine Zukunft mehr hätten und so ent-

---

[64] StAM, NL Lamm, Akt 32, Rundschreiben von Lamm an die Führer aller jüdischen Jugendbünde, München, vom 6.11.1936 und Karte von Lamm an Martin Buber vom 10.11.1936. Vgl. auch ebd. Schreiben von Lamm an Buber vom 28.12.1950.
[65] StadtAM, JUDAICA-Varia, Akt 1, Brief von Lamm an SBC vom 14.5.1938; SchArchivBR: Gespräch. Vgl. zu den im Folgenden aufgelisteten Veränderungen die Briefe von Lamm an SBC (StadtAM, JUDAICA-Varia, Akt 1) vom 9.7.1935, 18.7.1935, 28.7.1935, 5.11.1935, 28.1.1936, 12.10.1937 (Zitat 9.7.1935).
[66] Hachschara (hebr.) bedeutet wörtlich Vorbereitung. Der Begriff bezeichnet zunächst die landwirtschaftliche Vorbereitung auf die Einwanderung und das Leben in Eretz Israel. In ganz Europa waren Hachschara-Vorbereitungszentren, Siedlungen in Form eines Kibbuz, erreicht worden, in denen vor allem junge Menschen landwirtschaftliche Berufe erlernten.
[67] StadtAM, JUDAICA-Varia, Akt 1, Brief von Lamm an SBC vom 15.12.1936.
[68] SchArchivBR: Gespräch; StadtAM, NL Lamm, Akt 2, Bestätigungsschreiben über den Besuch der Hochschule von Herbert A. Strauss.

schloss ich mich mehr dem Rat meines Bruders folgend als einer zeitgeschichtlichen oder philosophischen Erkenntnis, dass ich auswandern sollte."[69]

Im Frühjahr 1938 bemühte Lamm sich von Berlin aus um die Erlaubnis, in die USA ausreisen zu dürfen,[70] und gab seinen Freunden in Palästina wenige Wochen vor seinem Aufbruch einen ausführlichen Lagebericht, in dem er auch zu seinen Gefühlen der Auswanderung gegenüber Stellung bezog:

„Ich habe bewußt die genauen Adressen hier vermerkt [...], weil die meisten Adressaten ja auf heiligem Boden und damit (für amerikanische Begriffe, die ich mir nun tunlich bald aneignen sollte) nah beieinander wohnen: [...] Der Unterfertigte selbst ist schon bißl in Aufbruchstimmung: am letzten Dienstag hatte er das zweifelhafte Vergnügen, dem honorable Consul of the U.S.A. seine Affidavits zu überreichen und Ende Juli wird er (nachdem die Papiere Gnade in Seinen Augen gefunden zu haben scheinen) endgültig gemustert werden... Dann soll es möglichst bald los gehen. Ein mal erwogener Plan, den kleinen Umweg über Palästina zu machen, um nach USA zu gelangen, ist wieder so gut wie aufgegeben. Aus mancherlei Gründen. Es wär zu schön gewesen und hat drum nicht sollen sein. Meine palästinensischen Freunde, die ja alle ich bereits schon mal besuchte, mögen in Bälde mir in meiner neuen ‚Heimat' einen Gegen-Besuch abstatten! Ernsthaft: Ich würd mich unbändig freuen und sicher manch anderer in USA auch. Was ich drüben tun werde, ist noch gänzlich unklar und mir sogar ziemlich wurscht. Es ist mir (verzeiht die unheroische Offenheit!) höchst mies, nach USA zu gehen; aber nachdem ich dort nicht nur meinen Bruder samt Familie habe, sondern auch Hoffnung auf ein Existenzminimum und ich in Palästina leider gar keine Betätigungs- o. ä. -Möglichkeit für mich sehe, habe ich die Chance, jetzt einwandern zu können, ergriffen, und werde in ein paar Monaten voll Voreingenommenheit und Furcht, mich drüben nie heimisch zu fühlen, dort einlaufen. Wirklich: nie hab ich mehr als heut, wo die Auswanderungsentscheidung gefallen ist, zionistisch gefühlt und Euch in Palästina, wo immer Ihr lebt, beneidet. Ich glaube ziemlich illusionslos Euer Leben, das ich ja während arger Unruhen vor 2 Jahren selber kennen lernte, anzusehen und nicht als ‚Prospektgläubiger' es zu heroisieren, – und doch find ich Euren Weg so unendlich viel sinnvoller und damit die maximale Glücks-Chance in sich bergend als den unseren, mag er nun nach USA oder Australien oder sonstwohin führen. Wieder so unterzutauchen und aufzugehen, wie es früher möglich war, werden wir (oder wenigstens: ich) nie mehr recht lernen und an der Möglichkeit jüdischer Galut-Arbeit, die wert ist, geleistet zu werden, zweifle ich (zumindest wiederum für mich, der ich jüdisch doch recht zaghaft und wenig positiv bin)."[71]

[69] SchArchivBR: Gespräch. Darüber hinaus: StadtAM, NL Lamm, Akt 8, Karin Friedrich: Ihr Lebensziel ist Aussöhnung, in: Süddeutsche Zeitung vom 21.3.1983; StadtAM, NL Lamm, Akt 12, Schilderung der Verfolgungsvorgänge vom 25.6.1955.
[70] Sein Rechtsanwalt schrieb im Zuge der Wiedergutmachungsverhandlungen erklärend dazu, dass Lamm „als Münchner letztere Stadt immer als seinen wirklichen Aufenthaltsort ansah und damals in der Verfolgungszeit zwangsweise nach Berlin gekommen ist, weil er hoffte, von dort eine bessere Auswanderungsmöglichkeit zu finden. Es handelte sich dabei um keinen freiwilligen Entschluss, sondern um einen Fluchtweg, wobei er tatsächlich auch von Berlin aus seine Auswanderungsmöglichkeit fand." (StadtAM, NL Lamm, Akt 12, Schreiben von RA Hoffmann an das Entschädigungsamt Berlin vom 26.10.1956). Letzteres scheint in diesem Zusammenhang das Entscheidende zu sein, denn Lamm kam nicht – wie hier argumentiert wird – ausschließlich nach Berlin, um eine Auswanderungsmöglichkeit zu finden. Bereits bevor seine Auswanderungspläne in den Vordergrund traten, hatte Lamm sein Studium an der Lehranstalt in Berlin aufgenommen. In diesem Sinne äußert sich Lamm in SchArchivBR: Gespräch.
[71] StadtAM, JUDAICA-Varia, Akt 1, Brief von Lamm an SBC vom 14.5.1938. Vgl. hierzu auch Kapitel Zwischen den Stühlen?, Anm.189.

Besonders schwer fiel Lamm der Abschied vom deutschen Theater und den ihm in Berlin zugänglichen Bibliotheken. Beide Einrichtungen versuchte er noch so viel wie möglich vor seiner Ausreise zu nutzen und schrieb darüber an seine Freunde:

„Nun, im übrigen bin ich bemüht, die letzten Wochen hier noch so sinnvoll wie möglich zu gestalten: nicht selten in Theater u. ä. zu gehen. Vor acht Tagen war ich hier bei der Erst-aufführung von BAT DORIs Palästina-Stück ‚Das Gericht‘ im Kulturbund, und das war tatsächlich ein besonders gewaltiger Abend. Das wir so was (was Stück wie Aufführung angeht) noch schaffen konnten, kann einen fast stolz und froh machen: das Stück, das scheinbar ‚aus Opportunität‘ leider in Palästina selbst noch nicht rauskam (sondern nur in Polen und hier), ist von einer Chawera einer Kwuza[72] und berichtet vom Tod eines Eng-länders, eines Juden und eines Arabers in den Unruhen und klärt in höchst geschickt ge-machten Szenen die Beweggründe, die die drei Menschen zum Morden führten. Ein höchst reales und echtes, dabei beglückend gerechtes und verstehendes Stück: ich war ausnahms-weise ungleich begeisterter als alle Kritiker, denen es entweder zu unkünstlerisch, oder zu brith-schalomistisch[73] erschien...! Da kannst nix machen. Übrigens verbring ich meine kurzen Tage hier nicht nur mit Theaterbesuchen und Faulenzen, sondern arbeit auch eini-ges auf Lehranstalt und Bibliotheken (ein Jammer, daß ich mit so idealen Bibliotheken nie und nirgend mehr werd zu tun haben) und zwar hauptsächlich historische Sachen, die zT Spaß zT langweilige und zeitraubende Mühe machen.“[74]

Trotz aller Trauer um die Dinge, die ihm persönlich am Herzen lagen und die er würde zurücklassen müssen, richtete sich sein Blick gleichzeitig voraus-schauend in die ungewisse Zukunft. Um sich auf die neue Sprache vorzuberei-ten, „laß ich mich an vier Abenden der Woche mit je 3 Stunden in einem In-tensivkurs von Lehrhaus und Reichsvertretung englisch dressieren, was sich auf die Dauer hoffentlich nicht nur als interessant und amüsabel erweisen wird“[75]. Nach zahlreichen Gesprächen und Musterungen erhielt Lamm am 30. Juni 1938 vom Konsul in Berlin die Erlaubnis zur Ausreise und verließ Deutschland nach einem letzten Besuch bei seinem Vater in München sech-zehn Tage später.[76]

---

[72] Die Kwutza (heb. Gruppe) war eine sozialistische Lebensform, die sich durch soziale und wirtschaftliche Gleichstellung auszeichnete. Aus dieser sozialen Form entwickelte sich die Kibbuz-Bewegung.

[73] Brit Schalom (hebr. Friedensbund) wurde im März 1926 von A. Ruppin, später Vorsit-zender, gegründet. Mitglieder waren z. B. Martin Buber, Yehuda Magnes und andere deutschsprachige Intellektuelle, die für einen binationalen Staat Palästina eintraten. in dem Juden und Araber die gleichen bürgerlichen und politischen Rechte erhalten sollten.

[74] StadtAM, JUDAICA-Varia, Akt 1, Brief von Lamm an SBC vom 14.5.1938.

[75] Ebd.; SchArchivBR: Gespräch.

[76] StadtAM, JUDAICA-Varia, Akt 1, Karte von Lamm an SBC vom 28.6.1938; StadtAM, NL Lamm, Akt 6. Stammbäume und Lebensläufe Lamm. Lamms Ausbürgerung durch die Nationalsozialisten erfolgte am 8.9.1939: Veröffentlichung im Deutschen Reichsanzeiger und Preußischen Staatsanzeiger Nr. 211 vom 11.9.1939 unter Nr. 75, Lamm, Hans, geb. am 8.6.1913 in München. Vgl. StadtAM, NL Lamm, Akt 197, Aktennotiz von B. Verrel vom 6.2.1985. Informationen entnommen aus: Hepp: Die Ausbürgerung, Bd. 1, Liste 134. Deutscher Reichsanzeiger und Preußischer Staatsanzeiger Nr. 211 vom 11.9.1939. Nr. 75, Lamm, Hans, S. 218.

# DAS AMERIKANISCHE EXIL (1938–1945)

„Ueber meinen Bruder (Dr. Heinrich L., 2625 Paseo, Kansas City, MO) wirst Du mich immer erreichen koennen und ich hoffe zuversichtlich, dass unsere Verbindung um nichts gemindert wird. Wie klein meine Erwartungen für drueben sind, wird Dir mein juengster Brief erwiesen haben. Das hat immerhin das einzig Gute, dass man nur angenehm enttaeuscht werden kann..." – Diese Worte notierte Lamm unmittelbar vor dem Verlassen Deutschlands auf einer Postkarte an seinen Freund Fritz Rosenthal, der sich zu diesem Zeitpunkt schon Schalom Ben-Chorin nannte.[1] Das Gepäck voller Ängste und Zweifel, verließ Lamm Deutschland in Richtung New York und erreichte am 29. Juli 1938 Kansas City, wo sein Bruder und dessen Frau bereits Fuß gefasst hatten.[2]

Die von Lamm in seinen Briefen bzw. Karten vor dem Aufbruch zum Ausdruck gebrachte Skepsis war nicht nur für ihn charakteristisch, sondern begleitete die meisten Vertriebenen des nationalsozialistischen Deutschland, für die das Verlassen der ehemaligen Heimat viel mehr als einen Ortswechsel bedeutete. „Sie waren zu Bürgern zweiter Klasse erklärt worden, verfolgt, gedemütigt, verstoßen. Sie durften sich nicht mehr als Deutsche fühlen, gehörten aber vorerst auch keiner anderen Nation an", beschreibt Marita Krauss den Zustand derjenigen, denen die Flucht aus dem nationalsozialistischen Machtbereich glückte.[3] Während in den ersten Jahren nach der Ernennung Hitlers zum Reichskanzler nur wenige Juden ausgewandert waren, stieg die Zahl der Emigranten deutlich nach dem Erlass der Nürnberger Gesetze und erreichte nach der Reichspogromnacht am 9./10. November 1938 ihren Höhepunkt.[4] Ein Großteil der etwa 278 000 Juden, die seit 1933 bis zum Auswanderungsverbot im Herbst 1941 Deutschland verließen, suchte in der Anfangsphase der Emigration in den europäischen Nachbarländern Frankreich, der Tschecho-

---

[1] StadtAM, JUDAICA-Varia, Akt 1, Lamm an SBC vom 28. 6. 1938.
[2] StadtAM, JUDAICA-Varia, Akt 1, Brief von Lamm an SBC vom 8. 8. 1938; Hans Lamm Reminiscences, 6/5/77, Privat.
[3] Kraus: Das „Emigrantensyndrom", S. 319.
[4] Lamm plädierte dafür, die Ereignisse des 9./10. 11. 1938 – „neckisch oder verniedlichend ‚Reichskristallnacht' genannt" – als „Pogrom" zu bezeichnen. Für die Verwendung des Begriffes „Novemberpogrom" sprechen sich in der aktuellen Forschungsliteratur u.a. Wolfgang Benz, Arnold Paucker und Walter Pehle aus. Ihnen steht eine Gruppe Historiker (unter ihnen z.B. Paul Lawrence Rose und Froma Zeitlin) gegenüber, die an dem Terminus „Kristallnacht" festhalten. Zur Debatte in der Geschichtswissenschaft über Herkunft, Verbreitung und Intention des Begriffes „Kristall-" oder „Reichskristallnacht" bzw. „Pogrom" oder „Reichspogromnacht" vgl. Redemanuskript Andreas Heusler, Eröffnung der Ausstellung „Kristallnacht", München 9. 11. 1998 (StadtAM, Amtsbibliothek). Zur Positionierung Lamms vgl. z. B. StadtAM, NL Lamm, Akt 324, Lamm: Spuren Ausgraben – Vor dem Verwischen bewahren. Zu den historischen Ereignissen in München vgl. Heusler/Weger (Hg.): „Kristallnacht".

slowakei (bis 1938), der Schweiz und den Niederlanden, genauso aber auch in
Großbritannien Schutz.[5] Zu den wichtigsten und begehrtesten Exilländern
entwickelten sich über die Jahre hinweg jedoch Palästina und die USA. Auch
wenn Einwanderungsquoten die Aufnahme jüdischer Flüchtlinge in den Vereinigten Staaten und dem britischen Mandatsgebiet lange Zeit erschwerten
oder gar verhinderten, wurden die USA für mehr als 130 000 jüdische Emigranten aus Deutschland und Österreich rettender Zufluchtsort.[6]

Erleichtert wurde Heinrich und Hans Lamm der Prozess der Einwanderung
in die USA, da sie sich als so genannte „Verwandte ortsansässiger Personen"
um eine Aufnahme bemühten. Ein alter Onkel, Louis Lamb,[7] der bereits seit
vielen Jahren in den USA ansässig war, galt ihnen als Referenz und war auch
der Grund, dass die zwei Brüder den Weg nach Kansas City einschlugen.[8]
Trotz dieser Verwandtschaft, die womöglich eine gewisse Vertrautheit mit der
amerikanischen Kultur erwarten ließe, waren Lamm das Leben und die Kultur
in den USA vollkommen fremd, der Aufbruch für ihn, der nie zuvor in Über-
see gewesen war, deshalb eine Reise ins Ungewisse. Seine ersten Eindrücke
aus Kansas City, der Stadt, die ihm in den nächsten Jahren ‚Heimat' werden
sollte,[9] notierte Lamm wenige Tage nach seiner Ankunft und sandte sie – wie
den letzten Gruß aus Deutschland – an seinen Jugendfreund Schalom Ben-
Chorin: „Ich bin jetzt also schon 10 Tage in USA, nicht ganz so entsetzt, wie
ich befuerchtet hatte, aber auch nicht ploetzlich begeistert. Es ist ein uns sehr
fremdes Land und vor allem ein uns noch viel fremderes Volk, und ich frage
mich sehr, ob wir uns da je anders fuehlen werden denn als Gaeste."[10] In dieser ungewohnten Umgebung ging es Lamm in den ersten Wochen vor allem
darum, sich mit der neuen Situation vertraut zu machen und zugleich seine
Zukunft abzusichern. Besonders drängend war dabei die Sorge, wie er sich in
den USA finanzieren könnte. Aber auch die Frage, ob ihm in den Vereinigten
Staaten weiterhin journalistisches Arbeiten möglich wäre, beschäftigte Lamm
sehr intensiv. Ben-Chorin berichtete er über diese Überlegungen:

---

[5] Strauss: Introductions, bes. S.XV und S.XX–XXII.

[6] Strauss: Introductions; Benz: Das Exil der kleinen Leute, bes. S.30–34.

[7] Louis Lamb, geb. als Lazarus Lamm am 11.11.1858, gest. wohl in den 1950er Jahren in
Kansas City, Sohn von Chaim (1792–1862) und Hanna Lamm (geb. Schlossheimer, gest.
1856), heiratete seine Cousine Sally Lamm (geb. 17.11.1867 in Wittelshofen; gest. um 1908),
Schwester von Ignaz Lamm. StadtAM, NL Lamm, Akt 6, Stammbäume.

[8] Hans Lamm Reminiscences, 6/5/77, Privat; SchArchivBR: Gespräch; StadtAM, JUDAI-
CA-Varia, Akt 1, Brief von Lamm an SBC vom 15.12.1936 und 4.1.1938. Vgl. zu der Er-
leichterung der Aufnahme in den USA aufgrund bereits dort lebender Verwandten Strauss:
Introductions, S.XXI.

[9] Hans Lamm bezeichnete die Vereinigten Staaten bereits vor seinem Aufbruch in die
USA in einem sehr zögerlich-skeptischen Ton als „Heimat" (StadtAM, JUDAICA-Varia,
Akt 1, Rundbrief von Lamm vom 14.5.1938). Nach den Jahren des Exils spricht er ernsthaft von dem Land als „the country which gave me refuge in 1938 and became not only a
haven but a home to me, too". (StadtAM, NL Lamm, Akt 5, Schreiben von Hans Lamm
an Senator Hon. Jacob K. Javits, Washington D.C., USA vom 23.7.1963).

[10] StadtAM, JUDAICA-Varia, Akt 1, Brief von Lamm an SBC vom 8.8.1938.

„Augenblicklich bin ich noch auf Arbeitssuche: bei meinen naturgemaess noch unzulaeng-
lichen Sprachkenntnissen ist noch keineswegs daran zu denken eine Taetigkeit zu leisten,
die meiner bisherigen aehnelt. Vielmehr kommt nur eine in einem kaufmaennischen Betrieb in Frage. Und ich waere sehr froh, wenn ich so was schon in Aussicht haben wuerde.
Irgendwelche Nebenverdienste (oder: solange ich noch arbeitslos bin: Allein-Verdienste)
moechte ich mir durch journalistische Arbeit schaffen und nun kann ich ja wieder mit jued.
Blaettern ausserhalb Deutschlands zusammenarbeiten."[11]

Auf die Möglichkeit, für die amerikanisch-jüdische Presse zu schreiben, muss-
te Lamm länger warten als auf einen Job, mit dem er sich finanzieren konnte.
Nach wenigen Wochen fand er trotz der vergleichsweise schlechten wirtschaft-
lichen Lage, die Ende der dreißiger Jahre in der 1853 gegründeten Stadt am
Missouri River die Arbeitssuche deutlich erschwerte, eine Anstellung als
Hausmeistergehilfe in einem großen Appartementhaus, bekannt unter dem
Namen A.B. Katz. Während Lamm durch diese Aufgabe langsam das Gefühl
der Verbundenheit mit Kansas City entwickelte, entschieden Heinrich und
Annie Lamm zu diesem Zeitpunkt, ihre Zelte in dieser Stadt abzubrechen und
nach La Feria, Texas, zu gehen, um dort gemeinsam eine Praxis zu eröffnen.[12]
Zu ihnen zogen später auch sein Vater Ignaz Lamm und dessen Schwester Cilly, die erst nach dem Novemberpogrom 1938 in den USA eingetroffen waren
– aus der Haft in Dachau war Ignaz nur wegen der bereits vor der Pogrom-
nacht ausgestellten Ausreisegenehmigung entlassen worden.[13]
    Obwohl oder vielleicht gerade weil Lamm „in peinigender Machtlosigkeit
die Schreckenstage der November-Pogrome" nur aus der Entfernung verfolgte, gingen sie ihm sehr nahe und lösten das Bedürfnis aus, gegen die Herrschaft der Nationalsozialisten anzukämpfen – wenn nicht anders möglich,
dann wenigstens verbal. „An kalter Berechnung und Feigheit übertrafen jene
Geschehnisse auch die Greuel der russischen Pogrome bei weitem"[14], bilan-
zierte Lamm. Er nahm die Eskalation der Situation für die Juden in seinem
Geburtsland zum Anlass, einen seiner ersten Beiträge für die englischspra-
chige Presse zu verfassen, der am 27. Januar 1939 in der von der Society for
the Advancement of Judaism herausgegebenen Zeitschrift „The Reconstructionist" erschien.[15] Entscheidende Motivation für die harten Worte, die Lamm
in seinem Beitrag wählte, dürfte darüber hinaus jedoch auch in den von ame-

11  StadtAM, JUDAICA-Varia, Akt 1, Brief von Lamm an SBC vom 8.8.1938.
12  Hans Lamm Reminiscences, 6/5/77, Privat.
13  SchArchivBR: Gespräch.
14  Dieses sowie das vorausgegangene Zitat sind entnommen: Lamm: Anti-Nazi-Bücher.
15  Der Artikel erschien unter dem Pseudonym Peter Halm: At This Very Hour. The Less-
on Of The November Pogroms. Eine Kopie des Aufsatzes befindet sich im StadtAM, NL
Lamm, Akt 333. Das Pseudonym Peter Halm ist sicher für Hans Lamm belegt. Auch die
biographischen Daten, die in dem Aufsatz verarbeitet wurden, stimmen mit Lamms Lebensgeschichte überein. Darüber hinaus erwähnt Lamm diesen Artikel gegenüber Schalom Ben-Chorin, der dem Beitrag Lamms persönliche Haltung gegenüber den Deutschen
entnehmen könnte (StadtAM, StadtAM, JUDAICA-Varia, Akt 1, Brief von Lamm an
SBC vom 20.2.1950).

rikanisch-jüdischer Seite vertretenen Ansichten zu suchen sein: Viele der seit mehreren Jahren oder Jahrzehnten in den Vereinigten Staaten ansässigen Juden erachteten den Zustrom von jüdischen Flüchtlingen nicht nur aus ökonomischen Gründen als Belastung. Er wurde von ihnen vielmehr als destabilisierender Faktor mit direkter Auswirkung auf ihre eigene Position als Amerikaner angesehen. Die Angst vor dem Vorwurf, die „jüdische Solidarität" gefährde die nationalen Interessen der USA, führte nach den Novemberereignissen soweit, dass „die amerikanischen Mainstream-Juden einen Konsens erzielten – sie einigten sich auf eine Politik öffentlichen Stillschweigens"[16].

Da nach der Katastrophe im November 1938 eine unglaublich hohe Anzahl von Berichten über die Ereignisse im nationalsozialistischen Deutschland die USA erreichten, hielt Lamm sich nicht damit auf, die Geschehnisse wieder und wieder zu kommentieren. Selbst den letzten unverbesserlichen Optimisten unter den amerikanischen Juden müssten die zahlreichen veröffentlichten Darstellungen dieser unvorstellbaren Grausamkeit von der Gefahr nationalsozialistischen Handelns überzeugt haben. Er sah seine Aufgabe im Aufrütteln der amerikanischen Juden und richtete einen Aufruf zum gemeinsamen Handeln an „die amerikanischen Mainstream-Juden". Er appellierte an sie, den Ausführungen eines Zeugen der Ereignisse, der selbst zu lange die eigentliche Gefahr ignoriert hatte, die von den Nationalsozialisten für die jüdische Gemeinschaft ausging, Gehör und Glauben zu schenken, und verband damit die Aufforderung an alle Juden weltweit, den Parolen der Nationalsozialisten nicht länger zu trauen. Es sei an der Zeit, anzuerkennen, dass die Nationalsozialisten nicht eher ruhen würden, bis der letzte Jude umgebracht, die letzte Synagoge niedergebrannt und der letzte jüdische Friedhof zerstört worden sei – deshalb dürfe man die weltpolitischen Entwicklungen nicht weiter passiv beobachten. Diese Politik der Vernichtung mache es erforderlich, mit der über Jahrhunderte gewachsenen historischen Tradition der jüdischen Passivität – Lamm argumentiert ausgehend von Ereignissen zu biblischer Zeit bis in die Gegenwart – zu brechen und den Weg einer vorausschauenden, aktiven Politik einzuschlagen. Das Wissen um die Gräuel, die von den Nationalsozialisten verübt wurden und noch verübt werden würden, erfordere gemeinsames Handeln:

„Fünf Jahre lang tröstete sich das Weltjudentum in dem Gedanken, dass die deutschen Juden zumindest ihre wirtschaftliche Existenz bewahrt hatten. Dieses Alibi dient nicht mehr. Alles ist ihnen genommen worden außer dem nackten Leben, und das ist auch kaum noch sicher, da jeder dritte Jude in einem Konzentrationslager ist und die einflussreichste Zeitung einen ‚Krieg mit Feuer und Schwert' fordert. Wir Juden müssen hart werden, um stark zu sein, und wir müssen Tausende von Menschenleben abschreiben, auch wenn unsere Herzen bluten. [...] Wir müssen den Krieg, der uns erklärt worden ist, zu Ende kämpfen, gleichgültig, ob das ihre Vernichtung bedeutet oder unsere. Die Lö-

---

[16] Zu der Positionierung der amerikanisch-jüdischen Öffentlichkeit zu den Ereignissen in Deutschland vgl. Arad: Patriotismus als Agens von Akzeptanz, hier bes. S. 27f., Zitat S. 28.

sung der ‚Judenfrage' wird beweisen, ob es so etwas wie ein Weltgewissen gibt, denn die Judenfrage ist tatsächlich eine der ganzen Menschheit. Jüdischer Mut wird sich an gefährlicheren Orten behaupten müssen als in den Studios von Filmgesellschaften und auf den Kanzeln von Synagogen."[17]

Sich selbst nahm Lamm von diesen Forderungen nicht aus. In Briefen brachte er zum Ausdruck, wie sehr ihn persönlich die Ereignisse in Deutschland belasteten und welche praktischen Aktionen er sich vorstellen konnte, um auch als weit entfernt lebender Emigrant seine Glaubensgenossen nicht nur verbal, sondern auch politisch aktiv zu unterstützen. Einzelne dieser Ideen unterbreitete er 1939 Klaus Mann, der Deutschland bereits 1933 verlassen hatte und im September 1938 in die USA (Princeton, N. J.) emigriert war.[18] Lamm nahm mit seinen Ausführungen zunächst Bezug auf die Worte seines Korrespondenzpartners, der in dem vorausgegangenen Schreiben seine (im Vergleich zu Lamm deutlich positivere) Position im Hinblick auf die Lage der Emigranten dargelegt hatte, bevor er auf die politischen Reaktionsmöglichkeiten und die Rolle der weltweit verstreut lebenden Juden zu sprechen kam:

„Ich nehme Ihren Rat, Geduld zu zeigen und Hoffnung zu hegen, nicht zu leicht. Dass das ‚Uebersthen' auch eine Art des Sieges ist, leugne ich umso weniger, als unsere juedische Geschichte eben dadurch gekennzeichnet ist. Aber ‚Warten' und ‚Hoffen' sind keine politischen Parolen, und ich frage, ob wir, die wir die unvorstellbare Gluecks-Chance vom Schicksal gewaehrt bekamen, in die Freiheit entfliehen zu koennen, keine anderen Moeglichkeiten und Aufgaben haben? Diese Aufgaben koennten zwei Seiten haben: erstens eine planvolle und wirkkraeftige anti-faschistische Aktion, zweitens eine mutige politische Einflussnahme im Gastland zur Durchsetzung unserer politischen und gesellschaftlichen Ideen. Aber beides erwies sich als unmöglich: die Emigration (von einzelnen Ausnahmen abgesehen) hat keine eigenen Ideen gezeigt, kein Programm der Aktion und keine Legitimation zur Fuehrung im Reich oder in der Fremde. ‚Der Angriff ist die beste Verteidigung' – und alle Emigrantenliteratur (so agressiv sie im Ton auch sein mag) ist doch nur defensiv, nie einen (un-utopischen) Gedanken zur Aktion ‚in unseren Tagen' aufweisend.
Wenn es wenigstens moeglich waere, eine gemeinsame Basis zu finden fuer die geistig nicht voellig Verstumpften unter uns. Eine einzige grosse Plattform, auf der sich alle treffen, die nicht nur vom negativen Hass gegen Nazis, sondern von der Liebe zu Deutschland und der Sehnsucht nach Gerechtigkeit zusammengefuehrt sind. Vielleicht ist es moeglich diese Schicksalsgemeinschaft zur Gesinnungs- und Tat-Gemeinschaft zu formen. Aber selbst, wenn das unmoeglich waere, es waere bereits ein menschliches (und, wenn sich Ihr Optimismus bewahrheitet: auch politisches) Verdienst, all den in die Vier Ecken der Erde Verstreuten das Gefuehl zu geben, nicht voellig verloren und vergessen zu sein. Gibt es eine Gruppe oder Zeitschrift, die als Hoffnung in dieser Richtung anzusprechen ist?"[19]

---

[17] Halm: At this very hour, S. 13 (Original in englischer Sprache). Zu diesem Thema vergleiche auch Lamm: Unsere Aufgabe.
[18] Wie der Kontakt zwischen Lamm und Mann zustande kam, ist leider nicht genau nachvollziehbar. Es scheint, dass sie sich bereits in Deutschland kennen gelernt hatten und Lamm sich während der Zeit im Exil mit zwei Briefen an einen Schicksalsgenossen wendet. Zur Biographie Klaus Manns s. z. B. Mann: Der Wendepunkt; Mann: Kind dieser Zeit; Heimannsberg (Hg.): Klaus Mann: Tagebücher 1931–1949 (Auszüge).
[19] Dieses sowie das folgende Zitat sind entnommen aus: StadtAM, NL Lamm, Akt 230, Schreiben von Lamm an Klaus Mann, zu der Zeit in Princeton, N.J., vom 14.4.1939.

Mit diesen Worten zeigt Lamm nicht nur mögliche politische Aktionen auf, zu
denen sich die deutsch-jüdischen Emigranten seiner Meinung nach zusam-
menfinden sollten. Aus den niedergeschriebenen Zeilen erfahren wir, wie es
um Lamm in eben dieser Zeit bestellt ist: Er fühlte sich in der durch die Emigration bedingten Untätigkeit überflüssig und wurde von Schuldgefühlen gegenüber denen geplagt, die sich nicht ins Exil hatten retten können, sondern
Opfer der nationalsozialistischen Gewaltherrschaft wurden. Zugleich verspürte er sehr deutlich den Verlust dessen, was er zurückgelassen hatte, und
kämpfte gegen immer wieder aufkommendes Heimweh. Beides wog aufgrund
der Schwierigkeiten in der neuen Umgebung und Zweifeln an seiner eigenen
Identität besonders schwer. Lamms persönliche Betroffenheit und Heimatver-
bundenheit kommen im zweiten Teil seines Briefes fast noch stärker zum
Ausdruck und vermischen sich mit einer allgemeinen Sorge um die Zukunft
Deutschlands:

„Darf ich nach diesen praktischen Fragen doch noch eine theoretische aufwerfen? Worauf
gruendet sich unser, nein Ihr, Optimismus? (Denn ich ersehe zwar einen Wandel, aber
glaube nicht daran, dass er in den naechsten Jahren oder Jahrzehnten eintritt). Warum soll
sich ‚waffenstrotzende Gewalt‘ nicht ‚Ewig‘ halten koennen? Sie hat es fuer Generationen
schon oft vermocht! Ueberhaupt sollen wir uns doch das (unmoegliche weil Zeiten und
Umstaende voellig gewandelter Natur) vergleichende Konstruieren von Parallelen zur
Geschichte abgewoehnen. Heute beliebt man sich daran zu troesten, dass auch Napoleon
‚einmal‘ fiel. Dass das darauf folgende Regime innenpolitisch noch weit schmachvoller,
weil reaktionsaermer, war, bedenkt keiner.
Sie nannten etwas spoettisch-herablassend meine Lage ‚etwas melancholisch‘. Ich empfaende es fast als Vorwurf, wenn wir un-melancholisch waeren. In einer Welt, in der wahrscheinlich seit Jahrhunderten erstmalig wieder Unrecht und Mordbrennerei triumphiert,
in der (wie es in dem schoenen Gedenkaufsatz fuer Kurt Eisner in der ‚Freien Sozialistischen Warte‘ hiess) ‚das Leben weiter, aber nicht aufwaerts geht‘, koennen wir nicht froh
sein, solange der Tollheit und Bosheit kein Ende gesetzt ist.“

Ende des Jahres 1938 hatte Lamm einen neuen Job angenommen und arbeitete als Boy's supervisor und Secretary to the President im Jewish Children's
Home in Kansas City.[20] „Ich war mehr oder weniger verantwortlich für die
Jungs", erinnert sich Lamm an diese Tätigkeit. „Das bedeutete nicht nur kos-
tenlose Unterkunft und Verpflegung, sondern ermöglichte mir, an der Universität von Kansas City studieren zu können, was ich tat."[21] Weder die Arbeit
noch das 1938 aufgenommene Studium der Soziologie an der University of
Kansas City[22] kamen jedoch gegen das Gefühl der Einsamkeit an, das Lamm
in den ersten Jahren in den USA nicht loslassen wollte. Lamm fühlte sich lan-

---

[20] Unser Mitarbeiter Hans Lamm, in: Aufbau, Jg. 6, Nr. 38 vom 20.9.1940, S. 10; StadtAM,
NL Lamm, Akt 6, Stammbäume und Lebensläufe Lamm; StadtAM, JUDAICA-Varia,
Akt 1, Rundbrief von Lamm vom 4.7.1939.
[21] Hans Lamm Reminiscences, 6/5/77, Privat (Original in englischer Sprache).
[22] Unterlagen der FAUEN, The University of Kansas City, Cumulative Record; Hans
Lamm to Finish Graduate Work at K. C. U., in: Aufbau, Jg. 7, Nr. 26 vom 27.6.1941, S. 23;
StadtAM, NL Lamm, Akt 6, Stammbäume und Lebensläufe Lamm; StadtAM, JUDAI-
CA-Varia, Akt 1, Rundbrief von Lamm vom 4.7.1939.

ge unwohl und fremd, verfolgte ununterbrochen besorgt die Entwicklungen in der deutschen Heimat, und auch die finanzielle Situation war auf längere Sicht hin ungewiss. Seinen Freunden schrieb er hierzu im Juli 1939:

„Zunaechst also Euch allen herzlichen Dank und die Versicherung (believe it or not), dass ich sehr froh bin, mit Euch in Kontakt zu sein. Ich bin hier so isoliert, dass Briefe meine einzige Ansprache sind. Von meiner Mickrigkeit gibts wenig zu vermelden; vor vier Wochen beendete ich mein erstes Semester, in abermals 4 Wochen werd ich's so mit dem 2. tun, und um $150.00 aermer und um den schmucken Titel eines B.A. reicher sein. Praktisch hat das nicht sehr viel zu bedeuten, gibt aber das Recht zum sog. Graduate Studium; ob ich das (wohl als Sozialarbeiter) derkraften werd koennen, ist vor allem ein noch sehr ungeloestes Finanzproblem. Wenn nicht, werd ich eben auf irgend eine andere weniger nette Weise mich durchzuhauen versuchen muessen. [...] Das Kinderheim, in dem ich wirke (!), fliegt (nicht grad deshalb) wohl in absehbarer Zeit auf, was zwar meine Lebenskosten erhoehen wird, aber mich nimmer an dieses gottverlassene ‚heart of America' binden wird. – Von der juedischen oder sonstigen Aktivitaet dieses Volkes hier, kann ich wenig berichten: einmal weil ich in meine Arbeit zu sehr eingespannt bin, zum andern, weil diese Mittelstadt im Mittelwesten zwar typisch für USA ist, aber doch keine Hoechstleistungen erzeugt. Wir fuehlen uns bedrueckt, der Entwicklung (?) in Erez so untaetig zusehen zu muessen; es ist gar nicht nur Vergnuegen in einem Land zu leben, das sich relativ ‚sicher' fuehlt vor direkter Kriegsgefahr, wenn man so viele Lieben in Gefahrenzonen weiss. Von der Heimat schweigen wir besser (last Ihr Konrad Heiden, ‚The New Inquisition'?).“[23]

Anders als in diesem Brief befürchtet, existierten das Jewish Children's Home und somit auch Lamms Arbeitsverhältnis lange genug, um sein Studium der Soziologie an der University of Kansas City vollständig zu finanzieren. Nachdem er dieses am 8. Juni 1941 mit dem M.A. abgeschlossen hatte,[24] wechselte er an die George Warren Brown School of Social Work an der Washington University in Saint Louis, Missouri, um seinen bereits 1939 geäußerten Wunsch zu verwirklichen und Social Work zu studieren. Dieses Fach sei „[...] eine hierzulande hoechst entwickelte Wissenschaft. Es ist mit praktischer Arbeit verbunden und die Einsichten in die Lebensweise vieler Amerikaner – Schwarzer und Weisser – macht einen noch etwas nachdenklicher....“, schreibt Lamm. „Man fragt sich, ob ein solches System verbesserungs-faehig und -wuerdig ist, oder ob man seinen baldigen und voelligen Untergang herbei wuenschen soll, um den Neubau eines Besseren zu ermoeglichen.“[25]

---

[23] StadtAM, JUDAICA-Varia, Akt 1, Rundbrief von Lamm vom 4.7.1939 und Brief von Lamm an SBC vom 3.10.1940. Zu den Entwicklungen in der Heimat: StadtAM, JUDAICA-Varia, Akt 1, Rundbrief von Lamm vom 4.7.1939; Brief von Lamm vom 3.10.1940. Zur finanziellen Situation: StadtAM, JUDAICA-Varia, Akt 1, Rundbrief von Lamm vom 4.7.1939.

[24] Lamm schrieb seine Abschlussarbeit, so die Auskunft der George Warren Brown School vom 30.3.2007, über das Thema „Prospects of Group Survival as Demonstrated by a Western Jewry".

[25] StadtAM, JUDAICA-Varia, Akt 1, Briefe von Lamm an SBC vom 1.6.1941. Zum Studium allgemein vgl. Unterlagen der FAUEN, The University of Kansas City, Cumulative Record; Hans Lamm to Finish Graduate Work at K.C.U., in: Aufbau, Jg. 7, Nr. 26 vom 27.6.1941, S. 23; StadtAM, NL Lamm, Akt 6, Stammbäume und Lebensläufe Lamm; StadtAM, JUDAICA-Varia, Akt 1, Rundbrief von Lamm vom 4.7.1939.

Über persönliche Kontakte, sei es zu anderen Studierenden oder zu Mitgliedern der jüdischen Gemeinde in Kansas City, berichtet Lamm in dieser Zeit nicht. Es scheint, dass ihn die Auseinandersetzung mit der englischen Sprache, das in den USA aufgenommene Studium und die parallel dazu notwendigen Arbeitsverhältnisse zur Finanzierung seines Lebensunterhaltes so sehr in Anspruch nahmen, dass nur wenig, wenn überhaupt Zeit blieb, mit anderen Menschen in Kontakt zu treten.[26] Schalom Ben-Chorin sandte er dazu nur eine Zeile: „Mein Leben geht in relativ unveraenderter Ungetruebtheit, Ungesichertheit und Einsamkeit weiter."[27]

Nach dem Verfassen seines Beitrags „In This Very Hour" für „The Reconstructionist" Anfang des Jahres 1939 gelang es Lamm langsam, Kontakt zu einzelnen jüdischen Zeitungen in Amerika herzustellen. Die Möglichkeit, seiner großen Leidenschaft wieder häufiger nachgehen zu können, war sicher mit verantwortlich dafür, dass sich seine Gemütslage im Laufe der Zeit deutlich besserte. Später, als Lamm bereits für den *Aufbau*, *The Kansas City Call* und *B'nai B'rith Monthly* schrieb,[28] musste er jedoch feststellen, dass Zeitmangel und Sprachprobleme seine Arbeit beeinträchtigten.[29] Seinem Freund Ben-Chorin berichtet er im Juni 1941 offen darüber: „Ich habe zur journalistischen Arbeit gar keine Zeit mehr; und es ist auch muehselig Ding in der Nicht-Muttersprache zu schreiben; es wird wohl immer ein Schreiben an Krücken bleiben."[30]

Nachdem er am 2. Juni 1942 seinen M.A. in Social Work von der George Warren Brown School of Social Work erhalten hatte,[31] verblieb Lamm zunächst als Director of Research in der Jewish Welfare Federation of Greater Kansas City „im Herzen Amerikas"[32]. Sein unmittelbarer Vorgesetzter und Chef dieser Organisation, Dr. Max Bretton – ein Freund Heinrich Lamms und zugleich der

---

[26] StadtAM, JUDAICA-Varia, Akt 1, Rundbrief von Lamm vom 4.7.1939.

[27] StadtAM, JUDAICA-Varia, Akt 1, Rundbrief von Lamm vom 3.10.1940.

[28] StadtAM, NL Lamm, Akt 197; Lamm: Hans Lamm. Deutsch-Jüdischer Publizist, Vorwort, S. VI; Unser Mitarbeiter Hans Lamm, in: Aufbau, Jg. 6, Nr. 38 vom 20.9.1940, S. 10.

[29] Lamm selber gibt das Sprachproblem als entscheidenden Grund dafür an, dass er nie eine spätere Einwanderung nach Israel ernsthaft in Erwägung gezogen habe, da er die hebräische Sprache nie so gut hätte beherrschen können wie die deutsche. Vgl. SchArchivBR: Gespräch.

[30] StadtAM, JUDAICA-Varia, Akt 1, Brief von Lamm an SBC vom 1.6.1941. Zum Sprachproblem v.a. für Journalisten, Publizisten und Kulturschaffende vgl. Biller: Exilstationen, S. 93

[31] Lamm schrieb seine Masterarbeit, so die Auskunft der George Warren Brown School vom 29.6.2007, über das Thema „History of the Council of Social Agencies of Kansas City, Missouri". Vgl. zum Studium und Abschluss: Unterlagen der FAUEN, Bestätigungsschreiben von Benj. E. Youngdahl von der Washington University, Saint Louis, Mo. über das Studium Lamms vom 5.12.1949; Unterlagen der FAUEN, Studentenbogen der Washington University, Saint Louis, Mo.; Hans Lamm, in: Aufbau, Jg. 8, Nr. 24 vom 12.6.1942, S. 14; StadtAM, NL Lamm, Akt 6, Stammbäume und Lebensläufe Lamm; StadtAM, JUDAICA-Varia, Akt 1, Brief von Lamm an SBC vom 3.10.1940; 1.6.1941.

[32] StadtAM, JUDAICA-Varia, Akt 1, Rundbrief von Lamm vom 4.7.1939; StadtAM, JUDAICA-Varia, Akt 1, Brief von Lamm an SBC vom 3.10.1940. Zu Lamms Anstellung vgl. Hans Lamm, in: Aufbau, Jg. 8, Nr. 28 vom 10.7.1942, S. 16; StadtAM, NL Lamm, Akt 6,

Vorsitzende des Jewish Community Center – war nicht besonders erfreut, dass Lamm nach nur eineinhalb Jahren in dieser Funktion zum 16. Dezember 1943 eine vergleichbare Tätigkeit als Assistent des Direktors beim American Zionist Emergency Council in New York aufnahm.[33] Für Lamm dagegen bedeutete dieser Umzug „eine deutliche Verbesserung, weil ich New York City sehr viel lieber mochte als Kansas City..."[34]. Nicht erstaunlich ist vor dem Hintergrund dieser Aussage, dass aus der Beschreibung seines (Berufs-)Alltags eine deutlich positivere Grundstimmung spricht, als aus früheren Ausführungen:

„Seit dem 16. Dezember bin ich beim American Zionist Emergency Council [wörtlich: Amerikanischer Zionistischer Notstands-Rat], (einem Verband, der von der Zionistischen Organisation Amerikas, Hadassah, Poale Zion und Mizrachi gegründet wurde), – mit einer Zielsetzung, die sich von selbst versteht. Meine Arbeit ist der Forschungs- und Verwaltungstätigkeit ähnlich, die ich in Kansas City gemacht habe, und sie ist interessant. Es ist gut zu wissen, dass unsere Bemühungen zum Erreichen eines sehr wünschenswerten Ziels beitragen können. Ich brauche Dir nicht zu sagen, dass ich Deine Briefe mit wachsendem und nicht nur privatem Interesse erwarte. Es gibt keine wesentlichen Veränderungen in meinem persönlichen Leben, über die ich berichten könnte. Ich war noch kein einziges Mal verheiratet, und ich weiß nicht, ob und wann ich es jemals tun werde."[35]

Von Schalom Ben-Chorin gefragt, griff Lamm diesen hier angesprochenen persönlichen Aspekt seines Daseins auch in seinem folgenden Brief wieder auf: „Ja, – ich bin noch unbeweibt. Wir koennen es jedoch dahin gestellt sein lassen, ob der einzige Grund ist, dass ich ‚ein kuehler Mensch‘ sei ‚dem die Frauen nie hart zu schaffen machten‘ wie Du vermutest. Das ist nur ein Aspekt der Realitaet."[36] Auch wenn Lamm die eigentlichen Gründe, die dafür verantwortlich waren, dass er 1944 noch nicht verheiratet war, weder in diesem, noch in einem der folgenden Briefen offen anspricht, so ist mit dem Wissen um seine weitere Lebensgeschichte klar, was er seinem Freund gegenüber anzudeuten versuchte. Für Lamm waren die Jahre in den USA die Zeit, in der er sich seine Homosexualität eingestand und – wie er Jahre später Freunden anvertraute – auch erste Beziehungen mit Männern führte.[37]

Scheinbar unabhängig von der Entwicklung seines Privatlebens hatten sich jedoch über die Jahre hinweg Lamms persönliche Einstellung zu seinem Aufenthalt in den USA, seinem Alltag und seine Ausstrahlung deutlich zum Posi-

---

Stammbäume und Lebensläufe Lamm; StadtAM, JUDAICA-Varia, Akt 1, Brief von Lamm an SBC vom 3.4.1943.

[33] Unser Mitarbeiter Hans Lamm, in: Aufbau, Jg. 9, Nr. 52 vom 24.12.1943, S. 7; StadtAM, NL Lamm, Akt 6, Stammbäume und Lebensläufe Lamm; StadtAM, JUDAICA-Varia, Akt 1, Briefe von Lamm an SBC vom 8.1.1944, 26.4.1944; SchArchivBR: Gespräch. Zum American Zionist Emergency Council vgl. Kaufmann: American Zionist Emergency Council.

[34] Hans Lamm Reminiscences, 6/5/77, Privat (Original in englischer Sprache).

[35] StadtAM, JUDAICA-Varia, Akt 1, Brief von Lamm an SBC vom 8.1.1944 (Original in englischer Sprache).

[36] StadtAM, JUDAICA-Varia, Akt 1, Brief von Lamm an SBC vom 24.6.1944.

[37] Gespräche mit Brigitte Schmidt und Helga von Loewenich. Vgl. zu dem Thema Homosexualität im Judentum z. B. Hertzberg: Judaismus, S. 165–174.

tiveren gewandelt. Dritte, die ihn in dieser Phase seines Aufenthaltes im Exil kennen lernten, charakterisierten ihn nicht mehr wie Klaus Mann fünf Jahre zuvor als melancholischen Emigranten, der den Eindruck machte, sich mit der Fremde nicht abfinden zu können. Vielmehr sahen sie in ihm einen in die Gesellschaft integrierten jungen Mann, der das Leben genoss. So erinnert sich William B. Goldfarb, seinerzeit aktives Mitglied in der Zionistischen Jugend Bewegung (New York) und Gewinner des National Essay Contest des Zionist Emergency Council, 1974 in einem Brief an Lamm: „Zu meinen Erinnerungen gehört die, dass ich Sie als Mann des ‚Savoir-faire‘ bewunderte, als Sie mir im Sommer 1944 mitteilten, Sie hätten Tickets für Oklahoma (wohin Sie eine junge Dame mitnahmen), und sie hätten diese Karten schon viele Monate vorher bestellt. Für einen 16-Jährigen stellten Sie damals den Inbegriff eines Mannes von Welt dar, – sehr beeindruckend."[38]

Parallel zu der beruflichen Weiterentwicklung veränderte sich auch Lamms Beziehung zur englischen Sprache. Hatte er 1941 noch auf deutsch beklagt, dass ihm das Schreiben in der Nicht-Muttersprache so schwer falle,[39] verfasste er seit dem Frühjahr 1943 sogar seine private Korrespondenz in englischer Sprache.[40] Dies führte so weit, dass er Ben-Chorin, der ihn bat, doch auch in Zukunft in der deutschen Sprache mit ihm zu korrespondieren, antwortete: „Ich habe Deinen Brief vom 7. März vor mir und versuche, Deinem Wunsch zu entsprechen, und deutsch zu schreiben. Du magst laecheln, aber dies ist wirklich so ungewohnt zu mir – da ich fast nie mehr deutsch schreibe oder spreche – das ich nicht garantieren kann, wie erfolgreich ich die fremd gewordene Muttersprache meistern werde."[41] Einzelne Formulierungen in diesem Brief zeigen, wie sehr der Mann, der jahrelang in der deutschen Sprache zu Hause gewesen war, über die Jahre des Exils den Kontakt zu dieser Sprache verloren hatte. Diese Feststellung legt die Annahme nahe, dass Lamm zu diesem Zeitpunkt weitestgehend in die amerikanische Gesellschaft integriert war. Sprachlich und beruflich war ihm dieser Schritt wohl tatsächlich gelungen.[42] Die tiefe Verbundenheit und das Gefühl der Heimat scheint Lamm für sein Zufluchtsland, die USA, jedoch nur teilweise und auf andere Art als gegenüber Deutschland empfunden zu haben. Schon 1940 hatte er über den Prozess der Annäherung an das Gastland geschrieben: „Im Leben jedes ‚refugees‘, ‚new comer‘ oder wie wir Noch-Nicht-Amerikaner uns nennen wollen, gibt es

---

[38] StadtAM, NL Lamm, Akt 58, Schreiben von Dr. William B. Goldfarb an Lamm vom 28.4.1974 (Original in englischer Sprache).

[39] StadtAM, JUDAICA-Varia, Akt 1, Brief von Lamm an SBC vom 1.6.1941.

[40] Vgl. StadtAM, JUDAICA-Varia, Akt 1, Briefe von Lamm an SBC vom 3.4.1943, 8.1.1944.

[41] StadtAM, JUDAICA-Varia, Akt 1, Brief von Lamm an SBC vom 24.6.1944.

[42] Lamm selber schreibt später hierüber: „In der neuen Heimat war es mir gelungen, mir eine neue Existenz zu schaffen, und das junge Land, das traditionell Neueinwanderern Gastfreiheit gewährt, hatte auch die gesellschaftliche Eingliederung erleichtert." Halm: Aufhören toll zu sein, S. 16f.

Augenblicke, in denen wir den Mut sinken lassen. ‚Amerikanisierung' ist für den Denkenden kein einfaches Spiel, und oft fühlen wir uns unverstanden und die neue Umwelt scheint unverständlich. Nur der Kurzsichtige wird leugnen, dass jede Verpflanzung ein gewagtes Unterfangen ist, und nicht immer gelingt das atemraubende Experiment."[43] Mit seinem Artikel „Geistige Amerikanisierung", der am 6. Februar 1942 im deutschsprachigen *Aufbau* abgedruckt wurde, knüpft er genau an diese Worte an, wenn er schreibt:

„Für uns alle ist heute das Problem der ‚Amerikanisierung' vordringlich. Die Frage ist eine ernste: wie weit können wir Glieder eines Volkes werden, das in seiner Geschichte und vielleicht auch in seiner Lebensphilosophie bemerkenswerte Unterschiede zu der unseren aufzuweisen hat? Sie ist nicht zuletzt ein Generationsproblem. Während der Fünfziger resigniert dankbar ist, wenn er seinen Lebensunterhalt verdient, und der Fünfzigjährige alles ‚o.k.' findet, spüren die ‚Mittelalterlichen' irgendwie die Herausforderung, die Amerika für uns darstellt. Die Einwanderer unserer Tage finden nicht nur eine wesentlich andere Lage vor, als die Immigrationswellen des 19. Jahrhunderts, sondern auch grössere Chancen. Ihre kulturelle und soziale Lage lässt sich eher mit amerikanischen Masstäben messen als es im Fall ost- oder süd-europäischer Immigration möglich war. Die relative ‚Höhe' des Lebensstandards, die wir vor unserer Auswanderung zuweilen erklommen hatten, mag jedoch gelegentlich eher als ein Hemmschuh denn als eine Förderung der Amerikanisierung wirken.
Es bedarf nicht vielen Nachdenkens, um zu erkennen, dass ein wesentlicher Grund für die Schwierigkeiten mancher unserer Freunde, sich in Amerika vollkommen daheim zu fühlen, darin zu finden ist, dass wir nicht jene Kinderlieder und Bilderbücher als Gefährten unserer ersten Lebensjahre hatten, die jedem Amerikaner so vertraut sind, wie es der Struwelpeter uns war. Unserer Bildung wird dieses in seiner Bedeutung kaum überschätzbare Stück immer fehlen."[44]

Diese sehr allgemein formulierten Vorbehalte geben mehr Einblick in die persönliche Gedankenwelt Lamms, als es zunächst den Anschein hat. Die von ihm beschriebene Distanz zwischen Amerikanern und Neueinwanderern, die er vor allem auf die unterschiedliche Sozialisierung in der Kindheit zurückführte, war für ihn, der noch 1944 die Straßenzüge Washingtons mit den eindrucksvollen Gebäuden Münchens verglich und den die Rocky Mountains bei Denver an „unsere Alpen" erinnerten, ein unüberwindbares Problem.[45] Denn auch wenn sich die von Lamm angestellten Vergleiche zwischen Amerikanischem und altvertrautem Deutschen womöglich noch dadurch erklären ließen, dass Lamm seinen Freunden, die Deutschland kannten, aber noch nie die USA betreten hatten, das Land beschreiben wollte, in dem er sich aufhielt, so sei abschließend aus einem der letzten Briefe Lamms aus den USA an Schalom Ben-Chorin zitiert, in dem die von Lamm empfundene Zerrissenheit gegenüber den USA sehr deutlich zum Ausdruck kommt:

---

[43] Lamm: Louis Adamic: „From Many Lands".
[44] Lamm: Geistige Amerikanisierung.
[45] StadtAM, JUDAICA-Varia, Akt 1, Brief von Lamm an SBC vom 24.6.1944. Zur Begegnung von Juden mit der „neuen Welt" vgl. auch Arad: Patriotismus als Agens, hier bes. S. 12–17.

„Vermutlich ist dieser Brief sehr enttaeuschend. Ich bin mir bewusst, dass er nur ‚aeussere Daten' gibt, und dass er kaum erzaehlt, was in mir wirklich vorgeht. Ich war nie sehr gut faehig von mir und ueber mich zu erzaehlen und ich hab nicht dazugelernt. Aber wo sollt ich denn anfangen und wo aufhoeren? Ein ganzes Buch muesst ich schreiben und dann waer ich nicht sicher, wie weit ich mich verstaendlich gemacht habe,– und sicher waer es hoechst zweifelhaft, ob es wert war, all dies niederzuschreiben. Augenblicklich moechte ich Dir wenigstens erzaehlen koennen ueber dieses eigenartige Land und seine Probleme. Ich bin jetzt schon fast 6 Jahre hier und seit 3 Wochen offiziell ‚citizen'; jedoch die Leute und das Land sind noch immer ein schwer verstaendliches und hoechst komplexes Problem."[46]

---

[46] StadtAM, JUDAICA-Varia, Akt 1, Brief von Lamm an SBC vom 24.6.1944. Lamm wurde am 5.6.1944 vor dem United States Court District of Kansas City eingebürgert (StadtAM, NL Lamm, Akt 5, Schreiben von Frederick G. Dutton an Senator Jacob Javits vom 30.8.1963).

# ANNÄHERUNG – ERSTE RÜCKKEHR NACH DEUTSCHLAND (1945–1952)

## Gelebte Rückkehr

Trotz der großen räumlichen Entfernung zwischen der ‚alten‘ und der ‚neuen‘ Heimat brach Lamms Verbindung zu seinem Geburtsland nicht ab. Wie viele deutsche Emigranten in den Exilländern identifizierte er sich mit dem Kampf gegen Deutschland.[1] Er verfolgte die Zeitereignisse mit großer Sorge, bangte um seine Freunde, die er in Deutschland zurückgelassen hatte, und beobachtete die Reaktionen der amerikanischen Bevölkerung und Regierung auf das Fortschreiten des Krieges.[2] Mitte des Jahres 1944 beschäftigte Lamm neben diesen allgemeinen Auswirkungen des Krieges jedoch auch ganz Persönliches: Immer größere Sorge bereitete es ihm, dass der Kontakt zu seinem Onkel Louis Lamm, lange in Berlin als Verleger, Autor und Antiquar tätig,[3] 1943 abgerissen war. Das letzte Lebenszeichen hatte Lamm aus Amsterdam erhalten, wo sein Onkel vorübergehend Zuflucht vor den Nationalsozialisten gesucht hatte. „Man wagt nicht auszudenken, was sich alles ereignet haben mag, bis man wieder von ihnen hörte, wenn man je wieder von ihnen hörte“, schrieb Lamm über diesen Zustand des Bangens bereits 1941.[4] Das lange Schweigen seines Onkels belastete ihn besonders stark und ließ ihn das Schlimmste vermuten, was sich leider – wie er später erfahren musste – bestätigen sollte: Louis Lamm war 1943 nach Auschwitz deportiert und dort ermordet worden.[5] Es waren aber nicht nur die durch die Zeitereignisse erlebten Grauen und ausgelösten Ängste, die Lamm betrübten: Anfang Juni 1944 verstarb sein Vater Ignaz in La Feria, Texas. „Er hat in den letzten Monaten viel leiden muessen und wir wussten, dass keine Hoffnung fuer seine Wiederherstellung bestand“, berichtete Lamm Ben-Chorin. Er versuchte die durch den Tod ausgelösten Gefühle in Worten auszudrücken: „Der Tod kam wirklich als Erloesung. Dennoch hab ich mich noch kaum an die unwiderrufliche Tatsache gewoehnen koennen. Vor ein paar Monaten war er noch mein Gast in Kansas City, gesund und quietschfidel.“[6]

---

[1] Vgl. dazu Krauss: Das „Emigrantensyndrom“, S. 326.
[2] Vgl. dazu StadtAM, JUDAICA-Varia, Akt 1, Briefe von Lamm an SBC vom 4.7.1939, 3.10.1940, 1.6.1941, 8.1.1944 und 24.6.1944.
[3] Louis Lamm (geb. 12.12.1871 in Wittelshofen; gest. 1943 in Auschwitz) war der älteste Bruder seines Vaters, Ignaz Lamm. Vgl. StadtAM, NL Lamm, Akt 6, Stammbaum und Lebensläufe; StadtAM, NL Lamm, Akt 86, Lebenslauf Lamm vom 27.4.1982. Zu Publikationen von und über Louis Lamm vgl. StadtAM, NL Lamm, Akt 7. Zur Buchhandlung vgl. Louis Lamm: Meine Buchhandlung sowie Ders.: Mein Verlag.
[4] StadtAM, JUDAICA-Varia, Akt 1, Briefe von Lamm an SBC vom 1.6.1941.
[5] StadtAM, NL Lamm, Akt 6, Stammbäume und Lebensläufe.
[6] StadtAM, JUDAICA-Varia, Akt 1, Brief von Lamm an SBC vom 24.6.1944.

Je länger Lamm in den Staaten verweilte, desto stärker verspürte er den Wunsch, eine Tätigkeit auszuüben, die unmittelbar mit dem Ende des Krieges in Europa zu tun hätte.[7] Seine Tätigkeit für den American Zionist Emergency Council bedeutete für ihn einen ersten Schritt in diese Richtung. So hoffte er, „dass das ,Jewish Commonwealth in Palestine‘ fuer das wir hier sehr intensiv arbeiten, in grossem Mass zur Milderung der Judennot beitragen wird"[8]. Dennoch sollte Lamms Anstellung nicht plötzlich als uneingeschränkte Zustimmung zum Zionismus verstanden werden. Seinem Freund Ben-Chorin, der ihm dieses unterstellte, antwortete Lamm: „Deine Annahme, dass ich nun ein 100%iger Zionist geworden bin, ist nicht ganz begruendet. Ich hab immer mehr Zweifel, dass die Judenfrage in der ganzen Welt durch den Judenstaat geloest werden koennte. Wenn man mitansehen muss wie kompliziert das Problem in Amerika, von aussen und von innen her gesehen, ist, dann muss man daran zweifeln, dass es eine EINZIGE Loesung gibt."[9]

Im Umfeld der zionistischen Organisationen scheint Lamm sich viel eher deshalb aufgehalten zu haben, weil er hoffte, durch sie eine Rückkehr nach Deutschland ermöglicht zu bekommen. „Vom V(ictory in) E(urope)-Day (8. Mai 1945) an zog es mich nach Deutschland zurück", erinnert sich Lamm 30 Jahre danach an sein Warten auf die Chance zur Rückkehr. Was die entscheidende Motivation, der Grund dafür gewesen war, nach Deutschland zurückzukehren, konnte (oder wollte) er in dem Zusammenhang nicht beantworten: „wie weit es sublimiertes Heimweh, wie weit es der Wunsch, den befreiten Juden (die zu Zehntausenden ausgemergelt aus den Konzentrationslagern Ost- und Mitteleuropas quollen) behilflich zu sein und wie weit es die journalistische Neugier war, bei historischem Geschehen ,dabei zu sein‘, das sei dahingestellt".[10] Im Herbst 1945 wurde diese von Lamm gehegte Hoffnung, für eine der zionistischen Organisationen nach Deutschland zurückkehren zu können, tatsächlich erfüllt: Die American Jewish Conference (AJCon) suchte Personen, die für eine mehrwöchige „Expedition"[11] in das zerstörte Europa reisen würden, um die Lage der Juden im Nachkriegsdeutschland zu erforschen und darüber dem New Yorker Büro Bericht abzulegen.[12]

---

[7]  StadtAM, JUDAICA-Varia, Akt 1, Brief von Lamm an SBC vom 3.4.1943.
[8]  StadtAM, JUDAICA-Varia, Akt 1, Brief von Lamm an SBC vom 24.6.1944.
[9]  Ebd.
[10]  StadtAM, NL Lamm, Akt 324, Juden – 30 Jahre danach, S.1.
[11]  Lamm selber bezeichnete seine Aufgabe für die AJCon als „Expedition". SchArchiv-BR: Gespräch.
[12]  Neben dem Büro der Konferenz in New York existierte je eines in Washington und London, die ständig darum bemüht waren, „die Politik der grossen Demokratien in einer Weise zu beeinflussen, die dem Jüdischen Volk Recht und Freiheit gewähren wird". Stadt-AM, NL Lamm, Akt 104, Die Amerikanisch-Jüdische Konferenz von Hans Lamm. Vgl. auch SchArchivBR: Gespräch; StadtAM, JUDAICA-Varia, Akt 1, Brief von Lamm an SBC vom 1.11.1945; StadtAM, JUDAICA-Varia, Akt 1, Rundbrief von Lamm vom 9./10.12.1945. Vgl. zu den Bedingungen der Rückkehr Lissner: Den Fluchtweg zurückgehen, S.24f.

Gegründet worden war die AJCon beim Treffen der führenden Persönlichkeiten von 32 amerikanisch-jüdischen Organisationen im Spätsommer 1943, nachdem das amerikanische Außenministerium Ende 1942 erste Berichte bestätigt hatte, gemäß denen die Nazis beabsichtigten, das europäische Judentum auszulöschen. Die Konferenz befasste sich seit Beginn ihres Bestehens mit der Rettung der Juden in Europa und den Rechten des jüdischen Volkes in Bezug auf Palästina, seit 1945 bis zu ihrer Auflösung 1949 auch mit den Rechten und der Stellung der Juden in der Nachkriegswelt. Die Repräsentanten wählten ein Interims-Komitee, das mit der Aufgabe eingesetzt wurde, die von der AJCon gefassten Beschlüsse umzusetzen. Es traf sich regelmäßig, um notwendige Maßnahmen zu beraten.[13]

Entscheidender Impuls für die Entsendung einer eigenen Delegation in das zerstörte Nachkriegsdeutschland war für die AJCon der überaus kritische Bericht von Earl G. Harrison, dem ehemaligen United States Commissioner of Immigration und später American Representative of the Intergovernmental Committee on Refugees, über die Lage der jüdischen Displaced Persons (DPs)[14] im Spätsommer 1945. Nach kritischer Berichterstattung in amerikanischen Medien hatte US-Präsident Harry S. Truman jene Inspektion veranlasst, in deren Folge sich die Situation für die jüdischen Überlebenden des Holocaust in der amerikanischen Besatzungszone entscheidend verbesserte.[15] Die zwei bedeutendsten aus diesem Bericht resultierenden Veränderungen waren die Anerkennung der jüdischen Überlebenden als eigene Gruppe, d.h. dass sie nicht nach ihrer Nationalität eingestuft wurden und eigene DP-Lager für sie bereitgestellt wurden, und die Berufung eines ‚Advisor on Jewish Affairs‘, der vermittelnd zwischen Militärs und jüdischen DPs tätig wurde.[16] Vor allem amerikanisch-jüdische Auslandsorganisationen – eine von ihnen die AJCon – machten es sich nach der Veröffentlichung des Harrison-Reports zur Aufgabe, als Fürsprecher der jüdischen DPs zu fungieren und ergänzend zu den Routinebeobachtungen der Armee und UNRRA[17] Beobachtungen in

---

[13] Die zionistische Ausrichtung der Konferenz führte bereits am 24.10.1943 zum Austritt des American Jewish Committee aus dem Zusammenschluss. Zur Geschichte vgl. Davis: American Jewish Conference; Silberklang: American Jewish Conference; Kaufmann: B'nai B'rith; StadtAM, NL Lamm, Akt 104, Die Amerikanisch-Jüdische Konferenz von Hans Lamm.

[14] Staatsangehörige alliierter Länder, die sich bei Kriegsende außerhalb ihrer Heimatstaaten aufhielten, wurden als Displaced Persons bezeichnet. Vgl. Brenner: Nach dem Holocaust, S. 19; Jacobmeyer: Jüdische Überlebende, S. 421, Anm. 1; Ders.: Die Lager, S. 31.

[15] Earl G. Harrison reiste im Juli 1945 nach Europa und legte am 24.8.1945 seinen Abschlussbericht vor. Vgl. Dinnerstein: Britische und amerikanische DP-Politik, S. 110–112; Ders.: The U. S. Army and the Jews, S. 356–360; Jacobmeyer: Die Lager, S. 33–35; Lavsky/Dinerstein: Displaced Persons, S. 384–390; Wetzel: Westmächte, S. 158–161.

[16] Langfristig war die Erkenntnis der zentralen Bedeutung Palästinas für die jüdischen DPs eine der wichtigsten Folgen des Berichtes. Vgl. z.B. Königseder/Wetzel: Lebensmut, S. 35–46.

[17] Die United Nations Relief and Rehabilitation Administration (UNRRA) wurde am 9.11.1943 gegründet. Zu ihren Hauptaufgaben gehörten die wirtschaftliche Hilfe für die europäischen Staaten nach dem Ende des Zweiten Weltkrieges und die Repatriierung und Unterstützung der Flüchtlinge, die unter die Kontrolle der Alliierten gelangten. 1947

den DP-Camps durchzuführen, um so die Verbesserung der Lebensbedingungen für die jüdischen DPs zu gewährleisten.[18]

Am 7. November 1945 verließ die sechsköpfige Delegation der AJCon – eines ihrer Mitglieder war Hans Lamm – die Vereinigten Staaten.[19] Auf dem Schiff, das in Le Havre 2000 heimkehrende Soldaten an Bord nehmen sollte, befanden sich 39 Passagiere und etwa doppelt so viele Crewmitglieder. Lamm, der im Gegensatz zu anderen Mitreisenden nicht gegen die Seekrankheit ankämpfen musste, nutzte die Zeit für ausgiebige Sonnenbäder an Deck und genoss das hervorragende Essen.[20] Die Ankunft in Deutschland stand in heftigem Gegensatz zu den entspannten Tagen der Überfahrt. Nach wenigen Stunden Aufenthalt in Le Havre und Paris reiste Lamm weiter nach Wiesbaden, zum UNRRA-Hauptquartier, in dem die Delegation der AJCon vorübergehend untergebracht war. „Als ich im November 1945 [...] in Belgien die ehemalige ‚Reichsgrenze‘ überschritt – im Juli 1938 hatte ich in der Gegenrichtung, auf dem gleichen Weg das Reich verlassen, ohne damit zu rechnen, seinen Boden je wieder zu betreten – da erfüllte mich eine Mischung von Wehmut, Furcht und Spannung“, erinnert sich Lamm später. Der Anblick der von Bombern getroffenen deutschen Städte Saarbrücken, Mainz und Frankfurt, durch die Lamm auf seinem Weg nach Wiesbaden fuhr, traf ihn umso schmerzlicher und erschütterte ihn zutiefst.[21]

Seine Tätigkeit für die AJCon verlangte es, dass Lamm durch die einzelnen Teile des ehemaligen Deutschen Reiches fuhr, um sich ein Bild von der Situation der Juden, vor allem der jüdischen DPs zu machen.[22] Um die Camps zu erreichen, reiste Lamm durch zahlreiche Städte und war jedes Mal erneut mit dem Anblick der Zerstörung konfrontiert. Besonders schwer fiel ihm das Wiedersehen mit seiner Geburtsstadt München. „Auch von München steht nur noch ein Gerippe, und weil die Stadt so schön war, ist ihr Niedergang besonders deprimierend.“[23] Wie Lamm auf diesen Anblick der Verwüstung reagier-

---

übernahm die International Refugee Organization (IRO) die Aufgaben der UNRRA, die aufgrund ausbleibender Finanzmittel ihre Tätigkeit einstellen musste.

[18] Vgl. Jacobmeyer: Die Lager, S. 33; Lavsky/Dinerstein: Displaced Persons; SchArchiv-BR: Gespräch; StadtAM, NL Lamm, Akt 104, Die Amerikanisch-Jüdische Konferenz von Hans Lamm.

[19] Zu Lamms Tätigkeit für die AJCon im Nachkriegsdeutschland vgl. auch Sinn: Begegnung mit dem „Rest der Geretteten".

[20] StadtAM, JUDAICA-Varia, Akt 1, Brief von Lamm an SBC vom 1.11.1945 und Rundbrief von Lamm vom 9./10.12.1945.

[21] StadtAM, JUDAICA-Varia, Akt 1, Rundbrief von Lamm vom 9./10.12.1945.

[22] Zu ausführlichen Darstellungen der Situation für DPs in Deutschland vgl. Ackermann: Migration, S. 13f.; Brenner: Wider den Mythos, hier bes. S. 156–161; Diner: Negative Symbiose, S. 254f.; Dinnerstein: Britische und amerikanische DP-Politik; Lavsky/Dinerstein: Displaced Persons; Jacobmeyer: Die Lager; Königseder/Wetzel: Jüdische Displaced Persons; Richarz: Juden in der Bundesrepublik, S. 15–18; Wetzel: Westmächte; Zweig: Restitution.

[23] Dieses sowie die weiteren Zitate in diesem und dem folgenden Absatz sind entnommen: StadtAM, JUDAICA-Varia, Akt 1, Rundbrief von Lamm vom 9./10.12.1945 (Original in englischer Sprache).

te, der sich ihm in jeder Stadt aufs Neue bot, zeigt folgendes Zitat: „Ich kann nicht sagen, ob ich mich an den Anblick, den es bietet, gewöhnt habe. Man entwickelt selbst den abnormsten Umständen gegenüber eine gewisse Nüchternheit, nachdem man ihnen eine Zeitlang ausgesetzt war, aber manchmal erschrickt man, wenn man ihr Wesen erkennt." Diese Eindrücke und die Bewältigung dessen, was er sah, waren unmittelbar verknüpft mit der Frage nach den Menschen, die diesen Wahnsinn verursacht hatten und jetzt mit seinen Folgen leben mussten. Für Lamm scheint Hass gegenüber der deutschen Bevölkerung im Allgemeinen keine Rolle gespielt zu haben. Die überall vorgefundene Zerstörung machte ihn betroffen; er sah sie nicht als gerecht oder notwendig an. 1945 schrieb er dazu in einem Rundbrief an seine Freunde: „Ich lasse mich hier nicht auf die Diskussion ein, ob dies das war, was ‚sie provoziert haben', oder, ob dies ‚ihnen eine Lehre sein wird', (zwei Sätze, die hier allzu geläufig sind), aber ich muss sagen, dass die Zerstörung als solche ein sehr deprimierender und hässlicher Anblick ist. Auch wenn sie sonst nichts bewirkt, so verletzt sie unseren Sinn für Schönheit, und im Nachhinein erkennt man unausweichlich den Irrsinn einer Zivilisation, die sich selbst eine solche Zerstörung zufügt." Ganz frei von Gefühlen der Genugtuung war aber auch Lamm nicht. Dies kommt sehr deutlich in den Worten zum Ausdruck, mit denen er seine Emotionen beim Anblick des zerstörten Hauses Wachenfeld beschreibt. „Während Zerstörung normalerweise einen furchtbaren und quälenden Eindruck macht, gab mir der Anblick des Ortes, von dem aus Hitler versuchte, sich die Welt zu unterwerfen, ein Gefühl der Genugtuung über den lange verzögerten Akt ausgleichender Gerechtigkeit."

Die Begegnung mit den Menschen im Nachkriegsdeutschland war ebenso herausfordernd wie die Auseinandersetzung mit dem Anblick der Verwüstung, der sich Lamm auf dem Gebiet des ehemaligen Deutschen Reiches bot. Da die Besatzungsmacht ein eigenes Wirtschafts- und Sozialsystem für die Militärverwaltung errichtet hatte, blieben Kontakte zwischen Angehörigen der Besatzer (oder Mitgliedern anderer an diese angeschlossene Organisationen) und den Deutschen die Ausnahme. Für Lamm, der sich intensiv mit dem Lebensgefühl der Deutschen und ihren Erlebnissen während des Dritten Reiches befasste, erschwerten die Regelungen der Militärregierung sein Bemühen, Einheimische zu treffen, mit denen er über die vergangene Herrschaft der Nationalsozialisten ins Gespräch zu kommen suchte. Die Situation beschreibt Lamm sehr konkret in einem Schreiben an seine Freunde: „Es gibt kaum eine Gelegenheit – es sei denn, man sucht sie –, dass das Personal der Besatzungstruppen und die Einheimischen miteinander in Berührung kommen. Tatsächlich gibt es natürlich solche Kontakte, aber sie sind alle privat oder illegal. Ich sage nicht, dass dies gut oder schlecht ist – aber es ist merkwürdig, und man kann sich nur schwer daran gewöhnen, besonders, wenn es einem nicht gelingt, sich mit seinem Verstand vollkommen der Bevölkerung zu verschließen." Mit Erstaunen beobachtete Lamm in den wenigen Begegnungen mit Deutschen, dass innerhalb der deutschen Gesellschaft ein begrenztes Nachdenken über die Ereignisse der vergangenen nationalsozialistischen Herrschaft eingesetzt hatte, auch wenn er feststellen konnte, dass die Ergebnisse, die am Ende dieser Denkprozesse standen, nicht immer mit den tatsächlichen Gegebenheiten übereinstimmten.[24] Die Personen, die ihm diese Einsicht vermittelten, waren einerseits ein junger Angestellter in seinemHotel („ein typischer deutscher Jugendlicher, wenn es diesen je gegeben hat: blond, groß gewachsen, blaue Augen, der Vater ein Oberst, ein amerikanischer POW [Prisoner of War], der Bruder in russischer Kriegsgefangenschaft"), und andererseits zwei Mitglieder der neuen Regierung von Groß-Hessen.

„Die erste Informationsquelle liefert wertvolle Einblicke in die Psychologie der Deutschen heute. Der Junge – ich nehme an, er ist überdurchschnittlich intelligent – ist keineswegs unkritisch und sicher kein blinder Verteidiger des vernichteten Regimes. Die Partei war offenbar nicht bei ihm beliebt, obwohl der Führer (der ‚nicht wusste, was passierte, da Himmler ihn die Wahrheit nicht wissen ließ!') immer noch viel von seinem Glanz hat. Er ist zynisch und misstrauisch gegenüber jeglicher politischen Propaganda, hat viel von seinem Sinn für Werte verloren und zeigt überhaupt wenig Interesse für Politik. (‚In diesem Winter wollen wir Deutschen nichts außer Brot, ein Bett und ein Dach über dem Kopf!') Er setzt in die Zukunft Deutschlands wenig Hoffnung, und er scheint sich darum auch nicht allzu viele Sorgen zu machen. Er nennt das ganze deutsche Volk ‚kranke Kinder', und ich glaube, dass daran viel Wahres ist. Die Justiz- und Kultusminister, mit denen ich Gespräche führte, bestätigten im Allgemeinen die Eindrücke, die ich aus der ersten Quelle erworben hatte."

Begegnungen mit den Kollegen anderer Hilfsorganisationen, den amerikanischen Militärs und Überlebenden des Holocaust waren dagegen zahlreich. Im September 1945 befanden sich laut Angabe der UNRRA 53 322 jüdische DPs in Deutschland. Die wenigsten der jüdischen DPs wollten in ihre Heimatländer zurückkehren. Sie warteten vielmehr darauf, nach Palästina, in die USA oder andere westliche Staaten auswandern zu können.[25] Die Situation für die in Lagern zusammengefassten DPs war nur unbedeutend besser als die für die deutsche Bevölkerung. Lamm berichtet über Lebensmittelrationen von 1500 Kalorien pro Tag für die Menschen im DP-Camp Zeilsheim, schlechte Lebensbedingungen und überfüllte Unterkünfte für die DPs in Wien und die nicht enden wollenden Ströme polnischer Flüchtlinge nach Bayern, die in den existierenden DP-Lagern kaum untergebracht werden konnten. Die DPs beklagten sich besonders über die geringe Abwechslung: Es gebe zu viele Kohlenhydrate, wenig frisches Gemüse und unzureichende Fleischmengen. Der größte Wunsch, den die Mehrheit der Menschen in den Camps äußerte, war jedoch der nach einem Leben als freie Menschen, außerhalb von Camps, wenn möglich in Palästina. „Wir wissen", schrieb Lamm an seine Freunde, „dass Menschen sich vor allem die Normalität eines Lebens

---

[24] Für die verbreitete Einstellung der Deutschen zur nationalsozialistischen Herrschaft und der „Schuldfrage" vgl. Frei: 1945 und wir; Ders.: Vergangenheitspolitik.
[25] Insgesamt wurden von Mai 1945 bis September 1945 aus Deutschland und Westeuropa 5,2 Millionen DPs in ihre Herkunftsländer ‚repatriiert'. Vgl. Ackermann: Migration, S. 14.

Hans Lamm als Vertreter der American Jewish Conference. Winter 1945/1946.

freier Menschen wünschen, und dies ist, was sie wollen und was sie erhalten müssen."[26]

Nicht immer waren es Unbekannte, die Lamm unter den Überlebenden traf. In dem Rundbrief, den er am 9. und 10. Dezember 1945 verfasste, berichtete er über ein solches Wiedersehen sehr knapp: „Ich traf einige Freunde von früher, und das war jedes Mal sehr berührend. Es war schwierig, mein Erschrecken zu verbergen, wenn ich sah, wie sich ihr Aussehen verändert hatte."[27] Zu diesem Entsetzen gesellten sich immer wieder auch andere Gefühle – die der Enttäuschung und der Entfremdung. Nicht immer, so musste Lamm feststellen, war es möglich, an die alten Zeiten anzuknüpfen und Kontakte zu Bekannten, die zwischenzeitlich abgerissen waren, wiederherzustellen. Im Juni 1946 schilderte Lamm eine Begegnung mit einem früheren Klassenkameraden. Die aufgetretenen Probleme im Umgang miteinander erklärte Lamm sich nicht durch die gegensätzlichen Lebensumstände nach Kriegsende, sondern mit den unterschiedlichen Aufenthaltsorten und den dadurch bedingten gegensätzlichen Erfahrungen zur Zeit der nationalsozialistischen Herrschaft:

---

[26] StadtAM, JUDAICA-Varia, Akt 1, Rundbrief von Lamm vom 9./10.12.1945 (Original in englischer Sprache).
[27] Ebd.

„Über ein Erlebnis, das mich zutiefst beeindruckt hat, möchte ich berichten. Ich traf einen Freund, mit dem ich vor ungefähr 15 Jahre[n] in München zur Schule gegangen war. Wir waren gute Freunde gewesen, und ich freute mich darauf, ihn wieder zu sehen. Der Besuch war eine einzige große Enttäuschung. Wir konnten kaum etwas finden, über das wir uns unterhalten konnten, denn es war offensichtlich, dass wir wenig gemeinsam hatten. Ich war sehr erleichtert, als ich nicht mehr sein Gastgeber war. Ich erwähne diese Episode, weil ich das Gefühl hatte, dass es hier um mehr ging als nur um zwei Individuen, die den persönlichen Kontakt zueinander verloren haben; es schien vielmehr so zu sein, dass die Welten, in denen wir lebten und die Dinge, die wir erlebt hatten, so verschieden waren, dass wir keinen Weg fanden, um den Abgrund zwischen uns zu überbrücken."[28]

Lamm beschreibt hier ein Phänomen, mit dem sich viele der Emigranten konfrontiert sahen, die nach dem Aufenthalt im Exil in ihr Heimatland zurückkehrten.[29] Léon und Rebecca Grinberg erklären diese von Lamm beschriebene Situation durch die bei vielen Rückkehrern zu beobachtende Diskrepanz zwischen Erwartungen vor der Rückkehr und der erlebten Realität nach der Ankunft in der alten Heimat:

„Den Menschen, die sich zur Rückkehr entschließen, ist nicht immer deutlich, daß es sich um eine erneute Migration handelt. Wenn der Emigrant wieder in seinem Herkunftsland ankommt, hat er die Hoffnung, all das wiederzuerlangen, wonach er sich sehnte. Auch wenn er weiß, daß dies unmöglich ist, erhofft er sich dennoch, alle Menschen und Dinge im gleichen Zustand wiederzufinden, wie er sie verlassen hat, als wären sie in einen Dornröschenschlaf versunken und warteten nun auf die Erscheinung des Prinzen.
Aber die angetroffene Wirklichkeit pflegt ganz anders zu sein. Die Bestätigung der Tatsache, daß sich Menschen und Dinge, Gewohnheiten und Moden, Straßen und Häuser, Beziehungen und Bindungen verändert haben, läßt ihn sich wie ein Fremder vorkommen. Nicht einmal die Sprache wird für ihn so klingen wie einst. Die alltägliche Umgangssprache, die Ausdrucksweisen, das zwischen den Zeilen Gesagte wird sich geändert haben; das, was sich auf die Worte, auf die gemeinsamen Vorstellungen, auf die gemeinsame Vergangenheit als implizite Bedeutung legt und so als Wink zwischen Eingeweihten wirkt, das heißt alle Redewendungen, die eine typische Mundart ausmachen, werden sich geändert haben.
Bisweilen überwiegt beim Rückkehrenden die Furcht vor der Veränderung, die ihm bevorsteht. [...] Unvermeidlich entstehen neue emotionale Konflikte zwischen den Zurückkehrenden und den damals im Herkunftsland Zurückgebliebenen. Letztere verwandeln sich jetzt in jene, die die Rückkehrenden empfangen und aufnehmen. Keiner von ihnen, weder die Emigrierten noch die Zurückgebliebenen, sind unverändert. Alle erlitten den Einschnitt der Trennung und latent wirft man sich gegenseitig vor, daß man einst verlassen worden ist. Alles muß neu aufgebaut werden wie ein Haus nach einem Sturm: Die umgefallenen Bäume müssen abgetragen, die abgedeckten Dächer neu bedeckt und die Trümmer müssen weggeräumt werden. Und bald muß man wieder säen, obwohl mit Sicherheit die Samen

---

[28] StadtAM, NL Lamm, Akt 29, Rundbrief von Lamm vom 18.6.1946 (Original in englischer Sprache).
[29] Maor ermittelt bis 1959 etwa 9000 jüdische Remigranten, d. h. weniger als zwei Prozent der Emigranten (Maor: Über den Wiederaufbau, S. 32). Die Annahme von höchstens vier Prozent jüdischer Remigranten bezieht sich auf die Juden, deren Rückkehr von den jüdischen Gemeinden in Deutschland verzeichnet wurden (Benz: Emigration, hier bes. S. 193; Burgauer: Jüdisches Leben, S. 12; Fings: Rückkehr, S. 24; Krohn: Einleitung, S. 8f.; Lehmann: Rückkehr, S. 63f.; Richarz: Juden in der Bundesrepublik, S. 19; Röder/Strauss: Einleitung, S. XLI; Röder: The political Exiles, S. XXXIX).

nicht mehr dieselben sein werden wie früher. Es wird wieder aufgebaut werden müssen, aber es wird sicherlich ein anderes Haus werden, das einer anderen Realität entspricht."[30]

Seine Tätigkeit für die AJCon führte Lamm nicht nur in den Westen Deutschlands, sondern auch nach Berlin, später weiter nach München und von dort nach London. Nachdem der kurze Aufenthalt Mitte Dezember 1945 in Berlin genehmigt und der Bericht für New York verfasst worden war, sandte die AJCon Lamm für – vorläufig – zwei Monate nach München, „um mich um die Probleme der zahlreichen Juden zu kümmern, die dort in Gemeinschaften und nicht in Lagern wohnten"[31]. Fast alle amerikanischen und internationalen Hilfsorganisationen hatten in München ihre Zonenhauptquartiere eingerichtet.[32] Das Büro, in dem Lamm arbeitete, war wie zuvor in Wiesbaden der UNRRA unterstellt.[33] Zu seinen wichtigsten Aufgaben gehörte neben der kontinuierlichen Berichterstattung nach New York die Vermittlung zwischen den Juden, die in DP-Camps in der Umgebung von München lebten,[34] und den Mitgliedern der neugegründeten jüdischen Gemeinden. Die Münchner Gemeinde, die sich bereits am 19. Juli 1945 neu konstituiert hatte, gehörte zu den frühesten Neugründungen innerhalb Deutschlands.[35] Sie hatte im März 1946, als Lamm in München tätig war, ungefähr 2800 Mitglieder, von denen 796 Personen bereits vor dem Krieg der Israelitischen Kultusgemeinde München angehört hatten. Die Anzahl der DPs, die sich in München aufhielten, wurde im April 1946 auf mehr als das Doppelte dieser Zahl geschätzt; vermutlich waren es zwischen sechs- und siebentausend Juden, die auf die Emigration warteten.[36]

Während seiner Tätigkeit in München vermittelte Lamm jedoch nicht nur auf regionaler Ebene, sondern nahm zudem als Abgesandter der AJCon an den Sitzungen der Vertreter der jüdischen Vereinigungen der britischen Zone, der französischen Zone Süd-Bayerns und der amerikanischen Zone Nordbadens, Württembergs und Nürnbergs teil. Trotz – oder vielleicht gerade wegen – seines großen Engagements und seiner guten Arbeit für die Interessen der Juden in Deutschland bat man ihn am 11. Januar 1946, seine Stellung in München vorübergehend zu verlassen, um vertretungsweise die Leitung des Büros der AJCon in London zu übernehmen.[37] Zu seinen Auf-

---

30  Grinberg: Psychoanalyse der Migration und des Exils, S. 218. Vgl. dazu Vansant: Reclaiming Heimat, hier bes. S. 41–49.
31  Ebd.; StadtAM, NL Lamm, Akt 29, Rundbrief von Lamm vom 18. 6. 1946.
32  Wetzel: Jüdisches Leben in München, S. 84.
33  Lamm saß in der Reutterstraße 37 p2, München-Laim (StadtAM, NL Lamm, Akt 230, Schreiben von Lamm an Professor Held vom 19. 3. 1946). Zur Organisation der Hilfsorganisationen vgl. auch Wetzel: „Mir szeinen doh". München und Umgebung, S. 345.
34  Zur Situation der DPs im Großraum München vgl. ebd., S. 336–345.
35  Wetzel: Jüdisches Leben in München, S. 82.
36  Kauders/Lewinsky: Neuanfang mit Zweifeln (1945-1970), S. 185f.
37  StadtAM, NL Lamm, Akt 104, Brief von I. L. Kenen, Executive Secretary, an Lamm vom 11. 1. 1946; StadtAM, JUDAICA-Varia, Akt 1, Brief von Lamm an SBC vom 16. 2. 1946. Lamm erreichte London am 9. 2. 1946 (StadtAM, NL Lamm, Akt 104, Schreiben von Lamm an die AJCon, New York vom 13. 2. 1946).

gaben gehörte es vor allem, die gleichzeitig in London stattfindende UNO-Konferenz zu verfolgen, über dort getroffene Entscheidungen zu berichten und die Interessen der AJCon so gut wie möglich zu vertreten.[38] Um liegengebliebene Arbeiten zu erledigen und wichtige Treffen mit den Repräsentanten der jüdischen Überlebenden und Vertretern der jüdischen Gemeinden zu organisieren, kehrte Lamm Anfang März 1946 ein letztes Mal im Auftrag der AJCon nach München zurück.[39] Eine zusätzliche Bitte hatte das New Yorker Büro an Lamm herangetragen.

„Wenn Sie in Deutschland sind, möchten wir, dass Sie sich mit den Problemen der Rückerstattung und Entschädigung beschäftigen. Mr. Marston schrieb uns, dass die Militärbehörden jetzt daran gehen, die Organisation aufzubauen, um die Entschädigungsfälle zu bearbeiten, aber dass die deutschen Juden sich ziemlich hilflos fühlen, da jegliche angemessene juristische Hilfe fehlt. Diese Angelegenheit steht hier zur Diskussion, und wir erwägen die Entsendung von ein oder zwei Anwälten, die den Juden behilflich sein können, ihre kollektiven und individuellen Ansprüche geltend zu machen. Würden Sie bitte feststellen, was genau benötigt wird und worin die Schwierigkeiten bestehen. Diskutieren Sie das Thema mit den Vertretern der Juden und stellen Sie fest, ob sie von uns erwarten, dass wir jemanden schicken, der ihnen bei der Vertretung ihrer Fälle behilflich sein kann. Grundsätzlich wären wir Ihnen dankbar, wenn Sie uns einen vollständigen Bericht über diese Situation in Bezug auf die Wiedererlangung des jüdischen arisierten Besitzes senden würden."[40]

Diese Beobachtung stimmte mit den tatsächlichen Bedürfnissen der Juden in Deutschland überein, für die die Frage nach Wiedergutmachung immer mehr in den Vordergrund rückte.[41] Ein Beispiel für die individuellen Schwierigkeiten im Zusammenhang mit der Wiedergutmachung, die Lamm während seiner Zeit als Gesandter der AJCon miterlebte, ist zugleich ein wichtiges Zeugnis von den Problemen, mit denen sich während der nationalsozialistischen Herrschaft ins Ausland geflohene Juden nach Ende des Zweiten Weltkrieges konfrontiert sahen. Der Münchner Ludwig Feuchtwanger (1885–1947), der sich 1939 aus seiner Geburtsstadt nach England ins Exil hatte retten können, wandte sich 1946 mit einer persönlichen Bitte an Lamm. Er wollte versuchen, die Herausgabe der während seines Aufenthaltes in Dachau von der Gestapo konfiszierten Bibliothek zu erwirken, und bat Lamm um dessen Unterstützung. An Professor Held übermittelte Lamm in dieser Sache ein Schreiben, in dem Ludwig Feuchtwanger ausführte: „Ich habe Hans Lamm gebeten, die Frage der Herausgabe meiner Bibliothek, die mir, während ich in Dachau

---

[38] StadtAM, NL Lamm, Akt 104, Brief von I. L. Kenen, Executive Secretary, an Lamm vom 8.2.1946.

[39] Vgl. StadtAM, NL Lamm, Akt 104, Brief von Meir Grossmann, Director Department of Overseas Relations, an Lamm vom 5.3.1946 und StadtAM, NL Lamm, Akt 104, Lamm an Meir Grossmann, AJCon, New York vom 9.3.1946.

[40] StadtAM, NL Lamm, Akt 104, Brief von Meir Grossmann, Director Department of Overseas Relations, an Lamm vom 5.3.1946 (Original in englischer Sprache).

[41] Den Weg zu Entschädigung und Rückerstattung für jüdische Verfolgte beschreibt Winstel: Verhandelte Gerechtigkeit.

Hans Lamm am Schreibtisch während seiner Tätigkeit für die American Jewish Conference.

war, von der Gestapo konfisziert wurde, mit Ihnen zu besprechen: 22 Kisten wurden damals herausgeschafft aus meiner Wohnung a. d. Grillparzerstr. u. in den Kellerräumen der Gestapo Franz-Joseph Str. 28 abgestellt. Es sind meist wertvolle orientalische (hebräische, arabische etc.) Werke, auch viele Erstdrucke. Vielleicht weiss Hr. Fridolin Solleder i. d. Staatsbibliothek etwas davon."[42] Selbstverständlich war es für Lamm, dieser Bitte nachzukommen und unterstützend tätig zu werden.[43]

Ursprünglich sollte Lamm zunächst nur für 14 Tage nach München zurückkehren, um im Anschluss rechtzeitig beim Treffen des Interim-Committees Anfang April einen persönlichen Bericht in New York abzugeben. Dies lehnte er jedoch mit dem Verweis auf die dringenden Aufgaben in München ab und verblieb bis Mai im Auftrag der AJCon in München.

Eines der wichtigsten Ergebnisse während der Tätigkeit Lamms in München war der erfolgreiche Zusammenschluss jüdischer Gemeinden zur Inte-

---

[42] StadtAM, NL Lamm, Akt 230, Schreiben von Ludwig Feuchtwanger an Prof. Held vom 10.3.1946. Zu den Ereignissen 1938 sowie der Jahre Feuchtwangers im Exil vgl. Rieß: Gesammelte Aufsätze, S. 210–213.
[43] Es scheint, dass die Familie Feuchtwanger einen Teil der Bibliothek tatsächlich zurückerhielt. Wie die Rückerstattung genau verlief, ist nicht bekannt.

ressenvertretung der Jüdischen Gemeinden und Kultusvereinigungen[44] der drei Westzonen im März 1946, die sich nicht als Gegensatz, sondern Ergänzung zu dem Central Committee of Liberated Jews[45], der Vereinigung der in UNRRA-Lagern untergebrachten DPs, gründete und für sich in Anspruch nahm, die Interessen der außerhalb der Lager lebenden Juden zu vertreten.[46] Bei den Treffen dieser Vereinigungen, die seit März 1946 monatlich in Stuttgart stattfanden, ging es vor allem um die Wiedergutmachung nationalsozialistischen Unrechts und später um weitere Probleme, die den Juden in den drei Westzonen gemeinsam waren. Die wichtigsten Forderungen der Interessenvertretung, die mit Lamms Beteiligung ausgearbeitet wurden, waren eine Gesamtaufstellung der wesentlichen Schäden der Juden in Deutschland, die wiedergutgemacht werden müssten, und ein in mehrere Einzelschritte unterteiltes Sofort-Programm für die Wiedergutmachung.[47] Den Ausgang der Verhandlungen um die Wiedergutmachung erlebte Lamm schon nicht mehr als fester Mitarbeiter der AJCon. Er hatte sich aus verschiedenen Gründen entschieden, seine Stelle bei der AJCon nur noch in einem Teilzeitverhältnis fortzusetzen: Er war der Ansicht, dass die DPs spätestens seit dem Besuch des Vorsitzenden des Zentralausschusses der befreiten Juden in Bayern, Dr. Grinberg, in den USA gute Kontakte zu unterstützenden Organisationen im Ausland hergestellt hatten und seine Vollzeittätigkeit als Repräsentant der AJCon durch die Anwesenheit von Rabbi Phil Bernstein, dem Nachfolger von Richter Rifkind in der Funktion des ‚Advisor on Jewish Affairs' in der Amerikanischen Zone, nicht mehr erforderlich sei.[48] In dem abschließenden Bericht über seine Tätigkeit in Deutschland, fasste Lamm die Eindrücke zu-

---

[44] Im Juni 1947 ging aus der Interessenvertretung die Arbeitsgemeinschaft der Jüdischen Gemeinden Deutschlands mit Sitz in Frankfurt hervor, ebenfalls unter Mitwirkung von Lamm. Sie stellte den Vorläufer des 1950 gegründeten Zentralrates der Juden in Deutschland dar, dem die Vertreter der jüdischen Gemeinden aller vier Zonen und auch die der Zentralkomitees der DPs angehörten (Lamm: Für die Einheit; Brenner: Nach dem Holocaust, S. 115f.; Wetzel: „Mir szeinen doh". München und Umgebung, S. 361–364).

[45] Ebd., S. 358–364.

[46] StadtAM, NL Lamm, Akt 262, Protokoll über die Sitzung der Vertreter der Jüdischen Vereinigungen der britischen Zone, der französischen Zone Süd-Badens der amerikanischen Zone Nordbaden, Württemberg, Nürnberg vom 19. 4. 1946; StadtAM, NL Lamm, Akt 29, Rundbrief von Lamm vom 18. 6. 1946; ZA, B. 1/7, Nr. 110, Schreiben von Max L. Cahn an die ZWST vom 27. 2. 1954; ZA, B. 1/7, Nr. 110, Schreiben von Dr. Ostertag, Notar beim Landes- und Oberlandesgericht Stuttgart, an die ZWST vom 1. 3. 1954; Lamm: Das Deutsche Judentum lebt noch, in: Aufbau, Jg. 12, Nr. 24 vom 14. 6. 1946, S. 15.

[47] Vgl. StadtAM, NL Lamm, Akt 262, Protokoll über die Sitzung der Vertreter der Jüdischen Vereinigungen der britischen Zone, der französischen Zone Süd-Badens der amerikanischen Zone Nordbaden, Württemberg, Nürnberg vom 19. 4. 1946; StadtAM, NL Lamm, Akt 29, Rundbrief von Lamm vom 18. 6. 1946; Lamm: Das Deutsche Judentum lebt noch, in: Aufbau, Jg. 12, Nr. 24 vom 14. 6. 1946, S. 15.

[48] StadtAM, NL Lamm, Akt 29, Rundbrief von Lamm vom 18. 6. 1946.

sammen, die diejenigen, die die Ehre gehabt hatten, während der vergangenen Monate als Vertreter der AJCon in Deutschland zu weilen, teilten: Bewunderung für die Standhaftigkeit und den ungebrochenen Aufbauwillen der ‚Brüder' in Deutschland.[49]

[49] StadtAM, NL Lamm, Akt 104, Die Amerikanisch-Jüdische Konferenz von Hans Lamm.

## Zeit in Nürnberg

Lamms Aufenthalt in Nürnberg schloss sich unmittelbar an den Auftrag für die AJCon in München an. Zwei unterschiedliche, in mancherlei Hinsicht gegensätzliche Tätigkeiten beschäftigten Lamm in dieser Stadt. Auf der einen Seite wurde Lamm als Gerichtsdolmetscher im Dienste amerikanischer Behörden Zeuge „einer der größten Prozeduren des zwanzigsten Jahrhunderts"[50], auf der anderen Seite setzte er nach 1949 an der Universität Erlangen seine akademische Ausbildung fort und promovierte in Religionsgeschichte bei Hans Joachim Schoeps.[51] Dieser doppelte Blick auf die Vergangenheit und Lamms persönliche Auseinandersetzung mit ihr prägten die nächsten Jahre seines Aufenthalts in Deutschland.

### Dolmetscher

Unter großem Medieninteresse[52] hatte am 20. November 1945 in Nürnberg die Hauptverhandlung des Internationalen Militärtribunals (IMT) unter Vorsitz des englischen Lordrichters Geoffrey Lawrence gegen die Hauptkriegsverbrecher begonnen.[53] Insgesamt reisten aus über 20 Nationen Reporter nach Nürnberg, um über die dort stattfindenden Prozesse zu berichten: ungefähr 80 aus den USA, 50 aus England, 40 aus Frankreich, 35 aus der UdSSR,

[50] Jane Lester, Übersetzerin beim IMT in Nürnberg und Assistentin von Dr. Robert Kempner über den Nürnberger Prozess, in: Papadopoulos-Killius: Der letzte Akt, S. 51. Exemplarisch stellt Greiner in seinem Aufsatz „Die Utopie an der Macht" die Tätigkeit einzelner Remigranten in Nürnberg vor.
[51] Vgl. StadtAM, NL Lamm, Akt 2, Schreiben des Dekan an Lamm vom 13.11.1963 sowie StadtAM, NL Lamm, Akt 2, Gasthörerkarte Nr. 123 der Universität Erlangen, ausgestellt für Lamm ab dem Wintersemester 1949/50; Unterlagen der FAUEN. Zu Hans-Joachim Schops, der Lamm „bei der Konzeption und Ausarbeitung des Themas mit grosser Sachkenntnis angeregt und beraten hat" (Lamm: Entwicklung, S. 4): geb. 30.1.1909 in Berlin, gest. 8.7.1980 in Erlangen; 1938 bis 1946 Exil in Schweden; 1947 Habilitation in Marburg, danach a.o. Professor auf dem Lehrstuhl für Religions- und Geistesgeschichte an der Universität Erlangen (vgl. Röder/Strauss: Schoeps, Hans Joachim, S. 1049; Schoeps, Hans-Joachim, in: Deutsche Biographische Enzyklopädie, S. 103).
[52] Vgl. Greiner: Die Utopie an der Macht, S. 146.
[53] Insgesamt waren 24 Personen vor dem IMT angeklagt. Kurzbiographien zu den einzelnen Angeklagten, Übersichten zu den Angeklagten ihren Verteidigern und Urteilen finden sich bei Kastner: Von den Siegern, S. 297–303; Ueberschär: Der Nationalsozialismus, S. 293f.; StadtAM, NL Lamm, Akt 265/2, International Military Tribunal. Nurnberg Germany 1945-1946. Vgl. dazu auch die Einträge in Weiß: Biographisches Lexikon zum Dritten Reich. Die Eröffnungssitzung des Internationalen Militärgerichtshofs wurde bereits am 18. Oktober 1945 um 10.30 Uhr in Berlin, im großen Sitzungssaal des Gebäudes des alliierten Kontrollrats abgehalten. Die Hauptverhandlung fand jedoch im Justizpalast in Nürnberg statt. Vgl. Kastner: Von den Siegern, S. 53; Lichtenstein: NS-Prozesse, S. 71; de Zayas: Der Nürnberger Prozeß, S. 249–263). Zu ausführlichen Darstellungen der Nürnberger Prozesse vgl. die Bibliographie bei Kastner, Von den Siegern, S. 294–296 und Ueberschär: Auswahlbibliographie zu den alliierten Nachkriegsprozessen. Zum Alltag in Nürnberg vgl. Luetgenhorst: Quer durch den Justizpalast.

20 aus Polen und ein Dutzend aus der Tschechoslowakei. Die Anzahl der deutschen Journalisten war sehr begrenzt. Lange war der Ort des Tribunals umstritten gewesen. Die Sowjets wollten London oder Berlin, die Briten München, die Amerikaner Nürnberg. Schließlich wurde die Stadt der Reichsparteitage zur Stätte der Anklage gegen die Hauptkriegsverbrecher. Die vier Prozesssprachen waren Deutsch, Englisch, Französisch und Russisch.[54] Bereits lange vor Prozessbeginn hatte man damit begonnen, qualifizierte Dolmetscher für den Gerichtssaal auszuwählen.[55] Die Suche nach Personen, die zwei Sprachen so sicher beherrschten, dass sie als Dolmetscher arbeiten konnten, gestaltete sich sehr schwierig. Richard W. Sonnenfeldt, der Chefdolmetscher der amerikanischen Anklage,[56] beschrieb das Prozedere der Auswahl fähiger Dolmetscher im Vorfeld der Prozesse folgendermaßen:

„Als Chef-Dolmetscher musste ich ihr Deutsch und ihr Englisch prüfen, um sie entweder einzustellen oder abzulehnen. [...] Ich hörte häufig gutturales Englisch mit schwerem deutschen Akzent und Deutsch mit ungarischem oder polnischen Akzent. Gleich zu Anfang tanzte ein rundlicher kleiner Mann in mein Büro, streckte die Hand aus und sagte: ‚Mr. Tzonnefelt, I amm sooo glat to mit you. I speeka de seven linguiches und Englisch dee besst.' Wenn meine Kollegen und ich später auf einen dieser selbst ernannten Sprachkünstler stießen, feixten wir immer nur und sagten: ‚English dee besst.' [...] Letztlich wählte ich aus mehreren Dutzend sechs Personen aus, die fließend Deutsch, Englisch jedoch grammatikalisch unvollkommen und mit Akzent sprachen. Ich dachte mir, dass sich die Anwälte und Stenographen sicher an nicht so gutes Englisch gewöhnen oder um Wiederholung bitten konnten, aber Fehler im Deutschen wollte ich auf jeden Fall vermeiden."[57]

Diejenigen, die sich für eine Tätigkeit im Gerichtssaal qualifizierten, waren überwiegend junge Menschen aus Amerika, England, Frankreich, Polen und Russland, die aus den unterschiedlichsten Berufen kamen und in Sonderkursen auf die Prozesse vorbereitet wurden.[58] Es waren meist Migranten, die die Sprache ihrer zweiten Heimat gut genug erlernt hatten.[59] Unter den deut-

---

54  Janowski: Sprachgewirr; Bärsch: Das Urteil, S. 47; Papadopoulos-Killius: Der letzte Akt, S. 46.
55  Vgl. Alexander/Keeshan: Justice, S. 145; Luetgenhorst: Quer durch den Justizpalast, S. 107; Papadopoulos-Killius: Der letzte Akt, S. 45f. Es ist zu unterscheiden zwischen dem Dolmetschen und dem Übersetzen. „Es sind zwei völlig verschiedene Formen der Wiedergabe eines ausgangssprachlichen Textes in eine Zielsprache. Als wesentlichen Unterschied nennt der Sprachwissenschaftler Henri van Hoof: ‚Le traducteur est celui qui traduit par la plume, l'interprète celui qui traduit par la parole'." Vgl. Papadopoulos-Killius: Der letzte Akt, S. 45.
56  Zur Biographie Sonnenfeldts und zu seiner Tätigkeit in Nürnberg vgl. Ders.: Mehr als ein Leben.
57  Ebd., S. 172.
58  Alexander/Keeshan: Justice, S. 145.
59  Luetgenhorst nennt in seinem Beitrag die unterschiedlichen Lebensstationen einzelner Dolmetscher, u. a. auch die von Hans Lamm (im Artikel Herr Lang genannt), bis zu ihrer Anstellung in Nürnberg. Eine Verlegung des dauerhaften Wohnsitzes lässt sich bei vielen dieser Darstellungen erkennen (vgl. Luetgenhorst: Quer durch den Justizpalast, S. 107). Genauere Untersuchungen zu dieser Beobachtung bleiben vorerst ein Desiderat der Forschung.

schen Bewerbern, um die man sich ebenfalls bemüht hatte, waren keine
geeigneten Personen, die die für die Aufgaben im Gerichtssaal unbedingt er-
forderlichen Voraussetzungen erfüllten.[60] Die späte Anstellung Lamms als
Gerichtsdolmetscher beim U. S. Chief of Counsel for War Crimes im Mai 1946
war eher ungewöhnlich, aufgrund der hohen Fluktuation der Angestellten in
Nürnberg jedoch keine Ausnahme.[61] Lamm selbst sah in der Möglichkeit, als
Gerichtsdolmetscher tätig zu werden, „ein ziemlich verlockendes Angebot"[62].
Im Rückblick beschrieb er den Moment der Entscheidung für einen Aufenthalt in Nürnberg und das Auswahlgespräch vor der Anstellung als Dolmet-
scher: „Ich wusste nicht, was ich tun sollte, aber ich wollte in Europa bleiben.
Ich sah mich um und erfuhr, dass man in Nürnberg Dolmetscher brauchte.
Die Prozesse hatten im Herbst 1945 begonnen, und sie testeten viele Bewer-
ber als Übersetzer. Offenbar waren sie mit mir zufrieden und stellten mich
sofort ein."[63]

Während der Nürnberger Prozesse wurde erstmals in der Geschichte die
Simultanübersetzung angewandt, die die Gesamtdauer des Prozesses um ein
Vielfaches verkürzte.[64] Die Dolmetscher, die hochkonzentriert, schnell und
dennoch präzise arbeiten mussten,[65] waren in drei Gruppen von jeweils zwölf
Personen eingeteilt. Während die erste Gruppe für das Gericht im Saal dolmetschte, saßen zwölf weitere in einem Raum nahe dem Gerichtssaal bereit,
um jederzeit die Gruppe derer, die im Gerichtssaal anwesend war, abzulösen.
Die dritte Gruppe hatte frei. Der Wechsel erfolgte immer nach etwa ein bis
zwei Stunden.[66] Lamm übersetzte im Gerichtssaal für die Angeklagten aus
dem Englischen ins Deutsche.[67] Für ihn stellten die Verhandlungen und seine
Aufgabe als Dolmetscher eine besondere Herausforderung dar. „Der Beruf

---

[60] Unter den zahlreichen Dolmetschern und Übersetzern, die im Justizpalast beschäftigt
wurden, befanden sich knapp 80 Deutsche. Vgl. Alexander/Keeshan: Justice, S. 145; Luetgenhorst: Quer durch den Justizpalast, S. 107.
[61] Zur Anstellung Lamms im Mai 1946 vgl. Unterlagen der FAUEN, Schreiben von Fred
J. Cohn, Justice, President, Court of Restitution Appeals an die Philosophische Fakultaet
der Universitaet Erlangen vom 31. 5. 1951; Unterlagen der FAUEN, Curriculum Vitae,
eingereicht von Hans Lamm, undatiert; StadtAM, NL Lamm, Akt 3, Schreiben von Jacob
K. Javitz an Hon. John McCloy, High Commissioner for Germany, vom 6. 7. 1949. Zum
ständigen Wechsel der Angestellten in Nürnberg vgl. Papadopoulos-Killius: Der letzte
Akt, S. 51; StadtAM, NL Lamm, Akt 29, Rundbrief von Lamm vom 18. 6. 1946.
[62] StadtAM, NL Lamm, Akt 29, Rundbrief von Lamm vom 18. 6. 1946.
[63] Hans Lamm Reminiscences, 6/5/77, Privat (Original in englischer Sprache).
[64] StadtAM, NL Lamm, Akt 265/1, „Telephonic ‚Miracle' Presents Nurnberg Trials in 4
Languages", in: The Stars and Stripes vom 27. 9. 1946, S. 5; StadtAM, NL Lamm, Akt 29,
Rundbrief von Lamm vom 18. 6. 1946; Bärsch: Das Urteil, S. 47; Papadopoulos-Killius: Der
letzte Akt, S. 45.
[65] StadtAM, NL Lamm, Akt 29, Rundbrief von Lamm vom 18. 6. 1946; StadtAM, NL
Lamm, Akt 3, Schreiben von Walter S. Beals an Lamm vom 20. 8. 1947.
[66] Alexander/Keeshan: Justice, S. 145f.; Luetgenhorst: Quer durch den Justizpalast, S. 107.
[67] StadtAM, NL Lamm, Akt 29, Rundbrief von Lamm vom 18. 6. 1946; SchArchivBR: Gespräch.

[...] erfordert Konzentration und schnelles Handeln und ist deshalb eine gewisse Nervenbelastung. Dennoch ist es ein interessanter Job, und die Verhandlungen verlieren nur selten ihre Dramatik und atemraubende Beschaffenheit."[68] Die Simultanübersetzung und das dafür installierte System, an dem die letzten Arbeiten erst zwei Stunden vor der Generalprobe der Gerichtsverhandlungen abgeschlossen worden waren,[69] gehörten sicherlich zu den faszinierendsten technischen Neuerungen des Internationalen Prozesses.[70] An jedem Sitz angebrachte Kopfhörer ermöglichten es allen Anwesenden – Richtern, Angeklagten, Anklagevertretern, Verteidigern und Zeugen ebenso wie den Gerichtsschreibern, allem anderen anwesenden Gerichtspersonal, eingeschlossen Pressevertreter und Zuschauer – die Verhandlungen im Original oder in der ihm oder ihr verständlichen Prozesssprache zu verfolgen.[71] Begeisterung für das Übersetzungssystem und die Aufgabe der Dolmetscher spricht auch aus Lamms Schilderung, mit der er seine Freunde über das Prozedere im Justizpalast informierte. „In einer Ecke des Gerichtssaals sind zwei Tische, an denen, hinter Glasscheiben, drei Dolmetscher sitzen, die ins Englische übersetzen, drei weitere übersetzen ins Russische, drei ins Französische und drei ins Deutsche. Wenn zum Beispiel jemand im Gerichtssaal deutsch spricht, dann übersetzt ein Dolmetscher in der englischen Kabine, einer in der russischen und einer in der französischen Kabine. Vor jeder Person im Gerichtssaal befinden sich Kopfhörer, die es ihr ermöglichen, in der Originalsprache oder in einer der vier Sprachen zuzuhören. Da die Übersetzung erfolgt, während die Leute sprechen, geht wenn überhaupt nur wenig Zeit verloren."[72] Aus der Ecke, in der die Dolmetscher saßen, hatten diese einen guten Überblick über die Platzordnung im Saal 600.[73] Unmittelbar rechts vor ihnen saßen die Angeklagten.

Was empfand Lamm, der in den Verhandlungen mit den grausamen Details der Verbrechen der Nationalsozialisten konfrontiert wurde und den Angeklagten durch seine Übersetzung das Nachvollziehen dessen, was gegen sie vorgebracht wurde, erst möglich machte? Wie lässt sich die Begegnung mit den Menschen beschreiben, wegen deren Politik Lamm erst wenige Jahre zuvor aus dem Land geflohen war, in dem jetzt die Gerichtsverhandlung statt-

68 StadtAM, NL Lamm, Akt 29, Rundbrief von Lamm vom 18.6.1946 (Original in englischer Sprache).
69 Alexander/Keeshan: Justice, S. 47.
70 Vgl. StadtAM, NL Lamm, Akt 265/1, „Telephonic ‚Miracle'; Papadopoulos-Killius: Der letzte Akt, S. 46.
71 StadtAM, NL Lamm, Akt 265/1, „Telephonic ‚Miracle'; Alexander/Keeshan: Justice, S. 145–150; Luetgenhorst: Quer durch den Justizpalast, S. 107; Probe mit Scheinwerfern, S. 26f.; Unter Tiefenstrahlern, S. 42f.
72 StadtAM, NL Lamm, Akt 29, Rundbrief von Lamm vom 18.6.1946 (Original in englischer Sprache). Vgl. dazu auch StadtAM, NL Lamm, Akt 265/1, „Telephonic ‚Miracle'.
73 StadtAM, NL Lamm, Akt 29, Rundbrief von Lamm vom 18.6.1946; Sonnenfeldt: Mehr als ein Leben, S. 195; Kastner: Von den Siegern, S. 64.

fand?[74] Lamm versuchte in einem Brief an seine Freunde das in Worte zu fassen, was er beim Anblick dieser Menschen empfand. Aus ihm sprechen Verwunderung und Erstaunen einerseits, dass so ‚normal' aussehende Menschen in der Lage gewesen waren, die schrecklichen Verbrechen, für die sie in Nürnberg vor Gericht standen, zu planen und durchzuführen. Andererseits drücken sie Abscheu, Verachtung, Zorn und Wut über das aus, was die Angeklagten nachweislich getan haben.

„Nur wenige Meter vor uns sitzen die ‚21 Großen', wie die Angeklagten genannt werden, um sie von anderen Nazis zu unterscheiden, die hier inhaftiert sind. [...] Es ist eine seltsame Erfahrung, Göring, Hess, Frank, Ribbentrop, Rosenberg, Sauckel, Jodl, Dönitz, Raeder, Schirach, Neurath, Papen, Fritsche, Streicher, Seyss-Inquart, Funk, Schacht, Kaltenbrunner, Keitel und Speer (ich nehme an, ich habe keinen vergessen), jeden Tag zu sehen. Sie sehen so unglaublich unbedeutend und normal aus, dass man sich die Macht, die sie in ihren Händen konzentriert hatten, und das unsägliche Elend, das sie verursachten, kaum vorstellen kann. Äußerlich sehen sie wie friedliche Bürger aus und nicht wie die brutalen Unmenschen, die sie sind. Um nicht die Greueltaten, die begangen wurden, aus den Augen zu verlieren, ist es gut, die Stapel von sichergestellten Dokumenten, die dem Gericht fast täglich vorgelegt werden, immer wieder zu lesen. Letzte Woche las ich den stenographierten Bericht einer Konferenz, die Göring am 11. November 1938 in seinem Büro abhielt, in der er und seine Genossen die antijüdischen Maßnahmen planten, die kurz danach verkündet wurden. Gestern hatte ich ‚geheime' Anweisungen eines früheren Datums vor mir, in denen die nichtjüdischen Angestellten von jüdischen Kaufhäusern aufgefordert wurden, die Namen von ‚arischen' Kunden an Parteifunktionäre zu melden, sowie den Bormann-Befehl, dass niemand das Lynchen von alliierten Fliegern verhindern solle, und letzte Nacht habe ich Auszüge aus Franks polnischen Tagebüchern gelesen. Keine Strafe, die ein menschliches Gericht verhängt, kann den Verbrechen, die im Namen Deutschlands von ihnen begangen wurden, angemessen sein."[75]

Täglich um 10 Uhr begannen die Verhandlungen im Nürnberger Justizpalast. Monatelang wiederholte sich dasselbe Ritual. Bereits eine Viertelstunde früher wurden die 21 Angeklagten in den Gerichtssaal geführt. Pünktlich um 10 Uhr stand man auf im Saal: Die vier Richter und ihre Stellvertreter betraten den Raum, immer in derselben Reihenfolge, zwei Franzosen, zwei Amerikaner, zwei Briten und zwei Russen in Uniform. In der Mitte der Richterbank saß Sir Geoffrey Lawrence, der englische Lordrichter, der Vorsitzende des Gerichtshofes. Schon lange bevor sich der Gerichtssaal füllte, um 8.20 Uhr, wurden die Dolmetscher, deren Tagesablauf einem strengen Zeitplan unterlag, gemeinsam per Bus zum Frühstück ins Grand Hotel gebracht. Von dort ging es rechtzeitig zum Verhandlungsbeginn in das Justizgebäude, vor dem fünfzehn Minuten nach dem Ende der Verhandlungen um 17 Uhr wiederum ein Bus bereitstand, der sie zurück zum Grand Hotel beförderte. Obwohl die Lebens-

---

[74] Zur Wahrnehmung der Prozesse und den Gefühlen einzelner Remigranten, die in erster Linie als Berichterstatter an den Prozessen teilnahmen, vgl. Greiner: Die Utopie an der Macht, hier bes. S. 150-153.
[75] Dieses Zitat sowie die Zitate und Informationen des folgenden Abschnitts sind entnommen: StadtAM, NL Lamm, Akt 29, Rundbrief von Lamm vom 18.6.1946 (Original in englischer Sprache).

Einblicke in das „Goldene Gefängnis": Hans Lamm (am Kopfende des Tisches) und seine Kollegen beim Abendessen, ca. 1947/48.

bedingungen für Angehörige der amerikanischen Besatzungsmacht deutlich besser waren als für die einheimische deutsche Bevölkerung – das Essen sei sehr gut, die Unterkünfte komfortabel und Süßigkeiten und Zigaretten würden regelmäßig verteilt, berichtete Lamm –, fühlte er sich unwohl. Zusammenfassend beschrieb er seine Situation in dem zerstörten Nürnberg: „Irgendwie fühlen wir uns wie gepflegte Gefangene (well-kept prisoners)." Diese negative Wahrnehmung seiner Umgebung wurde durch die starke Zerstörung der Stadt, die ungewohnte Militärverwaltung und die mit ihr verbundene Einschränkung der Bewegungsfreiheit sowie nicht zuletzt durch die fehlenden Einkaufsmöglichkeiten hervorgerufen. Besonders bewußt wurde Lamm dieser empfundene Freiheitsverlust nach ein paar Urlaubstagen, die er außerhalb Nürnbergs verbrachte: „Erst nachdem ich wieder die Luft eines freien Landes geatmet habe – wie ich es auf einer kurzen Ausflug nach Amsterdam vor einigen Wochen getan habe – wird mir die seltsame Atmosphäre, in der wir leben, vollkommen bewusst. Dieser Zustand mag einer der Gründe sein, warum es hier einen gewaltigen Personalwechsel gibt." Lamm selber musste jedoch relativierend feststellen, dass das ‚Gefängnis' für die Militärangestellten vor allem im Vergleich zur deutschen Bevölkerung lange nicht so düster sei, wie es aufgrund seiner Schilderungen womöglich den Eindruck erwecken könnte. und resümierte: „Es ist zweifellos ein goldenes." Lamm und den anderen Angehörigen der Militärverwaltung boten sich, soweit es die 40-Stunden-Arbeitswoche zuließ, angenehme Unterhaltungsmöglichkeiten. Den Angestellten der amerikanischen Militärverwaltung standen zwei Schwimmbäder und die Opernhäuser in Nürnberg und Fürth zur freien Verfügung. Darüber hinaus war Lamm in der Lage gewesen, ein Radio zu erwerben, auf das er besonders stolz war, weil es ihm – genau wie das Schreiben in der englischen Sprache – ermöglichte, den Kontakt in die USA zu wahren, was ihm in der Abgeschlossenheit Nürnbergs außerordentlich wichtig war: „Die Tatsache, dass ich ein fabelhaftes Radio kaufen konnte, mit dem ich praktisch alle europäischen und einige amerikanische Sender hören kann, hilft mir auch sehr. Wir bekommen auch amerikanische Zeitschriften und Bücher, die ich vielleicht mit größerer Sorgfalt lese als ich dies zu Hause tat, weil ich bestrebt bin, den Kontakt zu dem, was da drüben geschieht, nicht zu verlieren."

Lamms Tätigkeit als Dolmetscher endete nicht mit der Urteilsverkündung des Internationalen Gerichts am 1. Oktober 1946.[76] Im Laufe seiner Tätigkeit für das IMT hatte Lamm sich einen hervorragenden Ruf als Dolmetscher erworben, so dass er in dem Moment, als es für die amerikanischen Behörden sehr schwierig war, gute Dolmetscher für die Folgeprozesse zu finden, beim U.S. Military Court für die in Nürnberg abgehaltenen Folgeprozesse zunächst einen Einjahresvertrag unterzeichnete, den er später verlängerte.[77] Lamm wurde offiziell dem Ärzte-Prozess[78], dem I. G. Farben Prozess[79] und dem Wilhelmstraßen-Prozess[80] zugeordnet.[81] Wie aus einem Empfehlungsschreiben von Ernest Peter Uiberall, Chief of Court Interpreting Branch, hervorgeht, übernahm Lamm darüber hinaus noch weitere Aufgaben: „Lamm vertrat zeitweise seine Kollegen in anderen Verhandlungen und Kommissionen, übernahm das Überbringen der Anklageschriften gegenüber den Angeklagten und war mit streng vertraulichen Übersetzungen von Urteilssprüchen im Ärzte-Prozess, dem Prozess gegen das Wirtschafts- und Verwaltungshauptamt der SS und anderen Prozessen betraut."[82] Bereits während der Verhandlungen des

---

[76] Kastner: Von den Siegern, S. 193–205; de Zayas: Der Nürnberger Prozeß, S. 249. Vgl. Analysen zu den Nürnberger Prozessen: Bärsch: Das Urteil von Nürnberg; Lichtenstein: NS-Prozesse; Löw-Beer: Verschämter oder missionarischer Völkermord?; Ostendorf: Die Bedeutung der Nürnberger Prozesse.

[77] StadtAM, NL Lamm, Akt 3, Schreiben von Ernest Peter Uiberall, Chief of Court Interpreting Branch an Lamm vom 4.8.1948; StadtAM, JUDAICA-Varia, Akt 1, Rundbrief von Lamm vom 18.11.1946. Die Folgeprozesse wurden in den einzelnen Besatzungszonen bereits parallel zum Hauptprozess vorbereitet und an diesen anschließend von den einzelnen Besatzungsmächten in eigener Zuständigkeit durchgeführt. Vgl. Steinbach: Der Nürnberger Prozeß, S. 32; de Zayas: Der Nürnberger Prozeß, S. 263f. sowie ausführlich Kastner: Von den Siegern, S. 227–283; Lichtenstein: NS-Prozesse; Ueberschär: S. 73–212.

[78] Eckart: *Fall 1*: Der Nürnberger Ärzteprozeß; Kastner: Von den Siegern, S. 230–233.

[79] Boll: *Fall 6*: Der IG-Farben-Prozeß; Kastner: Von den Siegern, S. 249–251. Vgl. außerdem StadtAM, NL Lamm, Akt 265/1, ‚Farbens' Fabulous Industrial Empire faces Trial at Nuremberg.

[80] Blasius: *Fall 11*: Der Wilhelmstraßen-Prozeß; Kastner: Von den Siegern, S. 267–271.

[81] StadtAM, NL Lamm, Akt 3, Schreiben von Ernest Peter Uiberall, Chief of Court Interpreting Branch an Lamm vom 4.8.1948; StadtAM, NL Lamm, Akt 265/1, ‚Farbens' Fabulous Industrial Empire faces Trial at Nuremberg.

[82] StadtAM, NL Lamm, Akt 3, Empfehlungsschreiben von Ernest Peter Uiberall, Chief of Court Interpreting Branch, an Lamm gesandt vom 4.8.1948. Für den Prozess (Wirtschafts- und Verwaltungshauptamt der SS) vgl. Tuchel: *Fall 4*: Der Prozess gegen Oswald Pohl.

Hans Lamm bei der Arbeit als Dolmetscher im IG-Farben-Prozess, August 1947. Er hilft dem Angeklagten Otto Ambros beim Verständnis der Anklageschrift. Die anderen Angeklagten von links nach rechts: August von Knieriem, Fritz Ter Meer, Christian Schneider.

IMT war Lamm teilweise dem Gerichtssaal ferngeblieben und hatte für eine Kommission, die die Anklage der Folgeprozesse vorbereitete, gearbeitet.[83] Für sie übersetzte er beschlagnahmtes Beweismaterial, bereitete Anklageschriften vor und dolmetschte bei Zeugenvernehmungen. Lamm selbst berichtete über seine Arbeit für die Kommission im Unterschied zu seiner Tätigkeit im Gerichtssaal: „Ich machte dort so genannte ‚Direkt-Übersetzung', d. h. sowohl vom Deutschen ins Englische als auch vom Englischen ins Deutsche. Man hat dort etwas mehr Zeit zur Verfügung als im Gericht, aber andererseits bin ich ständig gefordert."[84] Auch bei den Nachfolgeprozessen erschütterten Lamm die vorgetragenen Verbrechen jedes Mal aufs Neue. Seine Gedanken und Gefühle bei den Verhandlungen des Einsatzgruppenprozesses[85] beschrieb er im *Aufbau*: „Ihre Geschichte muss [...] bekannt werden, weil die Welt noch zu wenig davon weiss, und geneigt scheint, allzu rasch zu vergessen, dass von 1941 an in Osteuropa planmässig Ermordungen von Zivilisten, vor allem Juden, vorgenommen wurden, deren Organisation und Durchführung so scheusslich waren, dass selbst wir am Nürnberger Gericht, die wir schon manche entsetzlichen Ueberraschungen hatten, immer wieder von einem kalten Schauer in den an-

---

[83] StadtAM, NL Lamm, Akt 29, Rundbrief von Lamm vom 18.6.1946.
[84] Ebd. Vgl. hierzu auch z.B. StadtAM, NL Lamm, Akt 265/1, ‚Farbens' Fabulous Industrial Empire faces Trial at Nuremberg; Lamm: Otto Ohlendorfs Einsatztruppen, in: Aufbau, Jg. 13, Nr. 41 vom 10.10.1947, S. 3.
[85] Kastner: Von den Siegern, S. 260–263; Ogorreck/Rieß: *Fall 9: Der Einsatzgruppenprozeß*.

deren gejagt wurden."[86] Auch in der *Jüdischen Rundschau* berichtete er über den Zweiten Akt der Nürnberger Justiz und äußert sich abschließend in seinem Beitrag über den Sinn und das Ziel dieser langen Vernehmungen und der anschließenden Verhandlungen, an denen er beteiligt war:

„Gelegentlich äußern sich Leute, die den Ehrgeiz haben, ihre antifaschistische Gesinnung zu beweisen: ‚Warum macht ihr denn nicht einfach kurzen Prozeß und hängt die Lumpen einfach auf?' Diejenigen, die solche Fragen stellen, haben noch recht wenig von echter Demokratie verstanden. Sie weigert sich, irgendjemanden zu verurteilen oder zu bestrafen, selbst wenn seine Schuld tausendfältig erwiesen und belegt zu sein scheint, ohne ihm ausreichend Gelegenheit gewährt zu haben, einen Versuch der Rechtfertigung und Verteidigung zu unternehmen. All das, was man ‚kurzen Prozeß' nennen könnte, würde an die berüchtigten ‚Rechtspflege'-Methoden der Nazis erinnern. Es würde jenem Geist der Gerechtigkeit widersprechen, dem der Faschismus den Kampf bis auf das Messer angesagt hatte und den zu erneuern sich die besten Kräfte in der Alten und Neuen Welt bemühen. Die Nürnberger Prozesse von 1945-1947 werden nicht allein dazu dienen, dem deutschen Volk und allen anderen Nationen des Erdballes unangreifbares Beweismaterial über den Umfang der Naziverbrechen zu geben, und damit Staatsmänner und Völker der Erde aufzurufen die Wiederholung einer solchen Katastrophe zu vermeiden; sie führen nicht allein diejenigen gerechter Bestrafung zu, die so viel unschuldiges Blut vergossen haben. Vor allem zielen sie auf die Wiedereinsetzung jener gewaltigen Botschaft der Gerechtigkeit und Menschlichkeit ab, die vor Jahrtausenden auf dem Sinai verkündet worden ist und deren frevelhaftes Vergessen die Menschen fast in den Abgrund des Verderbens gestürzt hat."[87]

Die guten Bewertungen für seine Arbeit als Dolmetscher, die Lamm bereits beim IMT erhalten hatte, wurden während der Folgeprozesse bestätigt. Wegen seiner Fähigkeiten, die auch Prozessbeobachtern auffielen, wurde Lamm in dem Report of efficiency rating mit der Gesamtnote „excellent" beurteilt. Lediglich seine Bereitschaft zur Zusammenarbeit scheint zu wünschen übrig gelassen zu haben: im Gegensatz zu den anderen Beurteilungskriterien wurde sie nur mit „adequate" bewertet.[88] – Lamms Vorgesetzte schätzten ihn jedoch nicht nur für seine guten Übersetzungen. Lamm, der selber zu dieser Zeit in verschiedenen Zeitungen über die Nürnberger Prozesse berichtete, fasste sowohl für den Hauptankläger der meisten Nachfolgeprozesse, Brigadegeneral Telford Taylor, als auch für dessen Stellvertreter, Robert M. W. Kempner, regelmäßig die Berichterstattung über die Nürnberger Prozesse in den deutschen Medien zusammen.[89] Aufgrund seines persönlichen Bezugs zur deutschen Presse war Lamm für diese Aufgabe prädestiniert. Dennoch sahen nicht alle seine Tätigkeit innerhalb der Presse so positiv. So berichtet ein Korrespondent über Lamm:

„Der größte Teil der Männer in der amerikanischen lizenzierten Presse wurde von Mr. Lamm, ehemals in München, jetzt beim amerikanischen Militärgerichtshof in Nürnberg

---

86  Lamm: Otto Ohlendorfs Einsatztruppen, in: Aufbau, Jg. 13, Nr. 41 vom 10. 10. 1947, S. 3.
87  StadtAM, NL Lamm, Akt 333, Beitrag „Nürnberger Justiz. Zweiter Akt" von Lamm in der Jüdischen Rundschau, undatiert.
88  Vgl. StadtAM, NL Lamm, Akt 3, Report of efficiency rating. Vgl. dazu ZA, B.1/7, Nr. 110, Schreiben unterschiedlicher Personen an die ZWST, Februar/März 1954.
89  StadtAM, NL Lamm, Akt 3, Schreiben von Telford Taylor an Lamm vom 15. 4. 1949; StadtAM, NL Lamm, Akt 3, Schreiben von Robert M. W. Kempner an Lamm vom 19. 4. 1949.

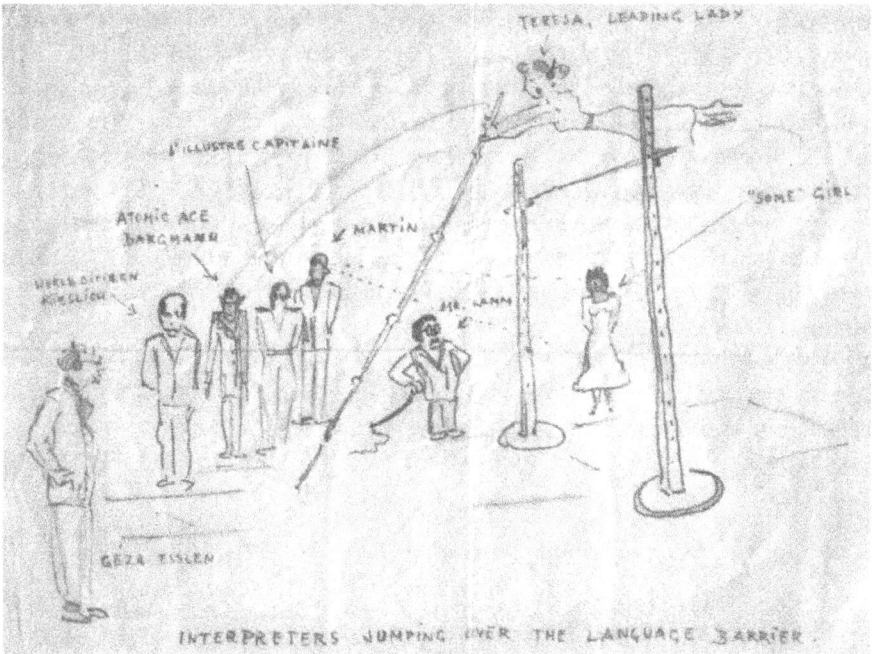

Karikatur „Interpreters jumping over the Language Barrier".

‚gemacht'. Mr. Lamm regiert nach altem Rezept: er hält für die von ihm gemangten Zuckerbrot und Peitsche bereit. Wer sich als gehorsamer Zögling erweist, der wird von Zeit
zu Zeit mit einem Care-Paket oder mit Zigaretten beschenkt. Doch wehe, wer vergisst.
dass er von Mr. Lamm ‚gemacht' worden ist. Er wird nach Nürnberg zitiert, wo Mr. Lamm
ihn zurechtstutzt oder, wenn der Angeklagte zu bocken beginnt. mit Meldung beim zuständigen Nachrichtenkontrolloffizier bedroht. Wird die Meldung von ihm gemacht. dann
hat der betreffende Journalist aufgehört ein solcher zu sein. Mr. Lamm zieht die Fäden.
ohne durch ein besonderes Amt als der maßgebende Mann erkennbar zu sein. Wie eine
Souffleuse eine Stimme zu haben, ohne anderen als den Akteuren doch sichtbar zu sein –
solch eine Tugend aber wird gerade innerhalb eines Systems geschätzt. das auf der Anony-
mität seiner eigentlichen Beherrscher beruht."[90]

Wie Lamm die in dem Beitrag „Mr. Langendorff und Lamm. Über Pressefreiheit. Nachrichtenkontrolle und ‚gemachte' Journalisten" umrissene Machtpo-
sition erlangen konnte, geht leider weder aus diesem Beitrag noch aus anderen
Quellen hervor. Die darin erwähnten Eigenschaften der öffentlichen Person
Lamm, des Angestellten der amerikanischen Militärregierung – v. a. die bildlich
dargestellte Strenge – scheint Lamm jedoch nicht nur im Bereich der Presse an
den Tag gelegt zu haben. Ein weiteres Dokument. erhalten in seinem privaten
Nachlass, karikiert Lamm als Mann, der die Peitsche benutzt:
    In einer Bleistiftzeichnung „INTERPRETERS JUMPING OVER THE
LANGUAGE BARRIER" wird die Aufgabe des Dolmetschens mit der

---

[90] StadtAM. NL Lamm, Akt 8. Mr. Langendorff und Lamm. Über Pressefreiheit. Nachrichtenkontrolle und „gemachte" Journalisten. undatiert.

sportlichen Leistung des Stabhochspringers verglichen.[91] „Mr. Lamm" ist derjenige, der die Sprünge der anderen Dargestellten überwacht, die Hände in die Seiten gestemmt, die Peitsche in der Hand. Wann die Zeichnung entstand, ist leider nicht belegt. Aufgrund der individuell dargestellten Charaktere muss sie allerdings von jemandem erstellt worden sein, der die Gruppe der Dolmetscher und somit auch Lamm gut kannte. Lamm scheint sich in den verschiedenen Funktionen, die ihm übertragen worden waren, demnach eher streng und durchaus machtbewusst gezeigt zu haben: in der Öffentlichkeit begegnete man einem Mann, der in den Bereichen, in denen er das Sagen hatte, ein strenges Regiment führte.

Trotz wiederholter Überlegungen, in die USA zurückzugehen, wechselte Lamm nach Abschluss der Nürnberger Folgeprozesse im Januar 1950 an den U.S. Court of Restitution Appeals.[92] Erst mit der Auflösung der Sprachabteilung im Juli 1952 beendete Lamm seine Tätigkeit im Dienste amerikanischer Behörden.[93]

### Dissertation

Aufgrund seiner Tätigkeit als Dolmetscher bei den Nürnberger Prozessen war Lamm auf besonders direkte Weise mit der unmittelbaren Vergangenheit konfrontiert. Im Gegensatz zu dieser strafrechtlichen Auseinandersetzung, an der Lamm als Dolmetscher zwar beteiligt, jedoch kein Entscheidungsträger war, ist seine Dissertation „Über die innere und äußere Entwicklung des deutschen Judentums im Dritten Reich" als seine persönliche Auseinandersetzung mit den Ereignissen im Dritten Reich zu werten.[94] Lamm setzte während seines Studiums bei Prof. Hans-Joachim Schoeps die thematischen Schwerpunkte, er entschied, welche Etappen nationalsozialistischer Politik in seiner Untersuchung Berücksichtigung finden sollten. Zudem werden neben seinen persönlichen Erfahrungen in den ersten Jahren der nationalsozialistischen Herrschaft in Deutschland und im Exil seine Tätigkeit

---

[91] StadtAM, NL Lamm, Akt 265/2, Interpreters jumping over the Language Barrier, undatiert.
[92] Das vergleichsweise gute Gehalt könnte ein zusätzlicher Grund gewesen sein, warum Lamm seine Tätigkeit in Deutschland Jahr für Jahr verlängerte. Vgl. StadtAM, NL Lamm, Akt 3, Notification of personnel Action, ausgestellt für Hans Lamm am 24.6.1949. Zu seiner Anstellung am U.S. Court of Restitution Appeals vgl. Unterlagen der FAUEN, Schreiben von Fred J. Cohn, Justice, President, Court of Restitution Appeals an die Philosophische Fakultaet der Universitaet Erlangen vom 31.5.1951; StadtAM, JUDAICA-Varia, Akt 1, Brief von Lamm an SBC vom 20.2.1950; StadtAM, NL Lamm, Akt 8, Dr. Lamm nach USA, in: 8-Uhr-Blatt, Nr.153 vom 3.7.1952, S.8.
[93] StadtAM, NL Lamm, Akt 8, Dr. Lamm nach USA, in: 8-Uhr-Blatt, Nr.153 vom 3.7.1952, S.8; StadtAM, NL Lamm, Akt 8, Mr. Lamm verlässt Nürnberg. Vorerst nach Frankfurt, undatiert.
[94] In diesem Sinne äußert sich Lamm in seinem Beitrag „Juden – 30 Jahre danach", S.1 (StadtAM, NL Lamm, Akt 324).

als Dolmetscher und die ihm damit zur Verfügung stehenden Einblicke, Informationen und Kontakte zu Zeitzeugen sein Interesse für die Aufarbeitung der innerjüdischen Entwicklungen zur Zeit des Dritten Reiches geweckt haben. Lamm behauptete, sich „hauptsächlich aus Langeweile und Ehrgeiz"[95] nach den ersten Jahren in Nürnberg im Dezember 1949 trotz seines anspruchsvollen Berufs als Gasthörer an der Universität Erlangen eingeschrieben zu haben. Seit dem Wintersemester 1949/50 besuchte er dort regelmäßig Veranstaltungen. Lamm legte am 6. und 7. Juli 1951 seine Prüfungen in Religions- und Geistesgeschichte, Neueste Geschichte und Amerikanische Kulturgeschichte ab und wurde am 25. Juli 1951 mit der Gesamtnote ‚cum laude' zum Dr. phil. promoviert.[96] Diese Kombination von Schüler, Lehrer und Thema lässt sich wohl am treffendsten mit den Worten Schalom Ben-Chorins charakterisieren, der am 15. November 1952 feststellte: „Es ist wohl etwas Erstmaliges und Einmaliges, das ein vertriebener deutscher Jude bei einem vertriebenen deutschen Juden eine Dissertation über den Untergang des deutschen Judentums an einer deutschen Universität schreibt."[97]

Lamm sah seine Aufgabe nicht darin, „eine Geschichte des Antisemitismus in Deutschland oder der nationalsozialistischen Maßnahmen gegen die Juden zu schreiben". Vielmehr wollte er zeigen, „welche Entwicklung das deutsche Judentum während des Dritten Reiches von der Machtergreifung am 30. Januar 1933 bis zur fast völligen Ausrottung während der letzten Kriegsjahre erlebte". Die Berechtigung für die von ihm gewählte Art der Darstellung sah Lamm in der besonderen Stellung des deutschen Judentums – einer Gruppe mit einem spezifischen, geistigen Gepräge und großem Ansehen – und der notwendigen Erinnerung an die organisatorischen, sozialen und kulturellen Leistungen der Juden in Deutschland zu jener Zeit.[98]

Als Quellengrundlage dienten ihm seine eigenen Erinnerungen, die Angaben zahlreicher Persönlichkeiten des In- und Auslands – zu den von Lamm angefragten Persönlichkeiten gehörte beispielsweise Martin Buber[99] – jüdische Zeitungen sowie Bücher, Berichte, Zeitschriften und andere Zeugnisse der Jahre 1933–1945. Soweit vorhanden, wurden auch wissenschaftliche Literatur und Memoiren in die Abhandlung miteinbezogen. Lamm selbst äußerte sich in diesem Zusammenhang auch zu möglichen Problemen, die mit dem von ihm zugrunde gelegten Quellenmaterial verbunden sein könnten. Er er-

[95] StadtAM, JUDAICA-Varia, Akt 1, Brief von Lamm an SBC vom 20.2.1950.
[96] Während die schriftliche Arbeit mit magna cum laude bewertet wurde, erhielt Lamm in den mündlichen Prüfungen ein cum laude. Vgl. Unterlagen der FAUEN, Schreiben von Lamm an den Dekan der Philosophischen Fakultät der Friedrich-Alexander-Universität vom 31.5.1951; Unterlagen der FAUEN, Promotionsakt cand.phil. Hans Lamm: Stadt-AM, NL Lamm, Akt 2, Schreiben des Dekan an Lamm vom 13.11.1963.
[97] Schalom Ben-Chorin: Teth-Sajin Marcheschwan – ein neuer juedischer Gedenktag, in: Jedioth Chadaschoth vom 15.11.1952.
[98] Lamm: Entwicklung, S.1.
[99] StadtAM, NL Lamm, Akt 32, Schreiben von Lamm an Buber vom 28.12.1950.

achtete die Materialien jedoch für die Darstellung des innerjüdischen Geschehens und die subjektiven Reaktionen jüdischer Persönlichkeiten und Organisationen für ausreichend.[100] Er strebte bewusst keine vollständige, ins Detail gehende Darstellung der nationalsozialistischen Maßnahmen gegen die Juden Deutschlands, keine Prüfung der Absichten der Nationalsozialisten und keine Analyse des antisemitischen Schrifttums des Dritten Reiches an: „Die objektive Geschichte der Judenheit des Reiches"[101] skizzierte Lamm nur als Grundlage für sein eigentliches Thema.[102]

Zu Beginn der Dissertation nimmt Lamm eine Charakterisierung des deutschen Judentums[103] im Jahr 1933 vor, um von dieser Beschreibung ausgehend die weiteren Entwicklungen der jüdischen Gemeinschaft in Deutschland zur Zeit des Nationalsozialismus darzustellen.[104] Er kommt zu dem Ergebnis, dass das deutsche Judentum 1933 „eine Minderheit [war], die durch ihre innere Zersplitterung schlecht gerüstet war, einem äusseren Angriff, den sie nicht ernsthaft zu erwarten schien, Widerstand zu leisten. Es erscheint deswegen nicht unzutreffend, wenn man die Judenheit Deutschlands als eine bereits vor der nationalsozialistischen Machtergreifung äusserlich und innerlich geschwächte Gemeinschaft kennzeichnet"[105].

Im zweiten Kapitel werden die Tatsachen rekapituliert, welche das Schicksal der Juden im Dritten Reich bestimmten, in Form einer weitgehend unkommentierten, chronologischen Katalogisierung. Lamm teilt das antijüdische Geschehen von 1933 bis 1945 in drei Phasen[106]: Die erste umfasst den Zeitraum von der Machtergreifung Hitlers am 30. Januar 1933 bis zur Verkündi-

---

[100] Vgl. hierzu Lamm: Entwicklung, S. 2f.

[101] Ebd., S. 33.

[102] Vgl. Ebd. S. 33–97. Die Dissertation stellt auf 369 Seiten nicht nur eine umfassende inhaltliche Darstellung, sondern auch statistische Daten und einzelne Erfahrungsberichte bereit. In mehreren Passagen des fortlaufenden Textes entwickeln sich die angeführten Daten jedoch nicht zu informativen Zusätzen, sondern der Leser hat förmlich das Gefühl, von der Zahlenmenge erschlagen zu werden. Häufig fehlt die Anbindung an den thematisierten Sachverhalt, den man in Form von eingehenden Analysen oder kommentierenden Erklärungen erwarten würde. Die Auslagerung einiger Statistiken in den Anmerkungsteil oder den Anhang hätte das Verarbeiten der Datenfülle an anderen Stellen erheblich erleichtert.

[103] Der Begriff „deutsch" bezieht sich auf das Deutsche Reich, wie es am 1.1.1937 bestand. Unter „deutschen Juden" sind all jene Juden zu verstehen, „die 1933 innerhalb der Reichsgrenzen ihren Wohnsitz hatten, gleichgültig welcher Staatsangehörigkeit sie waren". Für Lamm ist die Definition des Begriffes „Jude" diejenige, „welche als hauptsächliches Wesensmerkmal der Juden die jüdische Religion betrachtet". Aufgrund der historischen Gegebenheiten zur Zeit des Nationalsozialismus „werden wir auch zuweilen diejenigen mit in unsere Betrachtungen einbeziehen müssen, die sich glaubensmäßig nicht, oder nicht mehr, zum Judentum bekannten, wegen ihrer Herkunft jedoch tatsächlich ähnlichen Verfolgungsmaßnahmen ausgesetzt waren wie die Glaubensjuden." Lamm: Entwicklung, S. 7f.

[104] Ebd., S. 7–32.

[105] Ebd., S. 22.

[106] Ebd., S. 37.

gung der Nürnberger Gesetze am 15. September 1935, die zweite reicht bis zu den Pogromen des 9. November 1938, die dritte erstreckt sich bis zur sogenannten „Endlösung". Der Beginn jeder dieser drei Phasen markiere eine neuerliche Verschärfung der nationalsozialistischen Judenpolitik.[107]

Die innere Entwicklung des deutschen Judentums unterteilt Lamm in vier Aspekte. Bei der Darstellung der Organisation des deutschen Judentums im Dritten Reich geht er vor allem auf das Fehlen einer länderübergreifenden Vereinigung der jüdischen Gemeinden vor 1933 sowie auf die Gründung der „Reichsvertretung der Jüdischen Landesverbände Deutschlands" im Jahr der nationalsozialistischen Machtübernahme ein.[108] Als das charakteristische Kennzeichen der Reaktion der Juden auf das Geschehen in den ersten zwei Jahren der nationalsozialistischen Herrschaft stellt Lamm die Selbsttäuschung der Juden heraus.[109] Diese ziehe sich durch alle Klassen und Bildungsschichten. Auch wenn die Gruppe der Juden im Dritten Reich „zu komplex und heterogen [war], um auf einen Nenner gebracht werden zu können, die Interessen und Bedürfnisse zu vielfältig, um in einer uniformen Weise befriedigt zu werden"[110], so zeigt Lamm in seinem Kapitel zum geistigen und kulturellen Leben der deutschen Juden im Dritten Reich vier Säulen der innerjüdischen Aktivität auf[111]: die Entwicklung des jüdischen Schulsystems, die Erwachsenenbildung, die Gründung des Kulturbundes deutscher Juden im Frühsommer 1933 und das jüdische Presse- und Verlagswesen. Zum Abschluss dieser Darstellung der inneren Entwicklung des deutschen Judentums berichtet Lamm über die Auswanderungsbewegung, die – parallel zu den drei von ihm vorgestellten Phasen der Verfolgungsmaßnahmen – in drei Wellen verlief. Der Höhepunkt der Auswanderungsbemühungen sei 1938 erreicht worden, als sich fast alle Juden um die Ausreise bemühten.[112] In einer versuchten Gesamtschätzung der jüdischen Auswanderung von 1933 bis 1945 kommt Hans Lamm zu folgendem Ergebnis: Die Anzahl der in Deutschland lebenden Juden verringerte sich von 502 799 Juden, die 1933 in Deutschland lebten, bis 1945 auf etwa 20–25 000. Ungefähr 270 000 Juden verließen das Land als Auswanderer. Dazu 135 000 Deportationen und ca. 72 000 Sterbeüberschuss.[113] In diesem Zusammenhang versucht Lamm, die bevorzugten Auswanderungsländer der Juden zu ermitteln, und untersucht die Bedingungen, unter denen die

---

[107] Für einen Großteil der in diesem Kapitel genannten Ereignisse, Maßnahmen und Transporte führt Lamm statistische Daten an, die er in die fortlaufende Darstellung integriert oder erläuternd in Fußnoten anhängt.
[108] Lamm: Entwicklung, S. 98–133.
[109] Ebd., S. 134–180. Die Reaktionen der Juden auf das Geschehen im Dritten Reich rekonstruiert Lamm vor allem anhand von Zitaten aus Zeitungen, Zeitschriften und Büchern, die während der Jahre von 1933 bis 1945 veröffentlicht wurden.
[110] Ebd., S. 201.
[111] Ebd., S. 181–208.
[112] Ebd., S. 209.
[113] Ebd., S. 222f.

große Anzahl der deutschen Juden in die Vereinigten Staaten von Amerika (mindestens 90 000 Juden) und Palästina (48 837 Juden) einwanderten. Er untermauert diese unterschiedlichen Einwanderungs- und Lebensbedingungen durch zahlreiche statistische Daten und einen direkten Vergleich der Entwicklungen und Lebensbedingungen.[114]

In seiner abschließenden Einschätzung der Situation des deutschen Judentums kommt Lamm zu dem Schluss, dass „das deutsche Judentum der fünfziger Jahre unseres Jahrhunderts [...] fast nichts mehr gemein [hat] mit dem der zwanziger Jahre"[115]. Er ist überzeugt, „dass die deutsch-jüdische Gemeinschaft, wie sie vor 1933 und auch noch in der ersten Zeit der nationalsozialistischen Herrschaft bestand, ausgestorben ist, um nicht wiederzuerstehen"[116].

Das jüdische Gemeinschaftsleben in Deutschland nach dem Zusammenbruch des Dritten Reiches versucht Lamm auf drei unterschiedlichen Ebenen zu charakterisieren. In einem Überblick würdigt er zunächst die Maßnahmen von Regierungsstellen, die sich auf länderspezifische Art und Weise für die Situation und die Wiederherstellung der Rechte der Verfolgten der NS-Zeit einsetzten.[117] Die Gemeinschaft der jüdisch verschleppten Personen bilde insofern eine eigene Gruppe innerhalb der jüdischen Gemeinschaft, die auf ihre besondere Art das jüdische Leben in Deutschland prägte, da viele dieser Personengruppe nur vorübergehend dort blieben. Trotz des häufig nur kurzen Aufenthalts entwickelte sich Lamm zufolge unter den so genannten DPs ein eigenes Kulturleben und Ausbildungswesen, das die in Deutschland lebenden Juden auf ihre angestrebte Auswanderung – häufig nach Palästina oder in die USA – vorbereiten sollte.[118] Den dritten Aspekt des neu entstehenden jüdischen Lebens in Deutschland sieht Lamm in den „Versuche[n] der wiedererstandenen deutsch-jüdischen Gemeinden, ihr Gemeinschaftsleben zu erneuern"[119]. Die genaue Anzahl der jüdischen Gemeinden in Deutschland nach 1945 konnte aus den Lamm vorliegenden Angaben nicht mehr ermittelt werden. Es lasse sich jedoch eine neue Entwicklung ausmachen, die in dem Zusammenschluss jüdischer Gemeinden in Westdeutschland ihren Anfang nahm. Die Interessengemeinschaft beschäftigte sich vor allem mit der Neugründung jüdischer Gemeinden und war entscheidend an der Ausarbeitung verschiedener Gesetze beteiligt. Lamm zeigt, wie in der Weiterentwicklung dieser zentralen Organisation am 19. Juli 1950 der Zentralrat der Juden in Deutschland gegründet wurde.[120]

---

[114] Vgl. ebd., S. 209–245.
[115] Ebd., S. 249.
[116] Ebd. Vgl. dazu auch Lamms weitere Ausführungen auf S. 246–276.
[117] Ebd., S. 250f.
[118] Ebd., S. 247f. und S. 251f.
[119] Ebd., S. 250.
[120] Dazu vgl. Brenner: Epilog oder Neuanfang, S. 176; Geller: Die Entstehung des Zentralrats; Richarz: Juden in der Bundesrepublik, S. 18; Zieher: Weder Privilegierung, hier bes. S. 187, 190 und 193.

Als unbedingte Notwendigkeit für einen erfolgreichen Wiederaufbau des jüdischen Lebens und vor allem der jüdischen Gemeinden in Deutschland erachtet Lamm die Rückkehr deutsch-jüdischer Emigranten in ihr Heimatland,[121] stellt jedoch fest, dass diese Rückwanderung fast vollständig ausgeblieben sei.[122] Sie beschränke sich auf wenige Intellektuelle und Schauspieler sowie eine Handvoll älterer Menschen, die im Ausland nicht hatten Fuß fassen können und ihren Lebensabend in Deutschland verbringen wollten, sowie eine kleine Anzahl Rechtsanwälte.[123] Das Ausbleiben von größeren Rückwanderungsbewegungen erklärt er im Wesentlichen durch die gelungene Eingliederung der Juden in den Zufluchtsländern, die Erinnerung an die Judenverfolgung, die ausbleibenden Einladungen offizieller deutscher Stellen an die Emigrierten, die schlechten wirtschaftlichen Bedingungen im Nachkriegsdeutschland und die erneut in Deutschland festgestellten antisemitischen Tendenzen, vor denen einflussreiche jüdische Stellen warnten.[124] In diesem Zusammenhang verweist Lamm auf eine besondere Gruppe jüdischer Remigranten, die in den unmittelbaren Nachkriegsjahren nach Deutschland zurückkehrten: „Nicht ganz unerheblich war die Zahl der Juden, die mit den Besatzungstruppen und der Zivilverwaltung der westlichen Alliierten nach Deutschland kamen. [...] Die meisten dieser Emigranten sind in ihre neuen Heimatländer zurückgekehrt, während einzelne heute noch in den Diensten der amerikanischen, britischen oder französischen Hohen Kommission tätig sind. Dass nennenswerte Zahlen dieser früheren Emigranten nach Abschluss ihrer derzeitigen Tätigkeit den Entschluss fassen werden, sich in Deutschland wieder endgültig niederzulassen, ist nicht bekannt, erscheint jedoch aus den vorgenannten menschlichen, politischen und psychologischen Gründen unwahrscheinlich."[125] Auch wenn mit der Gründung der zentralen deutsch-jüdischen Zeitschrift „Allgemeine" ein positiver Ansatz zur Neugestaltung deutsch-jüdischen Lebens angesprochen wird, blickt Lamm eher pessimistisch sowohl auf die vergangenen Entwicklungen zurück als auch den kommenden Ereignissen entgegen.[126]

Sein Doktorvater Hans-Joachim Schoeps bewertete Lamms Arbeit mit ‚magna cum laude'. Seine persönliche Einschätzung des Wertes der Arbeit bringen seine das Gutachten abschließenden Worte sehr treffend zum Ausdruck: „Die Arbeit Lamm hat durch ihre nüchterne und ihre Angaben quel-

---

[121] Lamm begründete seine Forderung mit zwei unterschiedlichen Beobachtungen. Zum einen seien die noch in Deutschland lebenden früheren deutschen Juden überaltert und kinderarm. Zum anderen seien keine Anzeichen zu erkennen, dass Rabbiner deutsch-jüdischer Herkunft nach Deutschland zurückkehren wollten. Lamm: Entwicklung, S. 254f.
[122] Zu den heute durch weitere wissenschaftliche Forschungen bekannten Angaben über die Rückwanderung jüdischer Emigranten nach Deutschland vgl. Anm. 29 dieses Kapitels.
[123] Lamm: Entwicklung, S. 254f.
[124] Ebd., S. 254–256.
[125] Ebd., S. 275f.
[126] Lamm: Entwicklung, S. 254–256 mit Anm. 44 auf S. 275f.

lenmässig genau belegende Art das grosse Verdienst, einen Geschichtsabschnitt und seine Ergebnisse so klar dargelegt zu haben, dass keinerlei Fälschungen und Illusionen mehr möglich sind. Die wissenschaftliche Darstellung dieses trübsten Zeitraumes der deutschen Geschichte, zugleich des Schlusskapitels über das deutsche Judentum, liegt nunmehr vor."[127] Schoeps, der viele der geschilderten Entwicklungen unmittelbar miterlebt hatte oder persönlich an ihnen beteiligt gewesen war, bestätigte weitestgehend die inhaltliche Richtigkeit der Darstellung Lamms und würdigte besonders, dass dieser die Ergebnisse seiner Untersuchung „mit leidenschaftslosem Willen zu Wahrheit und ohne ressentimenthaltige Werturteile, die gewiss nahe gelegen hätten"[128], beschrieb. Von Lamm abweichend bewertete Schoeps die von diesem sehr gelobte Blüte des jüdischen kulturellen Lebens bis 1938: „So bedeutend all diese Leistungen waren, lässt sich aber das Aufgezwungene und Künstliche dieser kulturellen Blüte nicht verkennen; nach meinem Dafürhalten ist es eine Scheinblüte gewesen. Denn weder eine kulturelle noch eine religiöse ‚Renaissance', was oft behauptet worden ist, konnte unter diesen Vorzeichen stattfinden."[129] Insgesamt teilte Lamms Erstkorrektor jedoch dessen düstere Zukunftseinschätzung. „Das Schlusskapitel über die Lage nach 1945 lässt klar erkennen, dass die Geschichte des deutschen Judentums als eigene Grösse schon 1938 zuende gegangen war. Die Situation des verbliebenen Restes ist altersmässig, ethnologisch und bewusstseinsmässig so, dass man sagen muss, in diesem Punkt hat Hitler doch gesiegt. Wenn kein Wunder geschieht, wird Deutschland wohl im Lebensraum einer Generation als endgültig ‚judenrein' anzusprechen sein."[130] Diese von Schoeps geäußerte Befürchtung bringt eines sehr gut zum Ausdruck: Die Verfasser der Dissertation und des Gutachtens waren nicht nur Wissenschaftler, sondern auch von den geschilderten Ereignissen Betroffene. Die Erfahrungen, die beide während der Jahre 1933 bis 1945 machen mussten, wirkten noch nach und prägten die Darstellung bzw. Bewertung. In vielen Passagen erkennt der Leser – auch wenn eine wertende Darstellung tatsächlich vermieden wird – die persönliche Erfahrung und Betroffenheit des Verfassers.

Auf der Grundlage des heute zur Verfügung stehenden Quellenmaterials würde die Bewertung von Lamms Dissertation vermutlich etwas anders ausfallen als das Gutachten seines Doktorvaters. Der womöglich schwerwiegendste Kritikpunkt an Lamms Arbeitsweise ist sein Umgang mit den Quellen, auf denen er seine Arbeit aufbaut. Seine Erklärung, warum er sich fast ausschließlich auf innerjüdische Quellen bezieht, kann nicht überzeugen. Der übermäßig hohe Anteil jüdischer Zeitungen als Quelle für die Darstellung der nationalsozialistischen Maßnahmen in der Zeit von 1933 bis 1945 ist nicht

---

[127] Unterlagen der FAUEN, Promotionsakt cand.phil. Hans Lamm, Gutachten betr. Abhandlung des Herrn cand.phil. Hans Lamm von Schoeps vom 27.6.1951.
[128] Ebd.
[129] Ebd.
[130] Ebd.

wirklich nachvollziehbar. Lamm zeigt an Einzelbeispielen, dass ihm u. a. durch seine Arbeit als Dolmetscher bei den Nürnberger Prozessen und am U.S. Military Court oder durch die Archive in Nürnberg deutlich mehr zeithistorisches Quellenmaterial zur Verfügung gestanden haben muss, als seine Arbeit über weite Strecken erkennen lässt. Im Verlauf der Arbeit bezieht er zwar immer wieder zusätzliche Informationen mit ein – dennoch hätte womöglich ein Titel „Die Entwicklungen des deutschen Judentums im Spiegel der jüdischen Presse" die Dissertation treffender charakterisiert. Man darf natürlich nicht außer Acht lassen, dass die historische Forschung zur Geschichte des Nationalsozialismus in den letzten 50 Jahren weit vorangeschritten ist. Ein Urteil über die Arbeit aus der heutigen Sicht wird demzufolge immer von mehr Wissen und Quellenmaterial ausgehen, als dem Verfasser Ende der 1940er Jahren zur Verfügung gestanden hat. Doch bleibt trotz aller möglichen Kritik an der von Lamm gewählten Vorgehens- und Darstellungsweise festzuhalten, dass er mit seiner Dissertation Pionierarbeit im Bereich der deutsch-jüdischen Geschichte geleistet hat. 1951, als er seine Dissertation an der Universität Erlangen einreichte, stellte ein solches Thema eine Seltenheit dar – vergleichbare Studien, die in diesen ersten Nachkriegsjahren entstanden, gibt es nicht.[131] Sie gewährt Eindrücke in die Entwicklung des jüdischen Lebens im Nachkriegsdeutschland und wird durch diese abschließende Situationsanalyse zu einer wichtigen Quelle für Zeithistoriker. Dass Lamms Dissertation nicht publiziert wurde, erklärte er selbst rückblickend mit dem überdurchschnittlich hohen Aufwand, den es ihn gekostet hätte: „Sie wurde nie gedruckt, sondern nur vervielfältigt und häufig zitiert. Obwohl ich oft gedrängt wurde, sie zu veröffentlichen, habe ich es nicht getan: Ich hätte so viel neue Quellenarbeit leisten müssen, noch einmal von vorne alles durchgehen; das habe ich nicht gesehen."[132]

Aus der heutigen Forschungslandschaft sind Arbeiten wie Lamms „Über die innere und äußere Entwicklung des deutschen Judentums im Dritten Reich" nicht mehr wegzudenken. Arbeiten zum jüdischen Leben im Dritten Reich stellen einen festen Bestandteil der historischen Forschung dar.[133]

---

[131] Bei einer Überprüfung aller in Deutschland verfassten Dissertationen, die sich thematisch mit der Geschichte der Juden im Zeitraum von 1922–1955 befassen, konnte ich keine vergleichbaren Ansätze finden. Lediglich eine, von Helmut Köhrer ebenfalls 1951 eingereichte Dissertation mit dem Titel „Entziehung und Rückerstattung. Entwicklung und Erscheinungsformen der sozialen Beziehungen zwischen Juden und Nichtjuden durch Verfolgungs- und Restitutionsmaßnahmen", Wirtsch.- und sozialwiss. Diss. [masch.] Köln 1951, beschäftigt sich mit der unmittelbar erlebten Geschichte. Vgl. hierzu auch: Kisch/Roepke: Schriften zur Geschichte der Juden; Schüler-Springorum: The „German Question", S. 204. Vergleichbare Themen bearbeiteten deutlich später, zu Beginn der 1980er Jahre, u. a. Ginzel: Jüdischer Alltag; Angress: Generation zwischen Furcht und Hoffnung; Freeden: Die jüdische Presse im Dritten Reich und Walk: Jüdische Schule und Erziehung.
[132] Hans Lamm Reminiscences, 6/5/77, Privat.
[133] Die Arbeit Lamms erhielt bis heute im wissenschaftlichen Kontext nur wenig Beachtung, obwohl die Doppelsicht von „innen" und „außen" außergewöhnlich ist. Bis in die siebziger Jahre entstanden hauptsächlich Darstellungen, die die Perspektive auf jüdisches

Lamms maschinenschriftlich vorliegende Arbeit markiert in Deutschland den Beginn der wissenschaftlichen Auseinandersetzung mit der Geschichte der Juden im Dritten Reich.

Leben von innen vernachlässigten und stattdessen den Blick von außen (d. h. z. B. die Stellung der Juden im nationalsozialistischen Programm) in den Mittelpunkt der Untersuchung rückten, wobei mit zeitlichem Abstand zu dem unmittelbar Erlebten die Anzahl der Veröffentlichungen zu diesem Thema deutlich zunahm. Vgl. Zimmermann: Die deutschen Juden, S. 136–139.

# Zwischen den Stühlen?

Lamm kehrte nach sieben Jahren Exil in das Land zurück, das in den ersten 25 Jahren seines Lebens seine Heimat gewesen war. Die Aufnahme der aus dem Exil nach Deutschland Zurückkehrenden war häufig von Gegensätzen bestimmt, die bei einer Betrachtung des Engagements einzelner Remigranten zu berücksichtigen sind. Ihre Lebensgeschichte war oft der Grund, dass „ihnen am Ende weder Deutsche noch Amerikaner ihr volles Vertrauen [schenkten]. In den Augen ihrer einstigen Landsleute hatten sie durch ihre Emigration ihr kulturelles Erbe verraten; ja, sie schienen amerikanischer zu sein als jeder ‚echte‘ GI. Die amerikanischen Beobachter hingegen hinterfragten gerade die Loyalität der Remigranten zu Amerika auf Grund ihres kulturellen und oft liberalen Hintergrundes – sie schienen nicht ‚amerikanisch genug‘ zu sein."[134] Wie erlebte Lamm die Ankunft in seinem Geburtsland? Amerikanische und deutsche Einflüsse hatten sein Leben bis zu dem Zeitpunkt der Rückkehr geprägt und deutliche Spuren hinterlassen. Machte sich diese Verbundenheit zu zwei Ländern, der alten und der neuen Heimat, in seinen Aktivitäten in Deutschland nach 1945 bemerkbar? War die neue Heimat in den USA womöglich die Voraussetzung für die Rückkehr?

## *Halber Deutscher – halber Amerikaner?*

Hans Lamm betrat 1945 als amerikanischer Staatsbürger deutschen Boden.[135] Seine deutsche Vergangenheit unterschied ihn jedoch von den meisten Amerikanern, die mit der amerikanischen Besatzungsmacht nach Deutschland gekommen waren. Sie war Teil seiner Persönlichkeit und prägte sein Auftreten und seine Interessen in Deutschland. „Der wesentliche Unterschied zwischen den Emigranten und den gebürtigen Amerikanern innerhalb der Militärregierung bestand darin, dass die Besatzung und Umerziehung Deutschlands für sie ein ‚Heimspiel‘ war, zu welchem sie politische Vorstellungen, Wünsche und vor allen Dingen emotionale Bindungen mitbrachten", beschreibt Jessica C.E. Gienow-Hecht genau die Situation, in der Lamm sich während seiner ersten Rückkehr nach Deutschland befand.[136] An ganz unterschiedlichen Beispielen lässt sich diese doppelte Verbundenheit zu zwei Ländern und zwei Kulturen aufzeigen.

Lamms Rückkehr erfolgte zunächst für einen amerikanischen Auftraggeber, die AJCon. Er vertrat dabei einerseits die Interessen der amerikanisch-jüdischen Organisationen, die sich in der AJCon zusammengeschlossen hatten. Andererseits konnte er mit seiner Arbeit entscheidende Impulse für die Neuorganisation des jüdischen Lebens in Deutschland geben und vermittelte

---

134 Gienow-Hecht: Zuckerbrot und Peitsche, S. 46.
135 StadtAM, NL Lamm, Akt 1.
136 Gienow-Hecht: Zuckerbrot und Peitsche, S. 30.

zwischen verschiedenen Interessensgruppen.[137] So berichtete Lamm beispielsweise 1960 über diese Jahre: „Es war mir immer ein besonderes Anliegen, freundschaftliche Beziehungen zwischen den Juden in Deutschland in
den unterschiedlichen Gemeinden und den Mitarbeiten der Alliierten Streit-
kräfte herzustellen.“[138] Lamms Engagement wurde in diesem Fall von amerikanischer Seite motiviert und diente in erster Linie den Juden in Deutschland.

Auch Lamms Anstellung beim International Military Tribunal I, dem U.S.
Military Court und dem U.S. Court of Restitution Appeals verdeutlicht auf
besonders anschauliche Art und Weise seine persönliche Stellung im Nachkriegsdeutschland. Seine Sprachkenntnisse machten Lamm zu einem Angehörigen sowohl der englischsprachigen als auch der deutschsprachigen Personengruppe bei diesen Prozessen. Er nahm somit bei diesen Prozessen eine
wichtige Mittlerfunktion zwischen den Menschen seiner ‚alten‘ und seiner
‚neuen‘ Heimat ein.

Sowohl in Lamms journalistischem Schaffen als auch im Bereich der ehrenamtlichen Tätigkeiten in Nürnberg können ähnliche Überschneidungen deutscher und amerikanischer Momente ausgemacht werden. Nach 1945 entstanden im Nachkriegsdeutschland sehr schnell viele kulturpolitische Zeitschriften.
Die Besatzungsmächte lizenzierten diese bereitwillig, da sie in ihnen eine
Möglichkeit sahen, dass „die Deutschen hier neue Formen verantwortungsbe-
wusster Informationsvermittlung und Meinungsbildung einüben konnten“.[139]
Häufig leisteten Remigranten durch ihre Publikationen in diesen Zeitschriften
einen Beitrag zum Reeducation-Konzept der alliierten Sieger.[140] Beispielhaft
sollen an dieser Stelle Lamms Berichterstattung für den amerikanischen *Aufbau* und die *Nürnberger Nachrichten* sowie sein Engagement im German
American Youth Club Nurnberg vorgestellt werden.

Lamm schrieb vor allem in den ersten Jahren nach seiner Ankunft in
Deutschland für den deutschsprachigen, jüdisch geprägten *Aufbau* und be-
handelte vorwiegend deutsch-jüdische Themen. Seine Beiträge stellten sowohl persönliche Erfahrungsberichte als auch detaillierte Sachinformationen
bereit. Als Vertreter der AJCon berichtete er kontinuierlich über die Entwicklungen innerhalb des Judentums in Deutschland. Es war ihm ein Anliegen, gerade die Aspekte der deutsch-jüdischen Nachkriegsgeschichte an die

---

[137] Lamm vermittelte sowohl zwischen den DPs und den neugegründeten Gemeinden als
auch zwischen diesen und den Ansprechpartnern der amerikanischen Militärverwaltung.
Vgl. beispielsweise ZA, B.1/7, Nr.110, Schreiben von Dr. Ostertag an die ZWST vom
1.3.1954.
[138] ZA, B.1/7, Nr.135, Schreiben von Lamm an Chaplain Major George Vida, Office of
the Jewish Chaplain vom 22.1.1960 (Original in englischer Sprache).
[139] Krohn: „Deutschlands geistige Reserven“, S.115.
[140] Einen Überblick über die Einbeziehung von Remigranten in die Herausgeber- und
Autorenkreise dieser Zeitungen und ihr Interesse an der Frage der Rückkehr geben Biller:
Remigranten und Krohn: „Deutschlands geistige Reserven“. Zum Aufbau vgl. StadtAM,
NL Lamm, Akt 326, Aufbau/Reconstruction.

Öffentlichkeit zu tragen, die in der Mainstream-Berichterstattung weniger
Berücksichtigung fanden. So schilderte er unter der Schlagzeile „Das deutsche Judentum lebt noch" am 14. Juni 1946 ausführlich die „Verhältnisse, in
denen sich Juden, die schon vor 1933 deutsch-jüdischen Gemeinden angehört
haben, befanden".[141] Die meisten ehemaligen Zentren jüdischen Lebens beschreibt er als „Orte, in denen heute meist nichts als halbzerfallene Friedhöfe
davon zeugen, dass einst kräftige Kehilloth hier bestanden haben".[142] Lamm
versuchte, den Leser nicht nur zu informieren, sondern auch das Gefühl zu
vermitteln, das einen Juden überfällt, wenn er durch dieses von der nationalsozialistischen Politik und dem Krieg gezeichnete Deutschland reist. „Es ist
ein erschütterndes, oft fast unerträgliches Erlebnis. [...] Die Tragödie, die
man am eigenen Leib tagtäglich fühlt, ist nie wieder gutzumachen."[143] Gleichzeitig bemühte sich Lamm dem Leser klar zu machen, dass das Judentum in
Deutschland trotz der Tragödie nach wie vor existierte. Mit klaren Worten
charakterisierte er die deutsch-jüdische Nachkriegsgesellschaft und zeigte sowohl Probleme als auch Perspektiven auf. Es schien ihm wichtig, ein wahr-
heitsgetreues Bild der Situation zu zeichnen und gleichzeitig mit verbreiteten
Vorurteilen aufzuräumen, denn trotz der Überalterung, die in der jüdischen
Bevölkerung Deutschlands tatsächlich festzustellen war, sei die Wiederer-
richtung der jüdischen Gemeinden ebendieser Gruppe gelungen: „Ihr erstaunlich ungebrochener Lebenswille, ihre Energie und ihre Initiative straft
jene Lügen, die sie als dahinsiechende, fast lebensunfähige Greise und Krüp-
pel beschreiben."[144] Genauso wichtig wie die Schilderung der innerjüdischen
Entwicklungen erachtete Lamm die Berichterstattung über positive Entwicklungen für das jüdische Leben in Deutschland. Artikel wie „Philipp Auerbach: Ein Mann und sein Programm"[145], in dem Lamm am 4. Oktober 1946
den neu ernannten Staatskommissar für die Juden in Bayern biographisch
vorstellte, wurden ebenso abgedruckt wie „Für die Einheit der Juden
Deutschlands". In letztgenanntem Beitrag vom 11. Juli 1947 über die Gründung der Arbeitsgemeinschaft der Jüdischen Gemeinden Deutschlands zeich-
nete Lamm die ersten Schritte der neu entstandenen jüdischen Gemeinden in
Deutschland nach.[146]
    Anders als im *Aufbau* erschien Lamms Name innerhalb der *Nürnberger
Nachrichten* auffallend häufig im Zusammenhang mit amerikanischen Themen. Die Überschriften lassen bereits die Bandbreite seiner Artikel erahnen:

---

[141] Lamm: Das Deutsche Judentum lebt noch, in: Aufbau, Jg. 12, Nr. 24 vom 14.6.1946,
S. 15.
[142] Ebd.
[143] Ebd.
[144] Ebd.
[145] Ders.: Philipp Auerbach: Ein Mann und sein Programm, in: Aufbau, Jg. 12, Nr. 40 vom
4.10.1946, S. 17.
[146] Ders.: Für die Einheit der Juden Deutschlands, in: Aufbau, Jg. 13, Nr. 28 vom 11.7.1947,
S. 21.

„Wie Franklin D. Roosevelt, der ‚Champ‘, starb", „Die Zukunft des Fernsehens", „Überraschung bei den Wahlen in den USA", „Wie ist es mit Nürnberg, Herr General?‘", „6. Oktober – Deutscher Feiertag in New York", „Amerikaner keine eifrigen Bücherleser"[147] – um nur wenige zu nennen. Politische Aspekte kamen in diesen Artikeln genauso zur Sprache wie kulturelle Unterschiede zwischen Amerikanern und Deutschen; die Meinungen von Angehörigen und Führungskräften der Amerikanischen Militärverwaltung in Deutschland wurden ebenso abgedruckt wie Buchrezensionen.

In seinem am 10. November 1950 erschienenen Artikel berichtete Lamm ausführlich über die Kongresswahlen in den USA. Sowohl der Ausgang der Wahlen und seine Bedeutung für die amerikanische Politik, den er durch einen Vergleich mit den Unterhauswahlen in England zu veranschaulichen versucht, als auch die möglichen Auswirkungen der Wahl auf die Außenpolitik werden behandelt. Gerade letztgenannter Aspekt sei für die deutsche Bevölkerung von Interesse.[148] Nicht immer stand jedoch die Information über politische Entwicklungen in den USA im Mittelpunkt der Berichterstattung Lamms. Da in Deutschland das Interesse am Fernsehen immer mehr zunahm, setzte sich Lamm in seinem Beitrag „Die Zukunft des Fernsehens" am 12. August 1950 mit den Vor- und Nachteilen des „USA-‚Television‘" auseinander.[149] So schreibt er: „Das Fernsehen ist noch zu jung, als daß man von irgendwelchen Entwicklungen und deren Ergebnissen sprechen könnte. Andererseits reichen die paar Jahre, während der ‚Television‘ zu einer nicht mehr aus dem Leben vieler amerikanischer Familien hinwegzudenkenden Einrichtung geworden ist, aus, um gewisse Gefahren und Möglichkeiten aufzuzeigen."[150] Seine Analyse der ersten Jahre des amerikanischen Fernsehens ergänzt Lamm durch persönliche Beobachtungen, die er in den USA machen konnte, und schließt mit einem Aufruf: „All‘ das, was heute in Amerika auf dem Gebiete des Fernsehens sich entwickelt, geht die Menschen in Deutschland unmittelbar an, weil die Entwicklung eines Fernsehnetzes in Deutschland in absehbarer Zukunft zu erwarten ist. Deutsche Fachleute – nicht nur Techniker – sollten sich bald nach Amerika begeben, um die dortigen Pionier-Erfahrungen zu studieren und zu lernen, was nach Europa verpflanzt werden kann, was abzuwandeln und was zu verbessern ist. Der Vorsprung Amerikas kann Deutschland nützen und helfen, entscheidende Irrtümer zu vermeiden."[151] Lamm verfolgte mit seinen Artikeln – abhängig vom behandelten Thema – bezeichnenderweise zwei Ziele: die Vermittlung des amerikanischen Ver-

---

[147] Ders.: Amerikaner keine eifrigen Bücherleser, in: Nürnberger Nachrichten vom 2.9.1955.
[148] Vgl. hierzu Lamm: Überraschung bei den Wahlen in den USA, in: Nürnberger Nachrichten, Jg. 6, Nr. 175 vom 10.11.1950, S. 5.
[149] Ders.: Die Zukunft des Fernsehens, in: Nürnberger Nachrichten, Jg. 6, Nr. 124 vom 12.8.1950, S. 6.
[150] Ebd.
[151] Ebd.

ständnisses von Demokratie und kultureller Freiheit, die den Deutschen als Vorbild dienen könnten, auf der einen und die Vorstellungen amerikanischer Ansichten über die Entwicklung der deutschen Nachkriegsgesellschaft auf der anderen Seite.

Der Aufbau bzw. die Verbesserung der Beziehungen zwischen der deutschen und der amerikanischen Bevölkerung war Lamm ein besonderes Anliegen.[152] Neben seiner journalistischen Tätigkeit entschied er, durch persönliches Engagement in der Nürnberger Jugendarbeit den Aufbau der deutschen Nachkriegsgesellschaft und den Kontakt zwischen Besatzern und Deutschen zu fördern. Seit der Gründung des American German Youth Club am 5. November 1947 gehörte Lamm zu den aktiven Mitgliedern und Förderern von dessen Arbeit.[153]

Lamms Interesse für diesen Club kann sicher teilweise auf seine persönliche Lebensgeschichte zurückgeführt werden: Für einen in Deutschland geborenen Amerikaner mit einem Studium in „Social Work" lag es nahe, in einem amerikanisch-deutschen Jugendclub aktiv zu werden. Dennoch ist ein solches Engagement für die Jugend in dem Land, aus dem Lamm zuvor geflohen war, nicht selbstverständlich. Der Schritt, diesem Club tatsächlich beizutreten, ist eng mit dem Wesen und den Zielen des Vereins verbunden, die sich mit Lamms persönlichen Interessen trafen. In den ersten Paragraphen der Vereinssatzung wurde dazu festgehalten: „Der American German Youth Club Nurnberg (Deutsch-Amerikanischer Jugendclub Nürnberg) ist eine von politischen Parteien und anderen weltanschaulichen Gruppen unabhängige, demokratische Vereinigung junger Menschen, deren Bestreben es ist, die Jugend durch bildende, d.h. staatspolitisch erzieherische, kulturelle, gesellschaftliche und sportliche Betätigung zusammenzufassen, um damit der Völkerverständigung zu dienen, den Rassenwahn und Völkerhass zu bekämpfen und der Jugend mit allen Mitteln in der Not der Nachkriegszeit zu helfen."[154] Grundsätzlich durfte dem Club jeder Jugendliche zwischen 15 und 25 Jahren beitreten, der nicht nationalistisch oder militaristisch aktiv oder vorbelastet war und sich bereit erklärte, die Clubziele zu fördern, am Aufbau eines freien demokratischen Deutschlands und einer friedlichen Zusammenarbeit aller Völker mitzuarbeiten sowie sich in und außerhalb der Clubveranstaltungen so zu benehmen, dass es dem Club zur Ehre gereichte.[155]

Als amerikanischer geschäftsführender Vorsitzender und späterer Ehrenvorsitzender des Vereins trug Lamm entscheidend zum Erfolg der Arbeit

---

[152] StadtAM, NL Lamm, Akt 335, Our Youngsters want Books, Reprint from The Toledo Blade vom 7.9.1950.

[153] StadtAM, NL Lamm, Akt 8, Deutsch-Amerikanischer Jugendclub feiert fünfjähriges Bestehen, in: The Young World, Vol. 5, Nr. 0/11 vom Oktober/November 1951; StadtAM, NL Lamm, Akt 133.

[154] StadtAM, NL Lamm, Akt 133, German American Youth Club Nurnberg, Satzung, I Wesen Ziel und Betätigung.

[155] Ebd., III Rechte und Pflichten des Clubmitglieds.

Hans Lamm, zweiter von rechts (hinten), mit Mitgliedern des American German Youth Club, ca. 1948.

bei.[156] Die Herausgabe der Club-Zeitschrift ‚Die Aussprache' und öffentliche Diskussionsreihen gehörten genauso zum Programm des Vereins wie sportliche Aktivitäten und gemeinsame Feiern.[157] Um die genannten Ziele über die Stadtgrenzen hinweg zu verwirklichen, begann der American German Youth Club seit April 1949 nach dem Vorbild einer Jugendgruppe in Hof regelmäßig zu Jugendforen einzuladen, bei denen sowohl führende Personen von Militärregierung und Staatsregierung als auch des öffentlichen Lebens Bayerns teilnahmen.[158] Lamm erachtete die Foren als Möglichkeit, deutschen Jugendlichen nach der Katastrophe eine Orientierungshilfe zu geben. „Im Zuge dieser Foren […] werden offene Diskussionen im Sinne der traditionellen amerikanischen Town Hall Meetings ein Hilfsmittel in dem Prozess der demokratischen Neu-

---

[156] StadtAM, NL Lamm, Akt 8, Deutsch-Amerikanischer Jugendclub feiert fünfjähriges Bestehen, in: The Young World, Vol. 5, Nr.0/11 vom Oktober/November 1951; StadtAM, NL Lamm, Akt 8, Nürnberg ehrt Lamm. Er war besonders aktiv im Kreisjugendring, undatiert; StadtAM, NL Lamm, Akt 8, Mr. Lamm verlässt Nürnberg. Vorerst nach Frankfurt, undatiert.

[157] Vgl. hierzu StadtAM, NL Lamm, Akt 8; StadtAM, NL Lamm, Akt 133; StadtAM, NL Lamm, Akt 335.

[158] Vgl. hierzu auch StadtAM, NL Lamm, Akt 133, Lamm: Youth Forums Maturing, in: Information Bulletin. Monthly Magazine of the Office of US High Commissioner for Germany, Dezember 1949, S. 16f.

orientierung und Umerziehung bilden."[159] Das Interesse der Jugendlichen, an diesen Veranstaltungen teilzunehmen, war sehr hoch. Lamm, der im Vorfeld Kontakte zu den potenziellen Gästen herstellte und die organisatorische Leitung dieser Treffen übernahm, bewertete die Ergebnisse der Foren sehr positiv. „Die Anteilnahme der mehreren hundert Teilnehmer [...] erwies sich als echt und ernsthaft. Leute, die bisher noch nie an einer sachverständig und verantwortungsvoll geleiteten Erörterung von Tagesproblemen teilgenommen hatten, bewiesen, daß sie in erstaunlichem und erfreulichem Maße die Reglementierung des Denkens, der sie bis 1945 unterworfen waren, überwunden hatten. [...] Soweit uns Berichte vorliegen, hat die überwältigende Mehrheit der Teilnehmer aller Jugendforen diese Veranstaltungen bejaht und gebeten, daß sie auch im kommenden Jahr durchgeführt werden."[160] Die Foren, die amerikanische Elemente aufnahmen, um deutschen Jugendlichen demokratisches Denken näher zu bringen, gehörten sicherlich zu den herausragenden Leistungen des American German Youth Clubs.

Lamm erachtete die Erziehung einer verantwortungsvollen und gesunden Jugend als eines der wichtigsten Ziele in der deutschen Nachkriegsgesellschaft. Als Vorbild dienten ihm hierbei immer wieder amerikanische Strukturen, die das Ziel eines demokratischen Deutschlands zu verwirklichen helfen sollten. Brigadier Ernest A. Bixby formulierte es in einem Brief an Lamm so: „Dieser Einsatz kennzeichnet Ihre Ernsthaftigkeit als Amerikaner und den Wunsch, deutsche Jugendliche mit der amerikanischen Lebensart vertraut zu machen."[161]

Kurz vor seinem erneuten Aufbruch in die USA wurde Lamms Engagement im American German Youth Club durch das Loyalty Security Board in Frage gestellt: Am 14. April 1952 erreichte Lamm ein Schreiben dieser Abteilung des Departement of State, Washington, das ihn beschuldigte, in der Jugendarbeit eine pro-kommunistische und pro-sowjetische Haltung gezeigt zu haben. Festgemacht wurden diese Vorwürfe an drei Anklagepunkten:

„(1) In den Jahren 1940–41, als Sie in Kansas City, Missouri, lebten, erhielten Sie über die Sowjetunion regelmäßig Propandaliteratur aus Deutschland;
(2) In Verbindung mit Ihren Interessen und Aktivitäten in deutschen Jugendgruppen in Nürnberg haben Sie eine sympathisierende Einstellung gegenüber den Zielen und der Politik der kommunistischen Partei und der Sowjetunion bekundet;
(3) Sie haben oder hatten Kontakt und Verbindung zu Personen, über die die Berichte nachteilige Informationen enthalten, darunter Hans Ziegler, Ulrich Noack, Max Kohl, Joseph E. Drexel, Friedebert Becker und Hermann Raum."[162]

---

159 StadtAM, NL Lamm, Akt 133, Schreiben Lamm an Hon. John J. McCloy, High Commissioner for Germany, vom 2.8.1949 (Original in englischer Sprache).
160 StadtAM, NL Lamm, Akt 335, Lamm: Jugendforen – Ein Baustein der Zukunft, in: Jugendnachrichten des Bayerischen Jugendringes, Januar 1950.
161 StadtAM, NL Lamm, Akt 133, Brief von Ernest A. Bixby an Lamm vom 21.9.1951 (Original in englischer Sprache).
162 Für die Anklagepunkte vgl. StadtAM, NL Lamm, Akt 18, Schreiben vom Departement of State, Wahington/Conrad E. Snow, Chairman Loyalty Security Board vom 14.4.1952 (Original in englischer Sprache).

Briefe wie dieser, in denen den Angeschriebenen eine Verbindung zum Kommunismus unterstellt wurde, waren zu Beginn der 1950er Jahre keine Seltenheit. Von 1948 bis etwa 1956, der McCarthy-Ära, auch als *Second Red Scare* bezeichnet, verfolgte die US-Regierung die Kommunistische Partei der USA, ihre Führung, ihre Mitglieder und Sympathisanten. Die genannten Jahre waren durch einen intensiven Antikommunismus geprägt, zu dessen Praktiken das interne Prüfverfahren aller öffentlichen Bediensteten auf Verbindungen zu Kommunisten gehörte. Auch zahlreiche Juden, besonders Emigranten, wurden verdächtigt.[163] Lamm sah in der gegen ihn vorgebrachten Anschuldigung, wie er an den Bundestagsabgeordneten Walter Sassnick in Nürnberg schrieb, „eine Behauptung, deren Laecherlichkeit fuer Sie auf der Hand liegt und deren Grundlosigkeit sicher auch Ihre Freunde von den Falken, den Gewerkschaften, dem Stadt-Jugendamt usw. bestaetigen koennen. Meines Erachtens geht das ganze Geruecht zurueck auf einen Aufsatz, den Richard Sperber vor Jahren einmal gegen den Club geschrieben und nach wenigen Tagen wieder zurückgenommen hat, aufgrund dessen jedoch uns immer eine Wolke des Verdachts in den Augen meiner amerikanischen Dienststelle umgeben hat."[164] Dennoch – so klingt es hier bereits an – konnte Lamm das Verfahren nicht ignorieren, sondern bemühte sich, innerhalb der vorgegebenen Frist von 30 Tagen auf das offizielle Schreiben zu antworten. Wichtigstes Dokument zur Widerlegung der vorgebrachten Vorwürfe wurde Lamms 13-seitiger Einspruch, in dem er zu den einzelnen Punkten ausführlich Stellung nahm. Lediglich seine abschließenden Bemerkungen über seine „Personal Attitude Toward Communism" seien an dieser Stelle wiedergegeben, die nicht nur sein Unverständnis gegenüber den vorgebrachten Vorwürfen deutlich werden lassen, sondern – trotz der nicht ganz unbefangenen Situation, in der die vorliegende Darstellung entstand – auch einige Details über Lamms persönliche Ansichten zu diesem Thema und seinem Lebenslauf verraten:

„Mir scheint, dass die Beschreibung meiner Jugendarbeit in Nürnberg und ihrer positiven pro-amerikanischen und anti-kommunistischen Ausrichtung genügen wird, die unbegründeten Vorwürfe, die gegen mich erhoben wurden, zu widerlegen. Glücklicherweise kann ich dennoch ein paar Bemerkungen hinzufügen, die meine entschlossene Gegnerschaft zum Kommunismus beweisen:
Ich habe eine eher konservative Erziehung genossen, mein Vater, der verstorbene Ignaz Lamm, hegte eine starke Loyalität gegenüber der bayerischen Monarchie.
Ich persönlich bin nie einer politischen Partei oder Organisation beigetreten. In diesem Zusammenhang ist es bemerkenswert, dass das FBI, dessen Pflicht es war, meine Akte in den USA von 1938–45 sehr sorgfältig zu überprüfen, nichts weiter zu Tage fördern konnte, als dass ich auf der Adressliste der deutschen Nazi-Behörden stand.

---

[163] Benannt wurde diese Ära nach dem Senator Joseph R. McCarthy (1908–1957), der der republikanischen Partei angehörte und für seine Kampagne gegen eine vermutete Unterwanderung des Regierungsapparates der Vereinigten Staaten durch Kommunisten bekannt wurde. Vgl. hierzu z. B. Haynes: Red Scare or Red Menace?; Fried: McCarthyism; Schrecker: Many Are The Crimes; Theoharis: The FBI.
[164] StadtAM, NL Lamm, Akt 18, Schreiben von Lamm an Walter Sassnick vom 24. 4. 1952.

Als freiheitsliebender Individualist hasse ich alle totalitären Systeme, Nazis ebenso wie Kommunisten. Als Jude, der immer sehr aktiv in jüdischen Organisationen und Veröffentlichungen war, kann ich das Sowjetsystem nur verabscheuen, das in den letzten Jahren seinen antisemitischen Charakter deutlich offenbart hat. Während meines mehr als fünfjährigen Aufenthalts in der E[uropäischen]G[emeinschaft] bin ich nicht ein einziges Mal in der Sowjetunion gewesen.
Gelegentlich, soweit meine begrenzte freie Zeit es erlaubt, schreibe ich für deutsche Zeitungen; ich habe z. B. in der Frankfurter Rundschau vom 3. und 4. Oktober 1950 einen Artikel ‚Kommunismus und Demokratie' veröffentlicht; darin berichte ich über die starke anti-kommunistische Einstellung des Richters Robert H. Jackson und veröffentliche die zynischen Kommentare über die ‚Wahlen' in der sowjetischen Zone, auf die oben Bezug genommen wurde.
Am 22. September 1951 veröffentlichte die NEW YORK HERALD TRIBUNE einen Artikel von mir: ‚Das rote Reden von Ostdeutschlands Jugend', in dem die kritische Einstellung von jungen Leuten der Sowjetzone gegenüber der sowjetischen Propaganda gezeigt wird. Ich ließ eine Übersetzung von Zitaten mit einem sehr antistalinistischem Unterton aus dem letzten Band der Churchill-Memoiren in der Frankfurter Rundschau vom 9. April 1952 veröffentlichen; vor allem aber wurde im April 1952 mein Interview mit Eisenhower in mehreren westdeutschen Zeitungen veröffentlicht. (Der Artikel, so wie er in der Süddeutschen Zeitung vom 8. April 1952 erschien, wird beigefügt.) Das Interview kam auf folgende Art und Weise zustande: vor einigen Monaten schlug ich einem deutschen Bekannten vor, er solle eine Biographie des Oberkommandierenden des NATO-Hauptquartiers Europa [SHAPE] schreiben, den ich sehr bewundere. Meinem deutschen Freund gefiel die Idee, und da er nach Paris kommen konnte, fuhr ich an seiner Stelle hin und erhielt die Erlaubnis, über das Interview zu schreiben. Mit allem Respekt darf ich darauf hinweisen, dass Leute mit prokommunistischer Einstellung sich für General Eisenhower nicht allzu sehr interessieren, und prosowjetische Elemente sind auch nicht eifrig bemüht, der deutschen Öffentlichkeit seine Einstellungen und seine Politik zu erklären. Ich bin stolz darauf, das Privileg erhalten zu haben, unserer gemeinsamen Sache auf diese Weise zu dienen. Bevor ich um das Interview in Paris bat, hatte ich den Pressereferenten des High Commissioner for Germany, Mr. Arthur Settel, um Rat gefragt. Nach dem Interview erhielt ich vom Pressereferenten des Generals die Autorisierung für den Artikel."[165]

Dieser persönlichen Stellungnahme beigegeben wurden zahlreiche Schreiben von Personen des öffentlichen Lebens, die Lamm und seine Jugendarbeit kannten; er hatte sie gebeten, ihm auf ihren Dienst-Briefbögen ein Schreiben zugehen zu lassen, in dem sie beschrieben, welcher Art Kenntnis sie über seine Person und den Club hatten und weswegen sie davon überzeugt waren, dass Lamms Einstellung und seine Erziehungsarbeit ausgesprochen anti-kommunistisch waren und im Sinne westlicher Demokratien eingeordnet werden konnten.[166] – Letzten Endes scheint das Verfahren gegen Lamm ohne persönliche oder berufliche Folgen für ihn eingestellt worden zu sein.
Lamms zahlreiche Tätigkeiten in Deutschland, die hier nur angedeutet werden konnten, zeichnen ihn als einen Menschen aus, der mit amerikanischen und deutschen Traditionen, mit der englischen und der deutschen Sprache, zwei unterschiedlichen politischen Systemen und deutschen sowie amerika-

---

165 StadtAM, NL Lamm, Akt 18, Schreiben von Lamm an Hon. Peter J. Flanagan vom 28. 4. 1952, S. 11-13 (Original in englischer Sprache).
166 Vgl. StadtAM, NL Lamm, Akt 18, Schreiben von Lamm an diverse Einzelpersonen.

nischen Denk- und Lebensformen vertraut war. So wie die Motive auf den zwei Seiten einer Medaille erst zusammen ihr Ganzes ausmachen, so bilden die amerikanischen bzw. deutschen Momente in ihrer Gemeinsamkeit Lamms Persönlichkeit. Einen halben Amerikaner bzw. einen halben Deutschen Lamm gibt es demnach nicht. Vielmehr hat seine Persönlichkeit durch die bikulturellen Erfahrungen eine doppelte Prägung erhalten, die sich in seinen Tätigkeiten im Nachkriegsdeutschland widerspiegelt.[167]

### Rückkehr, und dann?

Jeder Remigrant war irgendwann mit der Frage konfrontiert, weshalb er aus dem Land des Exils nach Deutschland zurückgekehrt war. Andere fragten, man fragte sich selber. Auch Lamm begegnete diesen Fragen. Für viele Freunde und Bekannte Lamms, die aus dem Ausland dessen Alltag in Deutschland verfolgten, war es unverständlich, warum Lamm, der ursprünglich als Gesandter der American Jewish Conference für einen Zeitraum von drei Monaten nach Deutschland einreisen wollte, seinen Aufenthalt immer wieder verlängerte. Besonders 1949, als Lamm nach Beendigung seiner Tätigkeit für den U.S. Military Court die Stelle beim U.S. Court of Restitution Appeals annahm, erreichten Lamm vermehrt Nachfragen, warum er immer noch in dem Land der Mörder ausharre. Beispielhaft dafür stehen die Worte eines Freundes, die Lamm im Oktober 1949 erreichten:

„Darüber, daß Du noch immer erwägst, in Deutschland zu verbleiben, zerbreche ich mir viel den Kopf. Ich kann es wirklich nicht verstehen. Natürlich, das Land ist schön, aber anderswo ist's auch schön. Was wichtig ist, ist die Bevölkerung eines Landes, mit der man zu leben hat. Ich kann mich nur auf Zeitungsberichte und Einwanderer stützen, aber daraus schließe ich, daß die Mehrheit der Deutschen die Juden noch genauso haßt wie je, und daß Du stets ein Fremder unter ihnen bist und bleiben wirst, und zwar ein gehaßter. Was willst Du in einem Land, das Dich einst hinauswarf und Dich noch heute nicht leiden kann? Glaubst Du, Du könntest je wieder Deutscher werden?"[168]

Für Lamm schob sich die Frage nach dem Sinn der Rückkehr und einem Aufenthalt in diesem Land nicht nur durch diese oder vergleichbare Anfragen in den Vordergrund. Auch die Entwicklungen in Deutschland in den ersten Nachkriegsjahren führten dazu, dass er seinen Entschluss in Frage stellte. Zusammenfassend kann diese Auseinandersetzung mit der Frage der Rückkehr in drei Aspekte unterteilt werden:
1. Warum war Lamm nach Deutschland gekommen?
2. Wie veränderten Lamms Erfahrungen in Deutschland seinen Blick auf die Frage der Rückkehr?

---

[167] Vgl. zur bikulturellen Erfahrung von Remigranten auch den Aufsatz von Gienow-Hecht: Zuckerbrot und Peitsche, bes. S. 48f.
[168] I. W., New York, an Lamm, Oktober 1949, abgedruckt in: Halm [Pseudonym Lamm]: Aufhören toll zu sein, S. 16.

3. Zu welchem Zeitpunkt und aus welcher Motivation heraus erfolgte Lamms
   erneuter Aufbruch in die USA?

Zu den Gründen, warum er überhaupt nach Deutschland gekommen war,
schrieb Lamm 1950: „Wirtschaftliche Gründe trieben mich nicht ‚heim ins
Reich'". Für ihn gab es eine andere Motivation, weshalb er sich für die Rückkehr entschied: „Es war meine Überzeugung, daß ein Verharren im Exil nach
dem Zusammenbruch einer nachträglichen Zustimmung zu Hitlers Rassen-
theorie gleichkäme. Er hatte verkündet, daß die Juden kein Recht hätten, in
Deutschland zu sein, und ich glaubte, daß jeder, der – da ihm die Rückkehr
freistand – draußen bliebe, dadurch bezeugen würde, daß er sich seiner Heimat nicht mehr verknüpft fühlte."[169] Er kehrte jedoch nicht nur aus Protest
nach Deutschland zurück, sondern sah in der Rückkehr zusätzlich eine Möglichkeit, aufgrund seiner Erfahrung innerhalb und außerhalb Deutschlands
einen Beitrag zur Erneuerung zu leisten.

Auch wenn es in dem Beitrag so wirkt, als hätte sich Lamm von Anfang an
für eine dauerhafte Rückkehr nach Deutschland entschieden, so zeigen seine
Briefe an Freunde während der Jahre in Deutschland, dass er sich in regelmä-
ßigen Abständen – immer genau zu dem Zeitpunkt, wenn ein Vertrag auslief –
mit der Frage auseinander setzte, ob er weiterhin in Deutschland verbleiben
wollte.[170] So antwortete er 1946 auf die Frage von Freunden, ob er nicht, nachdem er seinen Beitrag zur Verurteilung der „big shots" in Nürnberg geleistet
hatte, in die Staaten zurückkehren wolle: „Leider habe ich leichtsinnigerweise
einen Ein-Jahres-Vertrag unterschrieben und habe wenig Hoffnung, vor Juni
daraus entlassen zu werden, da sie nämlich nicht genug Gerichtsdolmetscher
für die sechs Prozesse finden können. Wenn nicht etwas Unvorhergesehenes
passiert, werde ich es hier noch ein weiteres halbes Jahr aushalten müssen, und
das ist schon in Ordnung."[171] Trotz einiger negativer Eindrücke traf Lamm bis
1952 jedes Mal wieder die Entscheidung, weiterhin in Deutschland zu bleiben.
Seine anscheinend positive Einstellung zu Deutschland und den Deutschen
blieb nicht nur seinen Freunden ein Rätsel. Warum er tatsächlich blieb, verrie-
ten weder Lamms Briefe noch seine journalistischen Beiträge. Das gute Gehalt
als Dolmetscher oder die Verbundenheit zu Deutschland könnten genauso ausschlaggebend für diese Entscheidung gewesen sein wie seine Überzeugung, am
Wiederaufbau und der Demokratisierung Deutschlands mitarbeiten zu wollen.

Anfang des Jahres 1952 empfand Lamm jedoch eine gewisse Ernüchterung.
Sie bezog sich einerseits auf die Politik der Alliierten. Lamm war überzeugt davon, dass die Verurteilung der Kriegsverbrecher notwendig sei, die Strafen aber
allein nicht ausreichend sein würden, um ein neues politisches System in

---

[169] Ebd., S. 17.
[170] StadtAM, JUDAICA-Varia, Akt 1, Rundbrief vom 9. 12. 1945; StadtAM, JUDAICA-
Varia, Akt 1, Rundbrief von Lamm vom 18. 11. 1946;
[171] StadtAM, JUDAICA-Varia, Akt 1, Rundbrief von Lamm vom 18. 11. 1946. Das Zitat
wurde aus dem Englischen übersetzt.

Deutschland zu etablieren.[172] Vielmehr meinte Lamm beobachten zu können, dass das Ansehen der Alliierten durch die Prozesse und die verzögerte Hilfe beim Wiederaufbau in Deutschland immer weiter sinke, was seiner Meinung nach die Etablierung der Demokratie in Deutschland erschwerte.[173] Er kritisierte außerdem sehr deutlich den Umgang der Besatzungsmächte mit der deutschen Bevölkerung. Im November 1946 fasste Lamm zum ersten Mal seine persönlichen Gedanken zu Nürnberg und der Einstellung der Siegermächte zu den Deutschen für Freunde zusammen. Zentral war hier sein Infragestellen der Motivation, die hinter dem Engagement der Siegermächte in Deutschland stand:

„Als ich heute Abend nach Hause kam, war ich froh, in meinem warmen und recht gemütlichen Zimmer zu sein, denn der Winter hat nun tatsächlich angefangen, und es liegt ziemlich viel Schnee. Ich schaltete mein Radio ein und hörte mir jiddische Lieder an, die von München und Nürnberg gesendet wurden. Einige mögen in dem, was man ‚poetische Gerechtigkeit‘ nennt, Genugtuung empfinden, wenn sie hören, dass die Bürger von München (der ehemaligen ‚Hauptstadt der Bewegung‘) und die Bürger von Nürnberg (der damaligen ‚Stadt der Reichsparteitage‘) jiddischen Liedern ausgesetzt werden. Warum ist das ‚poetische Gerechtigkeit‘? In den meisten Fällen (nicht in dem gerade zitierten) ist es nichts Anderes als ziemlich billige Rache. Tatsächlich frage ich mich sehr oft, ob Hass und Vergeltung dazu geeignet sind, jenen kostbaren Balancezustand, den man ‚Gerechtigkeit‘ nennt, wieder herzustellen. Ich bin zufällig ein unbedeutendes Rädchen in dem riesigen Getriebe von Nürnberg, das eingerichtet wurde, um Kriegsverbrecher zu bestrafen, und die Männer, um die es in den sechs Verfahren geht, die bis Januar anlaufen sollen, sind Burschen, mit denen man kaum Sympathie oder Mitleid haben kann. Dennoch ist es ein seltsames Phänomen, dass Tausende – ja tatsächlich Tausende – mindestens bis Ende 1947 beschäftigt sein werden, und zwar zu keinem anderen Zweck als dem, einige Dutzend Verbrecher der Gerechtigkeit zuzuführen. Jedoch will ich gegen die Form der ‚Gerechtigkeit‘, die wir vollziehen, keine Einwände erheben (auch kann ich nicht in den Chor derer einstimmen, die das Urteil in Fall I kritisiert haben), aber, wenn Leute die Gerechtigkeit der gegenwärtigen Geschichte diskutieren, muss ich ernsthafte Zweifel äußern.“[174]

Auch wenn Lamm eine Kollektivschuld aller Deutschen ablehnte, war er andererseits auch enttäuscht darüber, wie die Deutschen mit den Erfahrungen der letzten Jahre umgingen.[175] Er beobachtete, wie sie nicht erkannten und noch weniger verstanden, dass es eine individuelle Schuld durchaus gegeben habe.[176] Lamms Ernüchterung, so vermutete er, „wurde dadurch nur verschärft, daß ich deutscher Jude bin; sie ist aber eine Ernüchterung, die jeden

---

[172] Diese Einstellung lässt sich bei vielen Remigranten beobachten, die im Zusammenhang mit den Nürnberger Prozessen nach Deutschland gekommen waren. Vgl. Greiner: Die Utopie an der Macht, S. 155.
[173] StadtAM, JUDAICA-Varia, Akt 1, Rundbrief von Lamm vom 18.11.1946.
[174] Ebd. (Original in englischer Sprache).
[175] Lamms Einstellung den Juden in Deutschland als auch den Deutschen gegenüber war zwar kritisch, aber dennoch deutlich positiver als die Haltung vieler anderer Remigranten. Vgl. StadtAM, NL Lamm, Akt 200, SZ, Leserbrief undatiert, von Hans Lamm, Nürnberg, Eichendorffstr. 65; Halm: Aufhören toll zu sein, S. 17.
[176] „Unter den Deutschen schien auch das Gefühl der individuellen Schuld von der Gesamtverantwortlichkeit der ‚Volksgemeinschaft‘ abwesend zu sein.“ Halm: Aufhören toll zu sein, S. 17.

in meiner Lage, Juden und Nichtjuden, hätte erfassen müssen"[177]. Es sei eine große und gründliche Enttäuschung über eine Gesamthaltung der Deutschen, „die sich auf allen Lebensgebieten widerspiegelt"[178]. Vor allem konnte Lamm nicht verstehen, „daß das deutsche Volk durch den Feuerofen des Dritten Reiches und des von ihm entfesselten Weltenbrandes ging und von ihm keineswegs gewandelt zu sein scheint"[179]. Lamm verglich das Verhalten der Deutschen mit dem eines Kindes, das, nachdem es ein Unheil angerichtet hat, gleichmütig weiterspielt, in der Hoffnung, dass seine Untat unentdeckt bleibe. Zusätzlich zu dieser ungewandelten Haltung der Deutschen, die wie vor 1933 handelten, traf Lamm die Haltung der Deutschen gegenüber den Juden. Der offene Antisemitismus erschreckte ihn in diesem Zusammenhang weniger als die immer wieder anzutreffenden Formen des indirekten Antisemitismus.[180] Enttäuscht stellte er zudem fest, dass bis zum Ende des Jahres 1949 „kein deutscher Staatsmann und keine deutsche Stadt auch nur eine Geste tat, die ein Bedauern über das den deutschen und den europäischen Juden zugefügte Unrecht ausdrücken würde"[181].

Die in einem Leserbrief von Lamm gewählten Worte brachten seine Enttäuschung über das Verhalten der Deutschen deutlich zum Ausdruck: „Ich habe nie an eine Kollektivschuld geglaubt und lehne heute wie eh und je jedwede Verallgemeinerung über ,die Deutschen' ab. Daß es aber nicht den leisesten Hauch einer ,Kollektiv-Reue' (von der Individual-Reue ganz zu schweigen!) und eines echten (nicht opportunistischen) Willens zur Wiedergutmachung gegeben hat – das hat die Welt enttäuscht."[182]

Für Lamm war der „Rückfall in die Barbarei, den Deutschland 1933 bis 1945 vollzog",[183] die erste erschütternde Enttäuschung. Seine Erfahrungen in Deutschland und die Einstellung der Deutschen zur unmittelbaren Vergangenheit, ihre „Unfähigkeit oder der mangelnde Wille, nach dem Zusammenbruch Geist und Leben in Frieden, Freiheit und Rechtlichkeit zu erneuern"[184], ließen ihn seine Rückkehr in Frage stellen.[185]

Diese Ernüchterung kann ein Grund gewesen sein, weshalb er in die USA zurückging. Dass es 1952 jedoch tatsächlich zum Aufbruch kam, geht wohl nicht allein darauf zurück, denn er hatte sie schon in den ersten Jahren nach seiner Rückkehr empfunden, war aber dennoch geblieben. Im Jahr 1952 war

---

[177] Ebd.
[178] Ebd., S. 18.
[179] Ebd.
[180] Beispielhaft nennt Lamm „die Ablehnung des Arztes Dr. Lewin, die erfolgte, weil man einen ehemaligen KZ-Gefangenen den Offenbacher Frauen glaubte nicht zumuten zu können". Ebd., S. 18.
[181] Ebd.
[182] StadtAM, NL Lamm, Akt 200, Süddeutsche Zeitung, Leserbrief undatiert, von Hans Lamm, Nürnberg, Eichendorffstr. 65.
[183] Halm: Aufhören toll zu sein, S. 19.
[184] Ebd.
[185] Ebd.

jedoch zusätzlich Lamms berufliche Zukunft in Deutschland ungewiss.[186] Die Sprachabteilung des U.S. Court of Restitution wurde im Frühjahr 1952 geschlossen, Lamms Tätigkeit als Dolmetscher lief also aus.[187] Seine Suche nach einer neuen Stelle gestaltete sich in Deutschland wenig erfolgreich,[188] sodass er – ohne eine neue Anstellung in Aussicht zu haben – vorerst in die USA aufbrechen wollte. Die Hoffnung auf ein Existenzminimum erschien ihm bereits 1938 als ein zentrales Argument für seine Auswanderung in die USA. Aus der Korrespondenz im Sommer 1952 zwischen Lamm und Prof. Dr. Eugen Kogon, dem Herausgeber der *Frankfurter Hefte*, über eine mögliche Veröffentlichung von Lamms Dissertation geht deutlich hervor, dass Lamm bei seinem Aufbruch in die USA selber nicht wusste, wie lange er dort bleiben würde bzw. ob er nach Deutschland zurückkehren könnte.[189] Die Zweifel, ob eine Zukunft in Deutschland dauerhaft sinnvoll und lohnend sein würde, führten letztlich dazu, dass Lamm sich nach einem kurzen Aufenthalt in Frankfurt am Main im August 1952 von Bremerhaven in die USA einschiffte. Konkrete Pläne oder Ziele für seine weitere Zukunft fanden sich beim Verlassen Deutschlands nicht in seinem Gepäck.[190]

---

[186] Bereits 1950 überlegte Lamm, wie er seine weitere Zukunft nach Beendigung seiner Tätigkeit für den U.S. Court of Restitution Appeals, deren Ende er etwa auf Beginn des Jahres 1952 schätzte, gestalten wollte. Konkrete Vorstellungen äußerte er zu diesem Zeitpunkt noch nicht. Vgl. dazu JUDAICA-Varia, Akt 1, Brief von Lamm an SBC vom 20.2.1950.

[187] StadtAM, NL Lamm, Akt 29, Rundbrief von Lamm vom 5.5.1953.

[188] U.a. versuchte Lamm, eine Anstellung beim Institut für Zeitgeschichte in München zu erlangen. Vgl. hierzu StadtAM, NL Lamm, Akt 173.

[189] So schrieb Lamm im Zusammenhang mit den Verhandlungen über die Honorierung der Überprüfung des Drucks seiner Dissertation und dem Korrekturlesen am 5.8.1952: „Ihre Frage nach der Honorierung kann ich schwer bindend beantworten; sollte ich nach Deutschland zurück kehren, dann glaube ich, intensiv fuer einige wenige hundert DM die Arbeit leisten zu koennen; sollte ich in Amerika verbleiben, dann erschienen mir etwa $100 plus Spesen angemessen. Bitte lassen Sie mich neuerliche Reaktionen hierzu c/o The Roosevelt Hotel, New York City haben." StadtAM, NL Lamm, Akt 173, Lamm an Prof. Dr. Eugen Kogon, Herausgeber, vom 5.8.1952.

[190] StadtAM, NL Lamm, Akt 12, Schreiben von Lamm an RA Hoffmann vom 24.9.1956; StadtAM, NL Lamm, Akt 8, Mr. Lamm verlässt Nürnberg. Vorerst nach Frankfurt, undatiert; StadtAM, NL Lamm, Akt 8, Dr. Lamm nach USA, in: 8-Uhr-Blatt, Nr.152 vom 3.7.1952, S.8.

# „WANDERER BETWEEN TWO WORLDS"
## (1952–1955)

Zwei unterschiedliche Aspekte, zugleich zwei der zentralen Probleme, mit denen sich alle Emigranten im Falle einer Rückkehr nach Deutschland bzw. nach einem längeren Aufenthalt in der ehemaligen Heimat in unterschiedlicher Form konfrontiert sahen, dominierten Lamms persönliche, in den USA geführte Auseinandersetzung mit diesem Thema: Auf der einen Seite stand die existenzielle Frage nach der Heimat. Wo fühlte Lamm sich zugehörig? Wo wollte er auf Dauer leben? Auf der anderen Seite begrenzte sein Bemühen um finanzielle Absicherung der Zukunft seinen Entscheidungsspielraum. Wo sah Lamm eine berufliche Perspektive?

Im August 1952 in New York angekommen, versuchte Lamm sogleich – vor allem zur finanziellen Absicherung – eine Anstellung zu finden. Die Suche nach einer passenden Position gestaltete sich schwieriger als erwartet. Über diese Monate der beruflichen Ungewissheit berichtete Lamm seinem Freund Schalom Ben-Chorin im September 1952: „Es ist nicht ausgeschlossen, dass ich [nach Deutschland] zurueckkehre, wenn Verhandlungen, die hier noch in der Schwebe sind, gut ausgehen. Im Augenblick sondiere ich noch das Feld, meist im juedischen Bereich."[1] Im Zuge seiner Suche musste Lamm jedoch feststellen, dass die Möglichkeit einer Anstellung in diesem Bereich nicht sehr groß war. „1952 kehrte ich in die USA zurück [...], traf mich in New York City mit der Familie meines Bruders [...] und suchte dort eine ganze Zeit lang nach Arbeit", beschrieb Lamm 1953 genau diese Anfangszeit in den USA. „Das war nicht leicht: im jüdischen Umfeld, wohin ich durch Interessen und Ausbildung zunächst gelenkt wurde, haben die Organisationen ihre Aktivitäten in den letzten Jahren erheblich eingeschränkt und haben ihr Personal reduziert, und in vielen anderen Bereichen ist die Situation dieselbe. Obgleich es in den Staaten nur wenig Arbeitslosigkeit gibt, ist es doch oft schwierig, eine Stelle zu finden, die man sich wünscht."[2] Auch auf der Suche nach einer seinen Vorstellungen entsprechenden Tätigkeit in Deutschland musste er immer wieder Rückschläge hinnehmen. So entschied sich beispielsweise erst nach langer Wartezeit und kurz vor dem geplanten Arbeitsbeginn im November 1952, dass Lamm nicht für eine Stelle beim Münchner Institut für Zeitgeschichte (IfZ) ausgewählt worden war,[3] um die er sich schon während der letzten Wochen seines Aufenthaltes in Deutschland bemüht hatte. Durch die Absage des IfZ München waren nicht nur Lamms Rückkehrpläne vorläufig hinfällig gewor-

---

1 StadtAM, JUDAICA-Varia, Akt 1, Brief von Lamm an SBC vom 30.9.1952.
2 StadtAM, NL Lamm, Akt 29, Rundbrief von Lamm vom 5.5.1953 (Original in englischer Sprache).
3 StadtAM, NL Lamm, Akt 14, Schreiben von Lamm an „Who's who in Israel" vom 11.9.1952, 28.9.1952, 13.10.1952, 3.11.1952; StadtAM, NL Lamm, Akt 173, Schreiben von Lamm an Eugen Kogon vom 4.11.1952, 22.11.1952.

den. Es scheiterten auch seine seit September geführten Verhandlungen über eine Übertragung der Vertriebsrechte von „Who's who in Israel" in Deutschland, die Lamm nur dann zugesprochen bekommen sollte, wenn er längerfristig in Deutschland ansässig wäre. Da Lamm Ende des Jahres 1952 immernoch nicht absehen konnte, ob oder wann er nach Deutschland aufbrechen würde, vergab who's „who" die Rechte anderweitig. Lamm bemühte sich stattdessen um die Konzession für die USA, denn: „Ich interessiere mich dafuer, vor allem (oh, wie unidealistisch) weil damit hier erheblich Geld zu machen ist."[4] Tatsächlich erhielt er die Konzession, gab das Geschäft aber wegen Unstimmigkeiten mit „Who's who" wieder auf.[5]

So empfand Lamm es als glückliche Fügung, „dass mir im Dezember [1952] eine gemeinschaftlich ausgeschriebene Position vom Community Chest of Scranton-Dunmore und dem Welfare Council of Lackawanna County, Pennsylvania, angeboten wurde – als Public Relations Direktor für den ersten, und Research Direktor für den zweiten Arbeitgeber."[6] In „Community Chests" hatten sich nach dem Ersten Weltkrieg in vielen Gemeinden Wohlfahrtsorganisationen zusammengeschlossen, um ihre Hilfsmaßnahmen besser aufeinander abzustimmen. „Welfare Councils" halfen bei der Koordinationsarbeit. Für Lamm kam das Angebot dieser Organisationen nicht nur zu einem Zeitpunkt, da er schon drei Monate erfolglos nach einer Anstellung gesucht hatte, sondern die ihm angebotene Tätigkeit entsprach auch seinen persönlichen Vorstellungen einer „erwünschten Position". Den besonderen Reiz sah Lamm darin, dass durch seine Person zwei unterschiedliche Aufgabenfelder miteinander verbunden wurden. Die Öffentlichkeitsarbeit beinhaltete in erster Linie die Organisation von Spendenaufrufen und die Information der Bevölkerung über die Bedürfnisse der unterschiedlichen zu unterstützenden Einrichtungen. Die Forschungstätigkeit, bei der Lamm Daten über Sozial- und Gesundheitsdienste zusammentrug und auswertete, verhinderte eine einseitige Ausrichtung der Arbeit und beugte durch die damit versprochene Abwechslung seiner befürchteten Langeweile im Beruf vor.

Obwohl die Vorgesetzten und Kollegen „außerordentlich liebenswürdig und hilfsbereit" waren, konnte Lamm sich in Scranton nicht wirklich eingewöhnen. Die 140 000-Einwohner-Stadt war wenig anregend: „Der Anthrazit-Bergbau war etwa ein Jahrhundert lang die Grundlage der lokalen Wirtschaft, und sein fast vollständiger Niedergang in den letzten Jahren hat zu einer Krise geführt, die noch nicht überwunden ist. Begleitet von einer gravierenden Abwanderung von (meist jungen) Leuten innerhalb der letzten zehn Jahre, hat

---

[4] StadtAM, NL Lamm, Akt 14, Lamm an SBC vom 12.11.1952.
[5] Ebd. sowie StadtAM, NL Lamm, Akt 14, Schreiben von Lamm an „Who's who in Israel" vom 11.9.1952, 28.9.1952, 13.10.1952, 3.11.1952.
[6] StadtAM, NL Lamm, Akt 29, Rundbrief von Lamm vom 5.5.1953. Zur Anstellung in Scranton, Pennsylvania vgl. auch StadtAM, NL Lamm, Akt 6, Stammbäume und Lebensläufe Lamm.

dies eine tragische, abnormale und dennoch herausfordernde Situation geschaffen."[7] Ausgehend von dieser negativen Wahrnehmung seiner Umgebung fragt man sich, worin Lamm die von ihm erwähnte Herausforderung erkannt haben mag. Seinen Freunden erläuterte er hierzu: „Zweifellos ist es eine interessante Erfahrung, so nahe am Kern eines Gemeinwesens zu arbeiten, einer Stadt, die sehr komplex ist, voller Traditionen, religiöser und sozialer Schichtungen. Katholiken und Protestanten halten sich fast die Waage, und die gegenseitigen Vorurteile sind viel stärker als in den meisten anderen amerikanischen Städten; es gibt nur 3% Juden an der Bevölkerung und eine Handvoll Farbige; diese klassischen schwarzen Schafe werden in der ungewöhnlich starken Unterströmung des Streits zwischen den christlichen Glaubensrichtungen mehr oder weniger übersehen."

Nur zurückhaltend äußerte sich Lamm über seine subjektive Einschätzung, wie es ihm auf längere Sicht in Scranton ergehen würde. Ernsthafte Zweifel, ob sich das von ihm empfundene Gefühl des Fremdseins durch einen längeren Aufenthalt in der Stadt wandeln würde, kamen ihm schon, kurz nachdem er dorthin gezogen war. Als eine mögliche Schwierigkeit benannte Lamm seinen Junggesellenstatus: „Die Anpassung eines Junggesellen (der ich leider noch bin) scheint sehr schwierig zu sein; ich wäre unehrlich, wenn ich sagen würde, dass ich sicher bin, mich hier eines Tages ganz zu Hause zu fühlen. Aber", fuhr er fort, „ich kann nicht sagen, ob das tatsächlich der ‚Fehler' von Scranton ist oder vielmehr mein eigener." Aus dem weiteren Inhalt seines Briefes geht hervor, dass er die eigentliche Ursache für dieses Gefühl der Heimatlosigkeit zu diesem Zeitpunkt in seiner Lebensgeschichte zu finden meinte. Er benutzte das Bild des „globe-trotters", des Wanderers zwischen den Welten, um seine persönlichen Empfindungen zu veranschaulichen. „Die Tatsache, dass ich bis '38 und dann wieder von '45 bis '52 in Deutschland gelebt habe, und dass ich andererseits viele Jahre hier verbrachte und einen großen Teil meiner Ausbildung hier erhielt, hat zur Folge, dass ich mich sowohl hier als auch im Ausland ‚zu Hause' fühle – wenn auch mit einem unterschiedlichen emotionalen Unterton." Lamm erkannte sehr wohl, dass er aufgrund seiner Biographie mit besonderen Eigenschaften ausgestattet war. Aber auch wenn der Standpunkt eines Outsiders die Erkenntnis möglicherweise verbesserte, konnte dies für ihn „das Gefühl von Zugehörigkeit, nach dem sich die meisten von uns sehnen", nicht aufwiegen oder ersetzen. Wahrscheinlich, so vermutete Lamm resigniert, würden nur die nächsten Monate oder Jahre zeigen können, wie sich die Frage nach der Heimat für ihn entwickeln würde.

Die Tatsache, dass er so anregende Jahre in Europa verbracht hatte, und die Vorstellung, im Falle des Verbleibens in den USA beispielsweise die Freunde in Deutschland nicht mehr wiederzusehen, hielten Lamms Auseinandersetzung mit der Frage der Rückkehr während seiner Zeit in Scranton in

---

[7] Dieses und die folgenden Zitate sind entnommen: StadtAM, NL Lamm, Akt 29, Rundbrief von Lamm vom 5.5.1953 (Original in englischer Sprache).

Gang.[8] So sprach Lamm bereits ein Jahr nach seinem Arbeitsbeginn in Scranton davon, dass er mit Hingabe an dem Plan arbeite, 1954 dauernd seine Zelte in München aufzuschlagen.[9] Sein Brief an Dr. Walter Maria Guggenheimer, Lektor der *Frankfurter Hefte*, vom 24. November 1953 zeigt, dass Lamm gerne nach München zurückkehren wollte, und drückt seine Bereitschaft aus, auf manches zugunsten einer Anstellung in Deutschland zu verzichten.

„Ich bin sehr bescheiden – ich brauch nicht einmal ein Schnauferl (wie Sie haben oder wuchs sich dies schon in ein imposantes Kraftfahrzeug aus?), noch benoetige ich feenhafte Palaste in allen Kulturzentren. Ein Zimmer oder eine Wohnung in Schwabing oder Bogenhausen reichen fuer mich."[10] Gleichzeitig zeugt der Brief jedoch auch von den vielfältigen Gedanken und Fragen, die Lamm sich in Zusammenhang mit einer möglichen Rückkehr nach Deutschland machte. Besonders deutlich wird in diesem Brief seine Sorge um seine persönliche und finanzielle Absicherung: „Aber wovon soll der arme Lamm leben? Die Tatsache, dass er zeitweilig bessere Ideen, mehr Bildung und Verstand als andere zu haben scheint ist leider keine sichere (oder unsichere) Existenzgrundlage – und ich habe einfach nicht den Schneid ins Blaue (Graue) hier abzubrechen & in Muenchen mit nichts (was?) anzufangen. Haben Sie irgendwelche Ratschlaege oder Vorschlaege?"[11]

Bevor sich Lamms Überlegungen im Hinblick auf eine Rückkehr nach Deutschland konkretisieren konnten, stand ein erneuter Umzug innerhalb der USA an. Über Scranton urteilte er rückblickend: „Mir hat es überhaupt nicht gefallen. Scranton war eine hässliche, neue kleine Stadt, und ich fühlte mich dort elend, und der einzige Trost war, dass es nicht zu weit von NYC entfernt war. Ich nahm praktisch jeden Freitagabend einen Bus und kam am Sonntagabend zur Arbeit zurück."[12] Umso größer war Lamms Freude im Februar 1954, als er bei der American Jewish Historical Society und der American Jewish Tercentenary eine Stelle als Direktor des Office of Historical Information angeboten bekam. Diese Tätigkeit entsprach nicht nur seinen Interessen,[13] sondern ermöglichte es ihm, den als Gefängnis empfundenen Ort Scranton zu verlassen und endlich in sein geliebtes New York City zurückzukehren.[14] Nach einem Jahr in der „Provinz" genoss Lamm das pulsierende Leben, die zahlreichen Restaurants, die unterschiedlichen Stadtteile, die kulturelle Vielfalt

---

[8] StadtAM, NL Lamm, Akt 29, Rundbrief von Lamm vom 5.5.1953.
[9] StadtAM, NL Lamm, Akt 173, Schreiben von Lamm an Guggenheimer vom 24.11.1953. Vgl. auch StadtAM, NL Lamm, Akt 173, Lamm an EGL, undatiert: „Hier (wo es arbeitsmaessig recht nett ist) vegetier ich so weiter; das bestimmte Gefuehl, dass ich frueher oder spaeter in Muenchen for good auftauchen werde laesst mich nicht los & erhaelt mich munter."
[10] StadtAM, NL Lamm, Akt 173, Schreiben von Lamm an Guggenheimer vom 24.11.1953.
[11] Ebd.
[12] Hans Lamm Reminiscences, 6/5/77, Privat (Original in englischer Sprache).
[13] StadtAM, NL Lamm, Akt 29, Rundbrief von Lamm vom 25.8.1954.
[14] StadtAM, NL Lamm, Akt 6, Stammbäume und Lebensläufe Lamm; StadtAM, NL Lamm, Akt 14, Schreiben von Lamm an InterMaritime Forwarding Co vom 17.2.1954; StadtAM, NL Lamm, Akt 29, Rundbrief von Lamm vom 25.8.1954.

der Großstadt. Lamms Begeisterung für New York kommt auch in den Briefen an seine Freunde zum Ausdruck – seinen ersten Rundbrief aus New York
verfasste er am 25. August 1954:

„Die wichtigste Neuigkeit ist natürlich, dass ich im Februar nach New York zurückgekehrt bin – nach einem Aufenthalt von über einem Jahr in Scranton, Pennsylvania. Während ich nichts Unfreundliches über diese Stadt sagen möchte, so will ich doch ein Lob-
lied auf New York City singen. Vielleicht kann man den besonderen Charme von NYC
nur dann wirklich schätzen, wenn man eine Zeit lang in der Provinz gelebt hat. Für Leute,
die nicht in New York City leben, ist sie zunächst die größte Stadt der Welt. Das kommt
mir aber überhaupt nicht in den Sinn: tatsächlich verlasse ich das Borough of Manhattan
sehr selten; Manhattan hat weniger Einwohner als Brooklyn oder die Bronx, und seine
Flächenausdehnung auf dieser langen schmalen Insel ist viel kleiner als die vieler Klein-
städte anderswo. Dennoch umfasst New York City (wie Manhattan bei der Post heißt),
einen solchen Reichtum an Gegensätzen, dass ich sie einfach lieben muss. Ich möchte es
mit einem Beispiel erklären: wie ich neulich einen Samstagabend verbracht habe. Mit einer Freundin nahm ich die U-Bahn von der 59. Straße (ein Express-Zug brauchte 10 Minuten), und wir schlenderten in die Amati Oper in Greenwich Village, dem Teil von Manhattan, der eine Mischung aus Montmartre, Schwabing und einer italienischen Stadt ist.
Sie führten Lucia di Lammermoor auf, und, obwohl sie gut sangen, gingen wir nach dem
ersten Akt hinaus, denn es war draußen kühler als drinnen. Dann aßen wir eine Kleinig-
keit in einem Gartenrestaurant, und ich wage zu bezweifeln, dass das Essen in Neapel
besser schmecken kann als in diesem neapolitanischen Restaurant. Nachdem wir uns auf
diese Weise gestärkt hatten, besuchten wir einige kuriose kleine Läden – einen mexika-
nischen, einen skandinavischen und einen mit Keramik aus allen Ländern, etc. – und be-
wunderten ihre Ware, ohne einen Penny auszugeben (die junge Dame in meiner Beglei-
tung war so freundlich, sich über diese schönen Dinge beim bloßen Anschauen zu freuen),
und schließlich blieben wir in einem Buchladen hängen; die Verrücktheit der Bücher
wurde nur noch von der des Inhabers und der Kunden übertroffen. Aber während Greenwich Village auf vielfältige Weise nonkonformistisch ist, ist es auch grundsätzlich liberal
und erlaubt es jedem Geschöpf, sich so des Lebens zu freuen wie es will. Es gibt kleine
Theater, von denen einige ,nur Uraufführungen', andere die bewährten Erfolgsstücke
bringen; es gibt Missionare, die auf einem Platz vor einer Gruppe friedlicher Zuhörer
predigen, während um die Ecke junge Leute Folksongs singen, ohne die Schach-Spieler
zu stören, für die die City feste Steintische aufgestellt hat, die zu allen Tages- und Nacht-
zeiten benutzt werden. All dies geschieht in entspannter Ruhe, die sogar in Europa selten
ist; die aber im hektisch-geschäftigen Herzen von New York sicherlich eine angenehme
Überraschung ist.
Früher war Greenwich Village einmal bekannt für seinen politischen Radikalismus; anscheinend ist dieser weggezogen, oder er ist in den Untergrund gegangen. Dem schlen-
dernden Spaziergänger wird vielleicht in einem der Läden ein Schwedenpunsch angeboten,
aber Pamphlete werden nicht verteilt, und man findet dort auch nicht mehr aufrührerische
Redner an den Straßenecken als in anderen Stadtteilen.
Diese hymnische Einführung klingt vielleicht so, als wenn ich ein Snob oder Bohemien
geworden wäre. Tatsächlich verbringe ich den größten Teil meiner Zeit nicht in Greenwich
Village. Ich lebe im Norden der Stadt in der Nähe meines Arbeitsplatzes, was den Vorteil
hat, dass ich in wenigen Minuten zu Fuß zur Arbeit gehen kann. Dieses Stadtviertel mit
der Columbia University, dem Barnard College, dem Union Theological Seminary, dem
Juilliard College of Music, dem International House, dem Jewish Thelogical Institute, dem
YIVO Institute, etc. ist die beste Annäherung an einen Universitätscampus, den man sich
vorstellen kann. Die Studenten kommen aus aller Welt und machen das Viertel sowohl
intellektuell als auch international. [...] Noch nie habe ich den Reichtum an guter Musik,
die hier geboten wird, so genossen wie in diesem Jahr – in Konzerten unter freiem Himmel

im Lewinsohn Stadium, auf dem Rasen des Washington Square Park (hauptsächlich europäische Kammermusik) und in Tanglewood, einer amerikanischen Version von Salzburg (ohne Theater und Oper). Nein, Amerika ist nicht nur Jazz…"[15]

Auch die Schattenseiten der Großstadt, denen gegenüber Lamm nicht blind war, konnten sein neues Lebensgefühl nicht beeinträchtigen. Er fühlte sich wohl in dieser Stadt.[16]

Lamms negativer Blick auf das von ihm beschriebene Dasein eines „Wanderer Between Two Worlds" hatte sich innerhalb der ersten zwei Jahre, die er wieder in den USA gelebt hatte, deutlich zum Positiveren gewandelt. So schrieb er im August 1954 erklärend an seine Freunde:

„Die Tatsache, dass ich lange in Europa gelebt habe und dass ich einen großen Teil meiner Ausbildung und den größten Teil meiner Erfahrung in Amerika erworben habe, erscheint mir jetzt nicht als Nachteil, nicht als eine Situation, in der ich zwischen zwei Stühlen sitze; vielmehr erkenne ich jetzt, dass dies ein bereichernder Hintergrund ist, der es mir erlaubt, hier und dort zu Hause zu sein; und die Tatsache, dass das Judentum eine dritte prägende Kraft ist, die ich mit Freude anerkenne, macht das Leben noch interessanter und faszinierender. Auch wenn es sicherlich praktische und möglicherweise emotionale Nachteile gibt, nicht ‚einheimisch' zu sein, so könnte der Vorteil, der darin liegt, an zwei oder drei Traditionen teilzuhaben, sogar noch größer sein als die Nachteile."[17]

Parallel zu diesen Gedanken über sein persönliches Heimatgefühl prüfte Lamm, ob er nach Deutschland heimkehren oder in Amerika ausharren sollte. Neben der praktischen Frage nach der beruflichen Perspektive und finanziellen Absicherung im Falle einer Rückkehr beschäftigten Lamm die Einstellung der Deutschen zu Remigranten und die Frage nach seiner Rolle in dem neu entstehenden demokratischen Staat Deutschland. Einen Einblick in die Gedanken, die Lamm sich zu dem Thema machte, gibt der Brief an Eugen Kogon vom 17. Oktober 1954: „Diese Entscheidung [nach Deutschland zurückzukehren] haengt zu einem grossen Teil davon ab, ob es sinnvoll erscheint, dass Personen meiner Art und meines ‚Backgrounds' zurueckkehren sollen, um am Kampf gegen die RE-Nazifizierung teilzunehmen, oder ob das so sinnlos erscheint, dass es mehr ratsam waere, fuer uns zu verharren, wo wir sind, in der Hoffnung, dass es den Deutschen gelingen wird, ohne die Mithilfe der ‚Emigranten' ihren Weg zu echter Demokratie und einem friedlichen Zusammenleben mit anderen Voelkern zu finden."[18]

Bald wurde die Frage der Rückkehr nach Deutschland wieder akut: Wegen der Auflösung des Büros der American Jewish Historical Society in New York

---

[15] StadtAM, NL Lamm, Akt 29, Rundbrief von Lamm vom 25.8.1954 (Original in englischer Sprache).

[16] „I never lived in a city with so much cruelty and crime, drunkenness and destituteness, lunacy and loneliness – yet lights and shadows are close together and while I don't pretend that one could not exist without the other, that seems to be life and we seem to be unable to effect any profound changes." StadtAM, NL Lamm, Akt 29, Rundbrief von Lamm vom 25.8.1954.

[17] Ebd. (Original in englischer Sprache).

[18] StadtAM, NL Lamm, Akt 173, Schreiben von Lamm an Prof. Kogon vom 17.10.1954.

im April 1955 erhielt Lamm seine Kündigung zum 31. Mai 1955.[19] Eine neue
Stelle war noch nicht in Aussicht, seine weiteren Zukunftspläne waren demnach ungewiss.[20] Und auch wenn er von Urlaub im Sommer 1955 träumte, trat
mit der durch seine plötzliche Arbeitslosigkeit begründeten erneuten Stellensuche auch die Frage nach einer Rückkehr nach Deutschland unweigerlich
wieder in den Vordergrund. Warum sollte nicht die Beendigung des Arbeits-
verhältnisses wie bereits 1952 den Anstoß für einen Wechsel des Kontinents
geben? Schließlich hatte er sich kurz vor dem Wechsel von Scranton nach New
York noch um einen Geschäftsführungsposten in der Zentralen Wohlfahrts-
stelle der Juden in Deutschland beworben.[21] Ein Jahr später, als seine Anstellung bei der American Jewish Historical Society in New York zuende ging,
beantragte er bei der Conference on Jewish Material Claims Against Germany (Claims Conference)[22] ein Stipendium in Höhe von 2500 US-Dollar für eine
umfangreiche Forschungsarbeit über das Deutsche Judentum von 1918 bis 1945,
das ihm für das akademische Jahr 1955/56 seinen Aufenthalt in Europa ermöglichen und finanzieren sollte.[23]

Lamm hatte also inzwischen entschieden, selbst – als Remigrant – einen
Beitrag zur Demokratisierung leisten zu wollen und sich mit all seiner Schaffenskraft am Wiederaufbau jüdischen Lebens in Deutschland zu beteiligen.
Sein wieder aufgenommenes, verstärktes Bemühen um eine Anstellung in
Deutschland, weitere Briefwechsel mit Freunden – Eva G. Reichmann, eine
im englischen Exil lebende Publizistin, erinnerte sich, Lamm bei seiner Ent-
scheidungsfindung unterstützt zu haben[24] –, aber auch Briefe, Reden und
Aufsätze, die Lamm in den 1970er und 1980er Jahren verfasste, lassen klar
erkennen, dass der entscheidende Impuls für Lamms intensivierte Rückkehr-
bemühungen genau diesem ideologischen Anspruch zugewiesen werden kann:
Er wollte mit seiner Präsenz, mit seinem Engagement in Deutschland einen
Beitrag zum „Heilungsprozess" des deutschen Volkes leisten.

Letztendlich war Lamms Rückkehr nach Deutschland aber das Ergebnis
einer von seinen Bemühungen unabhängigen Verkettung von Umständen, die

---

[19] StadtAM, NL Lamm, Akt 3, Kündigungsschreiben der American Jewish Historical Society an Lamm vom 27. 4. 1955; StadtAM, NL Lamm, Akt 12, Schreiben von Lamm an RA
Hoffmann vom 13. 6. 1955.
[20] Da Lamm bei einer „non-profit organization" angestellt gewesen war, erhielt er nach
der Beendigung seiner Tätigkeit keine Arbeitslosenunterstützung. StadtAM, NL Lamm,
Akt 12, Schreiben von Lamm an die Rechtsabteilung des deutschen Generalkonsulats
New York City vom 13. 6. 1955.
[21] ZA, B.1/7, Nr. 110, Schreiben von Max L. Cahn an die ZWST vom 27. 2. 1954; ZA, B.1/7,
Nr. 110, Schreiben von Dr. Ostertag, Notar beim Landes- und Oberlandesgericht Stuttgart
an die ZWST vom 1. 3. 1954; ZA, B.1/7, Nr. 110, Schreiben von van Dam an Lamm vom
21. 11. 1967; ZA, B.1/7, Nr. 110, Schreiben von Lamm an van Dam vom 3. 12. 1967; Stadt-
AM, NL Lamm, Akt 89, Schreiben von Lamm an van Dam vom 6. 11. 1971.
[22] Dazu vgl. Kagan: Conference; Sagi: Die Rolle, hier bes. S. 105–111; Zweig: German Reparations, hier bes. S. 26–43.
[23] StadtAM, NL Lamm, Akt 4, Brief von Lamm an Hans Schocken vom 1. 8. 1955.
[24] Privatkorrespondenz Brigitte Schmidt, München.

in Zusammenhang mit seiner Tätigkeit in Deutschland von 1945 bis 1952 stand und indirekte Folge seiner Stellensuche im Frühjahr 1954 war. Die Claims Conference hatte 1955 entschieden, „dass ein Kulturprogramm für die jüdischen Gemeinden in Deutschland begründet und durch die Mittel der Claims Conference finanziert werden sollte. Die Claims Conference war daraufhin bemüht, sicherzustellen, dass dieses Konzept von einer Person begründet und entwickelt würde, die über die dafür notwendigen Qualifikationen verfügte und vom Zentralrat akzeptiert werden musste."[25] In Ermangelung einer geeigneten Persönlichkeit innerhalb Deutschlands erschien es den Mitgliedern der Claims Conference notwendig, durch die Wahl einer geeigneten Person im Ausland sicherzustellen, dass ihre Pläne umgesetzt wurden. Ihre Wahl fiel auf Lamm, der ihnen bereits durch seine Tätigkeit für die AJCon bekannt war. Aufgrund der Bewerbung Lamms bei der Zentralwohlfahrtsstelle der Juden in Deutschland war auch der damalige Generalsekretär des Zentralrats der Juden in Deutschland, Dr. Hendrik George van Dam,[26] bereits 1954 auf ihn aufmerksam geworden. Für van Dam war es offensichtlich, dass Lamms „Sachgebiet kultureller Art"[27] war, und er deshalb für eine Tätigkeit innerhalb des zu gründenden Kulturdezernats des Zentralrats der Juden in Deutschland geeignet wäre.[28] Um Lamm für die neu geschaffene Stelle des Kulturdezernenten zu gewinnen, reiste van Dam im Sommer 1955 nach New York und unterbreitete Lamm, der gerade arbeitslos geworden war, das Stellenangebot, das ihn zurück nach Deutschland brachte.[29]

---

[25] ZA, B.1/7, Nr.110, Schreiben von Saul Kagan an Lamm vom 10.2.1958 (Original in englischer Sprache).
[26] Zur Biographie Dr. Hendrik George van Dam vgl. Röder/Strauss: Van Dam, Hendrik George, S.778; Zieher: Weder Privilegierung, S.190.
[27] ZA, B.1/7, Nr.110, Schreiben von van Dam an Lamm vom 21.11.1967.
[28] ZA, B.1/7, Nr.336, Schreiben von van Dam an den Bundesminister des Innern vom 4.7.1956.
[29] ZA, B.1/7, Nr.110, Schreiben von van Dam an Lamm vom 21.11.1967; ZA, B.1/7, Nr.110, Schreiben von Lamm an van Dam vom 3.12.1967; StadtAM, NL Lamm, Akt 89, Schreiben von Lamm an van Dam vom 6.11.1971; StadtAM, NL Lamm, Akt 12, Entwurf des Antrages auf Darlehensgewährung nach §§ 62–72 und 90 des BEG von Lamm für das BLEA; SchArchivBR: Gespräch.

# WIEDERGUTMACHUNG (1948–1965)

Bis zu dem Zeitpunkt seiner zweiten Rückkehr nach Deutschland hatte Lamm bereits ein beachtliches Stück auf dem Weg der Auseinandersetzung mit der Vergangenheit zurückgelegt. Seine Verhandlungen um Wiedergutmachung waren ein wesentlicher Bestandteil dieser Auseinandersetzung und hatten bereits in Nürnberg ihren Anfang genommen. Hans Lamm gehörte zu den vielen jüdischen Verfolgten, die Entschädigungs- und Rückerstattungsansprüche geltend machten, als Berechtigte anerkannt wurden und deren Anträge (überwiegend) positiv beschieden wurden.[1] Zwischen der Einreichung seiner Forderungen bis zum tatsächlichen Abschluss seiner Verfahren vergingen jedoch Jahre. An dieser Stelle werden die persönlichen Eindrücke und Empfindungen Lamms wiedergegeben, die Schilderung der einzelnen Schritte des Wiedergutmachungsverfahrens erfolgt aus Lamms Perspektive. Seine Geschichte steht jedoch beispielhaft für das Schicksal vieler Betroffener, deren Einzelgeschichten in der Forschung bis heute kaum beachtet wurden.[2]

Für Hans Lamm waren unterschiedliche Teilaspekte der Wiedergutmachung von besonderem Interesse. In der Regel trafen verschiedene Schädigungsarten bei einem Antragsteller zusammen, am häufigsten waren es Gesundheits- und Berufsschäden.[3] Lamm konnte deutlich mehr geltend machen: Die Rückerstattung des Eigentums forderte Lamm als Erbe seines Vaters Ignaz und anstelle seines amerikanischen Onkel Louis Lamb, der alle Ansprüche an ihn abgetreten hatte.[4] Seine persönlichen Wiedergutmachungsansprüche beantragte Lamm aufgrund seiner frühzeitig beendeten Anstellung bei der Münchner jüdischen Gemeinde und dem erzwungenen Abbruch seines Studiums an der Ludwig-Maximilians-Universität München.[5] Zu diesen Verfahren kamen nach Lamms zweiter Rückkehr nach Deutschland im September 1955 noch sein An-

---

[1] Einen kompakten historischen Überblick über die Wiedergutmachung in Deutschland gibt Hockerts in „Wiedergutmachung in Deutschland". Vgl. auch Goschler: Schuld, bes. S. 147–292; Ders.: Die Politik; Ders.: Die Bedeutung; Hockerts/Kuller: Nach der Verfolgung; Schwarz: Die Wiedergutmachung; Winstel: Verhandelte Gerechtigkeit.
[2] Die Vernachlässigung der erfahrungs- und lebensgeschichtlichen Fragehorizonte stellt ein Forschungsdefizit dar, dem erst in jüngster Zeit entgegengewirkt wird. Erste Schritte in dieser Richtung gehen z.B. Distel: Hilferuf; Kenkmann: Konfrontationen; Winstel: Über die Bedeutung. Winstels 2006 unter dem Titel „Verhandelte Gerechtigkeit" publizierte Dissertation setzt sich intensiv mit den Erwartungen der ehemaligen Verfolgten auseinander.
[3] Vgl. Hockerts: Wiedergutmachung in Deutschland, S. 184.
[4] StadtAM, NL Lamm, Akt 11; StadtAM, Abgabe Leihamt, Rückerstattungsakte Hans Lamm; StadtAM, NL Lamm, Akt 11. Zur Rückerstattung feststellbarer, zu Unrecht entzogener Vermögensgegenstände vgl. Goschler: Die Bedeutung, S. 225–229; Ders.: Schuld, S. 100–121; Schwarz: Die Wiedergutmachung, S. 34–39.
[5] Zur Wiedergutmachung nach dem BWGöD vgl. Goschler: Schuld, S. 176–181.

spruch auf die Soforthilfe für Rückwanderer[6] und die Beantragung eines Aufbaudarlehens, das die Existenzgründung in Deutschland erleichtern sollte.[7]

Noch während seines Aufenthalts in Nürnberg begann Lamms Bemühen
um die Rückerstattung des Eigentums seines Onkels und Vaters.[8] Ausgangs-
punkt war hierbei Lamms Anfrage bei der im Juni 1948 eingesetzten Jewish
Restitution Successor Organization (JRSO)[9], ob von ihrer Seite für Louis
Lambs Neffen, Ludwig Lamm, und dessen Mutter, Sophie Lamm, fristgerecht
Ansprüche angemeldet worden waren. Louis Lamb ging davon aus, der einzig
Überlebende dieses Teils der Familie zu sein, weshalb Hans Lamm bei der
JRSO nicht nur alle Ansprüche als direkter Erbe seines Onkels Lamb einforderte, sondern auch die Ansprüche als Erbberechtigter seiner Tante und seines Cousins prüfen ließ.[10] „Bei der JRSO handelte es sich um eine der in den
westalliierten Rückerstattungsgesetzen vorgesehenen ‚Nachfolge Organisationen': Ihnen sollte das rückerstattungspflichtige jüdische Vermögen zugesprochen werden, sofern es von den Verfolgten oder ihren Erben nicht (fristge-
mäß) eingefordert wurde oder als ‚erblos' zu gelten hatte – wie die blasse
juristische Formel für die Hinterlassenschaft der im Völkermord mit Kind und
Kindeskind umgekommenen Familien hieß. Zur Nachfolge-Organisation für
das jüdische Vermögen in der US-Zone bestimmte die Militärregierung die
unter maßgeblicher Beteiligung amerikanisch-jüdischer Organisationen neu-
gegründete JRSO."[11] Die JRSO bestätigte Lamm, dass sie Ansprüche für
Ludwig und Sophie Lamm eingereicht hatte. Die aus dieser Tatsache entstan-
dene Auseinandersetzung zwischen der JRSO und Lamm um die Anerkennung des von Lamm für seinen Onkel angemeldeten Anspruches auf Rückerstattung zog sich bis Mai 1952.[12] Das erste Hindernis stellte die Klärung der

---

6 Vgl. § 141 BEG.
7 Vgl. §§ 69, 71, 90 und 117 BEG. Vgl. dazu auch StadtAM, NL Lamm, Akt 12, Antrag,
September 1957, und das Kapitel Der Ner-Tamid-Verlag.
8 Vgl. hierzu StadtAM, NL Lamm, Akt 11; StadtAM, Abgabe Leihamt, Rückerstattungs-
akte Hans Lamm.
9 Die JRSO wurde von den amerikanischen Behörden als erste Nachfolgeorganisation im
Juni 1948 mit Sitz in Nürnberg eingesetzt. Zur JRSO vgl. exemplarisch Bentwich: Jewish
Successor Organizations, Sp. 93f.; Hockerts: Anwälte der Verfolgten, S.254f.; Sagi: Die
Rolle, S.104f.
10 Zur Klärung der Verwandtschaftsverhältnisse: Louis Lamb ist der Bruder von Carl
Lamm, dem Ehemann von Sophie Lamm (geb. Graf), und Vater von Ludwig Lamm. Louis
Lamb, verheiratet mit Sally Lamm, der Schwester von Ignaz Lamm, ist sowohl Onkel von
Ludwig Lamm als auch von Hans Lamm. Lamb unterzeichnete alle Dokumente des Wie-
dergutmachungsverfahrens als Louis Lamm; in Abgrenzung zu dem Bruder Ignaz Lamms,
Louis Lamm (1871–1943), wird im Text dieses Kapitels jedoch der Name Louis Lamb bei-
behalten. Vgl. auch S.36, Anm.7. StadtAM, NL Lamm, Akt 11, Schreiben von der JRSO,
M. Grynblat, an Lamm vom 19.7.1949.
11 Hockerts: Anwälte der Verfolgten, S.254.
12 StadtAM, NL Lamm, Akt 11, Schreiben von Hoffmann an Lamm vom 30.5.1952 (in
der Anlage Beschluss des Amtsgerichts München vom 28.5.1952, in dem der Todestag von
Ludwig Lamm auf den 30.11.1941, 24 Uhr festgestellt wurde).

Verwandtschaftsverhältnisse dar.[13] Louis Lamb klagte als „brother-in law after the co-owner Sophie Lamm and as uncle after the co-owner Ludwig
Lamm".[14] Da Louis Lamb alle Ansprüche auf Hans Lamm übertragen hatte,[15] bemühte sich dieser, durch die Beschaffung eines Erbscheines die Aus-
zahlungen zu ermöglichen.[16] Bevor Hans Lamm jedoch die angeforderten Papiere zur Auszahlung der Ansprüche vollständig vorlegen konnte, meldeten
sich die Geschwister Julius und Babette Graf aus Israel. Als Sohn des Bruders
von Sophie Lamm erhob Julius Graf für sich und seine Schwester den Allein-
erbanspruch auf den Nachlass von Sophie Lamm.[17] Lamm erklärte, dass ihm
die Existenz der Grafs unbekannt gewesen sei, weshalb das Amtsgericht München über das Erbe entscheiden musste.[18] Das Urteil fiel am 28. Mai 1952 nach
der nachträglichen Vordatierung des Todesdatums von Ludwig Lamm dahingehend, dass die Erbansprüche an die Grafs gehen sollten, da Sophie Lamm
später als Ludwig Lamm gestorben war und deshalb die Erbansprüche von
ihm auf sie übergegangen seien.[19] Drei Jahre intensiver Korrespondenz und
zahlreicher Umstände waren somit für Lamm vergeblich gewesen.

Die Verhandlungen um die Rückerstattungsansprüche als Erbe seines
Vaters Ignaz Lamm verliefen nicht weniger kompliziert, endeten jedoch für
Lamm erfolgreicher.[20] Am 20. Mai 1950 schrieb Lamm das Bayerische Landesamt für Vermögensverwaltung und Wiedergutmachung an, um in Erfahrung zu bringen, welche Wertgegenstände sein Vater am 15. März 1939 im
Städtischen Leihamt München abgeliefert hatte.[21] Da der Verbleib der Vermögenswerte im Einzelnen nicht mehr zu ermitteln war, forderte Lamm in
einem Brief an den Münchner Stadtrat am 4. Oktober 1950 den Differenz-

---

13 StadtAM, NL Lamm, Akt 11, Schreiben von Lamm an die JRSO vom 27. 3. 1950.
14 StadtAM, NL Lamm, Akt 11, Schreiben von Dr. E. Katzenstein (JRSO) an Lamm vom
6. 4. 1950. Vgl. Anm. 10 dieses Kapitels.
15 Vgl. StadtAM, NL Lamm, Akt 11, Assignment vom 5. 8. 1949, unterzeichnet von Louis
Lamm.
16 Die Korrespondenz zwischen Lamm und der JRSO sowie zwischen Lamm und anderen
Persönlichkeiten in dieser Sache ist sehr umfangreich. Die Probleme, einen Erbschein zu
beschaffen, waren groß und sind in dem Nachlass von Hans Lamm genau dokumentiert
(vgl. StadtAM, NL Lamm, Akt 11).
17 StadtAM, NL Lamm, Akt 11, Schreiben von Julius Graf an die JRSO vom 30. 4. 1952.
18 StadtAM, NL Lamm, Akt 11, Schreiben von Lamm an die JRSO vom 2. 5. 1952.
19 StadtAM, NL Lamm, Akt 11, Beschluss des Amtsgerichts München, Urk. Reg. II
71/1952 vom 28. 5. 1952.
20 Lamm wandte sich auch in dieser Sache an die JRSO, da er auch die Ansprüche für
seinen Vater nicht fristgerecht angemeldet hatte. Vgl. Korrespondenz zu den Rückerstattungsansprüchen von Louis Lamm, StadtAM, NL Lamm, Akt 11.
21 Eine Auflistung der unter AV. Nr. 186 abgegebenen (Silber-)Gegenstände befindet sich
in StadtAM. Abgabe Leihamt. Rückerstattungsakte Hans Lamm. Schreiben des Bayerischen Landesamtes für Vermögensverwaltung und Wiedergutmachung, Dr. Fischer an
Lamm vom 31. 5. 1950. Vgl auch StadtAM, NL Lamm, Akt 11, Schreiben des Städtischen
Leihamtes an Lamm vom 24. 5. 1950; StadtAM, NL Lamm, Akt 11, Schreiben von Lamm
an den Stadtrat der Landeshauptstadt München vom 4. 10. 1950. Vgl. darüber hinaus Seelig: Die Zwangsablieferung von Silbergegenständen.

betrag der Vermögenswerte zurück.[22] Lamm hatte jedoch versäumt, in der gesetzlich vorgeschriebenen Frist seine bzw. die Ansprüche seines Vaters anzumelden.[23] Deshalb lehnten der Stadtrat und die für Lamm zuständige Wiedergutmachungsbehörde die Bearbeitung seines Antrages ab.[24] Sie verwiesen ihn jedoch an die JRSO, die mit den allgemeinen Anmeldungen von Rückerstattungsansprüchen jüdischer Verfolgter ohne Namensangabe im Gesamtbetrag von zwei Millionen Mark gegen die Pfandleihanstalt München auch einen Antrag für Ignaz Lamm eingereicht hatte.[25] Nun fehlte Lamm nur noch ein entsprechender Erbschein.[26] Am 19. Dezember 1951 wurde das offizielle Dokument unterzeichnet, das die bedingte Abtretung von Restitutionsansprüchen durch die JRSO an Lamm besiegelte.[27]

Lamms Verfahren wegen persönlicher Wiedergutmachungsansprüche nahmen ebenfalls viel Zeit in Anspruch. Noch bevor der Bundestag eine Vereinheitlichung des Entschädigungsrechts im Bundesgebiet herbeigeführt hatte, trat im Mai 1951 ein Sondergesetz, das Gesetz zur Regelung der Wiedergutmachung nationalsozialistischen Unrechts für Angehörige des öffentlichen Dienstes (BWGöD), in Kraft.[28] Obwohl Lamm im engeren Sinne kein Angestellter des öffentlichen Dienstes gewesen war, trafen die Bestimmungen dieses Gesetzes auch auf ihn zu, da er von 1934 bis 1938 bei der Münchner jüdischen Gemeinde angestellt gewesen war. Das Gesetz legte fest, dass „die früheren Bediensteten jüdischer Gemeinden oder öffentlicher Einrichtungen,

---

[22] StadtAM, NL Lamm, Akt 11, Schreiben von Lamm an den Stadtrat der Landeshauptstadt München vom 4.10.1950. Vgl. auch StadtAM, NL Lamm, Akt 11, Schreiben des Städtischen Leihamtes an Lamm vom 24.5.1950.

[23] StadtAM, NL Lamm, Akt 11, Schreiben des Werk- und Fiskalreferates der Landeshauptstadt München, Dr. Seemüller, an Lamm vom 28.10.1950. Das Rückerstattungsgesetz Nr. 59 vom 10.11.1947 im Amerikanischen Kontrollgebiet setzte unter Artikel 56 die Form und Frist der Anmeldung fest. Zum Gesetz Nr. 59 vgl. Gesetz Nr. 59 sowie Hockerts: Wiedergutmachung in Deutschland, S. 170; Goschler: Wiedergutmachung, 106–128; Schwarz: Rückerstattung, S. 23–58.

[24] StadtAM, NL Lamm, Akt 11, Schreiben des Bayerischen Landesamt für Vermögensverwaltung und Wiedergutmachung, Dr. Fischer, an Lamm vom 16.11.1950.

[25] StadtAM, NL Lamm, Akt 11, Schreiben der JRSO an Lamm vom 12.2.1951.

[26] StadtAM, NL Lamm, Akt 11, Schreiben der JRSO an Lamm vom 2.7.1951.

[27] Zu den einzelnen Ansprüchen vgl. StadtAM, NL Lamm, Akt 11, Schreiben der JRSO, Dr. A. Heinemann, zur bedingten Abtretung von Restitutionsansprüchen (AZ der WB: IG 408, Abtretungsnummer 106, 107, 108, 109) durch die JRSO an Lamm vom 29.11.1951; StadtAM, NL Lamm, Akt 11, Bedingte Abtretung von Restitutionsansprüchen (AZ der WB: IG 408, Abtretungsnummer 106, 107, 108, 109) durch die JRSO, unterzeichnet von Lamm und Dr. A. Heinemann am 19.12.1951.

[28] Gesetz zur Regelung der Wiedergutmachung nationalsozialistischen Unrechts für Angehörige des öffentlichen Dienstes in der Fassung des Dritten ÄndGes vom 23.12.1955 (BGBl. 1955 I, S. 820), München und Berlin 1957. Zu der Bedeutung des Gesetzes vgl. Hockerts: Wiedergutmachung in Deutschland, S. 176f. Knapp ein Jahr später, am 18.3.1952, verabschiedete der Bundestag ein Gesetz zur Regelung der Wiedergutmachung nationalsozialistischen Unrechts für die im Ausland lebenden Angehörigen des öffentlichen Dienstes (BGBl. 1952 I, S. 137).

die einen Anspruch auf Versorgung gegenüber ihrem Dienstherrn hatten oder ohne Verfolgung erlangt hätten, [...] vom 1. Oktober 1952 an monatliche Versorgungszahlungen auf der Grundlage ihrer früheren Dienstbezüge [erhalten].“[29] Mehr als fünf Jahre vergingen zwischen dem Inkrafttreten des Gesetzes und der tatsächlichen Auszahlung der Versorgungsbezüge an Lamm. Auf Grund der Verordnung zur Durchführung des § 31d wurde für Lamm am 11. November 1957 eine Grundentschädigung in Höhe von DM 297,60 monatlich festgesetzt.[30]

Das Bundesergänzungsgesetz zur Entschädigung der Opfer der nationalsozialistischen Verfolgung (BErgGes), das am 1. Oktober 1953 in Kraft trat, schuf die Grundlage für individuelle Wiedergutmachungsforderungen.[31] Mit dem Auftrag, seine persönlichen Ansprüche auf Wiedergutmachung nach dem ersten bundeseinheitlichen Entschädigungsgesetz in Erfahrung zu bringen, betraute Lamm im März 1954 Rechtsanwalt Karl Hoffmann aus Nürnberg.[32] Die Korrespondenz zwischen Lamm und seinem Rechtsanwalt war grundsätzlich höflich. Dennoch scheute sich Lamm nicht, Vorwürfe und Kritik deutlich zu äußern und von Hoffmann nach den ersten Wochen ein schnelleres Bearbeiten seiner Ansprüche zu verlangen.[33] Lamm ging davon aus, dass ihm für sein abgebrochenes Studium DM 5000 oder DM 10 000 zustünden.[34] Da er sein Studium 1951 in Erlangen mit der Erlangung der Doktorwürde hatte beenden können, musste bei der Beantragung der Entschädigung besonders argumentiert werden: Man einigte sich darauf, dass die Erreichung des Doktorgrades in Religionsgeschichte nur als ein ganz minimaler Ersatz angesehen werden könne, weil er ein ganz anderes Studium beabsichtigt hatte.[35] Lamm selbst schrieb zur Bedeutung seines Studienabschlusses in Erlangen: „Dass ich meine urspruengliche Berufsausbildung nie fortsetzte. [...] und die Tatsache, dass ich 1951 in Erlangen einen Dr. phil. in Religionsgeschichte erwarb, der fuer mich gar keinen praktischen Wert hat, kann nicht mit Fug als Aufhebung des Schadens betrachtet werden, dass mein Traum R.-A. zu werden von Hitler vereitelt wurde.

---

[29] § 31d (I) BWGöD.
[30] Vgl. StadtAM, NL Lamm, Akt 12, Festsetzungsbescheid der Bundesstelle für Verwaltungsangelegenheiten des Bundesministers des Innern vom 11.11.1957. Im Dezember 1957 wurde ihm die Grundentschädigung rückwirkend zum 1.10.1952 ausgezahlt (vgl. ZA, B.1/7, Nr. 110, Schreiben von RA Hoffmann an Dr. Unger, BLEA, vom 21.3.1959). Die als Ruhegehalt ausbezahlte Summe diente Lamm als Startkapital für seinen am 1.10.1957 gegründeten Ner-Tamid-Verlag.
[31] BErgGes in BGBl. 1953 I, S.1387. Die zahlreichen Mängel und Unklarheiten führten dazu, dass bereits ein Jahr später die Arbeiten zu einer großen Novelle begannen, vgl. Hockerts: Wiedergutmachung in Deutschland, S.182-184.
[32] StadtAM, NL Lamm, Akt 12, Schreiben von Lamm an Hoffmann vom 9.3.1954; StadtAM, NL Lamm, Akt 12, Schreiben von Lamm an Hoffmann vom 4.9.1954.
[33] Vgl. z.B. StadtAM, NL Lamm, Akt 12, Schreiben von Lamm an Hoffmann vom 4.4.1954; 15.10.1955; 3.11.1955; 17.2.1956; 28.11.1956; 14.7.1957.
[34] StadtAM, NL Lamm, Akt 12, Schreiben von Lamm an Hoffmann vom 4.9.1954.
[35] StadtAM, NL Lamm, Akt 12, Schreiben von Hoffmann an Lamm vom 20.4.1955.

(Unter uns gesagt trauere ich darueber noch heute denn ich bin davon ueber-
zeugt, dass ich das Zeug fuer einen verflixt guten Advokaten besitze!)"[36]
Durch den Zustand der Arbeitslosigkeit, in dem sich Lamm seit Juni 1955
befand, erhielt die Auszahlung der Wiedergutmachungsansprüche für ihn eine
besondere Dringlichkeit: Er benötigte das Geld insbesondere deswegen, weil
ihm nach seiner Anstellung für eine „non-profit organization" in den USA
keine Arbeitslosenunterstützung gewährt wurde.[37] Obwohl Lamm eigentlich
der Ansicht war, einen Anspruch auf DM 10000 zu haben, „weil diese Summe
denen gewährt wird, die ihre Berufsausbildung neu aufnahmen"[38], stimmte er
vor dem Hintergrund seiner Arbeitslosigkeit der Empfehlung seines Anwaltes
zu, „zunächst auf der Basis von 5000,– DM die Sache umgehend [zu] klären."[39]
So hoffte er, „wenigstens die DM 5000 jetzt (und nicht in ein paar Jahren) zu
bekommen"[40]. Arbeitslosigkeit reichte als Nachweis der Bedürftigkeit aus,
weshalb Lamm hoffte, dass sein Antrag, den Hoffmann am 25. Juni eingereicht
hatte, bevorzugt bearbeitet und die ihm zustehende Summe möglichst bald
ausgezahlt werden würde.[41]
Trotzdem erhielt Lamm vorläufig kein Geld. „Die Verzögerung liegt beim
neuen Bundesentschädigungsgesetz, weswegen sämtliche Bescheide angehal-
ten wurden," informierte sein Rechtsanwalt Lamm im Juli 1956, ein Jahr
nachdem das Verfahren aufgenommen worden war.[42] Auf Grundlage des
neuen Bundesgesetzes zur Entschädigung für Opfer der nationalsozialistischen
Verfolgung (BEG)[43], das rückwirkend ab 1953 in Kraft trat, beantragte Lamm

[36] StadtAM, NL Lamm, Akt 12, Schreiben von Lamm an Hoffmann vom 24. 4. 1955. Vgl.
auch Hans Lamm Reminiscences, 6/5/77, Privat.
[37] StadtAM, NL Lamm, Akt 12, Schreiben von Lamm an die Rechtsabteilung des deutschen Generalkonsulats New York City vom 13. 6. 1955. Winstel weist nach, dass Wieder-
gutmachungsrenten eine nicht zu unterschätzende Grundsicherheit boten. Arbeitslosigkeit
innerhalb des Berechtigtenkreises schlug sich in der vermehrten Nachfrage nach Auszahlung von Haftentschädigung bzw. Rentenbearbeitung nieder (vgl. Winstel: Über die Bedeutung, S. 217).
[38] StadtAM, NL Lamm, Akt 12, Schreiben von Lamm an Hoffmann vom 24. 4. 1955.
[39] StadtAM, NL Lamm, Akt 12, Schreiben von Hoffmann an Lamm vom 7. 6. 1955.
[40] StadtAM, NL Lamm, Akt 12, Schreiben von Lamm an Hoffmann vom 13. 6. 1955; vgl.
auch StadtAM, NL Lamm, Akt 12, Schreiben von Lamm an das BLEA vom 5. 7. 1955.
[41] Vgl. hierzu StadtAM, NL Lamm, Akt 12, Schreiben von Lamm an Hoffmann vom
4. 6. 1955; StadtAM, NL Lamm, Akt 12, Schreiben von Lamm an Hoffmann vom 13. 6. 1955;
StadtAM, NL Lamm, Akt 12, Schreiben von Lamm an die Rechtsabteilung des deutschen
Generalkonsulats New York City vom 13. 6. 1955; StadtAM, NL Lamm, Akt 12, Schilderung der Verfolgungsvorgänge vom 25. 6. 1955; StadtAM, NL Lamm, Akt 12, Schreiben
von Lamm an Hoffmann vom 15. 7. 1955. StadtAM, NL Lamm, Akt 12, Bescheid des BLEA
über die Entschädigung wegen Schadens im beruflichen Fortkommen vom 12. 2. 1957, S. 2.
Den Eingang der Unterlagen mit drei Anlagen bestätigte das BLEA am 5. 7. 1955 unter
der Nummer 0250/56: StadtAM, NL Lamm, Akt 12, Eingangsbestätigung des BLEA vom
5. 7. 1955.
[42] StadtAM, NL Lamm, Akt 12, Postkarte von Hoffmann an Lamm vom 5. 7. 1956.
[43] Bundesgesetz zur Entschädigung für Opfer der nationalsozialistischen Verfolgung vom
29. 6. 1956 in BGBl. 1956 I, S. 559. Hockerts sieht es als „das Kernstück der westdeutschen
Wiedergutmachung" (Hockerts: Wiedergutmachung in Deutschland, S. 184). Einen Über-

am 1. August 1956 die Soforthilfe für Rückwanderer, die auf DM 6000 festgesetzt war.[44] Gleichzeitig wartete Lamm auf die Fortsetzung seiner noch schwebenden Wiedergutmachungsverhandlungen. Nach der Verabschiedung des
BEG stellte Lamm außerdem fest: „Ausser den Ansprüchen DM 5000,- Berufsausbildung und 6000,- Heimkehrsoforthilfe habe ich noch verschiedene
Ansprüche aufgrund der Novelle, z. B. Reisekosten nach und von Amerika,
Abgabe ans Reich bei Auswanderung, Haftentschädigung für meinen Vater
usw."[45] Diese Ansprüche machte Lamm nach Abschluss seiner schwebenden
Verfahren geltend.[46]

Bei der Wiederaufnahme des Verfahrens wegen Schadens in der Ausbildung stellte das Bayerische Landesentschädigungsamt (BLEA) plötzlich seine
örtliche Zuständigkeit in Frage[47] – für Lamm erschien das unhaltbar.[48] Im
August 1956 schrieb er an Hoffmann: „Ich vermag nicht zu begreifen, warum
die Zahlung der mir wegen Berufsausbildungsschaden zustehenden DM
5000,- (die aufgrund meiner seinerzeitigen Arbeitslosigkeit bereits im Sommer vorigen Jahres hätte ausbezahlt werden sollen) vom LEA München noch
immer weiter verzögert wird."[49] Obwohl Lamm am 4. August 1956 an Eides
Statt versicherte, dass in München die durch die Nazis hervorgerufene Schädi-
gung in seiner Berufsausbildung entstand und München, wo sein Vater bis
1939 lebte, auch während seines Studiums in Berlin sein eigentlicher Wohnsitz
blieb,[50] wurde der von Lamm eingereichte Entschädigungsantrag im Oktober
1956 nach Berlin überstellt.[51] Das dortige Entschädigungsamt weigerte sich
jedoch vor einer restlosen Klärung der örtlichen Zuständigkeit, die nach Lage
der Akten fraglich sei, die Übernahme des Antrages zu bestätigen.[52] Lamm
wurde also von Berlin aus erneut gebeten, zu der Frage seines Wohnortes vor

---

blick über die Wiedergutmachung nach dem BEG gibt Hockerts in: Wiedergutmachung in
Deutschland, S. 184f.

[44] StadtAM, NL Lamm, Akt 11, Schreiben von Lamm an den Regierungspräsidenten in
Düsseldorf vom 1.8.1956. Vgl. Winstel: Über die Bedeutung, S. 217. Erste Hinweise auf
die wirtschaftliche Bedeutung der Wiedergutmachung als Motiv für die Rückkehr gibt
Burgauer: Jüdisches Leben, S. 11f. Die Situation für Remigranten aus Israel untersucht
Mendel: The Policy.

[45] StadtAM, NL Lamm, Akt 12, Schreiben von Lamm an Hoffmann vom 23.7.1956.

[46] Vgl. StadtAM, NL Lamm, Akt 12, Schreiben von Lamm an Hoffmann vom 27.2.1957.

[47] Man hatte in München festgestellt, „dass Sie [Lamm] im Wege Ihrer Verfolgung nach
Berlin gingen und von dort sich um die Auswanderung nach Amerika bemüht haben."
StadtAM, NL Lamm, Akt 12, Schreiben von Hoffmann an Lamm vom 2.8.1956.

[48] StadtAM, NL Lamm, Akt 12, Schreiben von Lamm an Hoffmann vom 3.8.1956.

[49] StadtAM, NL Lamm, Akt 12, Schreiben von Lamm an Hoffmann vom 13.8.1956. Winstel weist darauf hin, „daß immer wieder Anträge verschleppt und administrative Schika-
nen eingebaut wurden, die mitunter weit über die formal notwendigen Anspruchsbegrün-
dungen und die konkreten Nachweise von Schäden hinaus gingen". Winstel: Über die
Bedeutung, S. 205.

[50] StadtAM, NL Lamm, Akt 12, Erklärung an Eides Statt von Lamm vom 4.8.1956.

[51] StadtAM, NL Lamm, Akt 12, Schreiben von Kühnel (Entschädigungsamt Berlin) an
Hoffmann vom 23.10.1956.

[52] Ebd.

der Auswanderung Stellung zu beziehen, was Hoffmann stellvertretend für ihn übernahm: „Der Antragsteller hat wahrheitsgemäß erklärt, dass er als Münchner letztere Stadt immer als seinen wirklichen Aufenthaltsort ansah und damals in der Verfolgungszeit zwangsweise nach Berlin gekommen ist, weil er hoffte, von dort eine bessere Auswanderungsmöglichkeit zu finden. Es handelte sich dabei um keinen freiwilligen Entschluss, sondern um einen Fluchtweg, wobei er tatsächlich auch von Berlin aus seine Auswanderungsmöglichkeit fand."[53] Der Zuständigkeits- bzw. Kompetenzstreit war für Lamm nicht nachvollziehbar: „Ich weiß gar nicht woran ich bin [...]. Warum erfolgte bis jetzt weder die Zahlung von DM 5000 noch 6000? Ich könnte vor Weihnachten noch gut Geld brauchen. Läßt sich gar keine Beschleunigung herbeiführen ?????????"[54] Erklärend fasste Hoffmann in seinem Schreiben vom 27. November 1956 an Lamm den „Irrweg"[55] seiner Akten wie folgt zusammen: „Mitte Oktober erklärte mir bei meiner Anfrage nach der Auszahlung der Ihnen zustehenden Beträge der Sachbearbeiter, es wäre entschieden worden, dass nicht München zuständig sei, sondern Berlin, weil Sie dort ein Jahr bis zu Ihrer Auswanderung verlebt hätten. Sie wären volljährig und hätten einen eigenen Wohnsitz begründen können. [...] Nun hat Berlin entschieden, dass es nicht zuständig sei und die Akten nach München zurückgegeben."[56] Lamms Akte wanderte von Berlin also wieder zurück an das BLEA in München, das Lamm ein drittes Mal aufforderte, seine Wohnortsituation vor seiner Auswanderung zu beschreiben. Lamm antwortete darauf mit einer weiteren Erklärung: „Mein Wohnsitz blieb bis zur Auswanderung im Juli 1938 mein Geburtsort München. Dort lebten mein Vater und meine Tante bis zu deren Auswanderung im August 1939 und ich ging nach Berlin nur zwei Semester, um an der dortigen Lehranstalt für die Wissenschaft des Judentums zu studieren. In den Ferien und auch sonst kehrte ich stets nach München, Bruderstr. 12 zurück, von wo ich auch die Ausreise im Sommer 1938 antrat."[57]

Bevor es zu einer endgültigen Entscheidung über den Antrag auf Entschädigung wegen Schadens im beruflichen Fortkommen kam, erreichte Lamm im Januar 1957 der positive Bescheid über Soforthilfe für Rückwanderer; die DM 6000 gingen am 14. Februar 1957 ein.[58] Zwei Tage zuvor, am 12. Februar 1957, war auch der langersehnte Teilbescheid des BLEA über DM 5000 wegen

---

[53] StadtAM, NL Lamm, Akt 12, Schreiben von Hoffmann an das Entschädigungsamt Berlin vom 26.10.1956.
[54] StadtAM, NL Lamm, Akt 12, Schreiben von Lamm an Hoffmann vom 17.11.1956.
[55] StadtAM, NL Lamm, Akt 12, Schreiben von Hoffmann an Lamm vom 27.11.1956.
[56] Ebd. Zur Ablehnung der örtlichen Zuständigkeit Münchens vgl. auch StadtAM, NL Lamm, Akt 12, Schreiben von Kühnel, Entschädigungsamt Berlin, an Hoffmann vom 23.11.1956.
[57] StadtAM, NL Lamm, Akt 12, Schreiben von Lamm an das BLEA vom 28.11.1956. Der hier von Lamm genannte Zeitpunkt der Auswanderung seines Vaters und seiner Tante Cilly ist zu spät datiert.
[58] StadtAM, NL Lamm, Akt 12, Schreiben von Hoffmann an Lamm vom 24.1.1957 und 14.2.1957).

Schadens im beruflichen Fortkommen ausgestellt worden. Am 9. März 1957 schließlich erreichten zudem die DM 5000 für die Lamm entstandenen Aufwendungen bei der Nachholung seiner Ausbildung das Konto von Rechtsanwalt Hoffmann, der das Geld an Lamm weiterleitete.[59] Damit war das Verfahren jedoch noch nicht endgültig abgeschlossen.

Aus dem Bescheid ergab sich für Lamm die Möglichkeit, durch den Nachweis, dass ihm bei der Nachholung seiner Ausbildung über den Betrag von DM 5000 hinaus Aufwendungen entstanden seien, weitere Entschädigungszahlungen einzufordern.[60] Lamm war der Meinung, „die nötige Beweisführung [...] ohne weiteres und ohne anwaltliche Hilfe"[61] bewerkstelligen zu können, und setzte die Zusammenarbeit mit seinem Anwalt Karl Hoffmann nur in eingeschränktem Umfang fort. Nach intensiven Recherchen[62] stellte Lamm am 4. April 1957 den Antrag, ihm zusätzlich DM 5000 zu bewilligen, „da die Gesamtkosten meiner Studiennachholung im In- und Ausland nachgewiesenermaßen DM 32 686 betrugen. Von zuständiger Stelle wurde mir versichert, daß diese zusätzliche Zahlung von DM 5000 grundsätzlich bewilligt sei und ich baldige Auszahlung erwarten dürfte."[63] Die Auszahlung der weiteren DM 5000 war für Lamm im Herbst 1957 von besonderer Bedeutung, da er am 1. Oktober 1957 in München einen jüdischen Verlag gegründet hatte, „dessen Aktivierung wegen der für 1958 geplanten Jubiläumsschrift ‚Die Juden in München' eilt. Zu diesem Zweck werden die mir aufgrund meines Antrages vom 5. IV. 1957 zustehenden DM 5000 dringend benötigt."[64] Die Finanzmittelbeschaffung für seinen Verlag, in den er vertraglich gebunden bis zum 31. Dezember 1960 30 000 DM in bar einbringen musste,[65] wurde für Lamm zu einem immer größeren Problem und stellte für ihn während der folgenden Jahren

---

[59] StadtAM, NL Lamm, Akt 12, Bescheid des BLEA über die Entschädigung wegen Schadens im beruflichen Fortkommen vom 12. 2. 1957.

[60] Ebd., S. 1 und 3.

[61] StadtAM, NL Lamm, Akt 12, Schreiben von Lamm an Hoffmann vom 27. 2. 1957.

[62] Um nachweisen zu können, in welchem Umfang ihm durch die Ausbildung Unkosten entstanden waren, kontaktierte Lamm unterschiedliche Behörden und die Universitäten, an denen er studiert hatte: StadtAM, NL Lamm, Akt 12, Schreiben von Lamm an die Botschaft der Bundesrepublik, Washington D.C. vom 13. 3. 1957; StadtAM, NL Lamm, Akt 12, Schreiben vom Konsulat der Bundesrepublik Deutschland, Kansas City an Lamm vom 13. 3. 1957; StadtAM, NL Lamm, Akt 12, Schreiben von Lamm an Herrn Fleck, Sekretariat der Universität Erlangen vom 27. 3. 1957. Eine Übersicht über das Ergebnis der Recherche in: StadtAM, NL Lamm, Akt 12, Schreiben von Lamm an Hoffmann vom 3. 4. 1957. Weitere Korrespondenz in dieser Sache in StadtAM, NL Lamm, Akt 12.

[63] StadtAM, NL Lamm, Akt 12, Schreiben von Lamm an das BLEA vom 28. 10. 1957.

[64] Ebd. Zu der Gründung des jüdischen Ner-Tamid-Verlags und seiner Geschichte vgl. Kapitel Der Ner-Tamid-Verlag.

[65] StadtAM, NL Lamm, Akt 153, Durchschlag des OHG-Vertrags zwischen Lamm und Lewin. Vgl. dazu auch StadtAM, NL Lamm, Akt 12, Schreiben von Lamm an das BLEA vom 28. 10. 1957; StadtAM, NL Lamm, Akt 12, Schreiben von Lamm an das BLEA vom 9. 6. 1959; StadtAM, NL Lamm, Akt 12, Schreiben von Lamm an den Landgerichtsdirektor Dr. Brendl, Landgericht München I vom 6. 2. 1960. Vgl. außerdem dazu die ausführliche Darstellung der Verlagsgeschichte, Kapitel Der Ner-Tamid-Verlag, bes. Anm. 60 und 78.

ein wichtiges Ziel dar. Vermutlich aus diesem praktischen Grund reichte auch
Lamm durch Rechtsanwalt Hoffmann am 28. Januar 1958 Klage gegen den
Freistaat Bayern ein,[66] nachdem ihm von den am 4. April 1957 angeforderten
DM 5000 aufgrund seiner nachgewiesenen Ausgaben lediglich DM 2382 zuge-
sprochen worden waren.[67] Lamm sah u. a. das schleppende Tempo der Wie-
dergutmachung als einen entscheidenden Grund für die zögernd-abwartende
Haltung vieler Emigranten und Rückkehrer gegenüber Deutschland an.[68]
Und, so stellte er 1959 fest und bezog sich damit auf die Situation der jüdischen
Remigranten in Deutschland: „Leicht wird es keinem von uns gemacht…"[69]
Lamm selbst wartete nach 1959 noch sechs weitere Jahre auf den Abschluss
seiner Wiedergutmachungsverhandlungen: Am 10. November 1965, mehr als
zehn Jahre nach der Einreichung seines ersten Antrages in dieser Angelegenheit, wurden ihm die noch zur Auszahlung verbleibenden DM 2618 für Schaden in der Ausbildung zugesprochen.[70]

---

[66] StadtAM, NL Lamm, Akt 12, Klageschrift des RA Hoffmann i. A. Lamms gegen den
Freistaat Bayern vom 28. 1. 1958.
[67] „Durch Bescheid des Bayerischen Landesentschädigungsamtes München, Aktenzei-
chen 25 056 –II/5 vom 9. Januar 1958 wurde dem Kläger [Lamm] für Schaden in der Ausbildung eine weitere Entschädigung in Höhe von DM 2382,– zuerkannt. Weitergehende
Ansprüche wegen Ausbildungsschaden wurden abgelehnt." StadtAM, NL Lamm, Akt 12,
Klageschrift des RA Hoffmann i. A. Lamms gegen den Freistaat Bayern vom 28. 1. 1958.
Zu dem Verlauf der Klage (Aktenzeichen EK 633/58) liegt ausführliche Korrespondenz in
StadtAM, NL Lamm, Akt 12.
[68] Lamm: Entwicklung, S. 234–238. Vgl. hierzu auch Winstel: Über die Bedeutung, S. 209.
[69] Lamm: Entwicklung, S. 237.
[70] StadtAM, NL Lamm, Akt 12, Bescheid des BLEA an Lamm vom 10. 11. 1965.

# UNTERWEGS – ZWEITE RÜCKKEHR NACH DEUTSCHLAND (1955–1961)

„Da die Mehrheit der heute in Deutschland lebenden Juden nicht hier aufgewachsen ist, ist ihre Anteilnahme am Kulturleben Deutschlands und seiner zukünftigen Gestaltung begreiflicherweise weit geringer, als es für die jüdische Bevölkerung Deutschlands vor 1933 zutraf [...]. Daß für alle Juden in Deutschland heute eine skeptische Zurückhaltung mehr selbstverständlich ist als eine gelassene und vorbehaltlose Teilnahme am öffentlichen und kulturellen Leben des Landes, sollte jedermann selbstverständlich sein, der nicht glaubt, daß das Grauen des Dritten Reiches von seinen hauptsächlichen Opfern hätte bereits völlig vergessen und vergeben werden sollen und können."[1] Mit diesen Worten beschrieb Lamm 22 Jahre nach Kriegsende das Nebeneinander von Juden und Nichtjuden in Deutschland.[2] Dennoch gehörte er selbst nach seiner zweiten Rückkehr über Jahre zu den Juden in Deutschland, die sich aktiv in das Kulturleben der Bundesrepublik und Berlins einbrachten: Lamm tat dies in seiner Funktion als Kulturdezernent des Zentralrats der Juden in Deutschland und Gründer des Ner-Tamid-Verlags.

---

[1] Lamm: Kulturpolitische Vorstellungen, S. 94f.
[2] Ignatz Bubis stellte fest, dass in den 1960er Jahren die vielfach beschworene „Normalität im Zusammenleben" noch nicht erreicht sei. Seiner Meinung nach hatte sich in der von Lamm charakterisierten Zeit in Deutschland zwischen Juden und Nichtjuden zwar „noch kein Miteinander, wohl aber ein, wenn auch nicht völliges, Nebeneinander" entwickelt. Vgl. Heusler, Vorwort.

## Kulturdezernent des Zentralrats der Juden in Deutschland

Am 1. September 1955 trat Lamm seine neue Stelle als Kulturdezernent des Zentralrats der Juden in Deutschland in Düsseldorf an.[3] Er begann seine Tätigkeit mit dem Entwurf von Programmvorschlägen für das Kulturdezernat,[4] die die Aufgaben und Ziele des neu gegründeten Dezernats für die kommenden Jahre festlegen und zugleich seine weitere Ausrichtung bestimmen sollten. Lamm sah in seiner persönlichen Lebenserfahrung die Voraussetzung gegeben, die kleine Denkschrift *Programmvorschläge* verfassen zu können. „Grundlegend für ihre Formulierung", erklärte er 1956, „waren die Kenntnisse des Judentums in Deutschland, wie ich sie vor 1938, und dann, unter grundlegend veränderten Umständen von 1945–1952, aus persönlicher Erfahrung, erworben hatte, sowie die zusätzlichen aus Presse und anderen Berichten stammenden."[5] Für Lamm war es außerdem wichtig festzuhalten, warum die jüdische Gemeinschaft in Deutschland intensiver Kulturarbeit bedürfe. Die Notwendigkeit ergab sich für ihn

„sowohl zur Erhaltung einer religiösen und kulturellen Tradition, als auch aus psychologischen Gründen, die sich aus der historischen und soziologischen Lage ergeben, in der sich die Juden in Deutschland heute befinden. [...] Im Gegensatz zu den meisten anderen verwurzelten Judenheiten der Welt blickt diese Gruppe in ihrer derzeitigen Zusammensetzung nicht auf eine einheitliche Geschichte zurück, noch fühlt sie sich in ihrer Zukunft sicher. Die jüdische Gemeinschaft in Deutschland von heute ist in keiner Weise eine homogene Gruppe. Die Juden in Deutschland sind z. T. solche, die in Deutschland das Dritte Reich überlebten, z. T. solche, die hierher – für ständig oder vorübergehend – zurückkehrten, z. T. Juden, die früher in anderen Ländern ihren Wohnsitz hatten und hier sich auf kürzere oder längere Zeit niedergelassen haben. Ebenso vielfältig und heterogen wie die Herkunft der Juden in Deutschland, ist auch ihre soziale Struktur, ihre religiöse Schichtung und ihr Verhältnis zur Umwelt."[6]

Auch wenn Lamm es nicht explizit benennt, so scheint er besonders das „Bewusstsein des Provisorischen" zu empfinden, das nicht nur für den Alltag vor allem jüdischer DPs in der unmittelbaren Nachkriegszeit charakteristisch gewesen war, sondern darüber hinaus eine Erklärung darstellen kann, warum „die jüdischen Gemeinden und ihre Dachverbände stets große Schwierigkeiten hatten, interne, auf das religiöse, kulturelle und soziale Innenleben ihrer

---

[3] ZA, B.1/7, Nr. 336, Bericht über die Tätigkeit des Kulturdezernats für die Zeit vom 1.9.1955–15.12.1956; ZA, B.1/7, Nr. 110, Schreiben von Lamm an van Dam vom 5.11.1957; ZA, B.1/7, Nr. 110, Schreiben von Lamm an van Dam vom 14.9.1961. Van Dam gibt versehentlich in seinem Schreiben an den Bundesminister des Innern vom 4.7.1956 den 7.9.1955 als Arbeitsbeginn Lamms beim Zentralrat an. ZA, B.1/7, Nr. 336, Schreiben von van Dam an den Bundesminister des Innern vom 4.7.1956. Vgl. hierzu auch StadtAM, NL Lamm, Akt 6, Lebensläufe und Zeugnisse Lamm.

[4] Vgl. die Ausführungen im fortlaufenden Text sowie ZA, B.1/7, Nr. 336, Programmvorschläge für das Kulturdezernat des Zentralrats der Juden in Deutschland von Dr. Hans Lamm, Düsseldorf, September 1955.

[5] ZA, B.1/7, Nr. 336, Schreiben von Lamm an Dr. Max Kreuzberger vom 10.5.1956.

[6] ZA, B.1/7, Nr. 336, Programmvorschläge für das Kulturdezernat.

Gemeinschaft gerichtete Ziele zu formulieren. Die sogenannte ‚Kulturarbeit'
jüdischer Organisationen, ihre religiösen und pädagogischen Bemühungen,
waren lange mit dem Stempel des Provisorischen behaftet."[7]

Zur konkreten Ausrichtung des Kulturdezernats schrieb Lamm:

„Das Kulturdezernat will und soll nicht seine eigene kulturelle Ideologie oder Linie entwickeln. Seine Funktion wird es vielmehr sein, so paritätisch als möglich, allen jüdischen
Gemeinden, Organisationen und Einzelpersonen zu dienen, die in ihrer Erziehungs- und
Kulturarbeit Förderung suchen. Die religiöse oder jüdisch-weltanschauliche Stellung des
oder der Betreffenden kann dabei für das Dezernat nicht von Belang sein. [...] Das Kulturdezernat – dies sei klar betont – ist ja kein Kultusministerium, das eine Kulturpolitik fest-
legt, sondern es ist lediglich ein Zentralbüro, das, soweit es von den Gemeinden gewünscht
wird, diesen in der Gestaltung ihrer Erziehungs- und Kulturarbeit beisteht, jedoch in keiner Weise vorschreibt, was diese tun oder lassen sollen."[8]

Erläuternd führte Lamm diese Vorstellung in seinen ergänzenden Bemerkungen zum Programm und zur Methodik des Kulturdezernats und der Kulturkommission aus: „Kulturkommission und Kulturdezernat sollten der Mo-
tor sein, der lokale Kräfte in ihren kulturellen Bestrebungen anregt, mit
Hilfsmitteln versorgt und für eine Kontinuität der Arbeit sorgt. Inhaltgebende
Träger der Kulturarbeit werden die Gemeinden und ihre geistigen Führer sein
müssen."[9] Auch van Dam unterstützte dieses Selbstverständnis des Kulturdezernats: „Es steht fest, dass jüdische Kultur nicht von einer zentralen Stelle
aus dirigiert, geschweige denn geschaffen werden kann. Es kann aber sehr
wohl der Fall sein, dass von einer derartigen Stelle aus die Zündung für eine
ersprießliche Arbeit, oder die Verbesserung dieser Arbeit ausgeht."[10]

Als Schwerpunkte seiner Arbeit definierte Lamm drei altersmäßig getrennte
Sachgebiete: die Kinder im vorschul- und schulpflichtigen Alter, die Jugendar-
beit und die Erwachsenenbildung.[11] Die außerschulische Freizeitgestaltung der
Jugend erachtete Lamm als ein „stetig wachsendes soziales und kulturelles
Problem", dem das Kulturdezernat gemeinsam mit der Zentralwohlfahrtsstelle
(ZWST) entgegen wirken wolle.[12] Im Bereich der Erwachsenenbildung sah
Lamm die vordringliche Aufgabe in der Vermittlung grundlegender Kenntnisse des Judentums, „um allen, die den verschütteten Zugang zum Judentum
wieder finden wollen, den Zugang dazu zu erleichtern"[13]. Lamm machte in erster Linie die fehlende einheitliche jüdische Bildungstradition dafür verantwortlich, dass „manche Menschen dem Judentum noch weitgehend entfremdet

---

[7] Ginsburg: Politik danach, S.113. Vgl. auch Richarz: Juden in der Bundesrepublik, S.14f.
[8] ZA, B.1/7, Nr.336, Programmvorschläge für das Kulturdezernat.
[9] ZA, B.1/7, Nr.336, Hans Lamm. Bemerkungen zum Programm und zur Methodik des
Kulturdezernats und der Kulturkommission, undatiert.
[10] ZA, B.1/7, Nr.336, Schreiben von van Dam an die Direktoriumsmitglieder, deren Stellvertreter, alle Landesverbände und die Gemeinden Berlin, Bremen, Hamburg und Köln
vom 7.12.1956. Zur Politik des Zentralrats vgl. Zieher: Weder Privilegierung.
[11] ZA, B.1/7, Nr.336, Hans Lamm. Bemerkungen zum Programm und zur Methodik.
[12] ZA, B.1/7, Nr.336, Programmvorschläge für das Kulturdezernat.
[13] Ebd.

sind"[14]. Lamm erachtete jedoch nicht ausschließlich die Vermittlung von Wissen als Ziel der Kulturarbeit. Für die kulturelle Betreuung der jüdischen Jugendlichen und Erwachsenen in Deutschland wollte Lamm auch „künstlerische Veranstaltungen musikalischer und literarischer Art, sowie Unterhaltungsabende von Niveau"[15] fördern, Gemeinde- und Wanderbibliotheken einrichten und die Publikation jüdischen Schrifttums fördern.[16] Darüber hinaus dachte Lamm an die Errichtung eines Zentral-Archivs der Juden in Deutschland, „das, wenn nicht die Originale, die Fotokopien oder Microfilm-Kopien aller in- und ausserhalb Deutschlands befindlichen Dokumente, die auf das Leben und die Geschichte der Juden in Deutschland vom Anbeginn bis heute Bezug haben, bewahren soll"[17]. Der Zentralrat bemühte sich, „einen erfahrenen Archivspezialisten, Herrn Rabbiner Brilling, der bereits wertvolle wissenschaftliche Arbeit geleistet hat, nach Deutschland kommen zu lassen, woran das Bundesinnenministerium interessiert ist".[18] In den fünfziger Jahren kam es jedoch nicht zur Archivgründung.[19] Das heute in Heidelberg ansässige Zentralarchiv zur Erforschung der Geschichte der Juden in Deutschland wurde erst 1987 ohne Beteiligung der damals Aktiven gegründet.

Lamms Programmvorschläge waren der Maßstab, an dem seine spätere Arbeit gemessen wurde. Die von ihm angedachten Projekte konnten nicht alle gleichzeitig in Angriff genommen werden. Darüber hinaus war Lamms Entscheidungsspielraum begrenzt, da die Organisation der Kulturarbeit nicht allein in seinen Zuständigkeitsbereich fiel. Das Kulturdezernat unterstand einer Kulturkommission, die vom Zentralrat gewählt wurde und gewichtiges Mitspracherecht bei grundsätzlichen Entscheidungen über die Ausrichtung der Kulturpolitik besaß. Lamm musste seine Arbeit demnach mit der Kulturkommission abstimmen und die anfallenden Ausgaben für die Gemeinden und das Kulturdezernat von ihr genehmigen lassen. Um das zukünftige Programm auszuarbeiten und die Verteilung der gewährten Mittel vorzunehmen, trat die Kommission mindestens einmal im Vierteljahr zusammen. Lamm erhoffte sich durch eine engere Zusammenarbeit noch mehr Beratung und Mitarbeit seitens der einzelnen Mitglieder der Kulturkommission.[20] Da die Kulturarbeit durch

---

[14] Ebd.
[15] Ebd.
[16] ZA, B.1/7, Nr. 336, Hans Lamm. Bemerkungen zum Programm und zur Methodik.
[17] ZA, B.1/7, Nr. 336, Programmvorschläge für das Kulturdezernat.
[18] ZA, B.1/7, Nr. 336, Schreiben von van Dam an die Mitglieder der Kulturkommission vom 13. 2. 1957.
[19] Zur Errichtung eines Archivs sowie der Anstellung Rabbiner Dr. Bernhard Brillings vgl. Honigmann: Das Projekt von Rabbiner Dr. Bernhard Brilling.
[20] ZA, B.1/7, Nr. 336, Hans Lamm. Bemerkungen zum Programm und zur Methodik des Kulturdezernats und der Kulturkommission, undatiert. Vgl. zu den Aufgaben der Kulturkommission auch ZA, B.1/7, Nr. 336, Brief von Lamm an Dr. Max Kreuzberger vom 10. 5. 1956; ZA, B.1/7, Nr. 336, Schreiben von van Dam an die Mitglieder der Kulturkommission vom 13. 2. 1957; ZA, B.1/7, Nr. 336, Schreiben von van Dam an den Bundesminister des Innern vom 4. 7. 1956.

Gelder der Claims Conference finanziert wurde, musste Lamm die Gesuche zur Bewilligung nicht nur vor der Kulturkommission rechtfertigen, sondern auch gegenüber der Claims Conference mit Berichten und Statistiken belegen. Lamms wichtigste Aufgabe bestand demnach darin, die Gesuche der einzelnen Gemeinden fristgerecht zusammenzustellen und an den Zentralrat weiterzuleiten, der namens der Gemeinden Forderungen um finanzielle Hilfe an die Claims Conference stellte.[21] Die Claims Conference, aus deren Budget auch Lamms Gehalt in Höhe von zunächst DM 1000 gezahlt wurde,[22] teilte die Mittel an das Kulturdezernat nur von Jahr zu Jahr zu, was eine längerfristige Planung der Kulturarbeit für Lamm sehr erschwerte.[23] Häufig konnten Projekte des Kulturdezernats nicht umgesetzt werden, weil der gewährte Betrag niedriger ausfiel als die für das folgende Jahr benötigte und beantragte Summe. Die mit diesem Prozedere verbundene Ungewissheit und die daraus resultierenden Probleme veranschaulicht Lamms erster Tätigkeitsbericht, in dem er Ende 1956 schrieb: „Die Claims-Conference bewilligte uns für 1956 einen Betrag, der zwar von uns als unzureichend betrachtet wurde, aber doch das Doppelte dessen darstellte, was im Vorjahr zur Verfügung stand. Wir geben uns der Hoffnung hin, daß eine größere Summe für 1957 empfohlen werden wird."[24]

Trotz dieser vielfältigen Verpflichtungen und Abhängigkeiten und den dadurch erschwerten Arbeitsbedingungen gelang es Lamm, in ganz unterschiedlichen Bereichen die Wiederbelebung der jüdischen Kultur anzustoßen. Seine Tätigkeit zerfiel letztendlich in drei Hauptgebiete: die Betreuung der Religionslehrer, die Erwachsenenbildung und die Öffentlichkeitsarbeit.[25] Noch im

21 ZA, B.1/7, Nr.336, Programmvorschläge für das Kulturdezernat des Zentralrats der Juden in Deutschland von Dr. Hans Lamm, Düsseldorf, September 1955. Zur Finanzierung der Arbeit des Zentralrats in den fünfziger Jahren vgl. Zieher: Weder Privilegierung, S.192.
22 Seit dem 1.1.1957 wurde ihm zusätzlich eine monatliche Aufwandsentschädigung von DM 100,– gezahlt. Zum 1.1.1958 forderte Lamm eine Gehaltserhöhung um 5 Prozent und gleichzeitig eine Erhöhung der Aufwandsentschädigung um 50 Prozent. ZA, B.1/7, Nr.110, Schreiben von Lamm an van Dam vom 5.11.1957. Vgl. weiter dazu ZA, B.1/7, Nr.110, Schreiben von RA Hoffmann an Dr. Unger, Bayerisches Landesentschädigungsamt (BLEA), vom 21.3.1959; StadtAM, NL Lamm, Akt 12, Schreiben von Lamm an Maximilian Troberg, BLEA, vom 15.5.1959.
23 „Das gesamte Etat des Kulturdez.s des ZR d J i D [...] wird aus Mitteln der Cl[aims] C[onference] bestritten. Die Cl[aims] C[onference] wiederum empfängt ihre Mittel aufgrund des Wiedergutmachungsabkommens vom Jahre 1952 zwischen der Bundesreg[ierung] und dem Staat IS[RAEL], das in wenigen Jahren abläuft." StadtAM, NL Lamm, Akt 12, Entwurf des Antrages auf Darlehensgewährung nach §§ 90 und 62-72 des BEG von Lamm für das BLEA. Zum Wiedergutmachungsabkommen vgl. Kagan: Conference; Schwarz: Die Wiedergutmachung, S.53.
24 ZA, B.1/7, Nr.336, Bericht vom 1.9.1955-15.12.1956. Die von der Claims Conference bewilligte Summe belief sich 1956 auf DM 176996, 1957 waren es DM 241400. ZA, B.1/7, Nr.518, Protokoll der Sitzung der Kulturkommission des Zentralrats vom 4.6.1956 und ZA, B.1/7, Nr.518, Protokoll der Sitzung der Kulturkommission des Zentralrats vom 17.12.1956.
25 StadtAM, NL Lamm, Akt 6, (Abschließender) Bericht über Lamms Tätigkeit als Kulturdezernent. Zu den unterschiedlichen Veranstaltungen und Tagungen vgl. Protokolle und Berichte in ZA, B.1/7, Nr.337.

Kulturdezernent Hans Lamm im Gespräch mit seinem ehemaligen Lehrer, Rabbiner
Dr. Leo Baeck, Anfang 1956.

Dezember 1955, kurz nachdem er die Stelle als Kulturdezernent angetreten
hatte, kündigte er einen Fachkurs für jüdische Lehrer in Frankfurt an, für
den Fachkräfte aus Israel, England und Deutschland ihre Mitarbeit zu-
sagten.[26] Aufgrund des Erfolges folgten weitere pädagogische Fachtagungen,
die vom Kulturdezernat durchgeführt wurden und dem Mangel an gut ausge-
bildeten Lehrkräften entgegenwirken sollten.[27] Darüber hinaus veranstaltete
das Kulturdezernat Tagungen mit dem Internationalen Haus Sonnenberg
(Harz), beteiligte sich an der Programmgestaltung von Jugendleiterlehrgän-
gen, die von der ZWST veranstaltet wurden, und unterstützte die Arbeitsgemeinschaft *Drei Ringe* von Schülern und Studenten, die sich 1956 in der
Evangelischen Akademie Iserlohn gegründet hatte und zu gleichen Teilen
aus Juden und Christen bestand.[28] Die ältere Generation zeigte nur wenig

[26] StadtAM, NL Lamm, Akt 334, Fünf-Jahres-Tagung des Zentralrats der Juden in
Deutschland, in: Aufbau vom 16.12.1955.
[27] Vgl. hierzu z.B. die Tagung vom 10. und 11.3.1957 in Frankfurt/Main. ZA, B.1/7,
Nr.518, Brief von Lamm an die Mitglieder der Kulturkommission und die Direktoriums-
mitglieder und Stellvertreter vom 1.3.1957; ZA, B.1/7, Nr.243, Zentralrat der Juden in
Deutschland. Kulturdezernat. Fünfter Tätigkeitsbericht (1959/1960). Düsseldorf 1960.
Vgl. auch Lamm: Jüdische Erziehung in Deutschland.
[28] ZA, B.1/7, Nr.518, Brief von Lamm an die Mitglieder der Kulturkommission und die
Direktoriumsmitglieder und Stellvertreter vom 1.3.1957. Vgl. auch Lamm: Säen und pflan-

Interesse für jüdisch-kulturelle Veranstaltungen, was den Aufbau einer kulturellen Erwachsenenbildung bremste.[29] Dennoch hoffte Lamm, „dass wenigstens in den Gemeinden, die über 1000 Mitglieder haben (Berlin, Frankfurt, Hamburg, Köln und München) ein regelmäßiges und systematisches, volkshochschulartiges Programm der Erwachsenenbildung durchgeführt werden könnte, das in Vortragsreihen und Arbeitsgemeinschaften in das geschichtliche und gegenwärtige Wissen des Judentums einführen würde"[30]. Zu Lamms zeitintensivster Aufgabe entwickelten sich neben der Beantwortung schriftlicher Anfragen[31] vor allem die Vorträge, die er im Rahmen der Öffentlichkeitsarbeit des Zentralrats in der ganzen Bundesrepublik hielt.[32] „In stetig wachsendem Maße hat das Kulturdezernat Anfragen aus dem Kreis der Bevölkerung, meistens von Nichtjuden, zu beantworten, welche sich zumeist auf bestimmte Wissensgebiete beziehen. In vielen Fällen handelt es sich um Studenten, Dissertanten, u. ä., die wir mit bibliographischen Angaben und anderen unterstützen," schilderte Lamm, wie sich der Alltag seiner Abteilung gestaltete.[33]

Lamm versuchte die Einladungen, die von unterschiedlichster Seite an ihn herangetragen wurden, „wenn irgendmöglich" anzunehmen, „da wir die Verpflichtung anerkennen, denjenigen, die Informationen über Juden und Judentum zu erhalten suchen, dabei behilflich zu sein"[34]. Während die Anfragen nach Zusammenarbeit und Vorträgen zu Beginn der Tätigkeit Lamms überwiegend von jüdischen Gemeinden und Organisationen an ihn herangetragen wurden, stieg das Interesse und damit die Zahl der Anfragen nach seiner Teilnahme an Tagungen, Jugendkonferenzen, Seminaren, örtlichen Veranstaltungen u. ä. von nicht-jüdischen Gruppen erst nach und nach.[35] Nicht selten waren unter diesen Anfragen auch Bitten aus München, als Referent an Veranstaltungen beispielsweise der Münchner Volkshochschule mitzuwirken. Insgesamt wies der Bericht für den Zeitraum 1959–1960 über 150 Veranstaltungen

---

zen; Ders.: Jugend schlägt Brücken; Ders.: Salut; Ders.: Geistige und menschliche Begegnung; Aus dem Bericht des Kulturdezernenten.
[29] ZA, B.1/7, Nr. 336, Schreiben von Lamm an Dr. Max Kreuzberger vom 10. 5. 1956.
[30] ZA, B.1/7, Nr. 243, Fünfter Tätigkeitsbericht (1959/1960).
[31] ZA, B.1/7, Nr. 243, Bericht über die Kulturarbeit des Zentralrats der Juden in Deutschland vom 1. 1. 1958 bis 15. 5. 1959.
[32] Die Öffentlichkeitsarbeit nahm einen immer zentraleren Stellenwert ein. Trotz dieser Entwicklung darf die Bedeutung der ersten zwei Betätigungsgebiete im innerjüdischen Raum nicht unterschätzt werden; vgl. StadtAM, NL Lamm, Akt 6, (Abschließender) Bericht. Über Lamms Vorträge finden sich häufig Berichte in der Allgemeinen Wochenzeitung der Juden in Deutschland (vgl. z. B. Ueber die Lage der Juden vom 4. 8. 1960).
[33] ZA, B.1/7, Nr. 243, Bericht vom 1. 1. 1958 bis 15. 5. 1959. Weitere Beispiele finden sich im StadtAM, NL Lamm, Akt 57.
[34] ZA, B.1/7, Nr. 243, Bericht vom 1. 1. 1958 bis 15. 5. 1959. Während seiner Funktion als Kulturdezernent arbeitete Lamm beispielsweise eng mit der Münchner Volkshochschule zusammen (Gespräch mit Michael Schanz).
[35] StadtAM, NL Lamm, Akt 6, (Abschließender) Bericht; ZA, B.1/7, Nr. 336, Schreiben von Lamm an Dr. Max Kreuzberger vom 10. 5. 1956.

aus, zu denen Lamm gebeten worden war.[36] Durch die Synagogenschändung in Köln zu Weihnachten 1959 und wegen der Häufung antisemitischer Vorfälle um den Jahreswechsel 1959/60 wurde Lamms Tätigkeit verstärkt mit dem Thema Antisemitismus verknüpft und er ganz konkret gebeten, zu diesem Thema Vorträge zu halten.[37]

Die Resonanz auf seine Arbeit war insgesamt positiv: „Die Zuhörer, meist jüngere Menschen, in Schulen, evangelischen und katholischen Akademien, Gewerkschaftsgruppen, Studentenverbindungen, haben wiederholt ihrer Bewunderung für Dr. Lamms Darlegungen Ausdruck gegeben und neben seiner Sachkunde und sachlichen Art der Darstellung, seinen guten Humor und seine Einfühlungsgabe hervorgehoben."[38] Aufgrund seiner Vortragstätigkeit und der zahlreichen Teilnahmen an Tagungen und Konferenzen verbrachte Lamm einen nicht unerheblichen Teil seiner Zeit auf Reisen.[39] Er „führe ein Wanderrednerdasein" schrieb Lamm 1960, „das v[an]D[am] sehr billigt, weil er ständig Berichte bekommt, daß ich die Arbeit mit Takt und Sachkunde leisten würde."[40] Zum Ende seiner Tätigkeit als Kulturdezernent war Lamm nicht mehr in der Lage, allein der an Umfang stetig zunehmenden Öffentlichkeitsarbeit nachzukommen. Durch die Mitarbeit zahlreicher Persönlichkeiten, vor allem die des Generalsekretärs des Zentralrats, war es dem Kulturdezernenten dennoch möglich, fast allen Anfragen nachzukommen.[41]

Zu einer weiteren, innerjüdischen Herausforderung entwickelte sich der Strom der Remigranten. Bereits 1957 wies Lamm auf die mit diesem Phänomen verbundenen Probleme hin:

„Zu den bemerkenswertesten Erscheinungen gehört die, daß unter den Rückwanderern aus Israel und anderen Ländern in wachsendem Umfang auch junge Menschen und Kinder schulpflichtigen Alters sich befinden. Dies kompliziert die hierzulande pädagogisch ohnehin nicht einfache Situation erheblich: Während die bisherigen Schüler unseres Religionsunterrichtes kaum die Anfänge des Hebräischen sich mühsam erarbeitet hatten, stoßen zu ihnen nun in erheblicher Zahl Kinder, deren Muttersprache das Hebräische ist und die wiederum nur unzulänglich oder gar nicht deutsch sprechen. Die sich aus diesem Einstrom von Rückwanderern und ihren Kindern ergebende Problematik ist jedoch nicht nur sprachlicher Natur, sondern gibt den Gemeinden und ihren Lehrern auch neue Fragen religiöser, menschlicher und kultureller Art auf."[42]

---

[36] StadtAM, NL Lamm, Akt 6, (Abschließender) Bericht über Lamms Tätigkeit als Kulturdezernent; StadtAM, NL Lamm, Akt 30, Schreiben von Lamm an SBC, undatiert.

[37] Vgl. zu den antisemitischen Übergriffen Bergmann: Antisemitismus; Zieher: Weder Privilegierung, S. 208–211.

[38] StadtAM, NL Lamm, Akt 6, (Abschließender) Bericht über Lamms Tätigkeit als Kulturdezernent.

[39] Ebd.; StadtAM, NL Lamm, Akt 151, Schreiben von Lewin an Kurt-Peter Henselder vom 21.10.1960. Vgl. ZA, B.1/7, Nr. 110, Schreiben von Lamm an van Dam vom 3.12.1957.

[40] StadtAM, NL Lamm, Akt 89, Schreiben von Lamm an Herrn B.-B. vom 23.2.1960.

[41] ZA, B.1/7, Nr. 243, Bericht vom 1.1.1958 bis 15.5.1959; ZA, B.1/7, Nr. 243, Fünfter Tätigkeitsbericht (1959/1960).

[42] ZA, B.1/7, Nr. 518, Bericht über die Kulturarbeit des Zentralrats der Juden in Deutschland vom 15.12.1956 bis 1.12.1957.

Darüber hinaus verband Lamm mit der Rückwanderung von Familien, die größtenteils aus einer intensiv jüdischen Atmosphäre im Staat Israel nach Deutschland kamen, auch die Hoffnung, durch sie eine Kraftquelle gewonnen zu haben, um das gesamte jüdische Kulturleben in den Gemeinden zu intensivieren.[43]

Die Abhängigkeit der Kulturarbeit des Zentralrats von den Mitteln der Claims Conference führte dazu, dass Lamms Beschäftigungsverhältnis sehr unsicher und seine persönliche Situation ungewiss war. Am 28. Juni 1959 erreichte Lamm seine vorsorgliche Kündigung zum 31. Dezember 1959, „da die Organisierung und Finanzierung der zentralen Kulturarbeit für 1960 ungewiss" seien.[44] Da anders als erwartet für das Jahr 1960 aber doch Gelder für die Kulturarbeit zur Verfügung gestellt wurden, trat die Kündigung nicht in Kraft.[45] Die unsichere Finanzlage hatte schon in den vorangegangenen Jahren zu Spannungen zwischen Lamm und dem Direktorium des Zentralrats geführt. So brachte es die besondere Lage mit sich, dass Lamm für die vollen fünf Jahre seiner Anstellung ohne Dienstvertrag arbeitete, d. h. er konnte jederzeit entlassen werden. Immer wieder sprach Lamm diese Thema an, 1957 machte er zusätzlich schriftlich auf diesen Missstand aufmerksam: „Seit dem 1. September 1955 bin ich als Kulturdezernent des Zentralrats angestellt und zwar ohne Vertrag. Ich glaube, daß es im Interesse des Zentralrats und meinem eigenen läge, wenn ein einfacher Vertrag geschlossen würde, dessen Formulierung ich Ihnen gern überlasse."[46] Aber obwohl Lamm auch in den Folgejahren mehrfach darum bat, kam es nicht dazu. Dieser Zustand der Ungewissheit führte dazu, dass sich Lamm seit dem Frühjahr 1959 nach neuen Betätigungsfeldern umschaute, um durch eine andere Beschäftigung seine finanzielle Situation abzusichern und sich dadurch die Möglichkeit zu verschaffen, die Anstellung beim Zentralrat zu beenden. Im Frühjahr 1959 hoffte Lamm beispielsweise durch die Herausgabe einer englischsprachigen Zeitschrift „Unknown Europe" genügend finanzielle Unabhängigkeit zu erlangen, dass eine Weiterbeschäftigung beim Zentralrat nicht mehr nötig sein würde. Das Projekt kam aber nicht zustande.[47]

---

[43]  ZA, B.1/7, Nr. 243, Bericht vom 1. 1. 1958 bis 15. 5. 1959.

[44]  StadtAM, NL Lamm, Akt 89, Vorsorgliches Kündigungsschreiben von van Dam an Lamm vom 28. 6. 1959; ZA, B.1/7, Nr. 110, Lamm an van Dam vom 10. 10. 1960. Vgl. ZA, B.1/7, Nr. 110, Schreiben von RA Hoffmann an Dr. Unger, BLEA, vom 21. 3. 1959. Die Zukunft der Kulturarbeit war aufgrund der ausschließlichen Finanzierung durch die Claims Conference von vornherein nur für eine begrenzte Zeit gesichert gewesen.

[45]  Vgl. ZA, B.1/7, Nr. 243, Fünfter Tätigkeitsbericht (1959/1960).

[46]  ZA, B.1/7, Nr. 110, Schreiben von Lamm an van Dam vom 5. 11. 1957. Nach Beendigung seiner Tätigkeit bestätigt Lamm, dass „ein Vertrag zwischen dem Zentralrat und mir nie zum Abschluß kam, obwohl ich im Lauf meiner mehr als fünfjährigen Tätigkeit (1. 9. 55–31. 12. 1960) mehrfach um einen solchen gebeten hatte." ZA, B.1/7, Nr. 110, Lamm an van Dam vom 14. 9. 1961. Vgl. dazu auch ZA, B.1/7, Nr. 110, Schreiben von RA Hoffmann an Dr. Unger, BLEA, vom 21. 3. 1959 und ZA, B.1/7, Nr. 110, Schreiben von Lamm an van Dam vom 10. 10. 1960.

[47]  Vgl. StadtAM, NL Lamm, Akt 155.

Im Herbst 1960 jedoch wurde Lamm ein Angebot unterbreitet, dass er nicht ausschlagen wollte. Die Freie Fernsehen GmbH in Eschborn im Taunus bot Lamm einen Redakteurs-Posten an, der ihm die Möglichkeit zur gewünschten beruflichen Veränderung gab. Die Vertragsbedingungen der Freie Fernsehen GmbH kamen Lamm entgegen; Antrittsbeginn: so früh als möglich, Monatsgehalt: DM 2000,–, Jahresurlaub: vier Wochen, Vertragsdauer: zunächst ein Jahr, dann voraussichtlich Verlängerung.[48] Das Direktorium des Zentralrats akzeptierte Lamms Kündigung zum 31. Dezember 1960 und gewährte ihm eine Abfindung in Höhe von fünf Monatsgehältern.[49] Trotz der Beendigung des Beschäftigungsverhältnisses war es Lamm und dem Zentralrat ein Anliegen, die Zusammenarbeit fortzusetzen.[50] So hielt Lamm auch nach seinem Ausscheiden als Kulturdezernent noch zahlreiche Vorträge, die zur Koordinationsaufgabe des Zentralrats gehörten, und leistete erhebliche Arbeit als Sekretär des vom Zentralrat ausgegebenen Leo-Baeck-Preises, den er 1956 mit van Dam ins Leben gerufen hatte.[51] Außerdem wurde Lamm zum Mitglied der Kulturkommission berufen und blieb durch diese Ernennung weiterhin eng mit der Kulturarbeit des Zentralrats verbunden.[52]

[48] ZA, B.1/7, Nr. 110, Schreiben von Lamm an van Dam vom 10. 10. 1960.
[49] Die schriftliche Zustimmung der Mitglieder des Zentralrats der Juden in Deutschland sind hinterlegt in ZA, B.1/7, Nr. 110. Vgl. dazu auch ZA, B.1/7, Nr. 243, Tätigkeitsbericht des Kulturdezernenten des Zentralrats der Juden in Deutschland. Januar 1961–Oktober 1961; StadtAM, NL Lamm, Akt 6, (Abschließender) Bericht. Zur Verhandlung über die Abfindung vgl. ZA, B.1/7, Nr. 110, Schreiben von Lamm an van Dam vom 14. 9. 1961; ZA, B.1/7, Nr. 110, Schreiben von Lamm an van Dam vom 27. 10. 1961.
[50] ZA, B.1/7, Nr. 110, Schreiben von Lamm an van Dam vom 10. 10. 1960; StadtAM, NL Lamm, Akt 6, (Abschließender) Bericht.
[51] ZA, B.1/7, Nr. 110, Schreiben von van Dam an das Direktorium des Zentralrats vom 14. 12. 1961; StadtAM, NL Lamm, Akt 89, Schreiben von Lamm an van Dam vom 6. 11. 1971. Für seine Tätigkeit wurde Lamm ein einmaliges Honorar von DM 5000,– gezahlt. Vgl. ZA, B.1/7, Nr. 110, Schreiben von van Dam an das Direktorium des Zentralrats vom 14. 12. 1961; ZA, B.1/7, Nr. 110, Schreiben von van Dam an Lamm vom 2. 1. 1962.
[52] StadtAM, NL Lamm, Akt 6, (Abschließender) Bericht.

# Der Ner-Tamid-Verlag

Da Lamms berufliche Zukunft als Kulturdezernent ohne Vertrag unsicher war, bemühte er sich nach seiner Rückkehr 1955, „nach einer dauernden und ausreichenden Lebensgrundlage zu suchen"[53]. In der Errichtung eines jüdischen Verlagsunternehmens sah er die Möglichkeit, sich nicht nur eine ausreichende Lebensgrundlage zu sichern, sondern gleichzeitig eine neue Existenz in Deutschland zu schaffen, „die im Sinne des § 69 BEG seiner früheren gleichwertig"[54] und somit förderungswürdig wäre.

Lamm hatte zwei Gründe für sein Vorhaben. Zum einen erachtete er seine literarischen Talente als „Erbgut seines Onkels [Louis Lamm], der als Autor und Verleger von 1904 bis zu seiner Deportation 1944 bekannt war"[55]. Lamm stand seinem Onkel besonders nahe und fühlte sich deshalb verpflichtet, „die Tradition des Hauses Lamm aufrecht zu erhalten"[56]. Zum anderen existiere im deutschen Sprachraum kein ernstzunehmendes Verlagsunternehmen, das auf jüdische Literatur spezialisiert sei. Lamm erwähnt in diesem Zusammenhang zwar die jüdischen Wochenblätter, stellt jedoch fest, dass deren Verleger kaum andere Literatur publizierten.[57] Es bestünde aber „ein echtes Bedürfnis für ein derartiges Verlagsunternehmen"[58], argumentierte Lamm, vor allem da wieder etwa 30 000 Juden in Deutschland lebten und ihre Zahl eher noch zunehme. Lamm begründet dieses Interesse an einem jüdischen Verlagsunternehmen zudem mit folgenden Gründen:

„a) die Zahl der deutsch-sprechenden (oder -verstehenden) Juden im heutigen Europa übersteigt wohl 50 000. Ein Großteil von diesen sucht deutsch-sprachige jüdische Literatur gediegenen Charakters für sich selbst bzw. ihre Kinder. b) fast alle deutsch-sprachige jüd. Literatur wurde von den Nazis vernichtet und es besteht deswegen ein lebhaftes Bedürfnis nach neuen Werken und Neu-Auflagen älterer. c) auch in der nichtjüd. Öffentlichkeit besteht lebhaftes Interesse für jüd. Geistesgut weil nach den Nazi Pogromen weite Kreise sich über das Wesen von Juden und Judentum authentisch unterrichten wollen. [...] Nicht

---

[53] ZA, B.1/7, Nr. 110, Schreiben von RA Hoffmann an Dr. Unger, BLEA, vom 21.3.1959.
[54] StadtAM, NL Lamm, Akt 12, Ergänzendes Schreiben zum Antrag auf Darlehensgewährung von Lamm an das BLEA vom 20.9.1957. Da Lamm selber nur über Mittel in Höhe von etwa DM 10 000 und ein monatliches Einkommen von DM 1050 verfügte, beantragte er für die Umsetzung seines Vorhabens am 20. September 1957 eine Aufbaudarlehensgewährung nach §§ 69, 71, 90 und 117 des BEG in Höhe von DM 50 000. StadtAM, NL Lamm, Akt 12, Antrag auf Bewilligung eines Aufbaudarlehens, AZ 25 956/ II Z; StadtAM, NL Lamm, Akt 12, Ergänzendes Schreiben zum Antrag auf Darlehensgewährung von Lamm an das BLEA vom 20.9.1957.
[55] ZA, B.1/7, Nr. 110, Schreiben von RA Hoffmann an Dr. Unger, BLEA, vom 21.3.1959. Vgl. StadtAM, NL Lamm, Akt 6, Stammbaum und Lebensläufe; StadtAM, NL Lamm, Akt 86, Lebenslauf Lamm vom 27.4.1982. Zu Publikationen von und über Louis Lamm vgl. StadtAM, NL Lamm, Akt 7. Zur Buchhandlung vgl. Louis Lamm: Meine Buchhandlung sowie Ders.: Mein Verlag.
[56] ZA, B.1/7, Nr. 110, Schreiben von RA Hoffmann an Dr. Unger, BLEA, vom 21.3.1959.
[57] StadtAM, NL Lamm, Akt 12, Ergänzendes Schreiben.
[58] Ebd.

zu vergessen ist, dass eine erhebliche Anzahl emigrierter Juden in Israel, in Nord- und Südamerika an jüdischen Büchern in deutscher Sprache interessiert sind."[59]

Tatsächlich eröffnete Lamm am 1. Oktober 1957 den Ner-Tamid-Verlag,[60] der mit der Unterzeichnung des Gesellschaftsvertrags zwischen ihm und Frau Dr. Else Romberg, einer alten Bekannten Lamms, mit der er bereits zuvor geschäftlich zu tun gehabt hatte, am 23. Dezember 1957 als GmbH mit Sitz in München eingetragen wurde.[61] Gegenstand des Unternehmens war der Verlag von Büchern und anderen Publikationen. Das Stammkapital betrug DM 20 000, wovon Lamm DM 19 500 übernahm.[62] Lamm war nur deshalb in der Lage, eine Summe in dieser Höhe aufzubringen, da ihm im Dezember 1957 von der Bundesstelle zur Abwicklung der Geschäfte des Bundesministeriums des Innern sein Ruhegehalt rückwirkend für die letzten Jahre ausgezahlt wurde.[63]

Lamms Ner-Tamid-Verlag startete mit einem ehrgeizigen Ziel: Bis zum Sommer 1958 sollte das Buch „Von Juden in München" rechtzeitig zum 800-jährigen Gründungsjubiläum der Stadt München veröffentlicht werden. Das von Lamm herausgegebene Sammelwerk erschien am 9. Juni 1958 und war bereits nach wenigen Monaten vergriffen.[64] Ziel des Buches war es, „die eigen-

---

[59] Ebd.

[60] Ner-Tamid (hebr.) = Ewiges Licht. Zur Gründung des Ner-Tamid-Verlags vgl. StadtAM, NL Lamm, Akt 12, Antrag auf Bewilligung eines Aufbaudarlehens, AZ 25 956/ II Z; StadtAM, NL Lamm, Akt 12, Schreiben von Lamm an das BLEA vom 28.10.1957. Abweichend davon ist in der VZK der 25.10.1957 eingetragen. Vgl. AVB, VZK, Ner-Tamid-Verlag Shlomo Lewin, 63/1962. Zur Geschichte des Ner-Tamid-Verlags vgl. Vinz/Olzog: Dokumentation, 1962, S.153f; Vinz/Olzog: Dokumentation, 1965, S.340; Vinz/Olzog: Dokumentation, 1968, S.333. In der Forschung wurde diesem kleinen Verlag bisher keine Aufmerksamkeit gewidmet. Erwähnt wird er aber u.a. bei Schochow: Deutsch-jüdische Geschichtswissenschaft, S.212; Schüler-Springorum: The „German Question", S.204. Zum Kontakt zwischen Else Romberg und Hans Lamm vgl. z.B. StadtAM, NL Lamm, Akt 15.

[61] Die Anschrift des Verlages war August-Exter-Str. 36, München-Pasing. Am 29.8.1960 informierte der Verlag den Börsenverein des deutschen Buchhandels, dass er in die Offenbachstr. 20, München umgezogen war, vgl. AVB, VZK, Ner-Tamid-Verlag GmbH, B.Anz. 28/1958. Nach dem genannten Gesellschaftsvertrag wurde zunächst nur Frau Romberg zur Geschäftsführerin mit Alleinvertretungsbefugnis bestellt. Lamm wurde am 1.8.1958 zum weiteren Geschäftsführer bestellt. Auch er war alleinvertretungsberechtigt, vgl. AVB, VZK, Ner-Tamid-Verlag GmbH, B.Anz. 157/58, HRB 4425. Seit dem 1.3.1961 war er Mitglied des Börsenvereins. Zum 31.3.1962 trat er aus dem Verein aus, vgl. AVB, Mitgliedsakte Dr. Hans Lamm.

[62] StadtAM, NL Lamm, Akt 12, Gutachten über die Zukunftsaussichten der Firma Ner-Tamid-Verlag Gesellschaft mit beschränkter Haftung von Herrn Diplom-Volkswirt Dr. jur. Ludwig Delp, München vom 12.5.1959. Vgl. auch AVB, VZK, Ner-Tamid-Verlag GmbH, B.Anz. 28/1958, HRB 4425.

[63] Über seinen Antrag auf Darlehensgewährung war zu diesem Zeitpunkt noch nicht entschieden worden. StadtAM, NL Lamm, Akt 12, Antrag auf Bewilligung eines Aufbaudarlehens, AZ 25 956/ II Z; ZA, B.1/7, Nr.110, Schreiben von RA Hoffmann an Dr. Unger, BLEA, vom 21.3.1959.

[64] Hans Lamm (Hg.): Von Juden in München. Ein Gedenkbuch, München 1958. Das Buch wurde im Groß-Oktav-Format mit 406 Seiten und 32 ganzseitigen Bildseiten im Kunstdruck herausgegeben. Der Ladenpreis betrug DM 24,80; StadtAM, NL Lamm, Akt 12, Gut-

artige und vielleicht einzigartige Atmosphäre jüdischen Lebens in München im 19. und 20. Jahrhundert spürbar zu machen. [...] Dieses Buch ist im wesentlichen ein Buch des Gedenkens und hat deshalb nur das Geschehen bis 1945 zum Gegenstand."[65]

Die positive Resonanz auf Lamms „Von Juden in München" schlug sich auch in den Medien nieder. Deutschlandweit und auch im Ausland wurden Rezensionen abgedruckt, die sich überwiegend lobend über das Werk äußerten.[66] Aufgrund der großen Nachfrage wurde bereits im Dezember 1958 eine zweite Auflage gedruckt, von der bis Ende April 1959 538 Exemplare zum Versand gebracht worden waren.[67] Auch wenn „Von Juden in München" die bekannteste Publikation des Ner-Tamid-Verlags war, erschienen darüber hinaus zahlreiche andere Werke. Der Verlag hatte sich „seit Gründung zur Aufgabe gemacht, wissenschaftlich fundierte und gleichzeitig für weite Bevölkerungskreise geeignete Literatur über das Judentum zu publizieren, damit noch bestehende Vorurteile zu bekämpfen und dem Ausland zu beweisen, daß derartiges Schrifttum in der Bundesrepublik Anklang und Beachtung findet"[68]. Dieses Ziel spiegelt sich in den Veröffentlichungen des Verlages wider. So gingen vor Jahresende 1958 noch drei Rundfunksendungen von Peter Adler unter dem Titel „Die Vergessenen"[69] und Kurt Schümanns Vorträge „Im Bannkreis von Gesicht und Wirken"[70] in Druck, 1959 folgte u. a. das Buch „Männer des Glaubens im deutschen Widerstand" von Robert Rafael Geis[71], in dem das Lebensbild von Leo Baeck neben den Schicksalen von Dietrich Bonhoeffer und Alfred Delp dargestellt wird.

Obwohl der Verlag also innerhalb eines Jahres bereits drei Werke auf den Markt gebracht hatte, war Lamm, der nach wie vor auf eine Entscheidung der

---

achten über die Zukunftsaussichten. Die Angabe der Auflagenhöhe schwankt zwischen 1600 (StadtAM, NL Lamm, Akt 12, Schreiben von Lamm an die Bayer. Landesanstalt für Aufbaufinanzierung vom 26. 8. 1958) und 1800 Exemplaren (StadtAM, NL Lamm, Akt 12, Gutachten über die Zukunftsaussichten).

[65] Lamm: Zur Einführung, S. 13 und S. 15.

[66] Zu Rezensionen in Deutschland und im Ausland vgl. StadtAM, NL Lamm, Akt 291.

[67] Die Angabe über die Auflagenhöhe schwankt zwischen 1100 (StadtAM, NL Lamm, Akt 12, Schreiben von Lamm an Karl Meyer, Bayer. Landesanstalt für Aufbaufinanzierung vom 6. 10. 1958) und 1400 Exemplaren (StadtAM, NL Lamm, Akt 12, Gutachten über die Zukunftsaussichten). Zu den Verkaufszahlen vgl. StadtAM, NL Lamm, Akt 12, Gutachten über die Zukunftsaussichten. Eine dritte Auflage erschien 1982 im Langen Müller Verlag unter dem Titel: Vergangene Tage. Jüdische Kultur in München.

[68] StadtAM, NL Lamm, Akt 151, Schreiben von Lewin an das Bundesministerium des Innern vom 5. 10. 1960.

[69] Peter Adler: Die Vergessenen. Drei Stücke zur jüdischen Zeitgeschichte, München 1959.

[70] Kurt Schümann: Im Bannkreis von Gesicht und Wirken. Max Brod, Else Lasker-Schüler, Kurt Tucholsky, Alfred Delp. Vier Vortragsstudien, München 1959.

[71] Robert Rafael Geis: Männer des Glaubens im deutschen Widerstand. Leo Baeck, Dietrich Bonhoeffer, Alfred Delp, München 1959. Es erschien 1961 in zweiter Auflage, ebenfalls in München.

Bayerischen Landesanstalt für Aufbaufinanzierung wartete,[72] nicht in der Lage, allein die notwendigen Summen für die Aufrechterhaltung des Verlagsbetriebes aufzubringen.[73] Deshalb begann er, sich nach einem Mitgesellschafter umzusehen, der ebenfalls Stammkapital in den Verlag einbringen würde.[74]

Seit Jahresbeginn 1960 verhandelte Lamm in dieser Sache mit dem israelischen Verleger Shlomo Lewin. 1911 in Jerusalem geboren, kam Lewin für sein Studium nach Deutschland und war 1932 nach Abschluss des Studiums im Lehrfach tätig. 1935 ging er aufgrund der Verfolgung nach Frankreich und wanderte 1939 nach Israel aus. Bekannt war er vor allem als Mitarbeiter an der großen hebräischen Enzyklopädie und wegen seiner zehnjährigen Tätigkeit in der Verlagsbranche in Israel, vor den Gesprächen mit Lamm zuletzt für den Massada Verlag Jerusalem.[75] Nach längeren Verhandlungen einigte sich Lamm grundsätzlich mit Lewin, dass er im ersten Halbjahr 1960 als Gesellschafter in die Verlags-GmbH eintreten sollte.[76] Im Zuge des Vertragsabschlusses zwischen Shlomo Lewin und Lamm wurde die Ner-Tamid-Verlags GmbH am 14. Juni 1960 in eine OHG umgewandelt.[77] Als Stammkapital hatten beide persönlich haftenden Gesellschafter bis zum Jahresende ein Kapital von DM 50 000 einzubringen, wobei Lamm sich zur Erfüllung der Einbringung seines Kapitals verpflichtete, die bestehende Ner-Tamid-Verlags GmbH Mün-

[72] Lamms Antrag auf ein Darlehen wurde vom BLEA am 26.2.1959 unter dem Aktenzeichen 25 056 -/5a abgelehnt. Daraufhin reichte Lamm Klage ein (Aktenzeichen EK 1115/59), die vor Gericht verhandelt wurde. Zum Gerichtsverfahren vgl. StadtAM, NL Lamm, Akt 12, Anklageschrift von Lamm gegen den Freistaat Bayern an das Landgericht München, Entschädigungskammer vom 28.2.1959; Schreiben von Präsident Troberg an RA Hoffmann vom 11.6.1959; Schreiben von Schöffmann, Offizialanwalt, an die Entschädigungskammer vom 4.1.1960 sowie Schöffmann an Lamm vom 10.1.1961; ZA, B.1/7, Nr. 110, Schreiben von RA Hoffmann an Dr. Unger, BLEA, vom 21.3.1959.
[73] Vgl. für die Zukunftspläne und Finanzierung des Verlages StadtAM, NL Lamm, Akt 154, Tätigkeitsbericht und Zukunftspläne.
[74] Lamm verhandelte u.a. mit Dr. Ernst Ludwig Ehrlich, vgl. StadtAM, NL Lamm, Akt 151, Schreiben von Lamm an Ehrlich vom 11.1.1960; StadtAM, NL Lamm, Akt 151, Schreiben von Ehrlich an Lamm vom 21.3.1960; StadtAM, NL Lamm, Akt 151, Schreiben von Ehrlich an Lamm vom 25.3.1960; mit Herrn RA Leo David, vgl. StadtAM, NL Lamm, Akt 151, Schreiben von Ehrlich an Lamm vom 21.3.1960; StadtAM, NL Lamm, Akt 151, Schreiben von Ehrlich an Lamm vom 25.3.1960; StadtAM, NL Lamm, Akt 151, Schreiben von Lamm an RA David vom 2.5.1960; StadtAM, NL Lamm, Akt 151, Schreiben von Lamm an RA David vom 30.5.1960, sowie mit Shlomo Lewin, vgl. u.a. StadtAM, NL Lamm, Akt 12, Schreiben von Lamm und Romberg an Lewin vom 28.4.1960.
[75] Geb. 13.5.1911 in Jerusalem; gest. 19.12.1980 in Fürth. Lewin war vom 1.6.1962 bis zum 31.12.1966 Mitglied des Börsenvereins. Er wurde am 19.12.1980 in Fürth ermordet. IfSF/M, Gewerberegisterkartei Firma Ner-Tamid-Verlag Shlomo Lewin; AVB, Mitgliedsakte Shlomo Lewin; Vinz/Olzog: Dokumentation, 1962, S.153f.; Vinz/Olzog: Dokumentation, 1965, S.340.
[76] StadtAM, NL Lamm, Akt 12, Schreiben von Lamm und Romberg an Lewin vom 28.4.1960.
[77] Die Abschlussbilanz wurde nach dem 1.7.1960 erstellt. Vgl. StadtAM, NL Lamm, Akt 151, Schreiben von Lamm an Lewin vom 2.12.1960; AVB, VZK, Ner-Tamid-Verlag GmbH, B.Anz. 168/1960, HRB 4425.

chen zu liquidieren bzw. zu wandeln und mit einem festgelegten Kapital von DM 30 000 in die abzuschließende Gesellschaft, die Firma Ner-Tamid-Verlag, Dr. Lamm und Lewin mit Sitz in München, einzubringen.[78]

Die Aufgabenbereiche der beiden Gesellschafter waren geteilt. Die strikte Trennung der Zuständigkeit von Lamm und Lewin war deshalb notwendig geworden, weil die Arbeit im Verlag in den ersten Monaten durch „sinnloses Kreuz- und Querarbeiten" unnötig verkompliziert worden war. Durch die Zuweisung der Aufgabenbereiche wollten Lamm und Lewin in erster Linie Konflikten, die auf der Einmischung des einen Gesellschafters in die vermeintlichen Aufgaben des anderen beruhten, vorbeugen. Jeder sollte in seiner Arbeit und für seine Arbeit verantwortlich sein. In wichtigen Fragen wollten sie sich dennoch gemeinsam beraten.[79] „Dr. Lamm obliegen die literarischen Verantwortlichkeiten des Verlags, insbesondere die Auswahl der zu verlegenden Werke und der Schriftwechsel mit ihren Autoren und Verlagen, die Gestaltung und Korrektur des Druckwerks, soweit dies nicht dem Drucker obliegt und die Vorbereitung von Texten für die Verlagswerbung."[80] Lamm war also derjenige, der die Manuskripte prüfte.[81] Hierbei arbeitete er eng mit Kurt Schümann zusammen, der als Autor selbst im Ner-Tamid-Verlag veröffentlichte und als Lektor immer wieder in Lamms Auftrag Gutachten über Manuskripte erstellte, die dem Ner-Tamid-Verlag angeboten worden waren.[82] Lamm entwickelte darüber hinaus das Konzept zu der zeitgeschichtlichen Schriftenreihe „Vom Gestern zum Mor-

[78] Vgl. AVB, VZK, Ner-Tamid-Verlag Shlomo Lewin, B.Anz. 168/1960, HRA 16045; AVB, VZK, Ner-Tamid-Verlag GmbH, B.Anz. 168/1960, HRB 4425; Vinz/Olzog: Dokumentation, 1962, S. 153f. Zu den ausführlichen Bestimmungen des Vertragsabschlusses zwischen Lamm und Lewin vgl. StadtAM, NL Lamm, Akt 153, Durchschlag des OHG-Vertrags zwischen Lamm und Lewin. Ein Zusatzvertrag zum OHG-Vertrag wurde im Dezember 1960 von beiden Gesellschaftern unterzeichnet. Nachdem in den von Frau Romberg erstellten Bilanzen Unstimmigkeiten entdeckt worden waren, wurde die Einlage, die Lamm mit der Ner-Tamid-Verlag GmbH in die OHG eingebracht hatte, von Lewin nicht mehr mit DM 30 000 sondern lediglich DM 20 000 anerkannt, vgl. StadtAM, NL Lamm, Akt 151, Schreiben von Lamm an Romberg vom 8. 12. 1960; StadtAM, NL Lamm, Akt 151, Zwei Schreiben von Lewin an Lamm vom 9. 12. 1960; StadtAM, NL Lamm, Akt 151, Schreiben von Lewin an Lamm vom 10. 12. 1960; StadtAM, NL Lamm, Akt 151, Zwei Schreiben von Lamm an Lewin vom 11. 12. 1960; StadtAM, NL Lamm, Akt 151, Schreiben von Lamm an Romberg vom 13. 12. 1960.
[79] Vgl. dazu StadtAM, NL Lamm, Akt 151, Schreiben von Lewin an Lamm vom 4. 11. 1960; StadtAM, NL Lamm, Akt 151, Schreiben von Lewin an Romberg vom 4. 11. 1960; StadtAM, NL Lamm, Akt 151, Schreiben von Raddat an Lamm vom 15. 11. 1960.
[80] StadtAM, NL Lamm, Akt 151, Schreiben von Lamm an Lewin vom 11. 12. 1960. Vgl. dazu auch ZA, B.1/7, Nr. 110, Schreiben von Lamm an van Dam vom 14. 9. 1961.
[81] Vgl. dazu z. B. StadtAM, NL Lamm, Akt 151, Schreiben von Lamm an Lewin vom 15. 6. 1960; StadtAM, NL Lamm, Akt 151, Schreiben von Ernst Glaser an Lamm vom 26. 8. 1960; StadtAM, NL Lamm, Akt 151, Schreiben von Lamm an Walter Schneider vom 13. 12. 1960.
[82] Vgl. z. B. StadtAM, NL Lamm, Akt 151, Gutachten über die Erzählungen von Annemarie Broetje; StadtAM, NL Lamm, Akt 151, Schreiben von Schümann an Lamm vom 25. 10. 60, in dem er Lamm über das Stück „Suezkint von Trimberg" von Max Serog be-

gen"[83] und strebte Verhandlungen über die Verlegung der deutschsprachigen Publikationen des Leo-Baeck-Instituts an, die er gerne im Ner-Tamid-Verlag herausgebracht hätte. Lamm schrieb in dieser Sache am 24. Juni 1960 an Lewin:

„Bisher erschienen die alle bei (dem Goy) J. C. B. MOHR (Paul Siebeck) in Tübingen zu unbegreiflich hohen Preisen. [...] Wenn wir – was ich für sehr unwahrscheinlich halte!!! – die zukünftigen Publikationen von dem L.-B.-Institut[84] erhalten könnten, wäre das für uns ein sehr großer Gewinn: nicht so sehr materiell, als ideell, denn es würde uns vor der jüd. Weltöffentlichkeit als den jüd. Verlag Deutschlands etablieren. Wenn Sie mit TRAMER[85] sehr gut stehen, sprechen Sie mit ihm und tun Sie ihm dar, dass die derzeitigen Preise den Verkauf seiner Bücher fast vereiteln und dass das LB-Institut einen jüd. Verlag vorziehen sollte. Garantieren Sie ihm Preise, die 40% niedriger sind als die MOHRschen. Das L.-B.-Inst. kriegt viel Geld von der Claims-Conference und bezuschusst wahrscheinlich seinen Verleger. Dadurch wird der Preis nur noch unanständiger."[86]

Lewin übernahm die kaufmännische Leitung für den Betrieb.[87] Um die Ladenpreise für die Publikationen des Verlages möglichst gering zu halten und dadurch ein größeres Publikum zu erreichen, plante Lewin u. a. „erhebliche Mengen der wichtigsten Werke weit unter dem Herstellerpreis abzugeben. [...] Bei dieser verbilligten Verteilung ist an Organisationen aller Bekenntnisse im In- und Ausland gedacht, an evangelische und katholische Akademien, an Schulungs- und Ausbildungsstätten der Gewerkschaften und der freien Erwachsenenbildung und vor allem an Jugendorganisationen."[88] Gleichzeitig

---

richtet; StadtAM, NL Lamm, Akt 151, Gutachten über das Typoskript „Untergang und Auferstehen – Dramatischer Roman" von Herrn M. Jsrael.

[83] „Vom Gestern zum Morgen" war eine Broschürenserie, auf deren Außenseite immer ein Bild des Autors erscheinen sollte, vgl. StadtAM, NL Lamm, Akt 151, Schreiben von Lamm an Dr. Rudolf Hirsch, S. Fischer Verlag vom 4. 11. 1960. Die ersten 10 Titel der Reihe waren: Schmid: Der Mensch im Staat von morgen (Bd. 1); Kennedy: Amerikas Weg in die Zukunft (Bd. 2); Mann: Der Antisemitismus (Bd. 3); Gandhi/Buber: Juden, Palästina und Araber (Bd. 4); Liepmann: Ein deutscher Jude denkt über Deutschland nach (Bd. 5); Rusk: Der Präsident und die Außenpolitik der USA (Bd. 6); Wright: Die psychologische Lage unterdrückter Völker (Bd. 7); Buber: Die Juden und die UdSSR (Bd. 8); Kennedy: Amerika in der Welt von morgen (Bd. 9); Brand: Adolf Eichmann (Bd. 10).

[84] Das Leo Baeck Institut (LBI) wurde 1955 als unabhängige Einrichtung zur Dokumentation und Erforschung jüdischer Geschichte und Kultur in den deutschsprachigen Ländern mit Standorten in Jerusalem, London und New York gegründet. Vgl. z. B. Hoffmann (Hg.): Preserving the Legacy of German Jewry sowie Nattermann, Deutsch-jüdische Geschichtsschreibung nach der Shoah.

[85] Dr. Hans Tramer, war der erste Herausgeber und Redakteur des *Bulletins des Leo Back Instituts.*

[86] StadtAM, NL Lamm, Akt 151, Schreiben von Lamm an Lewin vom 24. 6. 1960. Der Kontakt kam jedoch nicht zustande. Vgl. dazu auch Schüler-Springorum: The „German Question", S. 204 f., und Loewenthal: Das Erbe.

[87] „Herr Lewin hat alle Entscheidungen und Tätigkeiten kaufmännischer Art für den Verlag auszuüben, wie sie zum ordnungsgemäßen Betrieb einer Hersteller-, Handels- und Vertriebsgesellschaft gehören." StadtAM, NL Lamm, Akt 151, Schreiben von Lamm an Lewin vom 11. 12. 1960.

[88] StadtAM, NL Lamm, Akt 151, Schreiben von Lewin an das Bundesministerium des Innern vom 5. 10. 1960.

bemühte sich der Ner-Tamid-Verlag um Druckkostenzuschüsse, um die Ladenpreise niedrig halten zu können.[89] Drei Jahre nachdem der Verlag von Lamm gegründet worden war, hatte sich seine Produktion so stark gesteigert, dass die zwei Gesellschafter Kurt-Peter Henselder für den Versand der Publikationen und je nach Bedarf auch für die Herstellung einstellten. Ein Freund Henselders, Jörg Schröder, veröffentlichte 1994 seine Erinnerungen an ein Gespräch mit Henselder über die Anfangsphase seines Freundes bei Ner-Tamid.

„In Düsseldorf traf ich meinen Freund Peter Henselder wieder, den ängstlichen Wandergesellen von der Buchhändlerschule. Ich berichtete von meiner kurzen Olivetti-Karriere, vom Westdeutschen Verlag. Stolz antwortete er: ‚Ich arbeite jetzt auch in einem Verlag, und zwar bei Ner Tamid.' ‚Was heißt das denn?!' ‚*Ewiges Licht* auf hebräisch.' ‚Habe ich noch nie gehört.' ‚Das ist ein Judaica-Verlag', wurde erst vor drei Jahren gegründet von Herrn Doktor Lamm, der ist sehr nett', und nun Henselder wieder als furchtsames Knickebein, ‚der Doktor Lamm ist, glaube ich, homosexuell. Also ganz sicher sogar. Aber der tut einem überhaupt nix. Man braucht keine Angst zu haben.' ‚Und was machst du in dem Verlag?' ‚Hauptsächlich Herstellung und Vertrieb, Werbung fast gar nicht, die Sachen werden kaum vom Buchhandel geführt, gehen alle an die Landeszentralen oder die Bundeszentrale für Politische Bildung in Bonn oder ans Bundespresseamt, riesige Auflagen. Verkaufen tut das Shlomo Lewin, der Partner von Doktor Lamm, den er gerade in den Verlag aufgenommen hat. Wenn du willst, nehme ich dich mal mit, Herr Doktor Lamm freut sich bestimmt.' Fand ich interessant."[90]

Tatsächlich kam es wenig später zu diesem von Henselder vorgeschlagenen Zusammentreffen. Im Anschluss an das erste Treffen entwickelte sich ein reger Kontakt zwischen Lamm und Schröder – beides schildert dieser ausführlich in seinen Erinnerungen.[91]

„Wir besuchten Hans Lamm in seinem kleinen Neubauappartement, ein wuseliger schwarzhaariger Mann mit Hornbrille, noch etwas kleiner als ich, sehr beweglich, kam uns überschwenglich freundlich entgegen, Mitte vierzig schätzte ich. Er sprach deutsch mit leichtem amerikanischem Anklang, hatte in München und den USA studiert. Seine Familie stammte aus München, sein Onkel war der berühmte Antiquar Lamm in Berlin, den Joseph Melzer später oft, sich damit auch selbst karikierend, imitierte. Er lud uns zum Essen ein, tat zuvor aber das, was alle Verleger tun, er zog ein Buch aus dem Regal und konstatierte: ‚Sie können nicht viel wissen über Juden und Judenfeinde. Damit Sie wenigstens ein bißchen von dem verstehen, worüber ich leider meistens rede, gebe ich Ihnen dieses Bändchen, was in meinem Verlag erschienen ist.' Es war die ‚Judentumskunde' von Hans-Jochen Gamm. Sein Verleger widmete es mir so: ‚Das Buch vom Gamm / über den Judenstamm / dem Mann aus Hamm / gibt dies Hans Lamm / Weihnachten 1960'. Meine erste zusammenhängende Lektüre zum Thema, diese leichtfaßliche Darstellung auf etwa hundertvierzig Seiten. Von nun an sahen wir uns oft. Lamm lud mich zu Diskussionen ein, un-

---

[89] Vgl. StadtAM, NL Lamm, Akt 151, Schreiben von Lewin an das Bundesministerium des Innern vom 5.10.1960. Die Verbreitung der Publikationen des Ner-Tamid-Verlags im Ausland wurde über Vertreter abgewickelt, vgl. StadtAM, NL Lamm, Akt 151, Schreiben von Lewin an die Office du livre vom 11.11.1960; StadtAM, NL Lamm, Akt 151, Schreiben von Lamm an Romberg vom 29.11.1960; AVB, VZK, Ner-Tamid-Verlag Shlomo Lewin, 63/1962.

[90] Kalender/Schröder: „Schröder erzählt", S. 5. Vgl. auch Gespräch mit Jörg Schröder.

[91] Die folgenden Zitate sind entnommen: Kalender/Schröder: „Schröder erzählt".

Jörg Schröder, Hans Lamm und Peter Henselder in der Graf-Adolf-Straße in Düsseldorf, aufgenommen 1961 von einem Straßenfotografen. Lamm bestellte für jeden ein Foto.

ter anderem nach Recklinghausen, wo er während der Ruhrfestspiele an einer Podiumsdiskussion über ,Jüdische Geistigkeit' teilnahm. Wo immer über Juden und Judentum gesprochen wurde, saß der Mann auf dem Podium. Er schenkte mir eine Reihe von anderen Büchern, so die ,Jüdische Geschichte in Briefen aus Ost und West', herausgegeben von Franz Kobler, die noch 1938 im Saturn Verlag in Wien erschienen war, erklärte mir aber auch lausbübisch den Trick, mit gültiger Fahrkarte risikolos fast umsonst mit der Bundesbahn zu fahren, und lieh mir manchmal Geld."

Jörg Schröder charakterisiert in seiner Darstellung aber nicht nur den Verleger Lamm, sondern zeichnet ein Bild der Gesamtpersönlichkeit des Mannes, der ihn mit dem „Wesen des Judentums" vertraut machte. Er war

„ein fröhlicher Pädagoge und Hastmensch dazu, na, die jüdische Hast, speedy, ohne Speed zu nehmen, er ließ seinen hektischen Genen freie Bahn, hatte sich auch die amerikanische Tischgewohnheit zu eigen gemacht, das Bratenfleisch auf dem Teller vor dem Essen zu zerschnipseln. Er aß dann alles mit der Gabel in der linken Hand, die rechte schrieb drei Postkarten, während des Kauens und der Unterhaltung wurden auch die drei Briefmarken angeleckt, ich habe ihn als ständig in Bewegung in Erinnerung. Sein Partner Shlomo Lewin hatte von Büchern keine Ahnung. ,Der ist nur an Geld interessiert', meinte Peter Henselder. Hans Lamm schüttelte das Programm aus dem Ärmel, hauptberuflich war er Kulturreferent beim Zentralrat der Juden, der damals in Düsseldorf residierte, dort erschien auch die ,Allgemeine Wochenzeitung der Juden'. Ich schätze, diese Ortswahl hing damit zusammen, daß der damalige Vorsitzende des Zentralrats, Hendrik van Dam, hier wohnte. Den lernte ich erst später während meiner Rettungsbemühungen um den Melzer Verlag kennen.

Hans Lamm war also einer meiner Initiationsmeister, von ihm erhielt ich lange Lektionen über das Wesen des Judentums, er referierte über Heine, nannte mir Autoren wie Theodor Lessing, deklamierte auswendig, um mich davon abzubringen, als ich über meine schriftstellerischen Ambitionen sprach, aus dem Aufsatz ‚Die Kunst, in zwanzig Minuten ein bedeutender Kunstkritiker zu werden' [...]
Viel redete Hans Lamm auch über den jüdischen Selbsthaß, die Geschichte der Juden in Deutschland, vor allem aber war er natürlich Spinozist und verlangte, ich solle mich mit diesem Philosophen beschäftigen."

Aufgrund der hohen Belastung der kommerziellen Seite in München und der Nachteile, die aus der Dezentralisierung der Arbeit entstanden, entschieden Lamm und Lewin im Oktober 1960, die Überführung der Verwaltung des Verlages zum 1. Januar 1961 nach Frankfurt am Main zu veranlassen.[92] Ausschlaggebend dafür war zudem, dass die in München tätige Else Romberg dem stetig zunehmenden Ausmaß der Buchführung und Auslieferung nicht mehr gewachsen schien, weshalb das in München befindliche Lager und die dort zentralisierte Auslieferung bereits im November nach Düsseldorf verlegt werden sollten. Das Lager des Verlags wurde vorübergehend in Lamms großer Privatwohnung untergebracht. Da er als Kulturdezernent des Zentralrats häufig auf Reisen war, stellte er darüber hinaus dem für den Versand angestellten Mitarbeiter, Kurt-Peter Henselder, einen Schlafraum in seiner Wohnung zur Verfügung. Lamm plante zu diesem Zeitpunkt bereits seinen berufsbedingten Umzug nach Frankfurt, so dass die gemeinsame Nutzung nur als Zwischenlösung angesehen wurde und man plante, die Wohnung in absehbarer Zukunft ausschließlich als Versandzentrale zu benutzen.[93]
Die Überführung der Verwaltung verlief jedoch nicht ganz reibungslos. Am 31. Oktober 1960 schrieb Lewin in dieser Sache an Frau Romberg: „Ich habe nun mit Herrn Steyer endgültig gesprochen und mir Aufklärung über die neue Buchhaltung geben lassen. Es ist kein anderer Weg möglich, als die Buchführung endgültig und sofort hierher [Frankfurt] zu überführen, da diese Ausmaße annimmt, so dass sie von Ihnen, wie Sie ja selbst sagen, nicht mehr allein bewältigt werden kann."[94] Im Zuge der Umstrukturierung und Übergabe der Buchhaltungsunterlagen spitzten sich die Spannungen und Auseinanderset-

92 StadtAM, NL Lamm, Akt 151, Protokoll aus der Besprechung vom 24.10.1960; StadtAM, NL Lamm, Akt 151, Schreiben von Lewin an Romberg vom 4.11.1960. Die Postadresse in München war ab dem 8.12.1960 aufgehoben. Neue Verlagsanschrift war Hochstr. 52, Frankfurt am Main (StadtAM, NL Lamm, Akt 151, Nachsendeantrag von Lewin an das Hauptpostamt München vom 8.12.1960).
93 Vgl. StadtAM, NL Lamm, Akt 151, Schreiben von Lewin an Henselder vom 21.10.1960; StadtAM, NL Lamm, Akt 151, Protokoll aus der Besprechung vom 24.10.1960; StadtAM, NL Lamm, Akt 151, Schreiben von Lewin an Romberg vom 4.11.1960.
94 StadtAM, NL Lamm, Akt 151, Schreiben von Lewin an Romberg vom 31.10.1960. Lewin argumentierte darüber hinaus mit den Zahlen: der Ner-Tamid-Verlag hatte in der Zeitspanne von Anfang Oktober bis zum 17. November 1960 etwa 560 Bestellungen, von denen viele an falsche Adressen geliefert wurden. Zusätzlich zu den steigenden Bestellungen ließ die Übersichtlichkeit der Buchhaltung von Frau Romberg so deutlich zu wünschen übrig, dass eine ordnungsgemäße, zentrale Buchhaltung für Lewin immer wichtiger

zungen zwischen den zwei Gesellschaftern auf der einen und Else Romberg auf der anderen Seite so stark zu, dass die Zusammenarbeit mit Frau Romberg zeitgleich mit dem Verlegung des Sitzes des Ner-Tamid-Verlags nach Frankfurt beendet wurde.[95]

Wegen des geplanten Umzugs nach Frankfurt am Main gab es nicht nur Veränderungen im personellen Bereich, sondern auch in der Zusammenarbeit mit den Druckereien. Lamm und Lewin entschieden sich aufgrund der räumlichen Nähe bereits im Vorfeld, weniger mit dem *Bergverlag Rudolf Rother* und enger mit *Kalima Druck* sowie der *Druckerei Aurel Bongers* zusammenzuarbeiten.[96] Eng mit der Wahl der Druckereien verbunden war ein für den Ner-Tamid-Verlag rufschädigender Zwischenfall, der sich im Vorfeld der Eröffnung der *Synagoga*-Ausstellung in Recklinghausen am 3. November 1960 ereignete.[97] Eine am 15. Oktober 1960 in der *Deutschen Wochen-Zeitung* unter der Rubrik *Informationen* abgedruckte Notiz mit dem Titel „Levin und der Gauamtsleiter. Vorbereitungen für Synagoga" behauptete, dass der Kulturdezernent Dr. Hans Lamm und der israelische Verleger Shlomo Lewin mit Bongers einen Verlagsvertrag abgeschlossen hätten. Diese Information verärgerte Lamm besonders deshalb, weil er vermeiden wollte, dass bekannt wurde, dass er als Kulturdezernent einen Verlag betrieb.[98] Darüber hinaus berichtete der Beitrag, dass der Druckereiinhaber bis 1944 Gauamtsleiter im Gau Moselland gewesen sei.[99] Zunächst war Lamm und Lewin – unabhängig davon, ob die

---

wurde; vgl. StadtAM, NL Lamm, Akt 151, Schreiben von Lewin an Lamm vom 17. 11. 1960. Zu falschen Buchungen, Aussendungen oder unterlassenen Ausführungen von Anweisungen von Seiten Frau Rombergs vgl. z. B. auch StadtAM, NL Lamm, Akt 151, Schreiben von Lamm an Romberg vom 29. 11. 1960; StadtAM, NL Lamm, Akt 151, Schreiben von Lewin an Romberg vom 29. 11. 1960; StadtAM, NL Lamm, Akt 151, Schreiben von Lamm an Romberg vom 1. 12. 1960.

[95] Vgl. hierzu die dichte Korrespondenz in StadtAM, NL Lamm, Akt 151.

[96] Der Bergverlag Rudolf Rother (Inh. Rudolf Rother) hatte seine Werkstätten für Buch und Kunstdruck in der Landshuter Allee 49, München. Vor allem in den ersten Jahren arbeitete Lamm mit dieser Druckerei zusammen (vgl. Korrespondenz in StadtAM, NL Lamm, Akt 150; StadtAM, NL Lamm, Akt 151). Verschiedene „kleinere und größere Pannen" in der Zusammenarbeit (StadtAM, NL Lamm, Akt 151, Schreiben von Rother an Lamm vom 1. 6. 1960) führten dazu, dass der Ner-Tamid-Verlag bereits seit April 1959 vermehrt mit Kalima Druck (Inh. Karl Marx), Buch und Akzidenz-Druckerei, Hildener Str. 43, Düsseldorf-Benrath zusammenarbeitete (vgl. Korrespondenz in StadtAM, NL Lamm, Akt 150; StadtAM, NL Lamm, Akt 151). Als dritte und letzte Druckerei schloss der Ner-Tamid-Verlag am 31. 5. 1960 mit der Druckerei Aurel Bongers (Inh. Aurel Bongers), Am Erlenkamp 4, Recklinghausen (vgl. StadtAM, NL Lamm, Akt 151) einen Druckvertrag.

[97] Im Ner-Tamid-Verlag erschienen der Katalog (Schöder: „Synagoga") sowie zwei weitere Schriften zu dieser Ausstellung: Lübke: Zur Einführung und Meyer/Michaelis/Lorenz: Ernte der „Synagoga".

[98] Vgl. StadtAM, NL Lamm, Akt 156, Einschreiben von Lamm an den Oberstaatsanwalt in Hannover vom 31. 10. 1960; StadtAM, NL Lamm, Akt 156, Schreiben von Lamm an Lewin vom 15. 6. 1960.

[99] Levin und der Gauamtsleiter. Vorbereitungen für Synagoga, in: Deutsche Wochen-Zeitung. Für nationale Politik, Kultur und Wirtschaft, Jg. 2, Nr. 42 vom 15. Oktober 1960, S. 4: „Aurel Bongers, bis 1944 Gauamtsleiter im Gau Moselland und im Zweiten Weltkrieg im

Anschuldigungen gegen Bongers zutrafen oder nicht – wichtig, dass die Falsch-
meldung, sie hätten einen Verlagsvertrag mit Dritten abgeschlossen, berichtigt
wurde. Hierfür schrieben Lamm und Lewin an den Chefredakteur der *Deutschen Wochen-Zeitung*, Herrn Heinrich Härtle, und ersuchten ihn unter Hin-
weis auf § 11 des Pressegesetzes, in der nächsten Ausgabe eine Berichtigung
abzudrucken.[100] Gleichzeitig verlangten sie von Aurel Bongers eine Stellungnahme zu den Informationen, die in dem Beitrag über ihn veröffentlicht worden waren, und ließen die Anschuldigungen gegen Bongers von der Stadt
Recklinghausen prüfen.[101] Wegen der unklaren Sachlage wurden amtliche
Untersuchungen angeordnet, über die der Stadtdirektor Lamm und Lewin berichten wollte.[102] Die Untersuchungen wurden durch die deutsche Botschaft
in Luxemburg geführt und verzögerten sich deshalb, weil „die von uns [der
Stadt Recklinghausen] erbetenen Ermittlungen sich als mühsam und besonders langwierig erwiesen hätten, da sie sich über eine Zeit erstrecken, die mehr
als 15 Jahre zurückliegt, so dass das Erinnerungsvermögen der zu befragenden
Personen nachgelassen und das Auffinden der ohnedies nur bruchstückhaften
Unterlagen viel Zeit in Anspruch genommen hat"[103].

Während die Untersuchungen liefen, korrigierte Bongers am 1. November
1960 die Vorwürfe, die gegen ihn erhoben wurden, in einem Brief an Lamm
und Lewin: „Ich bin während der Zeit des Nationalsozialismus weder Gauamtsleiter noch sonst wie politischer Leiter gewesen. [Außerdem] war ich
nicht im Auftrag von Gauleiter Simon Direktor in der Druckerei der Zeitung
‚Luxemburger Wort', sondern ich war als Verlags- und Druckfachmann von
der zuständigen Abteilung des C. d. Z.[104] Luxemburg für eine Übergangszeit
mit der technischen Fortführung des Betriebes beauftragt worden."[105] Diese
Stellungnahme, die durch die Untersuchungen des Oberstadtdirektors bestätigt wurden,[106] veranlassten Lamm und Lewin „ohne Kündigung mit sofor-

Auftrag des Gauleiters Simon Direktor in der Druckerei des ‚Luxemburger Wort', hat
1948 als Westflüchtling in Recklinghausen einen Verlag gegründet."
[100] Vgl. StadtAM, NL Lamm, Akt 156, Einschreiben von Lamm und Lewin an Härtle
vom 24. 10. 1960. Gleichzeitig prüften Lamm und Lewin, inwiefern sie von Amts wegen ein
Strafverfahren gegen den Chefredakteur einleiten sollten, vgl. StadtAM, NL Lamm, Akt
156, Einschreiben von Lamm an den Oberstaatsanwalt in Hannover vom 31. 10. 1960.
[101] StadtAM, NL Lamm, Akt 156, Einschreiben von Lamm und Lewin vom 30. 10. 1960
sowie StadtAM, NL Lamm, Akt 156, Schreiben von Lamm und Lewin an Bongers vom
31. 10. 1960.
[102] Am 25. 10. 1960 hatten Lamm und Lewin den Oberstadtdirektor von Recklinghausen,
Herrn Dr. Michaelis, über die Vorwürfe gegen Bongers informiert. StadtAM, NL Lamm,
Akt 156, Schreiben von Michaelis an Lamm und Lewin vom 27. 10. 1960.
[103] Ebd.
[104] CdZ = Chef der Zivilverwaltung.
[105] StadtAM, NL Lamm, Akt 156, Schreiben von Bongers an Lamm und Lewin vom
1. 11. 1960.
[106] Am 9. 11. 1960 fand eine Aussprache zwischen Lamm, Lewin und dem Oberstadtdirektor Michaelis statt, in der die Angelegenheit Bongers ausführlich besprochen wurde. Der
Stadtdirektor räumte den beiden Gesellschaftern Verständnis dafür ein, dass für sie die

tiger Wirkung den mit Ihnen [Bongers] am 31. Mai 1960 abgeschlossenen Druckvertrag aufzulösen".[107] Aufgrund des Bruchs mit Bongers entstand dem Ner-Tamid-Verlag vor allem durch verspätetes Erscheinen von Publikationen und notwendiges Umdisponieren großer Schaden.[108] Außerdem war erneut die Frage zu klären, mit welcher Druckerei man auf Dauer zusammenarbeiten wollte. Verhandlungen mit der Stadt Recklinghausen über eine Beteiligung der Stadt am Aufbau einer Druckerei, die den Verbleib des Ner-Tamid-Verlag in Recklinghausen sichern würde, verliefen erfolglos,[109] so dass Lamm und Lewin vorläufig wieder dem *Bergverlag Rudolf Rother* Aufträge erteilten.[110]

Die Zusammenarbeit zwischen Lamm und Lewin setzte sich offiziell noch bis zum März 1962 fort. Im Januar 1962 sprach Lamm die Probleme an, die dazu führten, dass er sein weiteres Engagement als Verleger in Frage stellte. „Ich kann nicht sagen, dass das Unternehmen kommerziell ein großer Erfolg ist, und ich wage nicht vorauszusagen, ob ich in der Lage bin, es über einen längeren Zeitraum am Leben zu erhalten. Da man irgendwie seinen Lebensunterhalt verdienen muss und nicht vom Verlegen jüdischer Bücher leben kann, die sich nicht sonderlich gut verkaufen, habe ich eine Stelle als Abteilungsleiter der Münchner Volkshochschule angenommen."[111] De facto schied Lamm bereits zum 1. Oktober 1961, de jure erst am 15. März 1962 aus dem Ner-Tamid-Verlag aus.[112] Einem Brief von Lamm an Herrn Julius Marx im Mai 1968 kann man entnehmen, dass die Trennung der beiden Gesellschafter wohl nicht ohne Spannungen verlief: „Aus dem Ner-Tamid-Verlag [...] schied ich 100%ig im Jahr 1961 aus und seitdem wechselte ich mit Lewin kein Wort und keine Zeile mehr. Im ‚Abschlussprotokoll' vereinbarten wir, kein[e] ungünstigen Äußerungen über den anderen zu machen. Ob ich mich dara[n] halte oder nicht: ich kann Ihnen nur sagen, daß die sporadischen Mit[tei]lungen,

Zusammenarbeit mit Bongers nicht möglich sei; vgl. StadtAM, NL Lamm, Akt 151, Schreiben von Lamm an Goldschmidt vom 4.11.1960; StadtAM, NL Lamm, Akt 156, Schreiben von Lewin an Michaelis vom 24.11.1960.
[107] StadtAM, NL Lamm, Akt 156, Schreiben von Lamm und Lewin an Bongers vom 6.12.1960.
[108] StadtAM, NL Lamm, Akt 156, Schreiben von Lewin an Michaelis vom 24.11.1960.
[109] Lewin unterbreitete Michaelis ein Angebot, nach dem die Stadt Grund und Boden für die Errichtung einer Druckerei und eines Wohnhauses zur Verfügung stellen sollte, vgl. StadtAM, NL Lamm, Akt 156, Schreiben von Lewin an Michaelis vom 24.11.1960. Da der Ner-Tamid-Verlag am 1.1.1961 seinen Sitz in Frankfurt anmeldete, ist davon auszugehen, dass die Verhandlungen erfolglos verliefen.
[110] Vgl. hierzu StadtAM, NL Lamm, Akt 151, Schreiben von Rother jun. an Lamm vom 25.10.1960.
[111] StadtAM, NL Lamm, Akt 152, Schreiben von Lamm an Rabbi Kurt L. Metzger vom 16.1.1962 (Original in englischer Sprache).
[112] StadtAM, NL Lamm, Akt 54, Schreiben von Lamm an Herrn Prof. Dr. Helmut Gollwitzer vom 20.7.1964. AVB, Mitgliedsakte Dr. Hans Lamm, Schreiben des Ner-Tamid-Verlags Dr. Lamm und Lewin an den Börsenverein vom 28.3.1962; AVB, Mitgliedsakte Dr. Hans Lamm, Schreiben von Lamm an den Börsenverein vom 9.4.1962.

die ich über seine Geschäftspraktiken etc. hörte, mich nur b[e]klagen lassen, daß ich je mit ihm kommerziell verbunden war."[113]

Trotz aller Streitigkeiten, die sich während und aus der Zusammenarbeit mit Lewin ergeben hatten, erachtete Lamm die Gründung und Existenz des Ner-Tamid-Verlags als seinen „individuellen und persönlichen Beitrag zum Kulturleben der Bundesrepublik und Berlins"[114]. Lewin führte den Verlag unter seinem Namen weiter, zuletzt mit Sitz in Fürth, bis zu seinem Tod 1980. 1987 wurde der Verlag von Amts wegen gelöscht.[115]

[113] StadtAM, NL Lamm, Akt 153, Schreiben von Lamm an Marx vom 9.5.1968. Lamms plötzliches Ausscheiden führte auch unter seinen Freunden und Bekannten in Düsseldorf bzw. Frankfurt zu Spekulationen darüber, welche Gründe für seinen Wegzug und den fast vollständigen Abbruch seiner Beziehungen ins Rheinland verantwortlich gewesen sein könnten. Vgl. z.B. Kalender/Schröder: „Schröder erzählt", S. 11f.
[114] Lamm: Kulturpolitische Vorstellungen, S. 100.
[115] AVB, VZK, Ner-Tamid-Verlag Shlomo Lewin, B.Anz. 13/88.

# MÜNCHEN – DER KREIS SCHLIESST SICH
## (1961–1985)

## Berufliches Wirken

Als Hans Lamm am 1. Januar 1961 seine Tätigkeit als Redakteur bei der Freien Fernsehen GmbH in Eschborn im Taunus aufnahm, war nicht absehbar, dass ihn sein Weg noch im selben Jahr dauerhaft nach München führen würde.[1] Der berufliche Wechsel zu Beginn des Jahres war für ihn mit einem Umzug von Düsseldorf, wo er während der Ausübung seiner Tätigkeit für den Zentralrat gelebt hatte, nach Frankfurt verbunden. Diese Veränderung gab Lamm endlich begründete Hoffnung auf eine materielle Verbesserung und eine finanziell abgesicherte Zukunft in Deutschland.[2]

Der Vertrag zwischen Lamm und der Freien Fernsehen GmbH wurde zunächst für ein Jahr abgeschlossen, wobei Lamm von Anfang an eine Vertragsverlängerung über dieses Jahr hinaus in Aussicht gestellt wurde.[3] Die Freie Fernsehen GmbH war von der Bundesregierung als privatwirtschaftliche Alternative zur ARD gegründet worden, die bis dahin de facto ein Fernsehmonopol gehabt hatte und ganz unter der Regie der Bundesländer stand.[4] Doch die neue, vom Bund gesteuerte Fernsehanstalt „kam nie wirklich zum Einsatz, weil das Bundesverfassungsgericht entschied, dass es illegal war, und das ganze System, das Konrad Adenauer sich geschaffen hatte, um sein eigenes Sendenetz zu haben, löste sich auf, bevor es in Betrieb ging. Wir saßen nur in den Studios herum, die Freunde und ich, und wir taten nicht viel, außer dass wir gute Gehälter bezogen", erinnerte sich Lamm 1977 in dem Gespräch mit seinem Neffen.[5] Ganz so locker und amüsant, wie Lamm die Ereignisse mit großem zeitlichen Abstand beschrieb, gestaltete sich die Situation 1961 für ihn jedoch nicht. Im September 1961 informierte Lamm rückblickend den Generalsekretär des Zentralrats, van Dam: „Niemand [...] konnte voraussehen, daß ein Bundesgerichtsurteil die Liquidation der GmbH und die Entlassung ihrer Angestellten zum 30. Juni [1961] nötig machen würde. Vom 30. Juni an übe ich keine besoldete Tätigkeit mehr aus, sondern widme fast meine gesamte Tätigkeit dem von mir 1957 gegründeten Ner-Tamid-Verlag, dessen literarische Leitung ich innehabe."[6] In den Ner-

---

[1] ZA, B.1/7, Nr. 110, Schreiben von Lamm an van Dam vom 10. 10. 1960; ZA, B.1/7, Nr. 110, Schreiben von Lamm an van Dam vom 3. 1. 1961. Vgl. dazu auch StadtAM, NL Lamm, Akt 152, Schreiben von Lamm an Rother vom 8. 1. 1961.

[2] ZA, B.1/7, Nr. 110, Schreiben von Lamm an van Dam vom 14. 9. 1961.

[3] ZA, B.1/7, Nr. 110, Schreiben von Lamm an van Dam vom 10. 10. 1960.

[4] Fickers: Politique, S. 227 f. Am 6. 6. 1961 wurde statt der privatrechtlichen Alternative das ZDF als zweite öffentlich-rechtliche Fernsehanstalt gegründet. Auch das ZDF unterstand der Länderhoheit, vgl. ebd. S. 226.

[5] Hans Lamm Reminiscences, 6/5/77, Privat (Original in englischer Sprache).

[6] ZA, B.1/7, Nr. 110, Schreiben von Lamm an van Dam vom 14. 9. 1961.

Tamid-Verlag hatte Lamm fast seine gesamten Ersparnisse investiert, von denen er nicht wusste, „ob und in welchem Umfang sie eine rentable Geldanlage darstellten oder nicht"[7]. Da er sie auf keinen Fall kurzfristig flüssig machen konnte, traf ihn die Kündigung finanziell besonders hart. Ein halbes Jahr nach dem beruflichen Wechsel, der seine Existenz hatte sichern sollen, war Lamms Lage ungewisser als in den Jahren seiner Tätigkeit für den Zentralrat.[8]

In dieser Situation akzeptierte Lamm zum 1. Oktober 1961 ein Stellenangebot der Stadt München und wurde zunächst auf drei Monate befristet als Mitarbeiter der Münchner Volkshochschule (MVHS) angestellt.[9] Der Bereich der Erwachsenenbildung hatte Lamm bereits vor diesem Wechsel nach München interessiert. Schon als Kulturdezernent des Zentralrats der Juden in Deutschland wirkte er in diesem Feld, des öfteren auch als Gast im Rahmen von Veranstaltungen der 1946 wiederbegründeten MVHS.[10] Der entscheidende Kontakt nach München scheint durch den damaligen Kulturreferenten der Stadt, Dr. Herbert Hohenemser,[11] hergestellt worden zu sein, der zum Zeitpunkt der Einstellung Lamms Zweiter Vorsitzender des Vorstandes der MVHS war und in seiner Funktion bei der Stadt zuständig für die Bewilligung des Haushaltes der MVHS.

Lamm und Hohenemser hatten bereits in verschiedenen Projekten zusammengearbeitet. So führte Lamm beispielsweise im März 1960 in einem Brief an seinen Freund Schalom Ben-Chorin als Grund für sein langes Schweigen an: „Es wurde immer wahrscheinlicher, daß ich bald – wenn auch nur kurz – nach Israel kommen würde... Letzteres ist nun höchst wahrscheinlich: die Stadt München hat mich eingeladen, mit ihrem Kulturreferenten Dr. Herbert HOHENEMSER am 9. Mai auf eine Woche nach Israel zu fliegen, um eine Israel-Kulturwoche, die München im Herbst 1960 oder Frühjahr 1961 durchführen will, vorzubereiten. Es steht noch nicht 100% (aber 95%) fest, daß ich komme."[12] Lamm, der im Vorfeld Hotels organisierte und Treffen mit wichtigen Persönlichkeiten des Kulturlebens des Staates Israel arrangierte, begleitete Hohenemser – wie die Pressemitteilung „Im Dienste deutsch-israelischen Kulturaustausches" belegt – tatsächlich auf dessen Reise.[13]

---

[7] Ebd.

[8] Vgl. ebd. ZA, B.1/7, Nr. 110, Schreiben von Lamm an van Dam vom 27. 10. 1961.

[9] ZA, B.1/7, Nr. 110, Schreiben von Lamm an van Dam vom 14. 9. 1961; ZA, B.1/7, Nr. 110, Schreiben von Lamm an van Dam vom 27. 10. 1961. Vgl. dazu auch StadtAM, NL Lamm, Akt 6, Stammbäume und Lebensläufe Lamm. Die erste Erwähnung Lamms als Abteilungsleiter der MVHS ist nachgewiesen in AHB, MVHS Programm, Winterlehrplan 1962. 48. Lehrabschnitt seit 1946, Januar bis April, Umschlaginnenseite.

[10] StadtAM, Schulamt/NL Fingerle, Akt 7751, Schreiben von Eugen Börschlein an Witthalm vom 21. 6. 1958, sowie Abschrift des Berichts von Lamm vom 14. 7. 1958. Zur Geschichte der MVHS vgl. Schoßig: Die Münchner Volkshochschule; Ders.: Eduard Weitsch und die Münchner Volkshochschule nach 1945.

[11] Herbert Hohenemser, geb. am 21. 9. 1915; gest. am 10. 6. 1992. Kulturreferent der Landeshauptstadt München 1956–1976.

[12] StadtAM, NL Lamm, Akt 30, Schreiben von Lamm an SBC, undatiert.

[13] StadtAM, NL Lamm, Akt 138, „Im Dienste deutsch-israelischen Kulturaustausches", undatiert.

Obwohl Lamm alle Bemühungen Hohenemsers in Israel „auf das trefflichste gefördert"[14] hatte, kam die angedachte Israelkulturwoche aufgrund der Ablehnung kultureller Beziehungen zwischen Jerusalem und München von Seiten des damaligen Bürgermeisters von Jerusalem, Mordechai Isch-Schalom, nicht zustande, berichtete Lamm im September 1960.[15] Auch wenn dieses Projekt nicht verwirklicht werden konnte, geben die Ausführungen Lamms eine Idee, warum die Stadt München, ganz konkret das Kulturreferat, ein gezieltes Interesse an der Zusammenarbeit oder gar Anstellung eines Experten für Fragen des Judentum gehabt haben könnte. Lamms Briefe aus den Monaten vor seiner Anstellung in München geben zudem ein klares Bild, wie er sich eine Beschäftigung in München vorstellte. Am 26. Mai 1961, kurz nach der Rückkehr aus Israel, verfasste er zwei Briefe an Hohenemser, in denen er seine Situation und die daraus resultierenden Gedanken schilderte:

„Die ‚Freie Fernsehen' GmbH. hat, wie Sie ebenfalls wissen, ihren gesamten Stab zum 1. Juli 1961 entlassen müssen und ich sehe mich nach neuen Möglichkeiten um. Von vielen Gesprächen her ist Ihnen bekannt, daß es mich seit Jahr und Tag drängt, wieder in meiner Geburtstadt Fuß zu fassen und naturgemäß, womöglich, auf dem Gebiet – Kultur, Public Relations u. ä. – das mir vertraut und gemäß ist. Ich wage zu hoffen, daß in Ihrem Amtsbereich eine derartige Möglichkeit bestehen oder in absehbarer Zeit sich ergeben mag."[16]

In einem zweiten, nicht offiziellen Schreiben an Hohenemser führte Lamm die wohl bereits in gemeinsamen Gesprächen angedachte „Möglichkeit" einer Anstellung konkreter aus: „Sollte sich das von Ihnen vorgesehene Projekt verwirklichen lassen, dann wäre ich, relativ kurzfristig, zum Dienstantritt bereit. [...] Sollte in Ihrem eigenen Amtsbereich für einen vollamtlich beschäftigten Sonderassistenten (so könnte man die Position wohl beschreiben) kein Raum sein, dann wären bestimmt andere Arrangements, über die wir uns zu unterhalten hätten, möglich."[17]

Über das Ergebnis der weiteren Verhandlungen und die unmittelbaren Umstände, die zur Anstellung Lamms im Herbst 1961 führten, wurde im Protokoll der Ordentlichen Mitgliederversammlung der MVHS für das Vereinsjahr 1961 vermerkt:

„Seit dem 1. Oktober 1961, war es der Volkshochschule gelungen, den früheren Kulturdezernenten beim Zentralrat der Juden in Düsseldorf, *Dr. Hans Lamm*, wenigstens vorübergehend für die Mitarbeit in der Geschäftsführung der Volkshochschule zu gewinnen. Ursprünglich zur Mitarbeit im Kulturreferat der Landeshauptstadt nach München berufen, hat die Volkshochschule eine Verzögerung im Einstellungsverfahren dazu nutzen können,

---

[14] StadtAM, NL Lamm, Akt 138, Dank des Oberbürgermeisters der Landeshauptstadt München, Dr. Hans Jochen Vogel, an Lamm vom 2.6.1960.
[15] StadtAM, NL Lamm, Akt 138, Es wird niemals kulturelle Beziehungen zwischen Jerusalem und München geben, vom 26.9.1960.
[16] StadtAM, NL Lamm, Akt 138, Lamm an Stadtrat Dr. Herbert Hohenemser vom 26.5.1961.
[17] StadtAM, NL Lamm, Akt 138, Lamm an Hohenemser vom 26.5.1961.

sich wenigstens auf einige Zeit eines Mitarbeiters von großer Personenkenntnis, Ideen-reichtum und nimmermüder Initiative zu versichern. Die Umstände, die es ermöglicht haben, ihn zunächst für das letzte Vierteljahr 1961 an die Volkshochschule zu binden, dauern zur Zeit noch an, so daß die Volkshochschule zunächst für das Jahr 1962 mit seiner Mitarbeit rechnen darf."[18]

Entsprechend dieser „Umstände" war Lamms Anstellungsvertrag, der vom damaligen Direktor der MVHS, Dr. Karl Witthalm,[19] und dem langjährigen Vorsitzenden des Vorstandes der MVHS, Stadtschulrat Prof. Dr. Anton Fin-gerle (1912-1976), unterschrieben worden war, zunächst auf einen Zeitraum von drei Monaten begrenzt gewesen.[20] Tatsächlich konnte Lamm dauerhaft bei der MVHS bleiben. Bis zu seiner Verabschiedung in den Ruhestand 1978[21] vergingen 17 Jahre, in denen Lamm in ganz unterschiedlichen Bereichen der Erwachsenenbildung und Gremien der Volkshochschule wirkte.

1961 scheint die praktische Sorge um seine finanzielle Absicherung Lamms Hauptargument für die Aufnahme dieser Beschäftigung bei der MVHS gewesen zu sein, die nicht in allen Aspekten seinen zuvor z. B. Hohenemser gegenüber geäußerten Vorstellungen entsprach. Lamms besondere Verbundenheit mit der Stadt an der Isar wird seinen Entschluss leichter gemacht haben. In diesem Sinne lehnte Lamm jedenfalls auch noch im Juni 1962 eine Anstellung beim ZDF ab: „Nach der Liquidation des Freien Fernsehen habe ich im Herbst vorigen Jahres einem Ruf der bayerischen Landeshauptstadt Folge geleistet und bin nun Abteilungsleiter an der Münchner Volkshochschule. Mit der Rück-übersiedlung in meine Heimatstadt München ist ein alter Wunsch von mir in Erfüllung gegangen, und ich habe nicht die Absicht, ohne zwingenden Grund, diese wieder zu verlassen."[22] Er sei jedoch gerne bereit, über eine Beschäftigung als freier Mitarbeiter in München zu verhandeln.[23]

---

[18] StadtAM, Schulamt/NL Fingerle, Akt 7929, Ordentliche Mitgliederversammlung für das Vereinsjahr 1961 (1. Jan. bis 31. Dez. 1961); Dienstag, 29. Mai 1962, 19 Uhr 30, im Klub-saal Rheinbergerstraße 3/0.

[19] Dr. Karl Witthalm, geb. 9. 2. 1897; gest. 12. 9. 1966. Die MVHS wurde 1946 mit Dr. Karl Witthalm als erstem Direktor wiederbegründet. Er blieb bis 1963 Direktor der MVHS. Nach seiner Pensionierung war er weiterhin Leiter von Haus Buchenried; vgl. AHB, MVHS Programm, September bis Dezember 1966, S. 2; AHB, MVHS Programm, Januar bis März 1967, S. 3; Schoßig: Die Münchner Volkshochschule; Ders.: Eduard Weitsch und die Münchner Volkshochschule nach 1945.

[20] StadtAM, NL Lamm, Akt 149, Münchner Volkshochschule. Dankesworte von Dr. Hans Lamm nach der Verleihung der goldenen Medaille „In Honorem Faustis" vom 20. 11. 1979.

[21] Lamm wurde nach seinem 65. Geburtstag in den Ruhestand verabschiedet. Die offizi-ellen Feierlichkeiten fanden am 6. 7. 1978 im Haus Buchenried statt (Gespräch mit Micha-el Schanz). Vgl. dazu auch StadtAM, NL Lamm, Akt 6, Stammbäume und Lebensläufe Lamm sowie StadtAM, Kulturamt, Akt 1648, Protokoll der Vorstandssitzung der Münch-ner Volkshochschule e. V. am Donnerstag, 8. Juni 1978.

[22] ZA, B.1/7, Nr. 110, Schreiben von Lamm an Prof. Holzamer, 2. Deutsches Fernsehen, Mainz, vom 28. 6. 1962.

[23] Ebd.

Durch die dauerhafte Beschäftigung bei einem deutschen Arbeitgeber lief Lamm Gefahr, die amerikanische Staatsbürgerschaft zu verlieren. Section 352(a)(1) des Immigration and Nationality Act der Vereinigten Staaten[24] bestimmte nämlich, dass ein Einwanderer nach drei Jahren Tätigkeit für einen ausländischen Arbeitgeber im Ausland wieder in die USA zurückkehren oder eine Stelle bei der US-Regierung antreten müsste. Anderenfalls würde er ausgebürgert werden. Bei Hans Lamm wäre das am 1. Januar 1964 der Fall gewesen.[25] Lamm versuchte, für sich eine Ausnahmeregelung zu erwirken, um bei der MVHS angestellt zu bleiben, aber dennoch die amerikanische Staatsangehörigkeit behalten zu dürfen. Dies wurde 1963 jedoch abgelehnt.[26] Erst nachdem eine Klage gegen den Immigration and Nationality Act vor dem Supreme Court kurz vor Ablauf seiner Dreijahresfrist erfolgreich gewesen war, erhielt Lamm unerwartet doch eine Verlängerung des amerikanischen Passes.[27] Da er im Zuge dieser Auseinandersetzungen aber schon am 9. Mai 1962 seinen deutschen Staatsangehörigkeitsausweis beantragt hatte, wurde ihm sein erster deutscher Reisepass am 22. November 1963 ausgehändigt.[28]

Während für die Arbeit der MVHS kurz nach Beginn der Wiederaufnahme des Betriebes in München eher das „alte Bildungskonzept" charakteristisch war, setzte Anfang bzw. Mitte der 1960er Jahre, wie man es intern nannte, die „realistische Wende" ein. Im Gegensatz zu dem in den fünfziger Jahren verfolgten Konzept der traditionellen Erwachsenenbildung, die geistig-strukturell und organisatorisch aus den Traditionen der Weimarer Republik und der ehemaligen freien Volksbildung gelebt hatte, mit dem deutlichen Schwerpunkt auf der Persönlichkeitsbildung, begann etwa zeitgleich mit der Anstellung Lamms die Hinwendung zum modernen Bildungsverständnis: Die Betonung lag nun auf der Vermittlung von Lebenspraxis, von beruflicher und gesellschaftlicher Bildung, die sich immer deutlicher auch in den Programmen der MVHS widerspiegelte. Fortbildung wurde das Ziel: Man begann Kurse anzubieten, deren Inhalte (auch) zur beruflichen Verwertung gedacht waren. Es war die Zeit von Aufbruch und Innovation in vielerlei Hinsicht: Debatten um eine mögliche Integration von beruflicher und politischer Bildung oder Parteilichkeit der politischen Bildung und Zielgruppenorientierung wurden genauso geführt wie die Diskussion um die „Orientierung an den Unterprivilegierten".[29] Die sechziger Jahre waren aber zugleich die Zeit des personellen Ausbaus, die Phase des Wandels vom

---

[24] StadtAM, NL Lamm, Akt 5, Schreiben des Amerikanischen Generalkonsuls Theodore K. Osgood an Lamm vom 28. 12. 1960.

[25] Während seiner Tätigkeit für den Zentralrat hatte er von einer Sonderregelung Section 353(4) Gebrauch machen können. StadtAM, NL Lamm, Akt 5, Schreiben von Frederick G. Dutton, Assistant Secretary of Senator Jacob Javits an Lamm vom 30. 8. 1963.

[26] StadtAM, NL Lamm, Akt 5, Schreiben von Lamm an Senator Hon. Jacob K. Javits, Washington D.C., vom 23. 7. 1963.

[27] Vgl. dazu StadtAM, NL Lamm, Akt 1.

[28] Vgl. dazu StadtAM, NL Lamm, Akt 1.

[29] Die konzeptionelle Veränderung der Ausrichtung der Arbeit der MVHS wurde durch die Anstellung von Franz Rieger als Direktor und Nachfolger des 1963 in den Ruhestand

Kleinstbetrieb, wie es die MVHS in den ersten Jahren nach ihrer Neugründung war, hin zu einer der größten Erwachsenenbildungsstätten in Deutschland.[30] Diese sich anbahnende Ausweitung des Programms der MVHS ließ eine konzeptionelle Neugestaltung der Presse- und Öffentlichkeitsarbeit sinnvoll erscheinen. Auf Empfehlung Hohenemsers wurde Lamm versuchsweise mit dieser drängenden, aber nicht vorrangig pädagogischen Aufgabe betraut; hier sollte er seine Fähigkeiten einbringen.[31] Neben der Entwicklung und Bereitstellung von klassischen Werbemitteln wie Plakaten und Prospekten veranstaltete Lamm z. B. Preisausschreiben, um das Interesse für die Erwachsenenbildung in der Bevölkerung zu beleben.[32] Darüber hinaus ließ er Umfragen unter den Kursteilnehmern der MVHS durchführen, um so in Erfahrung zu bringen, auf welche Weise sie zur Volkshochschule gekommen waren.[33] Die Ergebnisse ermöglichten es ihm dann, die Werbemittel der MVHS gezielter einzusetzen und erfolgreicher neue Hörer für die Angebote der Einrichtung zu gewinnen.[34] Auch Beschwerdebriefe verfasste Lamm in dieser Funktion als Presseverantwortlicher, wenn er das Gefühl hatte, dass die MVHS in der Öffentlichkeit nicht ihrem Stellenwert entsprechend berücksichtigt wurde und er davon negative Auswirkungen auf die öffentliche Präsenz der Einrichtung befürchtete. So schrieb Lamm beispielsweise im Mai 1962 an den Chefredakteur der Süddeutschen Zeitung, Hermann Pröbst, um ihn auf eine aus Sicht der MVHS „recht schmerzliche Lücke" im Text der Sonderausgabe der Süddeutschen Zeitung, „München – heute und morgen", hinzuweisen:

„Auf keiner der 24 Seiten ist die Münchner Volkshochschule auch nur mit einem Wort erwähnt, obwohl sie zweifellos entweder in den Artikel von Herrn Uwe Schulz über das Münchner Kulturleben oder Frau Hepp ‚München macht Schule' oder von Herrn Gruber ‚Die Stadt als Schulmeisterin' gehört hätte. Insbesondere, wenn Sie die letzten zwei Aufsätze durchläsen, werden Sie mit mir übereinstimmen, daß wesentlich kleinere, um nicht zu sagen unwichtigere Einrichtungen als die unsere Erwähnung fanden."[35]

gegangenen Karl Witthalm bestätigt; Gespräch mit Bernhard Schoßig und Interview mit Hans Limmer.

[30] Die MVHS, die im Juni 1946 mit 94 Dozenten und 4142 Hörern begann, zählte 1961 30433 Anmeldungen zu Arbeitsgemeinschaften, Kursen, Lehrgängen und Wochenendseminaren, wozu noch 13369 Besucher von Vortragsreihen, 2730 Besucher von Einzelveranstaltungen und 1627 Teilnehmer an Bildungsreisen und Kulturfahrten kamen, so daß über 48000 Münchner an Veranstaltungen der Münchner Volkshochschule teilnahmen. Vgl. StadtAM, Schulamt/NL Fingerle, Akt 7752, Schreiben von Lamm an Pröbst vom 23.5.1962, sowie Interview mit Bernhard Schoßig.

[31] StadtAM, Schulamt/NL Fingerle, Akt 7929, Niederschrift aus der Vorstandssitzung vom 30. September 1961, 17.30 Uhr, im Volksbildungsheim Haus Buchenried, Leoni/Starnberger See.

[32] StadtAM, Schulamt/NL Fingerle, Akt 7497, Schreiben von Lamm an Fingerle vom 20.7.1962; ebd., Plakate des Preisausschreibens.

[33] StadtAM, Schulamt/NL Fingerle, Akt 7751, Schreiben von Lamm an Dr. Witthalm vom 26.7.1962.

[34] Ebd.

[35] StadtAM, Schulamt/NL Fingerle, Akt 7752, Schreiben von Lamm an Pröbst vom 23.5.1962

Eine sichtbare Neuerung aus dieser Zeit, die Lamm durchgesetzt hatte, ist aufgrund ihrer Langzeitwirkung erwähnenswert: Es scheint auf Lamms Neigungen und Vorlieben sowie seine Initiative zurückzugehen, dass eine Eule viele Jahre als Emblem das Volkshochschulprogramm zierte.[36] Nicht nur in den Erinnerungen zahlreicher Mitarbeiter der MVHS wird diese Idee Lamm zugeschrieben.[37] Im August 1976 fragte das Magazin *von&über. Die Münchner Volkshochschule informiert*: „Wer zählt die Eulen ...?". Dabei wurden einerseits die Eulen erwähnt, die in den vergangenen Jahren auf Programme, Plakate und Briefköpfe der MVHS gedruckt worden waren, jedoch andererseits und vor allem die Lamm'sche Liebe zu diesen Vögeln charakterisiert, die sich nicht nur in der Symbolidee äußerte:

„Die Eule ist bekanntlich ein Symbol der Weisheit; sie taugt also, so meinte eines Tages Dr. Hans Lamm, als Symbolvogel der Volkshochschule. Und er sammelte fortan – Eulen. Eulen aus Holz geschnitzt, handbemalt, aus Ton, Messing, Kupfer, Stoff, Federn, Plastik, Gummi, naturgetreu, abstrakt, beweglich und unbeweglich aus aller Herren Länder. Freilich tut sich Herr Dr. Lamm – sozusagen von Berufs wegen – recht leicht, dieses Raritätenkabinett zusammenzustellen. Er ist nämlich in der Volkshochschule Abteilungsleiter für die Bereiche Länder und Völker, Theater und Literatur und Studienreisen: Wenn er unterwegs ist, geht er auf Eulen-Pirsch. Auch andere VHS-Mitarbeiter sollen vom Jagdfieber angesteckt worden sein; so mancher hat eine Trophäe beigesteuert. Und so entstand im Laufe der Zeit diese internationale Vogelschau. Nur die Putzfrau, so hört man, kennt die genaue Zahl der stummen gefiederten Nachttiere in Dr. Lamms Büro. Denn sie muß die Lammsche Eulen-Galerie von Zeit zu Zeit abstauben."[38]

Wie in diesem Beitrag erwähnt, gehörte von 1961 bis 1978 nicht nur die Presse- und Öffentlichkeitsarbeit zu Lamms Aufgaben. Bereits unmittelbar nach seiner Anstellung arbeitete Lamm intensiv an der Fertigstellung der Festschrift „Erwachsenenbildung – heute und morgen" für Karl Witthalm, die an dessen 65. Geburtstag am 9. Februar 1962 erscheinen sollte.[39] Später leitete er nicht nur den Fachbereich Heimat und Welt[40], sondern war für unterschiedlich lange Zeiträume auch als Abteilungsleiter für die Bereiche Kunstverständnis und Kunstgeschichte, Presse und Film, Praktische Lebenshilfe und

---

[36] StadtAM, Schulamt/NL Fingerle, Akt 7751, Schreiben von Lamm an Stadtschulrat Fingerle vom 12.7.1962.
[37] Interviews mit Hans Limmer und Alfred Lottmann sowie ein Gespräch mit Ingrid Gailhofer.
[38] StadtAM, Schulamt/NL Fingerle, Akt 6797, Wer zählt die Eulen ...?, in: von&über. Die Münchner Volkshochschule informiert, Nr. 1 (August 1976).
[39] Die Festschrift wurde von Oberstudienrat Baudrexel, Stadtschulrat Dr. Fingerle und Lamm herausgegeben. Vgl. zur Konzeption und Veröffentlichung des Bandes StadtAM, Schulamt/NL Fingerle, Akt 6796, Lamm an Stadtschulrat Dr. Anton Fingerle vom 31.10.1961, sowie ebd., Lamm an die Mitarbeiter der Münchner Volkshochschule vom 1.2.1962.
[40] Der Fachbereich Heimat und Welt thematisiert das Zeitgeschehen, Länder- und Völkerkunde. Für die Dauer der Abteilungsleitung durch Hans Lamm vgl. Gespräch mit Dr. Klaus-Josef Notz.

Hans Lamm ca. 1960.

das Fach Englisch der Programmgruppe Sprachen zuständig.[41] Darüber hinaus wurden viele der in den 1960er und 1970er Jahren von der MVHS veranstalteten Auslands- und Bildungsreisen von Lamm vorbereitet und begleitet.[42] Nach der Rückkehr verfasste Lamm stets Berichte, in denen er kurz auf das jeweilige Konzept der Reiseorganisation einging und ausführlich die Erfahrungen mit der Gruppe schilderte, um darauf aufbauend den Bildungswert dieser Reisen hervorzuheben.[43]

Daneben organisierte Lamm zahlreiche Veranstaltungen und Kurse der MVHS in München sowie im Haus Buchenried, dem Volksbildungs- bzw. Freizeitheim der MVHS in Leoni am Starnberger See.[44] Er war darüber hinaus zu Gast bei Podiumsdiskussionen, hielt Vorträge[45] und verfasste Artikel für

[41] Vgl. dazu AHB, Programm, Januar bis März 1969, S. 2–4. Nachdem Lamm am 11.3.1970 zum Präsidenten der IKG München gewählt worden war, gab Lamm die Leitung einzelner Abteilungen ab. Parallel dazu verringerte sich die Anzahl der von ihm angebotenen Veranstaltungen deutlich. Vgl. auch StadtAM, Schulamt/NL Fingerle, Akt 7929, Geschäftsführungsbesprechung am 11.9.64.
[42] Gespräch mit Dr. Klaus-Josef Notz.
[43] Vgl. z.B. StadtAM, Schulamt/NL Fingerle, Akt 7415, Bericht über die Nordamerikareise der Münchner Volkshochschule.
[44] Für einen Überblick über die Veranstaltungen, die Lamm in den 17 Jahren seiner Tätigkeit für die MVHS ausübte vgl. AHB, Programme der Münchner Volkshochschule. Zur Geschichte des Hauses Buchenried vgl. Münchner Volkshochschule 1953 bis 2003. 50 Jahre Haus Buchenried, hier bes. der Beitrag von Michael Schanz, Geschichte des Anwesens und seiner Umgebung, S. 4–19.
[45] Vgl. z.B. AHB, Programm, Oktober bis Februar 1973, Vortrag Heinrich Heine, S. 181.

die bayerische Volkshochschulzeitung „Das Forum".[46] Zu seinen Aufgaben gehörten zudem Führungen durch Münchner Kulturinstitutionen und Archive, die Organisation von Vortragsreihen und die individuelle Bildungsberatung. Außerdem war Lamm für die Hörerberatung zur geeigneten Sprachkurswahl und Einstufung der Interessenten der Englischabteilung sowie die Koordination der Sprachkurse für Gastarbeiter zuständig.

In Lamms Tätigkeit gab es drei inhaltliche Schwerpunkte: auf der einen Seite wirkte er als Spezialist für das Judentum und Israel, auf der anderen Seite qualifizierte ihn seine enge Verbindung zu den USA und zur englischen Sprache für diese zwei Themenbereiche. Neben seiner Funktion als Abteilungsleiter für Englisch und den von ihm geführten USA-Reisen lud Lamm häufig zu englischsprachigen Veranstaltungen in das Haus Buchenried ein, die er in Zusammenarbeit mit unterschiedlichsten Partnern und Gastreferenten durchführte.[47] Darüber hinaus war er für die Schulung von Englischdozenten[48] sowie die Ausbildung von Übersetzern[49] zuständig. Auch außerhalb der genannten thematischen Bereiche setzte Lamm Schwerpunkte und übernahm beispielsweise die Gesamtleitung der Vortragsreihe „Münchner Forum", die eine Plattform zur Klärung und Diskussion komplexer Gegenwartssituation bieten sollte. Im Rahmen der Einzelveranstaltungen wurden soziologische, politische, ethische und philosophische Themen erörtert, denen Lamm auch eine Einheit zur „Schönheit und Beschönigung in der modernen Kunst" hinzufügte, die sich mit Fragen der modernen Kunst sowie der Kunstbetrachtung und -bewertung befasste.[50]

Viele der Menschen, die Lamm in ganz unterschiedlichen Bereichen seiner Tätigkeit für die Münchner VHS kennenlernten, wurden durch die Begegnungen mit ihm lange über den unmittelbaren Kontakt hinaus geprägt. Es scheint, als habe Lamm gerade zur Jugend einen besonders guten Draht gehabt. So ist z. B. in der Niederschrift vom 7. Wochenendtreffen in Haus Buchenried über „Die goldenen Zwanziger" vermerkt:

---

[46] StadtAM, NL Lamm, Akt 149. Zu den von Lamm verfassten Artikeln vgl. Das Forum. Zeitschrift der Volkshochschulen Bayern, hrsg. seit 1961. Zum Thema jüdische Erwachsenenbildung vgl. den von Lamm und Jakob Katz gemeinsam verfassten Beitrag „Geschichte der jüdischen Erwachsenenbildung".

[47] Vgl. z. B. AHB, Programm, Januar bis April 1968, Fortbildungsseminar für Englisch (ab Mittelstufe II) England and America Today vom 13.-14.1.1968, S. 290; StadtAM, Schulamt/NL Fingerle, Akt 7751, „Problems of Minorities in Past and Present"; AHB, Programm, April bis Juli 1968, Bavaria – its History and its Status in present-Day Germany vom 4.-17.8.1968, S. 279; AHB, Programm, April bis Juli 1969, German Language and Literature, Politics and Government vom 27.7.-8.8.1969, S. 232.

[48] Vgl. z. B. AHB, Programme, September 1970 bis Februar 1971, Neue Methoden des Englischunterrichts mit Erfahrungsaustausch, S. 367; AHB, Programme, September 1971 bis Februar 1972, Arbeitstagung für Englischdozenten, 16.-17.10.1971, S. 441.

[49] Vgl. vor allem AHB, Programme, Februar bis Juni 1976, Fahrtendolmetscher-Kurs in Englisch, S. 272. Vergleichbare Kurse wurden von Lamm seit 1967 in jedem Lehrabschnitt angeboten (vgl. AHB, Programme).

[50] StadtAM, Schulamt/NL Fingerle, Akt 7927, Münchner Forum.

„Die Tagung wurde mit dem Referat von Hans Lamm eröffnet, der zwei Dokumente – den Versailler Vertrag und die Weimarer Verfassung – einander gegenüber stellte und daraus den politischen Hintergrund skizzierte, vor dem das kulturelle Leben der Zwanziger Jahre sich nachmals abspielte. Dr. Lamm hat in seinen – allerdings auch etwas zu lang geratenen – Darlegungen einen ausgezeichneten zeitgeschichtlichen Aufriss gegeben, der besonders von der anwesenden Jugend mit größtem Interesse angehört und aufgenommen wurde: dies wieder einer der Nachweise, wie wichtig die Übermittlung dieser politischen Voraussetzungen auch beim kulturellen Thema war, und daß die zeitliche Inanspruchnahme keineswegs vergeblich war."[51]

Dr. Franz Rieger, seit März 1963 Nachfolger von Dr. Karl Witthalm im Amt des Direktors der MVHS,[52] charakterisierte Lamm in seinem Schreiben zu dessen 60. Geburtstag als einen „homo viator" in Sachen Menschlichkeit, dessen geistige Heimat „offenkundig das so fruchtbare wie tragische Feld des Ringens um eine Integration jüdischen und deutschen Selbst- und Weltverständnisses" sei. „Umfassendes Wissen, blitzgescheites Eingehen auf jeden Diskussionsbeitrag, Fröhlichkeit auf dem dunkleren Hintergrund wacher Skepsis, Empfindsamkeit, nimmermüdes, produktives Wollen und Hoffen kennzeichnen eine ungewöhnliche Persönlichkeit in der deutschen Erwachsenenbildung."[53]

Nicht in allen Bereichen war die Zusammenarbeit aber so harmonisch, wie es diese Worte vermuten lassen. Es gab viele Facetten der Lamm'schen Persönlichkeit, die in ganz unterschiedlicher Form zum Tragen kamen und die seine Kollegen, je nachdem, wie viel Überschneidungen es in der Zusammenarbeit gab, ganz unterschiedlich wahrnahmen. Hans Limmer beispielsweise war seit 1965 als Abteilungsleiter verantwortlich für die Kurse der politischen Bildung an der VHS und arbeitete in dieser Funktion über viele Jahre hinweg mit Lamm zusammen. „Ich glaube, das wirklich Prägendste war, dass er eigentlich immer eine Art flüchtige Existenz an dieser VHS geführt hat", erinnert er sich. Typisch war, „dass er mal da war, mal nicht da war, dass er mal kurz da war, und gleich wieder weg war, und vielleicht anschließend auch gleich wieder gekommen ist. Aber ich habe eigentlich nie den Eindruck gehabt, dass Lamm sozusagen zu den kontinuierlich arbeitenden und perspektivisch planenden Mitarbeitern der MVHS gehörte. Sondern die VHS war für ihn ein Stützpunkt für die vielen Aktivitäten, die er gehabt hat."[54]

Ähnlich wie Limmer äußerten sich auch andere Zeitgenossen. Lamm habe die Angewohnheit gehabt, an der Volkshochschule – wahrscheinlich aber auch

---

51 AHB, Nr. 5.1, Niederschrift über das 7. Wochenendtreffen in Haus Buchenried, „Die goldenen zwanziger Jahre", 9. bis 11. Februar 1962.
52 Dr. Franz Rieger, geb. 8.6.1916; gest. 26.5.2002. Dr. Franz Rieger war vom 15.3.1963 bis 1981 Direktor der Münchner Volkshochschule. Unter ihm begann die Professionalisierung und Expansion der Bildungsarbeit der MVHS.
53 Rieger: Dr. Hans Lamm zum Sechzigsten, in: Das Forum, Jg. 13, Nr. 2 (1973), S. 55. Zu Lamms 65. Geburtstag wurden ebenfalls Glückwünsche an ihn gerichtet: Zum 65. Geburtstag: Dr. Hans Lamm, in: Das Forum, Jg. 18, Nr. 2 (1978), S. 59 f.
54 Interview mit Hans Limmer.

an anderen Stellen, an denen er tätig war – nicht nur für die VHS zu arbeiten.[55] Sein Kollege Limmer beschrieb diese „Vielseitigkeit" Lamms in all ihren Ausdrucksformen besonders anschaulich:

„Lamm hat alles mögliche gemacht: er hat Artikel für dieses und jenes geschrieben, oder er hat für die Gemeinde telefoniert, und auch Besucher empfangen. – Das war allgemein wahrnehmbar, dass das so ist, dass Lamm da allerlei Aktivitäten hat, die auch nicht unmittelbar mit der Volkshochschule zu tun hatten. Aber es war bei ihm sowieso nahezu unmöglich herauszufinden, in welcher seiner vielen Eigenschaften und Funktionen er wann tätig gewesen ist, sondern er war eigentlich immer als Gesamtpersönlichkeit tätig. Und als Gesamtpersönlichkeit hat er eben diese vielen verschiedenen Interessen, Neigungen und Aktivitäten gehabt. [...] Und er hat an Gott und die Welt geschrieben, wegen diesem und wegen jenem. Er hat zum Teil auch unverschämte Briefe geschrieben, wo man wirklich sagen muss, das würde sich heute niemand mehr so ohne weiteres trauen – noch an recht wichtige Leute so brutal unverschämte hochfahrende Briefe zu schreiben, mit Grußformeln wie ‚mit der Ihnen gebührenden Hochachtung'. [...] Aber das war auch eine gute Seite, weil man immerhin sagen muss, der Lamm hatte ein gewisses natürliches Gespür für so etwas wie Gerechtigkeit; er hatte auch so ein Gespür dafür, wo die Reaktion waltet und das ihre tut, und das hat ihm nicht gepasst. Wenn er sich nur persönlich genügend erregen konnte, dann hat er sich auch hingesetzt und hat sofort was unternommen. Das war aber auch die einzige Tätigkeit, in der er gewissermaßen eine persönliche Konzentration und Ruhe gefunden hat. Sonst hat er die nicht gehabt, er ist so was von unruhig gewesen, und konnte nicht sitzen und ist immer rumgesaust und ist immer Rad gefahren durch ganz München, aus jeder Ecke konnte Lamm mit seinem Rad rausschießen."[56]

Glücklicherweise kündigten meist die unüberhörbar lauten Klänge des auf dem Fahrrad montierten Radios den „rasenden Radfahrer" Lamm an.[57] Nicht selten schimpfte er zudem lautstark, wenn er gerade einem Autofahrer die Vorfahrt genommen hatte und dieser es wagte zu hupen; gerne blieb er aber auch mitten auf der Kreuzung stehen, um in alle Richtungen zu brüllen, weil er der Meinung war, die Autofahrer hätten nicht genügend Rücksicht auf ihn und seinesgleichen genommen, die regelwidrig die Straßen gekreuzt hatten.

Wie muss man sich aber die Arbeitsweise Lamms vorstellen, wenn er sich in seinem Büro in der Rheinbergerstraße 3 aufhielt? Es gibt verschiedene Anekdoten, die in diesem Zusammenhang gerne erzählt werden. Am einprägsamsten war das Bild, das sich dem Besucher beim Betreten des Lamm'schen Büros bot: Lamm saß für gewöhnlich an seinem Schreibtisch und hatte vor sich eine Reiseschreibmaschine, in die er tippte. Dann hatte er – damals noch etwas Sensationelles – ein kleines Radio mit Knopf im Ohr, an der anderen Schulter einen Telefonhörer. Nebenher diktierte er seiner Sekretärin noch Briefe oder gab andere Anweisungen. „Also – so ein wenig erinnerte es an

55 Interview mit Bernhard Schoßig. Auch Helmuth Ettenhuber und Richard Grimm, die beide als Sekretäre für Lamm arbeiteten, bestätigten diese Aussage im Gespräch. Häufig wurden sie von Lamm gebeten, Briefe zu schreiben, die nicht in unmittelbarem Zusammenhang mit seiner VHS-Tätigkeit standen.
56 Interview mit Hans Limmer.
57 Interview mit Alfred Lottmann und Richard Grimm, Gespräche mit Ingrid Gailhofer, Helga von Loewenich und Brigitte Schmidt.

Napoleon."[58] Gemeinsame Veranstaltungen zu organisieren, sei jedoch trotz oder womöglich wegen Lamms „Multitaskingfähigkeit" jedes Mal wieder eine Herausforderung gewesen:

„Es war ja nahezu unmöglich, mit ihm länger als zehn Minuten ein Gespräch zu führen, weil nach zehn Minuten wurde er so unruhig und ungeduldig, dass er den Raum verlassen musste. Es war eine Qual, wenn man den Lamm gezwungen hat, an längeren Sitzungen teilzunehmen, die vielleicht stundenlang gedauert haben. Der saß in dieser Sitzung drin und am Ende hat er nur noch gezappelt und gehampelt. Er war ein Bündel aus Verzweiflung und Missvergnügen. Und damals – an der VHS – gab es nur ganz enge Räume, und wir saßen alle eng aufeinander, so Knie an Knie, und der Lamm wackelte dann so und hat ganze Reihen von Mitsitzern dann auch zum Wackeln gebracht, also das war schlimm, [...] der war der typische Einzelarbeiter."[59]

Manche der von Lamms Kollegen beschriebenen Charakterzüge und seine häufige Abwesenheit gaben regelmäßig Anlass zu Ärger; sie führten zu Defiziten in der Erledigung anstehender Aufgaben und zu Kommunikationsschwierigkeiten. Besonders froh waren die Kollegen deshalb immer, wenn Lamm einen tüchtigen Sekretär oder eine fleißige Sekretärin hatte, die sowohl organisatorische als auch terminliche Dinge zuverlässig erledigten.[60]

Im Laufe der Zeit scheint dieses Lamm'sche Wesen mit all seinen unterschiedlichen Facetten aber allgemein akzeptiert und toleriert worden zu sein. Man hatte die Schwächen und Eigenarten Lamms erkannt und versuchte diese so gut wie möglich aufzufangen. Zugleich profitierte die MVHS nämlich von Lamms Stärken und Fähigkeiten, die auf unterschiedliche Art und Weise zum einen den Kursteilnehmern, zum anderen aber ebenso den Kollegen zugute kamen.[61] Und auch wenn Lamm nicht unbedingt an der Ausarbeitung pädagogischer Konzepte beteiligt war, so Limmer, unterstützte er die Mitarbeiter der MVHS besonders in der Phase der Umstrukturierung und Neuausrichtung der MVHS als Verfechter der Lehrfreiheit. Er schien immun gegen jede Art von Ideologie und hatte besonders seit Beginn der 1970er Jahre durch seine zahlreichen Tätigkeiten das Prestige und „Standing", die Wahrnehmung der MVHS in bildungs- und kulturpolitisch sehr bewegten Zeiten nach außen zu verändern.[62] Seine Kollegen wählten Lamm zudem über viele Jahre in den Betriebsrat der MVHS, wo dieser sich gerne und engagiert einbrachte.[63]

Am 6. Juli 1978 wurde um 17.30 Uhr, im Anschluss an ein Seminar für hauptamtliche Mitarbeiter in Haus Buchenried, Lamms 65. Geburtstag sowie

58 Interview mit Hans Limmer. Ähnlich äußerten sich Ingrid Gailhofer, Richard Grimm und Alfred Lottmann.
59 Interview mit Hans Limmer.
60 Interview Richard Grimm, Gespräch mit Helmuth Ettenhuber.
61 Gespräch mit Bernhard Schoßig.
62 Interview mit Hans Limmer.
63 Lamm wurde am 13. 1. 1966 in den Betriebsrat der Münchner Volkshochschule gewählt; StadtAM, Schulamt/NL Fingerle, Akt 7433, Schreiben vom Wahlvorstand an Stadtschulrat Dr. Anton Fingerle vom 24. 1. 1966.

seine Verabschiedung in den Ruhestand gefeiert, die zwar sein offizielles Ausscheiden nach 17-jähriger Tätigkeit an herausragender Stelle markierte, jedoch nicht das Ende seiner Tätigkeit für die MVHS bedeutete. Im Rahmen
eines „Beratungs- oder sonstigen ausserordentlichen Dienstvertrags" arbeitete er auch in den folgenden Jahren noch in geringerem Umfang weiter für die
MVHS.[64]

---

[64] StadtAM, Kulturamt, Akt 1648, Protokoll der Vorstandssitzung der Münchner Volkshochschule e.V. am Donnerstag, 8. Juni 1978.

## Miteinander – Füreinander

Bei der Verleihung der Medaille „München leuchtet – den Freunden der Stadt" in Gold durch Oberbürgermeister Erich Kiesl 1978 sagte Lamm rückblickend, er habe die Rückkehr in seine Geburtsstadt als ein großes Glück empfunden: „Es ist ein Glück Münchner zu sein und in München wirken zu können"[65]. Seine vielseitigen Tätigkeiten, bedeutenden Ehrenämter und zahlreichen Reisen machten Lamm in München und weit darüber hinaus bekannt. Während sich viele Juden in Deutschland nur recht zögernd in aller Öffentlichkeit in der Bundesrepublik am kulturellen und politischen Leben beteiligten,[66] brachte sich Lamm auf ganz unterschiedliche Art und Weise in das Leben seiner Heimatstadt und der jüdischen Gemeinde vor Ort ein. Das positive Bekenntnis zu seiner Geburtsstadt war ihm dabei stets ein besonderes Anliegen, gerade weil er nach seiner Rückkehr nach Deutschland feststellte, dass viele der noch oder wieder in Deutschland lebenden Juden in ein „Exil in der Heimat" gegangen zu sein schienen, „in dem sie zwar physisch hier leben, aber doch engeren Kontakt mit den Nichtjuden ihrer Umgebung vermeiden, wohl weniger aus dem Gefühl der Überlegenheit heraus als aus dem, dass sie nicht noch einmal die Erniedrigung ertragen könnten, die ihnen hierzulande von deutschen Menschen angetan wurde".[67] Aber auch wenn die Mitglieder der jüdischen Gemeinden in Deutschland vergleichsweise abgeschlossen lebten, hielt Lamm jeden einzelnen jüdischen Mitbürger in der Bundesrepublik für einen „Vertrauensbeweis zu dem heutigen Deutschland"[68].

Im Gegensatz dazu hatte Lamm keine Berührungsängste mit Deutschen. Er war vielmehr ein „Jude zum Anfassen"[69]: „Als solcher ein wahrer ‚public character', hat der stets agile und schlagfertige Mann, eine eher zierliche als imposante Erscheinung, unzählige Male in öffentlichen Diskussionen das Wort ergriffen, um, wie es ihm einmal nachgerühmt worden ist, die Synthese von Judentum und Münchnertum zu erneuern."[70] Lamm wirkte in seiner Münchner Zeit nicht nur auf regionaler Ebene, sondern auch in verschiedenen Gremien auf Bundesebene: Er gehörte zum Kuratorium der Theodor-Heuss-Preis-Stiftung e.V., München, und war Mitglied des Präsidiums der Deutsch-Israelischen Gesellschaft in Bonn. Er war Mitglied des Pressebeirates der Zuflucht e.V. und zudem aktiv im Vorstand des Raschi-Hauses Worms.[71] Zugleich

---

[65] StadtAM, ZAus, Personen, Hans Lamm, „München leuchtet" für Hans Lamm, in: Süddeutsche Zeitung, Nr. 131 vom 10./11. 6. 1978.

[66] Lamm: Bemerkungen, S. 237.

[67] StadtAM, NL Lamm, Akt 8, Die Gruppen wissen wenig voneinander. Hans Lamm über Juden in Deutschland.

[68] Ebd.

[69] Interview mit Richard Grimm.

[70] StadtAM, ZAus, Personen, Hans Lamm, Ude: Münchner Kulturbummel, in: Münchner Stadtanzeiger, Nr. 32 vom 26. 4. 1985.

[71] StadtAM, NL Lamm, Akt 6, Lebensläufe Lamm.

engagierte er sich politisch als Mitglied der SPD, wobei er das genossenschaftliche „Du" ablehnte und bei öffentlichen Auftritten immer wieder betonte, dass außer NPD oder kommunistischen Gruppen jede demokratische Partei, unabhängig von seiner Einstellung zu dieser oder einer anderen, auf seine Bereitschaft zur geistigen Unterstützung zählen könnte.[72]

Von dem „Literaten mit einem überdurchschnittlichen Wissen um die gemeinsame Geschichte der Deutschen und der Juden"[73] profitierten auch andere Institutionen: Neben seiner Tätigkeit an der MVHS unterrichtete Lamm auch am Münchner Presselehrinstitut, im Internationalen Haus Sonnenberg (Harz) und an der Jüdischen Volkshochschule Berlin.[74] Darüber hinaus schrieb er – wie bereits seit Mitte der 1950er Jahren – unzählige Beiträge für die *Allgemeine Wochenzeitung der Juden in Deutschland*[75] sowie in unregelmäßigeren Abständen auch für andere deutsche Tages- und Wochenzeitungen. Die Themen reichten hierbei von politisch-kritischen Statements bis hin zu informativen religionsgeschichtlichen Aufsätzen; sie thematisierten gleichermaßen Zeithistorisches wie die Bedrohung jüdischen Lebens in Deutschland durch den Antisemitismus und Auto-Biographisches, das Lamm in unterschiedlicher Form in seine Ausführungen integrierte. Zudem übernahm er seit den 1960er Jahren als freier Mitarbeiter Aufträge des Bayerischen Rundfunks (BR): Interviews mit Preisträgern und Dokumentationssendungen vor allem über Israel gehörten dabei genauso zu seinem Repertoire wie Beiträge, die den Hörern das jüdische Brauchtum näher bringen sollten. So berichtete er beispielsweise am 28. Januar 1966 über die Verleihung des Theodor-Heuss-Preises, am 16. Oktober 1971 stellte er die Insel Malta vor, und nach dem von ihm angefertigten Drehbuch wurde am 11. Oktober 1977 der Beitrag „Akko – Kreuzritterstadt zwischen den Zeiten" gesendet.[76]

Durch seine journalistische Arbeit, „wenn ich fürs Judentum, als jüdischer Journalist heute in Deutschland tätig bin,"[77] glaubte Lamm, seinen Dienst am

---

[72] Eine politisch neutrale Amtsführung war Lamm trotz seiner persönlichen Einstellung stets ein zentrales Anliegen. Vgl. StadtAM, NL Lamm, Akt 81, Schreiben von Lamm an Dr. Rudi Schöfberger (SPD), Mitglied des Deutschen Bundestages, undatiert sowie ausführliche Korrespondenz ebd., Akt 138, z. B. Schreiben von Lamm an Staatssekretär Erich Kiesl vom 10. 4. 1978. Vgl. auch ebd., Akt 325, Redemanuskript Lamms „Ich pflege immer ohne ...", undatiert. Auskunft über Lamms parteipolitische Einstellung gab mir auch Alfred Lottmann, Interview.

[73] ZArchivBR: Hans Lamm zum Gedenken, in: gehört gelesen (6/1985), S. 4f.

[74] StadtAM, NL Lamm, Akt 6, Lebensläufe Lamm.

[75] Die *Jüdische Allgemeine* wurde 1946 von Karl Marx (1897–1966) als *Jüdisches Gemeindeblatt für die Nord-Rheinprovinz und Westfalen* mit Sitz in Düsseldorf gegründet. StadtAM, NL Lamm, Akt 1, Presse-Karte der Allgemeinen Wochenzeitung der Juden in Deutschland (gültig bis 31. 12. 1985); StadtAM, NL Lamm, Akt 6, Lebensläufe Lamm.

[76] Vgl. dazu StadtAM, NL Lamm, Akt 16 sowie Akt 206 bis 224.

[77] SchArchivBR: Gespräch.

Judentum zu leisten.[78] Im Februar 1984 äußerte sich Eva G. Reichmann[79], eine Freundin, mit der Lamm seit seiner Zeit im amerikanischen Exil in engem Kontakt stand, in einem Schreiben an den Senator für Wissenschaft und kulturelle Angelegenheiten Berlins über Lamms journalistisches Engagement. Auch wenn ihre Worte voll des Lobes und der Bewunderung für einen Freund sind, dessen Lebensweg sie über viele Jahre mitverfolgt und teilweise begleitet hatte, benennt sie eine mögliche Motivation, die Lamm zu diesem regen journalistischen Schaffen veranlasst haben könnte:

„Dr. Lamm hat das Leiden unserer jüdischen Gemeinschaft in voller Tiefe erlebt. Er ist nicht einer von denen, die die Erinnerung aus äußeren Gründen hätten verdrängen können. Es gelang ihm, der Trostlosigkeit des Geschehens nicht zu erliegen, weil er in aller Trostlosigkeit einen Trost zu finden suchte. Er sah ihn in der Möglichkeit, am Orte des Geschehens an der seelischen Gesundung mitzuarbeiten. Er sah ihn in der tätigen Bemühung um eine neue Toleranz zwischen Tätern und Opfern.
Dem Ziele hat er sich seit seiner Rückkehr in unermüdlicher Arbeit gewidmet. Seine literarischen Zeugnisse sind vor allem – wenn auch keineswegs ausschließlich – in der ALLGEMEINEN JÜDISCHEN WOCHENZEITUNG zu finden. Aber sie sind nicht auf diese beschränkt. Er hat an vielen Orten, in vielen Organisationen, aber vor allem von Mensch zu Mensch dem gegenseitigen Verstehen gedient. Sein jüdischer Stolz, sein ausgezeichnetes jüdisches Wissen, gepaart mit seiner Menschenfreundlichkeit und Lebensfreudigkeit haben das neue Miteinander, das wir in freudiger Genugtuung keimen und wachsen sehen, mit zu schaffen geholfen. In der Erkenntnis des Anderen, in seiner Anerkennung und Würdigung hat er die Grundlagen neuer Lebensgemeinschaft gefestigt. Ich wage zu behaupten, dass jede seiner schriftlichen und mündlichen Äußerungen den Geist der Toleranz in schönster und fruchtbarster Weise widerspiegeln."[80]

1967 wurde er für seine journalistischen Leistungen vor allem auf dem Gebiet der Förderung des christlich-jüdischen Gespräches mit dem Joseph-E.-Drexel-Preis ausgezeichnet.[81] Lamm trug jedoch nicht allein durch sein publizistisches Schaffen zum Verständnis zwischen Juden und Christen bei. Seit seiner Ankunft in München brachte sich Lamm, Mitglied der Gesellschaft für christlich-jüdische Zusammenarbeit München, aktiv in die Arbeit der Gesellschaft ein, seit Februar 1967 als Mitglied des Kuratoriums.[82] Mit Vehemenz enga-

---

[78] Ebd.
[79] Eva Gabriele Reichmann (geb. am 16.1.1897 in Lublinitz; gest. am 15.9.1998 in London) war deutsche Historikerin und Soziologin jüdischer Herkunft. Sie floh 1939 mit ihrem Mann Hans Reichmann nach London und kehrte nicht mehr aus dem Exil in die alte Heimat zurück. Nach 1945 wurde sie vor allem durch ihre Forschungen zum Antisemitismus bekannt. Hans Lamm hatte sie bereits im Rahmen ihrer Vorträge im Jüdischen Lehrhaus in München kennen gelernt.
[80] StadtAM, NL Lamm, Akt 86, Schreiben von Eva G. Reichmann an den Herrn Senator für Wissenschaft und kulturelle Angelegenheiten Berlin vom 17. Februar 1984.
[81] Vgl. StadtAM, NL Lamm, Akt 6, Lebensläufe; StadtAM, NL Lamm, Akt 8, Drexel-Preis für Lamm, in: Süddeutsche Zeitung, Nr. 224 vom 19.9.1967.
[82] Die Gesellschaft für christlich-jüdische Zusammenarbeit München war 1948 als erste dieser Art in Deutschland gegründet worden. Zur Kuratoriumswahl vgl. StadtAM, NL Lamm, Akt 111, Schreiben von Dr. J. Brandlmeier, Geschäftsführer München, an Lamm vom 8.2.1967; StadtAM, NL Lamm, Akt 111, Schreiben von Lamm an Dr. Brandlmeier

Hans Lamm, 14. März 1984.

gierte er sich für den christlich-jüdischen Dialog,[83] war aber zugleich auch (unbequemer) Mahner, „wo immer Haß und Rassismus die wiedergewonnene Vertrauensgrundlage zu erschüttern drohten"[84]. Innerhalb der Gesellschaft für christlich-jüdische Zusammenarbeit führten Lamms deutliche Worte immer wieder zu Spannungen. Als 1965 beispielsweise Stadtrat Dr. Dr. Dr. Hans K. F. Keller, Autor des Buches „Abschied vom Völkerrecht" (1944)[85], in das Kuratorium gewählt wurde, drohte Lamm mit seinem Austritt aus der Gesellschaft, da er der Meinung war, dass einem Juden nicht zugemutet werden könnte, Mitglied einer Gesellschaft zu bleiben, die den Autor eines Buches nationalsozialistischen und antisemitischen Charakters in ihr Kuratorium wählte.[86] Ein Ereignis im Oktober 1968 führte sogar zum vorübergehenden Ausschluss Lamms aus der Gesellschaft. Lamm hatte eine Veranstaltung un-

vom 9. 2. 1967. Zur Gesellschaft für christlich-jüdische Zusammenarbeit vgl. Stöhr: Gespräche, S. 215 und Wetzel: Jüdische Leben in München, S. 83.
[83] ZArchivBR: Rehm: Versöhnung ist sein Lebensziel, in: Süddeutsche Zeitung, Nr. 129 vom 8. 6. 1983, S. 17; ZArchivBR: Hans Lamm zum Gedenken, in: gehört gelesen (6/1985), S. 4f.
[84] ZArchivBR: Rehm: Versöhnung.
[85] Hans Keller, geb. 2. 1. 1908 in Speyer; gest. 17. 7. 1970 in München, war Sachverständiger für öffentliches Recht. 1948 gründete er die Parteifreie Wählerschaft, für die er von 1952 bis 1966 im Stadtrat saß. Darüber hinaus war er Generalsekretär E. h. der Internationalen Grotius-Stiftung zur Verbreitung des Völkerrechts und kandidierte 1965 für die NPD für die Bundestagswahl. Auskunft StadtAM, Dr. Andreas Heusler.
[86] StadtAM, NL Lamm, Akt 111, Schreiben von Lamm an Brandlmeier vom 2. 2. 1965; StadtAM, NL Lamm, Akt 111, Schreiben von Lamm an Brandlmeier vom 5. 4. 1965.

ter der Gastfreundschaft der Carl-Friedrich von Siemens-Stiftung abgelehnt und gefordert, diesen Termin zu verlegen, weil deren Geschäftsführer Dr. Armin Mohler war. Armin Mohler galt als einer der wenigen profilierten rechten Denker in der Bundesrepublik Deutschland und hatte sich Anfang der 1940er Jahre um die Mitgliedschaft in der Waffen-SS bemüht; er schrieb für verschiedene Tages- und Wochenzeitungen und publizierte zudem unter dem Pseudonym Michael Hintermwald zwei Artikel in der rechtsextremen *Deutschen National-Zeitung* von Gerhard Frey, mit der Lamm nicht nur in seiner Zeit als Verleger ununterbrochen Auseinandersetzungen und teilweise Prozesse führte.[87] Eine Auseinandersetzung zwischen Lamm und der Siemens-Stiftung folgte, woraufhin die Stiftung Lamm Hausverbot erteilte. Der erweiterte Vorstand der Münchner Gesellschaft für christlich-jüdische Zusammenarbeit sah in Lamms Verhalten eine Zuwiderhandlung gegen die Satzung des Vereins und beschloss einen vorübergehenden Ausschluss.[88] Beide Konflikte konnten jedoch ohne das endgültige Ausscheiden Lamms aus der Gesellschaft beigelegt werden.

Trotz aller Auseinandersetzungen bemühte sich Lamm stets darum, einen Konsens zwischen Konfessionen und Kulturkreisen zu finden, und setzte sich gleichzeitig auch für die Rechte von Minderheiten ein. Als Mitglied des Vorstands des Deutschen Koordinierungsrates der Gesellschaften für christlich-jüdische Zusammenarbeit erwarb sich Lamm über die Stadtgrenzen Münchens hinaus Verdienste im Bereich des Dialogs.[89] Lamm war in wechselnden Ausschüssen des Koordinierungsrates tätig und verfasste darüber hinaus zahlreiche Artikel für die Zeitschrift dieses Dachverbandes, *Emuna,* in deren Redaktionsausschuss er berufen worden war.[90] Die Gesellschaft für christlich-jüdische Zusammenarbeit in Offenbach ernannte Lamm 1969 zu ihrem Ehrenmitglied.[91]

Die Frage, ob Deutschland ohne die Gesellschaften für christlich-jüdische Zusammenarbeit ärmer wäre, bejahte Lamm für die jüdische Seite.[92] Für ihn waren die Gesellschaften der Ort, an dem sich Leute trafen, „an deren nichtantisemitischer Vergangenheit kein Zweifel besteht"[93]. Auch wenn Judenfeinde nicht zu Judenfreunden werden würden, so könne man sich doch ken-

---

[87] Armin Mohler, geb. am 12. 4. 1920 in Basel; gest. am 4. 7. 2003 in München. Die National-Zeitung sah Lamm als „Unglück für Deutschland". (StadtAM, NL Lamm, Akt 205).
[88] StadtAM, NL Lamm, Akt 111, Schreiben von Lamm an den Vorstand der Gesellschaft für christl.-jüd. Zusammenarbeit vom 2. 10. 1968; StadtAM, NL Lamm, Akt 111, Schreiben von Brandlmeier an Lamm vom 23. 10. 1968; StadtAM, NL Lamm, Akt 111, Schreiben der Vorsitzenden der Gesellschaft an die Mitglieder der Münchner Gesellschaft vom 9. 1. 1969.
[89] StadtAM, NL Lamm, Akt 6, Lebensläufe Lamm; SchArchivBR: Gespräch.
[90] StadtAM, NL Lamm, Akt 6, Lebensläufe Lamm.
[91] Ebd.; StadtAM, NL Lamm, Akt 111, Korrespondenz zur Ehrenmitgliedschaft.
[92] ZArchivBR: Kurt Hofner: Im Gespräch: Dr. Hans Lamm, in: Mittelbayerische Zeitung Regensburg vom 24. 3. 1984.
[93] Ebd.

nenlernen und das Informationsdefizit bei Veranstaltungen wie der alljährlich stattfindenden Woche der Brüderlichkeit ein wenig abbauen.[94] Lamm wurde als Redner in dieser Woche über Jahre hinweg in ganz Deutschland eingeladen. Jedes Jahr wieder trug er vor allem durch Vorträge und im Rahmen von Podiumsdiskussionen zur Gestaltung dieser Woche bei, wobei die Themen äußerst unterschiedlich gelagert waren. Für Lamm war diese Veranstaltung ein wichtiger Gradmesser des gesellschaftlichen Miteinanders zwischen Juden und Nichtjuden in Deutschland. 1960 beispielsweise, „wenige Wochen nach der Welle antidemokratischer Demonstrationen, die durch die Kölner Schmiererei der Weihnachtsnacht ausgelöst wurde", stellte die Woche der Brüderlichkeit, so Lamm, „eine besondere Verantwortung und Aufgabe" dar. „Viele fühlten, daß man 1960 nicht so ‚feiern' könne, wie man es 1957, 1958 und 1959 getan hatte, – als ob seitdem nichts geschehen und vorgefallen sei."[95] Obwohl sich unter den „Blüten, die der Brüderlichkeits-Baum in diesem Jahr [1960] sprießen ließ, [...] auch ein bunter Strauß recht seltsamer" befand, zog Lamm am Ende der Veranstaltungswoche 1960 insgesamt ein positives Fazit:

„Die Beteiligung an den Veranstaltungen dieser ‚Woche der Brüderlichkeit' war, so wird uns berichtet, weit stärker als in den Vorjahren. Zweifellos sind Zehntausende deutscher Bürger aller Konfessionen durch das jüngste Geschehen so tief erschüttert und aufgewühlt, daß sie mehr über die allzu lang verfolgten Juden erfahren wollten. So tragisch das vorgefallene war, so dankbar ist doch zu registrieren, daß im Aufstand der Anständigen Massen aller Stände und Schichten ihre Solidarität zu bekunden gewusst haben."[96]

Zugleich beobachtete er jedoch auch, dass „diese Woche immer wieder mit dem unsichtbaren Motto ‚Seid nett zu den Juden' oder dem Slogan ‚Auch Juden sind Menschen' der Situation nicht gerecht wird"[97]. Man dürfe die Brüderlichkeit, die Lamm und die Veranstalter als gesellschaftsformende Tugend erachteten, nicht auf eine einzelne Woche im Jahr begrenzen, argumentierte Lamm, in der man versuche, mehr über Juden, Judentum und Judenschicksal zu erfahren. „Mancher von uns – Juden wie Nichtjuden – empfindet diese primär doch den Juden (und nicht allen Bekenntnissen und Gruppen gleichmäßig) gewidmete Folge von Veranstaltungen peinlich," führte Lamm 1961 aus. Für ihn war es wichtig, dass Brüderlichkeit demokratisch gedacht wurde: „Letzten Endes wird jede echte und rechte Betätigung im Sinne der ‚Woche der Brüderlichkeit' nicht am kleinen Volk der Juden und an der winzigen Gruppe der Juden Deutschlands haften bleiben oder an der negativen Erscheinung des Antisemitismus. Juden und Antisemiten sind eigentlich für die große Öffentlichkeit Deutschlands und der Welt nur interessant als Prüfstein der Demokratie."[98]

---

[94] Ebd.
[95] StadtAM, NL Lamm, Akt 322, Blüten und Früchte, undatiert, S. 1f.
[96] Ebd.
[97] Ebd., S. 3.
[98] Ebd., S. 4.

Hans Lamm und Schalom Ben-Chorin im Schloss Suresnes, wo beide im Juli 1983 von der Katholischen Akademie für ihre Verdienste im Bereich der christlich-jüdischen Verständigung ausgezeichnet wurden.

Häufig ergriff Lamm das Wort, um kritisch den Sinn dieses Veranstaltungskonzeptes zu hinterfragen und das Thema in das Licht der Öffentlichkeit zu rücken. Seine Zweifel und Sorgen, aber auch Ideen und Wünsche im Hinblick auf die Woche der Brüderlichkeit fasste er immer wieder zusammen. Deutlich mahnend rufen seine 1966 niedergeschriebenen „Gedanken zur Brüderlichkeit" Juden und Christen in Deutschland zum Miteinander auf:

„Aber was können wir denn als Einzelne tun, um die ‚Woche der Brüderlichkeit' zu weit mehr zu machen, als zu einer lieb oder lästig gewordenen Gewohnheit? Es mag gut und lehrreich sein, zu Konzerten und Filmveranstaltungen, zu Vorträgen und zu Wochenendgesprächen zu eilen und dort neue Ideen aufzunehmen und Meinungen mit anderen auszutauschen. Eine dauernde und tiefgreifende Wirkung wird der Besuch derartiger Veranstaltungen jedoch kaum haben, wenn wir sie nicht dazu nutzen, Anstoß zu nehmen, den Nachbarn, *den Anderen zu finden*. Leitwort jeder Woche der Brüderlichkeit – ja, jeder Woche des Jahres – sollte nicht ein mehr oder minder glücklich gewählter frommer Spruch sein, sondern das herausfordernde Wort: ‚*Den Nachbarn suchen!*'
Ich weiß sehr wohl, daß es leicht ist, dies zu fordern und schwer – für manchen von uns: unendlich schwer – es zu tun. Brücken zum Nachbarn anderer Herkunft, anderen Glaubens oder anderer Nationalität zu schlagen, ist nie einfach: für Juden in Deutschland stellt es eine oft fast übermenschliche Aufgabe dar. Dennoch, wenn wir uns freiwillig oder unfreiwillig in ein Ghetto begeben haben, dann obliegt es uns als Juden und als Menschen daran zu arbeiten, diese Mauern abzutragen. Es ist nicht einfach, und jeder unter uns wird seinen eigenen Weg dazu selbst auszuarbeiten haben. Es gibt kein Rezept, das für jeden gilt.

Aber das Bemühen lohnt sich, und wir schulden es unserer Umwelt. Wir verharren in einer Welt, die ärmer ist, als sie sein muß, wenn wir es ablehnen, aus unseren eigenen engen Zirkeln herauszutreten. Von Zeit zu Zeit müssen wir unseren eigenen Kreis – der sonst zum Teufelskreis wird – verlassen und den Nachbarn, gleichviel welcher Konfession oder Nationalität, aufsuchen; wir müssen ‚unser Herz über den Graben werfen'. Die Bande, die sich zwischen uns und dann den Generationen knüpfen, mögen zunächst wie zarte Fäden wirken: sie können jedoch im Lauf der Zeit zu starken Ketten werden, die manchen Sturm überdauern und manchen Schwachen – auf unserm oder dem anderen Ufer – Halt gewähren. Wer sich entschlossen hat, hier zu leben, muß diese Idee der mitmenschlichen Partnerschaft nicht nur in der Theorie bejahen, sondern in der Praxis zu verwirklichen suchen. Niemand erwartet unwürdige Anbiederung oder überschwängliches, unkritisches Umarmen der Umwelt. Wie aber der Patriarch Abraham mit dem göttlichen Vater feilschte und von ihm Gnade um 50, 40, 30, 20 oder auch nur zehn Gerechter willen, erbat, so sollen wir glauben, daß auch in unseren Städten einige, vielleicht weit mehr, Gerechte leben und wirken, die darauf hoffen und warten, von uns gesucht und gefunden zu werden."[99]

---

[99] StadtAM, NL Lamm, Akt 322, Gedanken zur Brüderlichkeit, undatiert.

## Präsidentschaft

Seit dem Frühjahr 1970 stand Lamm noch häufiger im Licht der Öffentlichkeit, als es bis dahin der Fall gewesen war. Am 8. März 1970 wählte ihn die Israelitische Kultusgemeinde München und Oberbayern (IKG) zu ihrem neuen Präsidenten.[100] Die Münchner IKG stellte zu diesem Zeitpunkt mit rund 3580 Mitgliedern neben Berlin und Frankfurt am Main eine der größten jüdischen Gemeinden in Deutschland dar.[101]

1937, ein Jahre bevor Lamm aus München in die USA emigriert war, hatten in München drei Synagogen mit insgesamt 8857 Mitgliedern existiert.[102] Als die Amerikaner am 30. April 1945 München befreiten, lebten nur noch vereinzelt Juden in dieser Stadt.[103] Im Laufe der folgenden Monate stieg die Anzahl der Juden in München durch die Ankunft von Überlebenden und die Rückkehr ehemals vertriebener Juden jedoch so stark, dass sich am 19. Juli 1945 eine neue Gemeinde in der ehemaligen „Hauptstadt der Bewegung" gründete. Dr. Julius Spanier, ein Münchner Theresienstadt-Überlebender (1880–1959), wurde zum Vorsitzenden der Gemeinde gewählt, die am 20. Mai 1947 in einer festlichen Zeremonie die Einweihung der wiederhergestellten Synagoge in der Reichenbachstraße 27 feierte. Von diesem Moment bis zum 9. November 2006, dem Tag der Einweihung der neuen Synagoge „Ohel Jakob" (Zelt Jakobs) am St. Jakobs-Platz, war die Synagoge in der Reichenbachstraße die Hauptsynagoge der Juden in München.[104] Unmittelbar nach der Wiederbegründung der Kultusgemeinde war noch unklar, ob erneut jüdisches Leben in größerem Umfang in München entstehen könnte oder ob man es bei der Israelitischen Kultusgemeinde vielmehr mit einer Liquidationsgemeinde zu tun hätte, die sich innerhalb der nächsten Jahre auflösen würde. Die Entwicklungen während der 1950er Jahre

---

[100] Zur Wahl Lamms vgl. StadtAM, NL Lamm, Akt 89, Schreiben von Lamm an van Dam vom 19.7.1970; StadtAM, ZAus, Personen, Hans Lamm, Dr. Lamm neuer Präsident der israelitischen Kultusgemeinde, in: Münchner Merkur, Nr. 60 vom 13.3.1970. Detaillierte Forschungen zur Geschichte der Münchner Gemeinde und ihrer Präsidenten stehen noch aus. Da die Zeit der Präsidentschaft Lamms auch in seinem persönlichem Nachlass nur sehr lückenhaft dokumentiert ist, versteht sich die Darstellung seiner Amtätigkeit in diesem Buch als erste Annäherung an seine Amtszeit. Zu den Unterlagen über Lamms Präsidentschaft in seinem persönlichen Nachlass vgl. StadtAM, NL Lamm, Akt 91/1 sowie Akt 91/2. Für einen Überblick zur IKG München vgl. Brenner: Aufbruch in die Zukunft (1970-2006); Kauders: Democratization and the Jews, bes. S. 38–64; Ders./Lewinsky: Neuanfang mit Zweifeln (1945-1979); Schoßig: Neubeginn im Land der Mörder, in: Münchner Stadtanzeiger, Nr. 19 vom 13.5.1993, S. 14; Ders.: Das Zentrum in der Möhlstraße, in: Münchner Stadtanzeiger, Nr. 20 vom 19.5.1993, S. 14; Stadtarchiv München (Hg.): Beth ha-Knesseth; Wetzel: „Mir szeinen doh". München und Umgebung. Die Selbstdarstellung der IKG ist im Internet zugänglich: http://www.ikg-muenchen.de (30.10.2007).
[101] Bauer/Brenner (Hg.): Jüdisches München, S. 234.
[102] Zur Anzahl der Mitglieder vgl. Bauer/Brenner (Hg.): Jüdisches München, S. 234.
[103] Schoßig: Neubeginn im Land der Mörder.
[104] Vgl. Wetzel: Jüdisches Leben in München; Kauders/Lewinsky: Neuanfang mit Zweifeln (1945-1970), S. 185f.

zeigten jedoch recht bald, dass das jüdische Leben längerfristig nach München zurückgekehrt war. Es fanden sich ursprünglich osteuropäische DPs und deutsche Juden unter dem Dach der Kultusgemeinde, die den Holocaust überlebt hatten und sich für ein Bleiben in Deutschland entschieden hatten; zu ihnen gesellten sich vereinzelt Juden, die nach Jahren der Emigration nach Deutschland zurückkehrten, oder Rückwanderer, die unmittelbar nach Kriegsende Deutschland verlassen hatten, sich aber in dem Aufnahmeland nicht zurechtgefunden hatten und deshalb erneut in Deutschland ansässig wurden. So entstand nach dem Holocaust eine jüdische Gemeinde in München, die zwar in der Nachfolge der deutsch-jüdischen Vorkriegsgemeinde stand, jedoch stärker ostjüdisch geprägt war als irgendeine andere große Gemeinde in Deutschland.[105]

In den ersten Jahren ihres Bestehens bestimmten innergemeindliche Spannungen und Auseinandersetzungen das Miteinander. Während der Streit zwischen DPs und den aus Deutschland stammenden Juden vor allem politische Aspekte beinhaltete – es ging in erster Linie um Kontrolle und Einfluss innerhalb der Gemeinde –, prägten die kulturellen Unterschiede die Interpretation diverser Konflikte.[106] In das Amt des Präsidenten wählte diese ostjüdisch geprägte Gemeinde, von einzelnen Ausnahmen abgesehen, immer wieder deutsche Juden. Nach Julius Spanier, der bis 1951 diese Position innehatte, stand der Rechtsanwalt Siegfried Neuland (1889–1969) viele Jahre an der Spitze der Gemeinde. Unterbrochen von einer kurzen Amtszeit Max Bachmanns[107], blieb er bis zu seinem Tod im Jahre 1969 Präsident der Münchner Gemeinde. Nach ihm übernahm Dr. Maximilian Tauchner (1917–1999) für wenige Monate dieses Amt, über dessen Besetzung jedoch erneut im März 1970 durch Wahlen entschieden werden sollte.[108]

Bevor aber der für die Wahl angesetzte Termin erreicht war, wurde die jüdische Nachkriegsgemeinschaft Münchens von zwei Anschlägen erschüttert, denen später weitere folgen sollten. Am 10. Februar starb am Flughafen Riem ein Mensch bei dem Angriff arabischer Terroristen auf die Passagiere einer israelischen El-Al-Maschine, die auf dem Weg von Tel-Aviv nach London in München zwischengelandet war.[109] Nur drei Tage später, am 13. Februar 1970, wurde in den Abendstunden ein Brandanschlag auf das Altenheim der Israelitischen Kultusgemeinde München verübt, der bis heute nicht aufgeklärt werden konnte. Sieben Menschen kamen dabei ums Leben.[110] Lamm, der in die-

---

105 Brenner: Aufbruch in die Zukunft (1970–2006), S. 213f.; Interview mit Ellen Presser.
106 Vgl. Kauders/Lewinsky: Neuanfang mit Zweifeln (1945–1970), S. 196–198.
107 Ebd., S. 198; Interview mit Uri Siegel.
108 Brenner: Aufbruch in die Zukunft (1970–2006), S. 214f.; Knobloch: Doch ich hatte die Tiere, S. 21–23; Interviews mit Ellen Presser und Uri Siegel.
109 Brenner: Aufbruch in die Zukunft (1970–2006), S. 209.
110 Für Lamms Bericht über die Ereignisse vgl. ZA, B.1/7, Nr. 830, Protokoll der Direktoriumssitzung des Zentralrats der Juden in Deutschland am 21.6.1970 in München. Vgl. darüber hinaus Traueranzeige für die Opfer der Altenheim-Brandstiftung, in: Münchner Merkur, Nr. 40 vom 18.2.1970; Brenner: Aufbruch in die Zukunft (1970–2006), S. 209.

sen Tagen intensiv mit Wahlvorbereitungen beschäftigt war, teilte in der (für ihn typischen) publizistischen Form die Gedanken mit, die ihn nach diesen Tragödien beschäftigten.

„Diese Zeilen werden wenige Stunden nach jenem traurigen Freitag, dem 13. Februar, niedergeschrieben, in dessen Abendstunden Brandstiftung im Gebäude der Münchner Israelitischen Kultusgemeinde verübt wurde, ein Anschlag, dem sieben Männer und Frauen zwischen 60 und 75 Jahren zum Opfer fielen. In dieser Stunde, in der die verkohlten Leichname von mir bekannten Menschen noch ihrer Beisetzung harren, an einem Tag, an dem noch in einem hiesigen Krankenhaus Heinz Katzenstein, der Vater des am vergangenen Dienstag durch einen arabischen Terroristen getöteten Arjeh Katzenstein, liegt – da können vielleicht Andere wohlgesetzte Worte für gut durchdachte Theorien finden. Ich nicht: als ein Münchner Jude, der 1931 bei der Einweihung jener Synagoge war, die sich im Hinterhof des Gebäudes Reichenbachstraße 27 befindet, das nun zerstört ist, der 1946 an ihrer Wieder-Ein-Weihung teilnahm und seitdem immer wieder seine Schritte dorthin lenkte, denn dieses Haus ist das Zentrum des Lebens dieser jüdischen Gemeinde – ich finde, daß nur Schweigen die der Stunde gemäße Haltung ist, nicht etwa Demonstration, sondern als Widerspiegelung jener stummen Trauer, die uns erfüllt und eint.
Wenn diese Zeilen erscheinen, mag der oder mögen die Attentäter bereits gefasst und ihre Motive und Hintermänner identifiziert sein. Heute kann man nur spekulieren und vermuten, und derartiges taugt nicht für den Druck. Daß es ideologisch verblendete Deutsche dieser oder jener Richtung gewesen sein mögen oder Terroristen aus diesem oder jenem Staat, das liegt auf der Hand. Da noch keine ‚heiße Spur‘ existiert, sei keine Vermutung angestellt, welche Möglichkeit die wahrscheinlichste ist. [...]
Wer auch immer die Täter vom Freitag, den 13. Februar, waren, – alte PG's oder Neo-Nazis, ‚neue Linke‘ oder Araber, – sie haben mit den Mördern des 10. Februar gemein, daß ihr Haß grenzenlos und blindwütig ist und vor dem äußersten nicht zurückschreckt: Mord an Menschen, die sie nicht kennen und die mit den Dingen, die sie glauben bekämpfen zu sollen, nicht in Zusammenhang stehen; in ihrem tollen Wahn meinen sie, damit ihrer Sache zu dienen. Sie schlagen damit jedem Glauben ins Gesicht: sei es dem mosaischen mit den Zehn Geboten vom Sinai oder der christlichen Tochterreligion mit der Bergpredigt, dem Islam und auch dem Marxismus, der individuellen Terror ablehnt. Sie rütteln damit an den Grundlagen der menschlichen Lebensgemeinschaft, durch die allein sie menschlich wird und das Leben in ihr lebenswert. Der 13. wie der 10. Februar werden als Tage der Trauer in unser Herz eingegraben bleiben bis zum Ende unseres Lebens, Tage, an denen grausame Schläge geführt wurden gegen Juden und mittelbar auch gegen Nichtjuden, Schläge, die uns allen galten, die wir an Vernunft und Sieg des Guten im Menschen glauben, weil nur er uns Lebensbasis und Lebensluft gewährt, und die uns auch trafen.“[111]

In der folgenden Debatte ergriff Lamm erneut das Wort, um zweierlei klarzustellen: Zum einen war es ihm ein Anliegen, deutlich zu machen, „daß die Juden weder für die Araber noch für die irregeleiteten Attentäter Haß empfänden. Die Hand zur Versöhnung bleibe ausgestreckt und zwar ebenso hin zur arabischen Führung wie auch zu den jungen Arabern, die in München lebten und studierten.“[112] Zum anderen nahm er die zwei Ereignisse als Anlass, um gegen das Aufkommen von Fremdenhass und Intoleranz zu wettern.

---

[111] StadtAM, NL Lamm, Akt 55, München, am 14. Februar 1970.
[112] Äußerung Lamms, abgedruckt in der Süddeutschen Zeitung Nr. 38 (1970), abgedruckt in: Dr. Hans Lamm: An den „kürbiskern“, Kopie erhalten in StadtAM, NL Lamm, Akt 205.

„Hier und heute eine Pogromstimmung gegen Ausländer zu erzeugen, ist nicht nur politisch unklug, sondern vor allem menschlich unverantwortlich. Die Anstachelung verallgemeinernder Vorurteile und Anti-Handlungen, ob sie sich gegen Ausländer und Gastarbeiter, oder gegen Juden, Neger und Zigeuner richten, muß immer und unter allen Umständen vermieden werden. [...] Man mag sich vielleicht wundern, daß gerade ich als Jude, und obendrein noch als ein in München geborener, diesen Warnruf erhebe. Mein Gedächtnis ist jedoch nicht kurz: ich entsinne mich, wie in den frühen zwanziger Jahren sogenannte Ostjuden als ‚lästige Ausländer‘ von Münchner Polizeibehörden abgeschoben wurden, und ich erinnere mich, wie Zehntausende von Juden im Oktober/November 1938 in das Niemandsland zwischen der deutschen und polnischen Grenze verschleppt wurden, weil Polen ihre Pässe nicht erneuerte und sich die NS-Behörden dieser ‚Staatenlosen‘ gern entledigte. Gewalt- und Kollektivmaßnahmen waren noch nie dazu angetan, ein Problem zu lösen, und wenn der Führer der Bayernpartei heute die Wiedereinführung der Todesstrafe fordert, und sich des aus der Nazizeit noch gut erinnerlichen Ausdrucks ‚Humanitätsduselei‘ bedient, dann erkennt man immer wieder, wie gefährlich nahe Faschismus und diejenigen beieinander sind, die danach schreien, gegen Nonkonformisten und Verbrecher mit Ausmerzungsmaßnahmen vorzugehen. Es wäre der Gipfel dummdreister Demagogie, mich nun zu fragen, ob es mir lieber sei, wenn 7 oder 8 meiner Glaubensgenossen niedergeschossen oder verbrannt werden, oder wenn einige Zehntausende von Ausländern ohne Rechtsschutz aus unserer Stadt entfernt werden. In einem freiheitlichen Rechtsstaat muß es möglich sein, beides zu verhindern. Noch nie war ein Unrecht dazu angetan, ein anderes Unrecht ungeschehen zu machen."[113]

In dieser für die Israelitische Kultusgemeinde sehr schwierigen Zeit wurde Lamm am 8. März 1970 zum Präsidenten gewählt. Obwohl er bis zum Zeitpunkt seiner Wahl in der Münchner Gemeinde keine besondere Funktion innegehabt hatte, war er als Kandidat aufgestellt worden. „Man hatte einfach genug gehabt von der alten Garde und wollte einen neuen Präsidenten wählen", erinnert sich Rechtsanwalt Uri Siegel an die Wahl von 1970, bei der erstmalig keine Listen, sondern Persönlichkeiten gewählt wurden.[114] Uri Siegel war 1945 mit der britischen Exilsarmee in Belgien stationiert und entschied sich während dieses Einsatzes, für einen kurzen Besuch im November 1945 nach München zu reisen. 1946 wurde die Brigade nach Palästina zurückgeschickt, und mit ihr kehrte auch Siegel vorläufig nach Palästina zurück. Ab 1951 reiste er aus beruflichen Gründen sporadisch nach München und verlegte 1957 seinen festen Wohnsitz dauerhaft wieder dorthin zurück. In den sechziger Jahren konnte er als gewähltes Mitglied des Vorstandes der IKG Einblick in die „wilden Kämpfe in der Gemeinde" gewinnen, die in diesen Jahren charakteristisch waren. „Weder Hellmann noch Tauchner haben mit der Führung der Gemeinde geglänzt, und dadurch kam Lamm dann zum Zug", berichtet Siegel heute. „Das war praktisch ein Reformticket, wir haben eigentlich schon Hoffnungen in ihn gesetzt."[115] Besonders Ruth Ralle (heute:

---

113 StadtAM, NL Lamm, Akt 323, Keine Pogromhetze!, undatiert.
114 Interview mit Uri Siegel. Vgl. auch StadtAM, NL Lamm, Akt 322, Nach den Gemeindewahlen. Ein Wort an Alle von Dr. Hans Lamm, 9.3.1970.
115 Interview mit Uri Siegel. Maximilian Hellmann (1895-1974) hatte in den 1960er Jahren vorübergehend die Geschäfte geleitet. Siegel empfindet rückblickend, das Lamm die Hoffnung auf Reform nicht einlöste.

Steinführer), die Lamm die ganze Dauer seiner Amtszeit hindurch als Sekretärin zur Seite stehen sollte, hatte sich im Vorfeld der Wahl in besonderem Maße für den vergleichsweise jungen Kandidaten eingesetzt, der verkündete, dass die Lage, in der sich die Gemeinschaft befände, zu ernst sei, als dass Meinungsverschiedenheiten und Konflikte vergangener Zeiten die Energien absorbieren sollten. Seine Forderung war es, „aus den Irrtümern der Vergangenheit zu lernen und unverzüglich an den Neubau einer besseren Zukunft zu gehen"[116]. Neben dieser und vergleichbaren Aussagen Lamms unterschied er sich von seinem unmittelbaren Vorgänger im Amt als Präsident der Gemeinde noch durch eine weitere Tatsache: während Tauchner aus Ostgalizien stammte, stand mit Lamm (wieder) ein Münchner Jude zur Wahl, der noch dazu ein kulturpolitisch erfahrener Mitarbeiter des Zentralrats war, was ihn offenbar besonders attraktiv erscheinen ließ.

Die jüdische Gemeinde lebte zum Zeitpunkt der Wahl Lamms (immer noch) sehr abgeschottet. Die von ihr organisierten Kulturveranstaltungen waren nur für Juden und nicht für Externe gedacht. Ellen Presser, heute Leiterin des Kulturzentrums der IKG München, erinnert sich an die Organisation der IKG und ihrer Kulturarbeit in den 1970er Jahren:

„Die IKG ist für sehr unterschiedliche Bereiche zuständig. Im Vordergrund steht der Kultus, aber auch Kultur kam ausdrücklich dazu. Und zwar Kultur seit Anfang der 1980er Jahre nicht nur nach innen, sondern auch nach außen. [...] Das erste externe Forum waren seit 1948 die Events der Gesellschaft für christlich-jüdische Zusammenarbeit. Ich möchte behaupten, dass damals von jüdischer Seite nur eine Handvoll deutscher Juden teilnahm; jedoch nicht die Mehrheit der so genannten Ostjuden, also Überlebende aus Polen, Ungarn oder der Tschechoslowakei. Die interessierte das nicht. Man lebte sehr abgeschottet und da war Hans Lamm eine Außenseiterfigur. Denn er war ein deutscher Jude und er hatte keine Hemmungen, sich mit seinem Gegenüber auf Augenhöhe auseinanderzusetzen, nachdem er erst mal die Entscheidung getroffen hatte, nach Deutschland zurückzukehren."[117]

In dieser Situation der Abgeschlossenheit wählte die IKG München einen Intellektuellen an ihre Spitze, der durch seinen deutsch-jüdischen Hintergrund, durch seine ausgezeichneten Deutschkenntnisse, durch sein Gespür für die so genannte deutsche Mentalität, durch seine Tätigkeit bei der Münchner Volkshochschule und durch sein Engagement in der Gesellschaft für christlich-jüdische Zusammenarbeit die bis dahin oft wahrnehmbare Trennung zwischen jüdischen und nichtjüdischen Münchnern durchbrach. Ausdruck fand diese von den Gemeindemitgliedern angestrebte Öffnung nach außen zugleich in der Zusammensetzung des 20 Mitglieder umfassenden Vorstandes: Erstmals wurden in den frühen siebziger Jahren auch nach dem Krieg geborene Gemeindemitglieder in den Vorstand gewählt. Diese „jungen Revoluzzer" brach-

[116] StadtAM, NL Lamm, Akt 322, Nach den Gemeindewahlen. Ein Wort an Alle von Dr. Hans Lamm, 9.3.1970. Vgl. Interview mit Ruth Steinführer.
[117] Interview mit Ellen Presser. Zur Zurückgezogenheit der Gemeinde vgl. auch Brenner: Aufbruch in die Zukunft (1970–2006), bes. S.220f.

Präsident Hans Lamm, 1. März 1982.

ten studentische Belange und eine andere Perspektive in die Arbeit des Vorstandes ein.[118] Lamm arbeitete gemeinsam mit dieser jungen Mannschaft
daran, jüdisches Leben in München (wieder) zu einem Bestandteil des öffentlichen Lebens werden zu lassen. Ellen Presser, die über die jüdische Studentenbewegung mit der Gemeinde, einzelnen Mitgliedern des Vorstandes und
durch diese und ihre Tätigkeit für den Bundesverband jüdischer Studenten in
Deutschland auch mit Hans Lamm Kontakt hatte, beschrieb diese Konstella-
tion im Vorstand der 1970er Jahre folgendermaßen:

„Lamm wirkte in diesem Vorstand als Überlebender, als Emigrant, als Rückkehrer, als des
Deutschen absolut Mächtiger. Eine Gestalt, die auf einer anderen Ebene stand, als diese
junge Mannschaft, die ja in Deutschland geboren war. Diese jungen Leute waren hier zur
Schule gegangen, hatten Abitur gemacht – also sprachlich gab's keinen Unterschied. Aber
durch diese Autorität, die Hans Lamm als deutscher Jude der Vorkriegsgeneration und als
Emigrant und Remigrant mitbrachte, hatte er ein besonderes Gewicht."[119]

Am 5. September 1972, zwei Jahre nach Lamms Tätigkeitsbeginn, wurde die
von ihm geforderte und geförderte Offenheit einer harten Belastung ausgesetzt. Acht Palästinenser der Terrorgruppe „Achter September" töteten zwei
Mitglieder der israelischen Olympia-Mannschaft und nahmen neun weitere

---

[118] Brenner: Aufbruch in die Zukunft (1970–2006). S. 221 f.
[119] Interview mit Ellen Presser.

als Geiseln. Bei dem missglückten Befreiungsversuch wurden alle neun Geiseln, ein deutscher Sicherheitsbeamter und fünf der acht Attentäter getötet. Juden wie Nichtjuden waren entsetzt über das Geschehene. Münchner Politiker und Bürger sowie Sportler und Gäste aus aller Welt, die sich für die Olympischen Spiele in der Landeshauptstadt versammelt hatten, waren geschockt. In dieser Stunde des Terrors richtete die Weltöffentlichkeit ihren Blick nach München, der Stadt, in der die Olympischen Wettkämpfe unterbrochen worden waren, um in Trauer zu gedenken. Fast 20 000 Menschen versammelten sich zum Zeichen des Protestes gegen die Ermordung der israelischen Sportler auf dem Königsplatz, dem Platz, auf dem 13 Tage zuvor zur gleichen Stunde das olympische Feuer begeistert begrüßt worden war. Es sprachen der Oberbürgermeister der Landeshauptstadt München, Georg Kronawitter, der SPD-Landesvorsitzende Dr. Hans-Jochen Vogel, Staatsminister Dr. Franz Heubl (CSU) und Stadtrat Hans A. Engelhard (FDP). Spontan entschied Lamm während der Veranstaltung, ebenfalls das Wort zu ergreifen. In der Süddeutschen Zeitung war tags darauf über seinen Auftritt zu lesen:

„Mit demonstrativem Beifall begrüßte die Menge den letzten Redner der Kundgebung, den Präsidenten der Israelitischen Kultusgemeinde, Dr. Hans Lamm. Er bezeichnete das Erscheinen von Zehntausenden zur Trauerfeier am Vormittag im Stadion und zu der Kundgebung auf dem Königsplatz als ‚Trost in tiefem Schmerz um die ermordeten Brüder‘. Das Mitgefühl des jüdischen Volkes gelte nicht nur den getöteten Sportlern, sondern im gleichen Maße dem Münchner Polizisten, der sein Leben lassen musste. Wenn er aber am Donnerstag mit der israelischen Mannschaft und den elf Särgen nach Israel fliegen werde, versicherte Lamm, dann werde er den Trauernden die Gewissheit übermitteln, daß das München, in dem diese Tat geschehen sei, ein anderes sei als das vergangener Zeiten. Lamm ließ die Kundgebung gegen Gewalt und Terror mit dem altjüdischen Friedensgruß ‚Shalom‘ ausklingen."[120]

Der Gedanke, die Särge der ermordeten Sportler auf ihrem Rückweg nach Israel zu begleiten, war bei Lamm aus dem in dieser Situation empfundenen Gefühl der Trauer und Hilflosigkeit gegenüber dem Terror entstanden.[121] Die politische Bedeutung, die Lamms Handlung – die frei gehaltene Rede am Königsplatz, die weltweit übertragen wurde, genauso wie die Überführung der Särge nach Israel – im Nachhinein erhielt, war Lamm vermutlich in dem Moment des Geschehens nicht bewußt.[122] Bemerkenswert ist, dass seine in dieser Stunde der Trauer und Wut gesprochenen Worte trotz des gerade erfahrenen Terrors neben dem Ausdruck von Schmerz auch ein Bekenntnis zu München und Deutschland darstellten. Die Wandlung der Stadt München von der „Hauptstadt der Bewegung" zu einer „Weltstadt mit Herz" betonte Lamm

---

[120] Fischer: „Wille zum Frieden stärker als blindwütiger Haß".
[121] Gespräch mit Helga von Loewenich.
[122] Ausführlich berichtete Lamm auch vor dem Direktorium des Zentralrats der Juden in Deutschland, dem er seit September 1971 angehörte, über das Attentat und seine Reise nach Israel. Vgl. hierzu ZA, B.1/7, Nr. 831, Protokoll der Sitzung des Direktoriums des Zentralrats der Juden in Deutschland am 22.10.1972 in München.

nicht erst in seiner Ansprache auf dem Königsplatz; diese Sichtweise scheint ihm bereits im Vorfeld der Olympischen Spiele ein zentrales Anliegen gewesen zu sein. An unzähligen Einzelheiten – beginnend mit der Wiedereinweihung der Synagoge, dann die individuellen Werdegänge einzelner Juden in München, die wieder in Führungspositionen aufsteigen konnten, die Ehrung jüdischer Münchner durch Preise oder die an ehemalig Münchner Juden ausgesprochenen Einladungen der Stadt er hier genauso wie die Errichtung von Gedenkstätten für die Opfer der Nationalsozialisten, die Unterstützung der Stadt für die jüdische Sinai-Schule und die Gesellschaft für christlich-jüdische Zusammenarbeit – machte er deutlich, wie sich das Gesicht der Stadt durch die von Politikern und Einwohnern geleistete Aufbauarbeit im Laufe der Jahre verändert hatte. In seinem Aufsatz „Eine gewandelte Stadt" brachte Lamm all diese Entwicklungen in ihrer chronologischen Reihenfolge zur Sprache und schloss mit dem Bekenntnis:

„Wir meinen, daß keine deutsche Stadt so umfassend, so systematisch, so konsequent – und vor allem: so aufrichtig – sich bemüht hat, die Schuld und den Schatten der Vergangenheit abzutragen. Naturwissenschaftler haben festgestellt, daß ein menschlicher Körper sich in 7-10 Jahren in all seinen Zellen völlig erneuert. In den letzten 21 Jahren hat sich auch München in fast all seinen Bestandteilen, äußerlich wie innerlich, gewandelt: ein frischer und freier Geist weht durch seine Behörden und Institutionen – es ist der gleiche, der München im 19. Jahrhundert zu einem Hort des Liberalismus, der Künste und der freien Forschung gemacht hat. Dieser Geist hat eine neue Heimstätte in dieser ‚Weltstadt mit Herz' gefunden, die nun dem Olympiajahr 1972 entgegenblickt, in dem sie die Jugend der Welt zu friedlichem Wettstreit erwartet. Eine Stadt hat sich unter kluger und anständiger Führung erneuert und gewandelt: das sei in Dankbarkeit vor aller Welt festgestellt."[123]

Betrachtet man die Ereignisse in den ersten Jahren der Präsidentschaft Lamms, so ist verständlich, dass die Münchner Gemeinde als Reaktion auf die Terroranschläge ein Netz von Sicherheitseinrichtungen aufbaute, um sich vor weiteren Anschlägen zu schützen.[124] Wie stark jeder Einzelne das Gefühl der Bedrohung empfand oder empfindet, lässt sich nur schwer sagen und hängt wohl stark von der Grundeinstellung der Betroffenen selbst ab. Lamm erklärte rückblickend 1984 zu den Sicherheitsaufwendungen der Gemeinde, die ausgehend von diesen Ereignissen eingeleitet wurden: „Wie groß die Notwendigkeit von Sicherheitsmaßnahmen wirklich ist, weiß ich nicht, weil ich nicht weiß, wie stark die Nazis, die alten und die neuen jungen wirklich sind, weil niemand weiß, wann die PLO und wo wieder aktiv wird. In Sicherheitsdingen tun wir lieber zu viel, als daß wir nachlässig würden."[125]

---

123 StadtAM, NL Lamm, Akt 324, Eine gewandelte Stadt von Dr. Hans Lamm, undatiert. Vgl. hierzu auch Lamm: Eine neue Generation.
124 ZA, B.1/7, Nr. 830, Protokoll über die Direktoriumssitzung des Zentralrats der Juden in Deutschland am 21.6.1970 in München.
125 ZArchivBR: Kurt Hofner: Im Gespräch: Dr. Hans Lamm. Präsident der Israelitischen Kultusgemeinde München, in: Mittelbayerische Zeitung Regensburg vom 24.3.1984.

Womöglich kann ein Zusammenhang zwischen der Erfahrung von Terror in München und der zu Beginn der 1970er Jahre deutlich zunehmenden Spendenbereitschaft der IKG für Israel gesehen werden. „Neuland und der größte Teil des Vorstands haben sich nicht entschließen können, Geld nach Israel zu geben", erinnert sich Uri Siegel an die Situation vor 1970. „Kaum war Lamm an der Macht, hat man schon 150 000 Mark gegeben."[126] Die Erfahrung von Terror stärkte unabhängig von der finanziellen Unterstützung, welche die IKG Israel gewährte, die ideelle Verbundenheit mit dem jüdischen Staat im Nahen Osten, in dem man zwar nicht selbst lebte, dessen Existenz jedoch in dem Gefühl der Bedrohung – man sah in Israel eine mögliche Zufluchtsstätte – eine zentrale Bedeutung zukam. Schon während der sechziger Jahre hatte man verstärkt Anteil an den Entwicklungen in dem jungen Staat genommen. Besonders deutlich zeigte sich die Verbundenheit mit Israel im Frühjahr und Sommer 1967 sowie während des Jom-Kippur-Krieges 1973[127], als die existenzielle Bedrohung Israels die Juden in Deutschland und selbstverständlich auch die Münchner Gemeinde zu Solidaritätsbekundungen und Israel-Kundgebungen veranlasste.[128] Lamm, der sich beim Ausbruch des Jom-Kippur-Krieges in Israel befand, forderte lautstark dessen Unterstützung ein und verteidigte die Politik des jungen Staates in Reden und Aufsätzen. Auszugsweise sei hier sein Aufruf wiedergegeben, den er 1973 verfasste:

„Die freie Welt wird sich nicht vortäuschen lassen, daß die Israelis den heiligsten Tag ihres Jahres erwählt hätten, um die erklärten Feinde anzugreifen und sie an zwei Stellen in das von Israel verwaltete Gebiet eindringen zu lassen. Kein unverhetzter Deutscher wird glauben, daß es in den endlosen Sandwüsten des Sinai oder auf den kargen Berghöhen des Golangebietes darum gegangen sei, angeblich vertriebenen Palästinensern die Heimat zurückzugeben. Daß die 1967 unverhüllt proklamierten Ziele der Vernichtung des Judenstaates und seiner Bevölkerung 1973 noch aktuell sind, bleibt eine harte Wahrheit, sonst hätte sich nicht mehr als ein halbes Dutzend anderer arabischer Staaten zu den beiden Aggressoren vom Samstag gesellt. Weder in Kuweit noch in Marokko, weder in Saudi-Arabien noch in Uganda gab oder gibt es heimatvertriebene Palästinenser. Israel besteht nun mehr als ein Vierteljahrhundert. Kein Nachbarstaat hat den Judenstaat anerkannt oder sein Lebensrecht zugegeben. Es existiert nur als Zielscheibe der Attacken und nicht als Verhandlungspartner.
Dem tapferen und unerschrockenen Volk von drei Millionen Israelis steht eine Front von mehr als 80 Millionen hochgerüsteter Nachbarn gegenüber, ‚Nachbarn', die z. T. Tausende von Kilometern entfernt wohnen und Waffen gegen Israel schmieden. Sie vereint nichts als die gemeinsame Entschlossenheit, Israel die Existenzgrundlage und die Entwicklungs-Chance zu rauben. [...] Israel will alleine kämpfen und den stabilen und gesicherten Frie-

---

[126] Interview mit Uri Siegel.
[127] Der Jom-Kippur-Krieg war nach dem Israelischen Unabhängigkeitskrieg 1948, der Suezkrise 1956 und dem Sechstagekrieg von 1967 der vierte arabisch-israelische Krieg im Rahmen des Nahostkonflikts. Der Krieg hatte mit einem Überraschungsangriff Ägyptens und Syriens am höchsten jüdischen Feiertag, dem Versöhnungstag (Jom Kippur), auf den Sinai und die Golan-Höhen begonnen, die Israel sechs Jahre zuvor im Zuge des Sechstagekrieges erobert hatte.
[128] Vgl. hierzu Brenner: Aufbruch in die Zukunft (1970–2006), S. 211–213; Kauders/Lewinsky: Neuanfang mit Zweifeln (1945–1970), S. 206–208.

den für alle Völker der Region erringen. Dabei rechnet es auf die aktive Unterstützung aller verantwortungsbewussten und freien Menschen, ohne Unterschied der Konfession, der Nationalität oder der politischen Einstellung. Auf diese Unterstützung hat der kleine Judenstaat, der zur neuen Heimat für die in Europa und Nordafrika Verfolgten geworden ist, einen moralischen Anspruch. Wenn das Leben eines kleinen Volkes auf dem Spiel steht, dann gibt es keine Neutralität, dann erheischt das Weltgewissen eine aktive Politik der Lebensrettung. [...] Sinn dieser Stunde ist es, zu dieser friedlichen Zusammenarbeit und menschlichen Solidarität aufzurufen."[129]

Durch zahlreiche Besuche – vor allem in Jerusalem – hielt Lamm nicht nur in seiner Funktion als Präsident, sondern auch ganz persönlich Kontakt zu Israel und seinen Freunden in diesem Land. Schon in den 1930er Jahren war er erstmals nach Palästina gereist und hatte die zionistischen Siedlungen im britischen Mandatsgebiet kennengelernt.[130] Mit Interesse verfolgte er nicht unkritisch die Entwicklungen in diesem Land, wurde als Repräsentant der Israelitischen Kultusgemeinde München von den Staatspräsidenten und Premierministern Israels empfangen und fühlte sich besonders mit der Hebräischen Universität Jerusalem eng verbunden.[131] Dies zeigte sich zum einen durch seine langjährige Mitgliedschaft im Bundesvorstand der Gesellschaften der Freunde der hebräischen Universität e.V., Frankfurt. Zum anderen gründete Lamm aus Anlass seines 65. Geburtstags den Ignaz-und-Martha-Lamm-Stipendienfonds, der es jährlich je einem arabischen und einem jüdischen Studierenden ermöglichte, Fächer zu studieren, die den Interessen und Idealen von Martin Buber nahe lagen. Im Dezember 1983 wurde er als Dank für seine Anerkennung und Unterstützung von der Hebräischen Universität, Jerusalem, zum Ehrenmitglied ernannt.[132]

Das Amt des Präsidenten der IKG München hatte Lamm bis zu seinem Tod am 23. April 1985 inne. Er war Repräsentant der Gemeinde nach außen, einladender Gastgeber für verschiedenste Veranstaltungen und Ereignisse in den Räumlichkeiten der IKG sowie Verantwortlicher und Vermittler für die innergemeindlichen Entscheidungen. Selbstverständlich ist, dass es im Laufe dieser vergleichsweise langen Kadenz nicht immer friedlich zuging: Es gab Spannungen zwischen Lamm und einzelnen Gruppen innerhalb der Gemeinde sowie Auseinandersetzungen zwischen Lamm, dem Rabbiner und anderen Mitgliedern des Vorstandes; zum Alltag gehörten zudem erbitterte Diskussionen

129 StadtAM, NL Lamm, Akt 325, Mitbürger und Freunde.
130 Vgl. StadtAM, NL Lamm, Akt 55, Erinnerungen an Reisen ins Heilige Land. Israel ist für deutsche Touristen ein ideales Ziel, in: AEL vom 2.10.1978.
131 Interview mit Richard Grimm, Helga von Loewenich und Brigitte Schmidt. Vgl. darüber hinaus die Korrespondenzen in Lamms Nachlass. Als Beispiel für die von Lamm geäußerte Kritik an der Politik Israel vgl. seinen Beitrag Quo Vadis, den er unter dem Pseudonym Ivri Anochi veröffentlichte: StadtAM, NL Lamm, Akt 323.
132 Vgl. dazu ZArchivBR: Hebräische Universität ehrt Dr. Hans Lamm, in: Allgemeine Jüdische Volkszeitung vom 16.12.1983, S.30; StadtAM, ZAus, Personen, Hans Lamm, Stipendienfonds an der Universität Jerusalem errichtet, in: Süddeutsche Zeitung, Nr.270 vom 23.11.1978; StadtAM, ZAus, Personen, Hans Lamm, Ehrenbürgerwürde, in: Münchner Merkur, Nr.263 vom 14.11.1979; Interview mit Richard Grimm.

zwischen der IKG München und anderen jüdischen Einrichtungen wie beispielsweise dem Landesverband der Israelitischen Kultusgemeinden in Bayern.[133] Trotz dieser Schwierigkeiten wurde Lamm, der über alle wichtigen
(und unwichtigen) Ereignisse des Gemeindealltags in der Gemeindezeitung,
den *Münchner Jüdischen Nachrichten*, berichtete, von den Mitgliedern der
IKG als Persönlichkeit geschätzt, „die es verstand, klug und besonnen die Gemeinde nicht nur nach innen, sondern dank seiner vielen Fähigkeiten auch
nach außen hin zu vertreten"[134]. So gehörte er beispielsweise seit dem 9. Mai
1971 als Mitglied dem Direktorium des Zentralrats der Juden in Deutschland
an,[135] war Mitglied im Fachbereich Religion der MVHS und vertrat seit dem
1. Mai 1972 die Israelitischen Kultusgemeinden in Bayern im Rundfunkrat des
Bayerischen Rundfunks.[136]

Alle Funktionen und Aufgaben Lamms, seine Stärken und Schwächen sowie die Kritik und Skepsis gegenüber seiner Person und Arbeitsweise zusammenzustellen, würde mehr Raum beanspruchen, als an dieser Stelle zur Verfügung steht. Drei unterschiedliche Themen seien jedoch herausgegriffen, um
den Präsidenten Lamm in seiner Rolle als Repräsentanten und Vorsitzenden
der Israelitischen Kultusgemeinde vorzustellen: Lamms Tätigkeit im Rundfunkrat des Bayerischen Rundfunks, die Entwicklungen in der Gemeinde zu
Anfang der 1980er Jahre sowie Lamms Arbeitsweise und Umgang mit den
Mitarbeitern der IKG.

Nach zahlreichen Verhandlungen mit dem Landesausschuss der Israelitischen Kultusgemeinden in Bayern, mit dem sich die Münchner Gemeinde
für gewöhnlich und in erster Linie um Geld stritt, in zweiter Linie um die Besetzung der Posten im Bayerischen Senat und im Rundfunkrat des BR, wurde
Lamm von 1972 an als Vertreter der jüdischen Gemeinden in Bayern in den
Rundfunkrat des BR entsandt. Dieser berief Lamm in den Fernseh- und den
Spendenausschuss, in die er sich eifrig einbrachte. Sein besonderes Anliegen
war es, „energisch und wirksam die Sache der Juden und des Staates Israel in
den Aufsichtsgremien der ARD zu vertreten"[137]. Dies geschah auf unterschiedliche Art und Weise, sowohl im Rahmen der Sitzungen des Rundfunkrates, an denen Lamm regelmäßig teilnahm, aber mindestens genauso häufig
in Form von Briefen und zahlreichen Beschwerden, die Lamm den Verantwortlichen auf dem Postweg zustellen ließ.

[133] Gespräch mit Brigitte Schmidt sowie Interviews mit Ellen Presser, Uri Siegel und Ruth
Steinführer.
[134] Jüdisches Leben in München. Eine Dokumentation von Chaim Frank, Dokumentations-Archiv, München 2001, in: http://www.juedisches-archiv-chfrank.de/kehilot/deutsland/jew-muc45.htm (13.7.2007).
[135] ZA, B.1/7, Nr.830, Protokoll über die Sitzung des Direktoriums des Zentralrats der
Juden in Deutschland am 9.5.1971 in Düsseldorf.
[136] Zu Lamms Aufnahme in den Rundfunkrat vgl. HistArchivBR: Schriftwechsel mit RR
und VR Mitgliedern vom 1.1.1972 bis 31.12.1972.
[137] Schreiben von Lamm an die Vorstandsmitglieder und jüdischen Vereinigungen in
München, sowie an alle Kultusgemeinden des Landes vom 28.6.1983, Privat.

Grundsätzlich wusste man in den Gremien des BR um Lamms Kenntnisse im Bereich der jüdischen Geschichte und Kultur bzw. Religion und Tradition. Immer wieder kam es deshalb vor, dass Redakteure ihn während der Vorbereitung von Sendungen kontaktierten und um die kritische Lektüre von Drehbüchern baten, um eine unsachgemäße Darstellung jüdischer Inhalte in den geplanten Sendungen zu vermeiden. Wirklich charakteristisch sind für Lamms Tätigkeit jedoch seine zahlreichen Beschwerden, die er zu den unterschiedlichsten Themen vorbrachte, nicht selten unberechtigt. Als Grundlage für seine Schreiben dienten Lamm Manuskripte oder Kopien ausgestrahlter Sendungen, die er anforderte, um sie auf ihren Inhalt zu prüfen und ggf. anschließend Kritik zu üben oder Beschwerde im Rundfunkrat einzureichen.[138] Vorausgegangen waren diesen Anfragen nicht selten Hinweise aus dem Kreis der Mitglieder der Israelitischen Kultusgemeinde oder auch aufmerksamer Hörer bzw. Fernsehzuschauer, die Lamm auf (vermeintlich) unsachliche oder beleidigende Ausstrahlungen hinwiesen.

Beispielhaft für eine unbegründete Beschwerde sei hier die Auseinandersetzung um die Sendung „Auf der Suche nach der eigenen Identität" genannt. Es handelte sich um eine Ausstrahlung im Rahmen der Sendereihe „Evangelische Perspektiven" im 2. Hörfunkprogramm, die sich mit der Identität junger Juden in Deutschland beschäftigte. Nach der Zusendung des von Lamm „dringend" angeforderten Manuskripts und seiner anschließenden Prüfung musste Lamm feststellen, dass die an ihn herangetragenen Beschwerden, die er an den Bayerischen Rundfunk weitergeleitet hatte, nicht gerechtfertigt gewesen waren, und teilte dieses der zuständigen Stelle in einem Schreiben mit.[139] Ebenso lassen sich Korrespondenzen finden, in denen Lamm die vorgebrachte Kritik als gerechtfertigt erachtete und Konsequenzen, wie beispielsweise die Nichtausstrahlung einer Sendung, forderte. So machte am 17. Juni 1983 ein Münchner Steuerberater die IKG auf die Sendereihe „Menschen und Straßen" aufmerksam, deren Folge über den Libanon und die Westbank ihm als Hetze gegen Israel und die USA erschien.[140] Die erhaltene Korrespondenz in dieser Sache belegt, dass Lamm nicht nur den Vorsitzenden des Direktoriums des Zentralrats der Juden in Deutschland, Werner Nachmann, einschaltete, sondern auch den Botschafter des Staates Israel kontaktierte, der ein Telegramm schickte, in dem er sein Entsetzen zum Ausdruck brachte, „daß die ARD in ihrem gesamten Sendebereich die Ausstrahlung einer einseitigen, anti-israelischen Produktion (mit starken antisemitischen Zwischentönen) des SWF mit dem Titel ‚Schalom oder wir haben nichts zu verlieren' am 26. Juni

[138] Vgl. hierzu die Unterlagen im StadtAM, NL Lamm, Akt 207–224.
[139] Vgl. hierzu die Korrespondenz zwischen Lamm und dem Kirchenfunk, abgelegt im StadtAM, NL Lamm, Akt 209, besonders die Schreiben von Lamm an den Kirchenfunk vom 21.7.1974 sowie vom 28.7.1974.
[140] Schreiben von Dr. K. M. an die Israelitische Kultusgemeinde, Hauptverwaltung, vom 27.6.1983, Privat.

1983 zugelassen hat".[141] Lamm verlas am 30. Juni 1983 zudem eine Erklärung vor dem Fernsehausschuss des BR in dieser Sache und schloss mit der Aufforderung, einen neuen Film auszustrahlen, „der die ungeschminkten Fakten (nicht ‚Dichtung und Unwahrheit') bietet"[142]. Anrufe, in denen der Unmut gegen die ausgestrahlten Inhalte an Lamm herangetragen wurden, waren der Auslöser für Lamms Einspruch gegen eine Sendung von Tierschützern, die das Schächten als negativ darstellte, da ein in die Sendung integriertes Statement „eine schwere Verunglimpfung einer Einrichtung des jüdischen Religionsbekenntnisses darstellt, die nicht unwidersprochen bleiben darf, umsoweniger als diese Bemerkung den objektiven Tatsachen widersprechen"[143].

Fühlte Lamm sich durch Rundfunk- oder Fernsehbeiträge persönlich in seinem Verständnis von Judentum angegriffen, brachte er dieses ebenfalls sehr deutlich zum Ausdruck. In der Ankündigung einer Hörfunksendung für den 24. September 1984 im zweiten Programm las Lamm über den deutschen Schriftsteller Berthold Auerbach: „...wollte er aber gerade als Jude ein besonders guter Deutscher .... so spiegelte sein Werk und seine Biographie zugleich die tragischen Beziehungen zwischen Deutschen und Juden..."[144] Dies brachte ihn dazu, der Hörfunkdirektorin, Dr. Gustava Mösler, zu schreiben:

„Was meint Horst Brandstätter (oder der Textverfasser): sind Deutsche und Juden Kontraste? War der Jude Rathenau kein Deutscher und vergoß als Außenminister sein Blut im Grunewald dafür? Schrieb nicht Jakob Wassermann – ein Jahr davor – ein Buch ‚Mein Weg als Deutscher und Jude'? (Würde ich mich nicht als Deutscher und Jude empfinden, dann säße ich in NYC oder San Francisco, in Jerusalem oder sonst wo – und nicht in meiner Geburtsstadt München.) Hoffentlich erwidert man mir nicht, daß man Worte nicht auf die Goldwaage legen solle! Im Hörfunk bestimmt, sonst schließe er seinen Laden, zugunsten von Video-Kassetten und anderen Geschenken der neuesten Zeit. Nix für ungut – aber doch tieftraurig."[145]

Eine besonders erbitterte, persönliche Auseinandersetzung, die in der Presse ihren Niederschlag fand, Lamm zu einer Erklärung vor dem Rundfunkrat veranlasste und zudem vor mehreren Gerichten verhandelt wurde, führte Lamm mit Franz Schönhuber.[146] Die Angelegenheit entwickelte sich zu einem regelrechten Skandal, der Lamms Ansehen in der Öffentlichkeit schadete. Schönhuber hatte 1981 unter dem Titel ‚Ich war dabei' seine Memoiren in demselben Verlag herausgegeben, in dem Lamm die überarbeitete Fassung des Gedenk-

---

[141] Erklärung Lamms vor dem Fernsehausschuss des BR am 30. 6. 1983, Privat.

[142] Ebd.

[143] StadtAM, NL Lamm, Akt 209, Schreiben von Lamm an Intendant Christian Wallenreiter vom 20. 8. 1972.

[144] StadtAM, NL Lamm, Akt 224, Schreiben von Lamm an Dr. Gustava Mösler vom 28. 8. 1984.

[145] Ebd.

[146] Leider wurde mir der im Nachlass Lamm erhaltene Akt 48 „Franz Schönhuber" nicht zur Bearbeitung freigegeben, weshalb an dieser Stelle die frei zugänglichen, zum Großteil veröffentlichten Artikel als Grundlage dienen. Vgl. hierzu z. B. die Unterlagen im ZArchivBR sowie dem StadtAM, NL Lamm, Akt 338.

buches „Von Juden in München" veröffentlicht hatte. Da Lamm für gewöhnlich ein sehr spontaner, schnell handelnder Mensch war und nur wusste, dass
Schönhuber seine Autobiographie geschrieben hatte – die zwei kannten sich,
denn Schönhuber war stellvertretender Programmchef des Bayerischen Rundfunk – schickte Lamm ihm, ohne das Buch in der Hand gehabt zu haben, einen
Gruß, mit dem er zu der Veröffentlichung gratulierte. Erst später schaute er in
den Band und erfuhr, zu was er Schönhuber gratuliert hatte. Der Klappentext
des von Langen-Müller herausgebrachten Buches pries den Inhalt folgendermaßen an:

„In vorliegender Biographie erzählt Schönhuber ... von seiner Kindheit, von seiner religiösen und schulischen Erziehung, von seinem Eintritt in den Krieg als 19-jähriger Kriegs-
freiwilliger der Waffen-SS (,eine politisch missbrauchte und militärisch verheizte Elite
Truppe'), von 3 Jahren Krieg, 1½ Jahren Gefangenschaft, dem Bemühen, nach dem Zusammenbruch wieder einen Platz in der Republik zu finden, ,die ich aus vollem Herzen
bejahe', und seiner journalistischen Laufbahn bis zum ,populärsten Journalisten Bayerns',
wie ihn verschiedene Zeitungen nennen."[147]

Der Feststellung Schönhubers auf der letzten Textseite des Buches, „Ich habe
dieses Buch unter anderem geschrieben, damit es zu einer gerechteren Beur-
teilung der Soldaten der Waffen-SS beitragen möge", konnte Lamm unter
keinen Umständen zustimmen. Er begann jedoch erst dann, sich intensiv mit
dieser Publikation zu beschäftigen, als Schönhuber anfing, mit dem im Vorfeld
der Veröffentlichung verfassten Gratulationsschreiben für dieses Buch zu werben. Der Evangelische Pressedienst fasste unter dem Titel „BR-Rundfunkrat
Hans Lamm wehrt sich gegen Vereinnahmung für Schönhubers Buch" den
Verlauf der Ereignisse sehr knapp zusammen:

„Der Vertreter der Israelitischen Kultusgemeinde protestiert. Er wolle sich gar nicht mit
den politischen Ansichten und dem literarischen Wert der Erinnerungen von Franz
Schönhuber ,Ich war dabei' auseinandersetzen, sagte Hans Lamm, der Vertreter der Israelitischen Kultusgemeinden im BR-Rundfunkrat. ,Doch ich wehre mich gegen den Versuch von Schönhuber, mich als Persil-Schein für sein Machwerk zu benützen', erklärte
Lamm in der Sitzung des Gremiums am 19. November. Er habe dem Programmbereichs-
leiter ,Bayern Information' im Bayerischen Fernsehen zur neuen Autorenrolle tatsächlich einst gratuliert, ,mit einem Brieflein mit den Worten: Herzlichen Glückwunsch zur
Buchpremiere, Ihr alter Lamm'. Dies habe er ohne Kenntnis des Schönhuber-Buches vier
Wochen vor dessen Erscheinen getan. Jetzt, so Lamm, ,hält es Herr Schönhuber für richtig, diesen Brief vom 16. September zirkulieren zu lassen, um mich in eine Reihe mit Die-
wald und Frey zu setzen'. Der Herausgeber der National-Zeitung, Gerhard Frey, hatte
Schönhubers Erinnerungen aus der Waffen-SS-Zeit zum ,Buch des Jahres' gekürt (Kifu
86/81). ,Diese Methode' der ungewollten Werbung für den Autor ,halte ich für unanständig', meinte Lamm."[148]

[147] Zitiert nach: StadtAM, NL Lamm, Akt 338, Hans Lamm: Er war dabei, in: Neue Jüdische Nachrichten, Nr. 1 vom 15. 1. 1982, S. 4.
[148] ZArchivBR, BR-Rundfunkrat Hans Lamm wehrt sich gegen Vereinnahmung für
Schönhuber Buch, in: Kirche und Rundfunkrat. Informationsdienst für Hörfunk und Fernsehen. Evangelischer Pressedienst, Zentralredaktion Frankfurt am Main, Haus der Evangelischen Publizistik, Nr. 91 vom 25. November 1981, S. 15.

Begegnung mit dem Antisemitismus. Hans Lamm besichtigt die Schäden am Alten Jüdischen Friedhof in München, der von Unbekannten im Februar 1980 geschändet worden
war.

Die Auseinandersetzung zog sich über viele Monate hin, in denen Lamm immer neue Anzeigen bei Gericht erstattete, die Prozesse jedoch verlor. „Dieser
Skandal hat Lamm damals sehr geschadet", erinnert sich Ellen Presser, „aber
weil er einfach so eine singuläre Gestalt war, hat es ihn nicht Kopf und Kragen
gekostet. Jemand anders hätte vielleicht zurücktreten und seine Position aufgeben müssen, denn er hatte wirklich riesige Schwierigkeiten nach dieser Karte. Ja, er hatte in seinem Überschwang eine Sympathieadresse ausgegeben,
und bedauerte das anschließend sehr; aber das spricht nun wieder für seinen
Charakter, so impulsiv zu sein."[149]
    Zu dem Zeitpunkt, als Lamm die Prozesse mit Schönhuber führte, war er
bereits mehr als zehn Jahre im Amt. Die Situation der Münchner Gemeinde
hatte sich in diesen Jahren seiner Präsidentschaft deutlich gewandelt. Hatte
man zu Beginn der Amtszeit Lamms erkennen können, dass nach dem erfahrenen Terror nur wenige Kontakte von Seiten der Gemeinde zur Außenwelt
bestanden, so stehen die Eröffnung des neuerrichteten Saul-Eisenberg-Senio-
renheims 1983 und die Neugründungen des Jugend- und Kulturzentrums sowie der jüdischen Volkshochschule beispielhaft für die gewandelte Situation

---

[149] Interview mit Ellen Presser.

der jüdischen Gemeinde in München. Mit der Gründung der Gesellschaft zur
Förderung jüdischer Kultur und Tradition 1982 durch Simon Snopkowski und
der Eröffnung der deutschlandweit ersten ausschließlich auf Judaica speziali-
sierten Literaturhandlung von der promovierten Germanistin Rachel Salaman-
der 1982 seien an dieser Stelle nur zwei Institutionen in München erwähnt, die
in dieser Umbruchstimmung zu Beginn der 1980er Jahre ihre Tätigkeit aufnahmen. Heute sind beide Einrichtungen, von denen seit ihrem Bestehen Impulse für das kulturelle Leben der Stadt ausgehen, aus München nicht mehr
wegzudenken.[150]

In Deutschland war auf jüdischer wie nichtjüdischer Seite eine neue Generation herangewachsen, die auf Augenhöhe kommunizieren konnte. Die jüdischen und nichtjüdischen Jugendlichen und jungen Erwachsenen hatten die
Hemmungen, sich füreinander zu interessieren, weitestgehend abgelegt. Auch
Lamm schien zu erkennen, dass die lange Jahre ausschließlich von ihm geleistete Kulturarbeit und „Außendiensttätigkeit" auf eine breitere Basis gestellt
werden müsste. Die Vorarbeiten und Überlegungen im Zusammenhang mit
der Errichtung des Jugend- und Kulturzentrums zeigen beispielhaft, welcher
Geist zu Beginn der 1980er Jahre die Ausrichtung der IKG bestimmte. Ende
der 1970er Jahre existierte in der Prinzregentenstraße 91 der *Maon Hanoar*
(hebr. Jugendclub, offiziell als Heim der jüdischen Jugend bezeichnet), ein
Gartenhaus, das sehr abgewirtschaftet war und von der Bausubstanz her einer
Generalrenovierung bedurfte. Da es sich um ein denkmalgeschütztes Gebäude handelte, waren bei der Sanierung bestimmte Auflagen zu beachten. Das
Haus sollte nach Abschluss der Arbeiten jugendgerecht und zugleich – so war
es die Idee der jüngeren Mitglieder im Vorstand der IKG – ein offenes Haus
sein. Dieser Gedanke wurde nicht nur deshalb verfolgt, weil ein offenes Konzept die Voraussetzung war, um Zuschüsse für die Sanierung zu erhalten, sondern vor allem, weil die jüdische Gemeinde die Umbruchstimmung wahrnahm
und mit der Neukonzeption ihre Antwort zu geben versuchte. Hans Lamm
und die junge Mannschaft des Vorstandes holten Eli Stern, einen besonders
für seine Ferienunternehmungen beliebten Israeli, als Jugend- und Heimleiter
nach München; im Februar 1983 wurde das Haus mit einer großen Party ein-
geweiht. Von Anfang an arbeitete Ellen Presser in diesem Kulturzentrum mit.
Sie kreierte einen Namen für diese neue Institution, die aus der Assoziation
entstand, dass der Zentralrat der Juden in Deutschland seit Mitte der 1970er
Jahre Jugend- und Kulturtagungen gemacht hatte. „Ausgehend von diesem
Terminus habe ich dann vorgeschlagen, das ganze Jugend- und Kulturzentrum
der Israelitischen Kultusgemeinde zu nennen", berichtet Ellen Presser, „denn
*Maon Hanoar*, Heim der jüdischen Jugend, das war für die deutschen Behör-

---

[150] Zur Gesellschaft zur Förderung jüdischer Kultur und Tradition vgl. die Autobiogra-
phie Snopkowskis: Zuversicht trotz allem, bes. S. 75–88. Seine Frau Ruth führt seit seinem
Tod die Gesellschaft weiter. Vgl. zu den zwei Neugründungen Brenner: Aufbruch in die
Zukunft (1970–2006), S. 219.

den zu fremd, und es wäre wieder Heim der jüdischen Jugend gewesen, und es sollte ja mehr leisten."[151]

Mit diese Namen war auch Hans Lamm einverstanden, der selbst Mitglied in der von Ellen Presser genannten Kommission des Zentralrats gewesen und deshalb mit dieser Idee vertraut war. Es kam aber vergleichsweise selten vor, dass Lamm einem Vorschlag gegenüber positiv eingestellt war und schnell zustimmte. Charakteristischer scheinen für diese Jahre seiner Präsidentschaft intensive und teils erbitterte Diskussionen gewesen zu sein, die Lamm sehr in Rage versetzen konnten. Ein Beispiel hierfür ist die Einführung des Begriffes der „Jüdischen Volkshochschule". Ellen Presser war eingestellt worden, um die Kulturabteilung aufzubauen und auch einen Bereich der Erwachsenenbildung zu schaffen. Sie beabsichtigte, aus dieser Abteilung analog zu dem Vorbild der Jüdischen Volkshochschule in Berlin eine Einrichtung zu machen, in der jüdisches Wissen in Kursen über Hebräisch, Tanzen, Kochen und Ähnliches aus einer jüdischen Perspektive auch Nichtjuden vermittelt werden könnte. Lamm reagierte verärgert und schrieb im Februar 1983 an Eli Stern, seinen Ansprechpartner beim Jugend- und Kulturzentrum:

„Vor Monaten sagte ich Ihnen klipp und klar, daß der Name ‚Jüdische Volkshochschule' reserviert sein muss für eine noch nicht geschaffene Institution im Hauptgebäude der Gemeinde. Sie sagten mir die Nicht-Verwendung des Namens zu und ich nahm an, daß Sie Ihr Wort halten würden. Zufällig musste ich entdecken, daß Sie in Ihrer Planung mit dem untersagten Terminus fortfahren, obschon eine Fülle von Ausdrücken zur Verfügung stehen – so gab es in Berlin nach 1933 eine ‚Schule der Jugend' neben dem ‚Jüdischen Lehrhaus'. Ähnlich gab es z. B. hier ein ‚Jüdisches Jugendheim' neben einem ‚Jüdischen Lehrhaus' und das war Kooperation und nicht Konkurrenz oder Konfrontation. Eine ‚Jüdische Volkshochschule' kann der Gemeindevorstand schaffen und kein Einzelner."[152]

Ellen Presser vermutet, dass Lamms Verstimmung verletztem Stolz entsprang: nicht er, der Volkshochschul-Experte, hatte diese Idee gehabt. Erfolgreich war sein Protest jedoch nicht.

Lamm selbst forcierte zu Beginn der 1980er Jahre ein ganz anderes Projekt, das ihm in seiner Doppelfunktion als Repräsentant der IKG und promovierter Historiker besonders am Herzen lag: die Errichtung eines jüdischen Museums. Lamm wollte jüdische Geschichte präsentieren, dokumentieren und archivieren, um sie für das Gegenwartsleben zu erhalten. In der allgemein wahrnehmbaren Stimmung des Aufbruchs wurde zur Verwirklichung dieses Ziels ein Museumsverein ins Leben gerufen, der die Errichtung eines jüdischen Museums in Bayern anstrebte; man favorisierte zunächst die Gründung einer solchen Institution in Augsburg. Unabhängig von den teilweise langwierigen Sitzungen und zögerlichen Fortschritten in der Konzeption des Großprojektes Jüdisches Museum setzte Lamm sich 1983 dafür ein, die Sammlung „Berger" aus Wien nach München zu holen, um ein erstes öffentliches Zeichen zu setzen. Max Berger war zu Beginn der 1980er Jahre im Besitz einer der bedeu-

151 Interview mit Ellen Presser.
152 Schreiben von Hans Lamm an Eli Stern vom 17.2.1983, Privat.

tendsten Judaica-Sammlungen der Welt. Die Objekte stammten größtenteils
aus der Habsburgermonarchie, die Ritualgegenstände waren früher Bestandteile der ehemaligen Wiener Synagogen und teilweise Gut aus dem alten Jüdischen Museum Wien.[153] Es gelang tatsächlich, diese große Judaica-Sammlung
temporär nach München zu bringen, wo sie im Stadtmuseum mit Ausstellung
und Begleitband gewürdigt wurde.

Es war Hans Lamm jedoch nicht vergönnt, sein Projekt eines eigenstän-
digen Museums zu verwirklichen. Durch seine konzeptionellen Vorüberle-
gungen inspiriert, richtete zwar sein ehemaliger Sekretär Richard Grimm 1989
ein 28m² großes, privates jüdisches Museum in München ein. Doch erst im
März 2007 eröffnete am St. Jakobsplatz das Jüdische Museum der Landeshauptstadt München.[154]

Bei den Personen, die direkt mit ihm zusammenarbeiteten, hinterließ Lamm
einen nachhaltigen Eindruck. Eine davon ist Ruth Steinführer, die während
der gesamten Amtszeit Lamms als seine Sekretärin arbeitete und ihn in seiner
Rolle als Präsident vermutlich am intensivsten erlebte.[155] Steinführer hatte
Lamm bereits zu Beginn der sechziger Jahre als Mandanten der Kanzlei ihrer
Familie und in der politischen Szene kennen gelernt. „Nun, der Lamm war ja
in dem Sinn schon auffällig", erinnert sich Steinführer an die Situation vor der
Wahl. „Er war damals eigentlich einer der einzigen intellektuellen Juden in
Deutschland, er war Bayer, er war a Münchner, er war einer der wenigen, der
da war. Die meisten sind ja gar nicht da gewesen, die deutschen Juden sind
kaum zurückgekommen und die wenigen, die hier überlebt haben, manche
waren Kinder, alle in meinem Alter damals, sind gerade erst auf die Welt gekommen ungefähr, waren halt Kinder", führt sie aus. Steinführer gehörte zu
der Gruppe, die Lamm vor der Wahl tatkräftig unterstützte, und danach „hat
Dr. Lamm mich dann nicht mehr gehen lassen", erzählt sie und lächelt. „Ja,
ich war nicht nur seine Sekretärin, ich war alles: ich war seine rechte und linke
Hand." Sie war auch diejenige, die es am besten mit seiner Art des Umgangs

---

[153] Vgl. hierzu den Ausstellungskatalog: Judaica. Die Sammlung Berger; Interview mit
Richard Grimm und Helga von Loewenich; Schreiben von Lamm an den Vorstand und
das Kuratorium des Jüdischen Museumsvereins in Bayern vom 25.5.1983 sowie Schreiben
von Ruth Steinführer an Vorstand und Kuratorium des Jüdischen Museumsvereins in Bayern vom 16.6.1983, beides Privat. Zu Lamms Engagement vgl. auch das Geleitwort von
Christian Ude, in: Stadtarchiv München (Hg.): Das Jüdische Museum, S.6f. Bereits 1957
und 1977 hatte Lamm über ein jüdisches Museum in Deutschland nachgedacht, vgl. dazu
Lamm: Ein jüdisches Museum; Ders.: Zur Frage Jüdischer Museen.
[154] Das von Grimm gegründete Museum musste wegen finanzieller Gründe aufgelöst
werden. Um den Fortbestand sicherzustellen, übernahmen Ende 1998 das Stadtmuseum
und das Stadtarchiv die Leitung des Museums, das vorübergehend in Räumlichkeiten der
Israelitischen Kultusgemeinde München, Reichenbachstr. 27, eine neue Bleibe fand. Zur
Geschichte des Museums vgl. Stadtarchiv München (Hg.): Das Jüdische Museum. Vgl. zu
den Ausstellungen 1999 bis 2006 ebd., S.58–90. Vgl. auch Brenner: Aufbruch in die Zukunft (1970–2006), S.220.
[155] Die weiteren Angaben und Zitate entstammen dem Interview mit Ruth Steinführer.

Ruth Steinführer, Chil Rackowski (heute Geschäftsführer der IKG München und Ober-bayern) und Hans Lamm in den Räumen der Gemeinde in der Reichenbachstraße, März 1980.

aufnehmen konnte. „Die hat ihm zurückgegeben gelegentlich oder sie hat klug geschwiegen. Das waren ihre zwei Strategien", erinnert sich Ellen Pres-ser an das Verhältnis von Ruth Steinführer zu Hans Lamm. Im Gespräch be-stätigt Steinführer genau diesen Eindruck. Lachend erzählt sie von den unter-schiedlichen Macken Lamms, der sie je nach Laune gern mal „blödes Kamel" oder auch als „Schnecke" bezeichnete, und beschreibt ihren Chef, mit dem sie fast 15 Jahre zusammengearbeitet hat:

„Wir haben zwei Zimmer gehabt im vierten Stock in der Reichenbachstraße, eins hat der Lamm gehabt und eins hab ich gehabt, also nebeneinander. Dr. Lamm war so ein Mensch, der konnte zehn Sachen auf einmal machen. Ich bin bestimmt ganz a schnelle gewesen, aber er hat immer ‚Schnecke, Schnecke' zu mir gesagt. *Er* war sehr schnell, konnte auch schnell denken. Blind hat er tatsächlich gelesen, im Bruchteil einer Minute hat er einen Brief gelesen, das konnt' er schon. Ganz schnell und hat es sich dann auch gemerkt. [...] Er hat gute Eigenschaften gehabt. Er war ein gescheiter Mensch, mit dem man gescheit reden konnte. Er war klug, er konnte sich wenden und reden – Dr. Lamm ist immer rede-gewandt gewesen. Eine weitere Stärke war seine Fähigkeit zu einer gewissen Diplomatie, aber die musste er ja auch haben. Aber auch die Öffentlichkeitsarbeit hat er sehr gut ge-macht: er hat in diesem Bereich den Anfang gemacht, weil die anderen doch nicht von hier waren. Sein Vorgänger, der Dr. Tauchner, war z. B. ein super Chef, genau wie der Dr. Lamm. Und er hat auch das beste draus gemacht, damals als Präsident. Aber Dr. Lamm kannte die Verhältnisse besser hier, ich mein jetzt nicht jüdische Verhältnisse, sondern allgemein: das Verhältnis zu den Deutschen. Er hat eigentlich, auch wenn wir allein waren, mal einen nicht so guten Tag gehabt, oder er ist mal aus sich heraus gegangen, aber er hat einen nie mit den ganzen Verfolgungssachen, der ganzen Verfolgungsgeschichte wie man in Bayern sagt ‚einem aufs Teller gebracht'. Er hat das eigentlich nicht sehr oft erwähnt. Wenn er mal was gesagt hat, dann zu mir – nie in der Öffentlichkeit."

Es verhielt sich jedoch – wie Presser sich erinnerte – nicht alles friedlich. Auseinandersetzungen gab's öfters", bestätigt Steinführer.

„Das ist richtig, aber im Grunde ham' wir immer das gleiche gemeint. Gestritten haben wir wie ein altes Ehepaar, mit den Jahren, wenn man 15 Jahre miteinander, ja das ist richtig... Da sind in manchen Sachen dann halt mal die Fetzen geflogen. Also, erst einmal mit dem Auto, da gab's schon mal den ersten Krach in der Früh. Wie jeden Morgen hol ich ihn ab. Alle meine Kolleginnen und Kollegen hatten tags zuvor gesagt: ‚Ruth, wir brauchen mal eine Gehaltserhöhung wieder, da ist schon lang nix gewesen'. Früher hatten wir die immer automatisch gekriegt, alle im öffentlichen Dienst, aber dann hat er sich bitten lassen, der Chef. Also, wir saßen im Auto, dann hab ich gesagt: ‚Hans, darf ich Dir was sagen, jetzt – morgens, in der Früh war das schwierig, denn er war ein Grantler in der Früh – und dann hat er geantwortet: ‚Na sag schon!' – ‚Jaaaa', sag ich, ‚Du, Hans, wir bräuchten mal wieder, meine Kolleginnen und Kollegen haben mich gebeten, ich soll in ihrem Namen – und in meinem Namen sprech ich auch –, eine Gehaltserhöhung.' – ‚BLEIB' STEHN!', brüllt er, reißt die Tür auf und haut ab. Mitten auf der Kreuzung. Das hat er mir nicht nur einmal gemacht, aber diesmal war es eben wegen der Gehaltserhöhung. Naja, und dann hat er halt die Tür aufgerissen, das war mitten auf der Prinzregentenstraße, wir sind grad die Oettingenstraße runter, da in der Gegend. ZACK, und weg war er."

Eine Lamm'sche Besonderheit im Umgang mit seinen Mitarbeitern war das Mittel der fristlosen Kündigung. Immer wieder kam es vor, dass er aus einer Laune heraus – meist mündlich – seine Mitarbeiter kündigte. Besonders häufig gehörte seine Sekretärin zu den Gekündigten. „Fast jeden Freitag hat er mich fristlos entlassen", erinnert sich Steinführer. „Ja, fristlos entlassen. Immer. Einmal, als er mir mündlich gekündigt hat, bin ich am Montag ganz einfach wieder gespurt. Und eines Tages entlässt er mich wieder fristlos, aber nicht nur mich, sondern alle Mitarbeiter. Alle werden entlassen – schriftlich. Mir sagte er nur: ‚Schreib die Kündigungen!' Ich schreib also an alle, auch an mich selber, ihr seid alle gekündigt."

Trotz aller Auseinandersetzungen und Launen, die Lamm an seiner Sekretärin ausließ, überwiegen die positiven Erinnerungen Steinführers an ihren Chef. Als „Frau Lamm" begleitete sie ihn zu unzähligen Veranstaltungen, nähte ihm auch mal einen Knopf an, wenn dieser abgefallen war, und kümmerte sich auch in den Jahren seiner Krankheit um ihn. „Es war immer wieder schwierig, Dr. Lamm war halt nicht so einfach, aber er hat ein sehr gutes Herz gehabt", ist ihr persönliches Fazit. „Ich war schon eine Freundin von ihm, ja das kann ich sagen, wir waren Freunde. Er war ein guter Mensch, wo er helfen konnte hat er geholfen, das war seine Eigenschaft als Mensch, aber auch als Präsident."

Aus einer anderen, etwas distanzierteren Perspektive erlebten Uri Siegel und Ellen Presser den Präsidenten Lamm. Beide schätzten ihn als einen durchweg höflichen Menschen.[156] Ellen Presser ergänzte jedoch, und hier decken

---

[156] Interview mit Uri Siegel.

sich ihre und Ruth Steinführers Eindrücke mit denen anderer Gemeindemitglieder, dass Lamm auch sehr ungehalten sein konnte, wenn ihn irgendjemand
oder irgendetwas aufregte: „Er war sehr, sehr unkonventionell im besten
Sinne des Wortes, konnte unglaublich ruppig sein, und brüsk und beleidigend,
also grenzenlos unverschämt zu anderen Menschen, auch sehr, sehr ungeduldig. Manchmal hätte sein Verhalten durchaus auch den Tatbestand einer Be-
leidigung erfüllen können. Es ging soweit, dass Lamm Leute aus dem Büro
hinauswarf. Interessanterweise haben es ihm die Leute – also bei uns die Kollegen – nicht übel genommen, sondern manchmal auch zurückgegeben, das
hat er dann auch ausgehalten."[157] Presser erinnert sich aber vor allem an eine
Persönlichkeit, die sich durch ihre Originalität ausgezeichnet hat:

„Es war immer eine skurrile Erscheinung, so ein Herr im Anzug mit fliegender Krawatte,
ein aus meiner Sicht älterer Mann, der da auf seinem Radl durch die Gegend fuhr: er war
schon ein Original. [...] Er war sehr, sehr belesen, sehr sprunghaft und er hatte eine große
assoziativ funktionierende Intelligenz. Häufig hat er Dinge, die man nicht miteinander auf
Anhieb zusammengebracht hätte, irgendwie zusammengebracht. Das hat nicht immer
funktioniert, manchmal war es wie ein Wolpertinger, aus lauter nicht passenden Teilen zu-
sammengepuzzelt, aber das war auch seine Originalität. [...] Jeder wusste, wer er ist und
woher er kommt, das musste er nicht ausdrücklich betonen, das war einfach bekannt: es
war implizit, und ich glaube, er hat auch dieses Selbstbewusstsein gehabt, schon wie er so
reinkam: er war ja körperlich nicht sehr groß, und trotzdem hat ihn kein Mensch übersehen und auch nicht überhören können. Er hatte eine sehr starke, kräftige Stimme und kein
Mensch hätte je sagen können, wenn der irgendwo reingekommen ist, er hätte ihn nicht
wahrgenommen – das wäre undenkbar gewesen."[158]

Uri Siegel lernte Lamm aus einer dritten Perspektive, in den Vorstandssit-
zungen, kennen. Er schätzte ihn wegen seiner besonderen Ausdrucksfähigkeit
im Deutschen und rechnete ihm seine Bereitschaft, das oft anstrengende, zeitraubende Ehrenamt auszuüben, hoch an. Dennoch sah er einzelne Aspekte
der Amtsführung Lamms sehr kritisch:

„In Erinnerung geblieben ist mir, dass er sehr flüchtig war. Alles musste immer schnell gehen, er war eigentlich ein Irrlicht. Er war sicher ein hochintelligenter Mann, und die Seite
kann man ihm nicht nehmen: Er hatte auch Zeit für jüdische Belange, aber: das, was ein
Gemeindepräsident braucht, ist Beständigkeit, Geduld, Umsicht und ein bisschen Gefühl
für Geld, für Verwaltung und Disziplin. – Ich glaub', das Hauptproblem war das Geld. Die
Finanzgebaren zur Amtszeit Lamm waren undurchsichtig. Lamm hat sich effektiv nicht
dafür interessiert. Man hat theoretisch über den Haushalt diskutiert, aber es sind eigentlich keine Schulden angesprochen worden, und es sind Schulden nicht in den Haushalt
einbezogen worden."[159]

Lamm selbst hat sich über seine Tätigkeit und die Bedeutung, die das Amt für
ihn hatte, kaum geäußert. Er war sich allerdings bewusst, dass eine Zusammenarbeit mit ihm nicht immer einfach war. In einer Mitgliederversammlung
1971 entschuldigte er sich bei all denen, die mit ihm in Kontakt traten, mit den

---

[157] Interview mit Ellen Presser.
[158] Ebd.
[159] Interview mit Uri Siegel.

Worten: „Wenn ich oft ungeduldig erscheine, dann ist dies keine Missachtung der Menschen oder ihrer Anliegen, sondern hat andere Gründe."[160] Und auch seine Worte des Dankes an seinem 70. Geburtstag 1983 lassen erkennen, dass er sich seiner Schwächen im Umgang mit Kollegen sehr wohl bewusst war: „Dank – last but not least – den Kollegen und Mitarbeitern in der Kultusgemeinde: den Damen und Herren, die mich zuweilen als ungeduldigen Schulmeister erleben, und den Mitarbeitern im Büro, die unter meiner Ungeduld, wohl typisch für Zwillinge, wohl tagtäglich zu leiden haben. Die Lamm'sche Ungeduld macht's nicht leicht mit mir, aber vielleicht interessant."[161]

Trotz aller Leidenschaft und Hingabe, mit der er sein Amt führte, machte ihm die Arbeitsfülle mit zunehmendem Alter immer mehr zu schaffen. Schon Ende des Jahres 1970 hatte ihm sein Arzt geraten, aufgrund seines schlechten Gesundheitszustandes „einige Wochen vom Dienst Abstand zu nehmen, was aber von ihm wegen Arbeitsfülle abgelehnt wurde"[162]. Auch in den folgenden Jahren wurden die Aufgaben und Termine nicht weniger, sein Gesundheitszustand kontinuierlich schlechter. Neben der Reduzierung seiner vielen zusätzlichen Aktivitäten erfuhr Lamm durch das Amt noch eine weitere Einschränkung: Aufgrund seiner repräsentativen Funktion für die Gemeinde fühlte er sich gezwungen, seine persönlichen Ansichten, provozierende Thesen oder deutliche Kritik nicht mehr unter seinem eigenen Namen zu publizieren.[163]

Lamm hatte als Präsident ein Amt angetreten, das ihn noch mehr als bisher zu einer öffentlichen Person werden ließ. Er versuchte dieser Verpflichtung gerecht zu werden und die damit verbundene Verantwortung als Repräsentant auch in seinen zahlreichen ehrenamtlichen, politischen und schriftstellerischen Tätigkeiten zu berücksichtigen. Diese Verantwortung machte Lamm trotz des vollen Terminkalenders, der zahlreichen Reisen und aller Aufgaben, die er wahrzunehmen hatte und wahrnehmen wollte, sehr einsam. Nur äußerst selten thematisierte Lamm jedoch diese Seite des Ehrenamtes. In der Antwort auf einen Glückwunsch zum Aufstieg in der Gemeinde schrieb er jedoch einmal: „Ich komm mir gar nicht ‚hoch' vor, aber als ‚Herr Präsident' lebt man doch recht isoliert in einem ungewollten Elfenbeinturm."[164]

Die wohl mit Abstand persönlichste Einschätzung der Bedeutung des Präsidentschaftsamtes findet sich in der Abschrift des Gespräches zwischen Lamm und seinem Neffen Michael. Wie eingangs berichtet, hatte Lamm zeitweilig während seiner Kindheit und Jugend immer wieder mit Gefühlen der Unterlegenheit gegenüber seinem älteren Bruder Heinrich zu kämpfen. Die Wahl an die Spitze der Israelitischen Kultusgemeinde war für Lamm persön-

[160] StadtAM, NL Lamm, Akt 325, Ch'wod ha-Raw, undatiert.
[161] StadtAM, NL Lamm, Akt 325, Liebe Freunde vom 8. 6. 1983.
[162] StadtAM, NL Lamm, Akt 1, Ärztliches Zeugnis von Dr. med. Isfried Gribl, ausgestellt am 14. 12. 1970.
[163] Am häufigsten publizierte Lamm unter den Pseudonymen Ivri Anochi, Peter Halm, David Melchior und Max Stier.
[164] StadtAM, NL Lamm, Akt 58, Lamm an Osi vom 29. 1. 1972.

lich deshalb eine Art Beweis, dass er sehr wohl etwas erreichen konnte, auch wenn ihm sein Bruder in vielen Dingen so weit überlegen erschien. In ihrem Gespräch 1977 bekannte Lamm:

„Ich tat mich sehr schwer damit, mich aus der hoffnungslosen Konkurrenz [mit Heinrich] frei zu kämpfen. Und ein Psychoanalytiker würde vermutlich sagen, dass die Erlangung des Präsidentenamtes – und natürlich wirst Du sagen, dass man das Präsidentenamt nicht erlangt, sondern dass man es anstrebt und dadurch erlangt – dass das Erreichen des Präsidentenamtes sozusagen eine Möglichkeit war, um meinem Vater posthum zu zeigen, dass ich in der jüdischen Gemeinde etwas erreichen konnte; und um Heini, der damals noch lebte, ebenfalls zu zeigen, dass ich kein kläglicher Versager bin."[165]

Die Verbesserung und Vertiefung der Beziehungen zwischen der Bundesrepublik und dem Staat Israel lagen Lamm genauso am Herzen wie der Neubeginn in den Beziehungen zwischen Juden und Nichtjuden. Auszeichnungen der Stadt München, des Freistaates Bayern und des Bundes für sein stetiges Bemühen um eine Versöhnung, das auch in der Öffentlichkeit große Beachtung fand, können womöglich als ein Gradmesser seiner Wirkungskraft angeführt werden: Am 8. Juni 1977 wurde Lamm im Antiquarium der Residenz zu München der Bayerische Verdienstorden verliehen.[166] Zu seinem 65. Geburtstag ehrte Oberbürgermeister Erich Kiesl Lamm mit der Medaille „München leuchtet – den Freunden Münchens" in Gold.[167] In seiner Laudatio würdigte der Oberbürgermeister Lamm mit folgenden Worten:

„Sie sind aus der Münchner Landschaft nicht wegzudenken. Außerdem sind Sie mit einem Vorzug ausgezeichnet, auf den wenige hier zurückblicken können, nämlich dem, ein gebürtiger Münchner zu sein. Sie haben ihre wissenschaftliche Tätigkeit lange Zeit hier ausgeübt, unterbrochen von der unseligen Zeit der Emigration. Sie sind sehr bald nach München in Ihre ursprüngliche Heimat zurückgekehrt und in München geblieben. In den unterschiedlichsten Funktionen haben Sie nach 1945 sehr viel wirken können für ein gutes Verständnis unserer jüdischen Mitbürger in unserer Bevölkerung."[168]

Am 3. November 1981 überreichte Staatsminister Hans Maier Lamm das Bundesverdienstkreuz, das ihm vom Bundespräsidenten verliehen worden war.[169]

Womöglich war es aber auch der Geist, der dem Wirken Lamms innewohnte, der den 15 Jahren seiner Amtszeit ihren eigenen Charakter verlieh? „Es war angenehm mit ihm zu sprechen, er war immer engagiert, aber unaufgeregt, und kompetent", erinnerte sich Alt-Oberbürgermeister Hans-Jochen Vogel, um zu ergänzen:

---

[165] Hans Lamm Reminiscences, 6/5/77, Privat (Original in englischer Sprache).
[166] StadtAM, NL Lamm, Akt 80.
[167] StadtAM, ZAus, Personen, Hans Lamm, „München leuchtet" für Hans Lamm, in: Süddeutsche Zeitung, Nr. 131 vom 10./11. 6. 1978.
[168] StadtAM, ZAus, Personen, Hans Lamm, Geehrt wurden, in: Münchner Stadtanzeiger, Nr. 45 vom 15. 6. 1978.
[169] StadtAM, NL Lamm, Akt 81. Vgl. dazu auch StadtAM, ZAus, Personen, Hans Lamm, Verdienstkreuz für Hans Lamm, in: Süddeutsche Zeitung, Nr. 267 vom 20. 11. 1981; Hans Lamm erhielt Verdienstkreuz, in: Münchner Merkur, Nr. 254 vom 4. 11. 1981.

„Was die Stimmung und die Atmosphäre anging und so wie ich ihn erlebt habe, glaube ich, dass in *seinem* Kopf bereits Gedanken existierten, wie sie jetzt mit dem Jakobsplatz verwirklicht worden sind. Nicht, dass er konkrete Pläne schon hatte oder sagte, man müsse eine Synagoge bauen – das nicht. Aber seine Perspektive war sicher, dass es wieder eine jüdische Gemeinde in München gibt, die nicht durch das furchtbare Schicksal ihrer Mitglieder in größerer Zahl abgeschlossen hier lebt, sondern die wieder integriert in die Gesellschaft hier leben werde."[170]

---

[170] Interview mit Hans-Jochen Vogel.

## Mitten im Leben

Beim Erarbeiten der unterschiedlichen Lebensstationen Lamms, beim Studium seiner Briefe und auch beim Notieren der Erinnerungen von Freunden
und ehemaligen Kollegen fällt auf, dass Lamm nicht häufig über seine Vergangenheit sprach. Nur äußerst selten gab er etwas über sein Privatleben preis,
nur selten sprach er über Beziehungen zu Menschen, die ihm persönlich nahe
standen. Die Frage, wie Lamms Alltag fernab von beruflicher Tätigkeit und
ausgeübten Ehrenämtern bzw. Repräsentationsaufgaben aussah, bleibt nicht
zuletzt wegen mangelnder Quellen in vielen Punkten offen. Dennoch gibt es
einige Dinge, die man über Lamms Interessen und sein Lebensumfeld feststellen kann.

1961 bedeutete die Anstellung bei der MVHS für Lamm nicht allein eine
erneute berufliche Herausforderung, sondern gleichzeitig auch die dauerhafte
Rückkehr in seine Geburtsstadt. Lamm wohnte von Ende September 1961 bis
zu seinem Tod am 23. April 1985 im ersten Stock der Emil-Riedel-Str. 8, nur
ein paar hundert Meter von dem Haus entfernt, an dem er seine Jugendjahre
verbracht hatte.

Ein reges Kommen und Gehen kennzeichnete den Alltag in dieser Wohnung: Freunde und Bekannte aus München gingen bei Lamm genauso ein und
aus wie Besucher aus dem In- und Ausland, die beim Betreten der Wohnung
zuallererst riesigen Brief- und Papierstapeln sowie Bücherbergen ausweichen
mussten. Nicht nur am Boden war die Präsenz von Büchern selbstverständlich.
Der großzügige Eingangsbereich war rechts und links von Regalen flankiert,
die vom Boden bis zur Decke reichten: gefüllt mit Büchern. Gleich neben der
Eingangstür bot der so genannte „Büchertisch" zusätzliche Ablagemöglichkeit für Verschiedenes und die Zeitungen, die täglich gebracht und von Lamm
studiert wurden. Dem Tisch gegenüber befand sich ein Regal, aus dem sich
jeder, der etwas Ansprechendes unter den dort eingestellten Werken fand,
ohne zu fragen bedienen durfte. Betrat man vom Flur aus das Arbeitszimmer,
so wanderte der Blick eines jeden Gastes früher oder später zu dem unter Papieren und Publikationen fast vollständig verschwundenen, kaum als solchem
erkennbaren Schreibtisch, zu dem Lamm nur sagte: „Nein, fragen Sie mich
nicht, wie mein Schreibtisch aussieht. Wer ihn kennt, wundert sich, daß ich so
wenig verschlampe und so relativ viel produzieren kann."[171] Mit Büchern gefüllte Regale gehörten hier genau wie im Schlafzimmer zu den Möbelstücken,
auf die mit Sicherheit nicht verzichtet werden konnte.

Lamm bewohnte die Wohnung in der Emil-Riedel-Straße jedoch nicht allein. Die wohl ausdauerndste Mitbewohnerin in der großzügigen, grundsätz-

---

[171] StadtAM, NL Lamm, Akt 323, Zwei Schreibtische. Vgl. zum Alltag in der Wohnung
auch die Gespräche bzw. Interviews mit Richard Grimm, Helga von Loewenich, Brigitte
Schmidt und Ruth Steinführer sowie z. B. die Korrespondenzen im StadtAM, NL Lamm,
Akt 54 bis Akt 60.

Eliza.

lich chaotisch-unaufgeräumten Vier-Zimmer-Wohnung war seine Katze Eliza. Während der mehr als 20 Jahre gab es nicht nur eine Eliza, sondern jede Katze, die bei Lamm ein zu Hause fand, wurde nach ihrer Vorgängerin benannt, so dass man bei der Frage nach dem Wohlbefinden Elizas über Jahre hinweg nicht falsch liegen konnte.[172]

Neben der Katze trugen normalerweise zwei bis drei in die Wohnung aufgenommene Untermieter ihren Teil zu der Vervollkommnung der von Lamm verursachten Unordnung bei. Besonders die Frage, wer für die Reinhaltung der „Casa", wie Lamm seine Wohnung zu nennen pflegte, zuständig sei, sorgte immer wieder für Auseinandersetzungen zwischen Lamm und den „Casaiten". Trotz der Appelle des Hauptmieters zur Zusammenarbeit war dieser regelmäßig der Auffassung, dass sich die Einzelnen nicht genügend um die Hausgemeinschaft bemühten und die ihnen auferlegten Pflichten vernachlässigten: „Tagtäglich darf ich den Küchenabfall in den Hof bringen und die Küche (Boden!) strotzt vor Dreck, obwohl ich sie weniger als jeder andere benutze. Meiner wiederholten Bitte, Geschirr und Besteck tagtäglich abzuspülen, wird schon lang nimmer entsprochen."[173]

---

[172] Gespräche mit Brigitte Schmidt. Darüber hinaus wird Eliza in zahlreichen Briefen erwähnt, vgl. hierzu z. B. die Korrespondenzen im StadtAM, NL Lamm, Akt 54 bis Akt 60.
[173] StadtAM, NL Lamm, Akt 57, Lamm an alle Untermieter der „Casa Lamm" vom 30. 3. 1968.

Trotz der diversen Unstimmigkeiten, die über die Jahre verteilt zwischen Lamm und den jeweils gerade in der Wohnung lebenden Untermietern auftraten, waren seine Casa-Kinder, wie diese sich selbst gern nannten, ein wichtiger Bestandteil seines Lebens. Auf ihre Unterstützung konnte Lamm sich besonders in den Zeiten seiner Abwesenheit aus München verlassen: Sie übernahmen das Füttern von Eliza und den Transport der eingegangenen Briefe vom Postkasten zum Schreibtisch; sie waren ggf. auch für das Öffnen der Schriftstücke zuständig. Manchmal beschäftigte Lamm einen der jungen Männer, die bei ihm wohnten, als seine Privatsekretäre, da er ohne Unterstützung zu Hause in Zeitschriften, Büchern, Briefen u.ä. versank. Diesen wurden dann auch Schreibarbeiten anvertraut, die Lamm aufgrund seiner Ungeduld einerseits und seiner zahlreichen Verpflichtungen andererseits gerne delegierte. Häufiger als seinen Untermietern bot er die Position des Privatsekretärs jedoch Bekannten an, die er im Rahmen seiner unterschiedlichen Tätigkeiten oder durch Freunde kennen gelernt hatte und von denen er erwartete, dass sie diesen und weiteren Aufgaben gewachsen wären. Eine Ahnung, wie vereinnahmend dieser Job sein konnte, vermittelt ein Brief seiner letzten Privatsekretärin, Brigitte Schmidt. Nachdem Lamm 1984 zu Pessach nach Israel geflogen war, schrieb sie an den Reisenden: „Ich hab gar nicht mehr gewusst, wie es ist, ganz von alleine aufzuwachen, nicht durch ein penetrantes zu Unzeiten klingelndes Telefon geweckt zu werden, durch einen Präsidenten, der einem noch mal das erzählt, was er in der Nacht vorher schon mitteilte, vorzugsweise, wenn man gerade einschlief. Hoffentlich schämst Du Dich ein bischen."[174]

Die insgesamt sehr offene Hausgemeinschaft war Lamms privater Raum, in dem er sich nicht nur wohl fühlte, sondern auch vergleichsweise frei bewegen und Beziehungen führen konnte. So häufig wie Lamm unterwegs war, ist aber gerade der praktische Nutzen dieser Wohngemeinschaft nicht zu unterschätzen. Lamm verbrachte nicht nur viele Wochen in den Vereinigten Staaten, wo er regelmäßig seinen Bruder besuchte, sondern war darüber hinaus häufig auf Urlaubsreisen, die ihn um die ganze Welt führten. Ob er gerade nach Südamerika flog oder doch Indien das Ziel seiner Reise war, ob er nach Kapstadt aufbrach oder nur in den Norden Deutschlands reiste? Oft wusste man nicht genau, wo er sich gerade aufhielt, und so konnte es schon passieren, dass man ihn in einem Land wähnte, in dem er gar nicht war. – „Von den Bahamas und Moskau kann die Rede nicht sein," antwortete Lamm beispielsweise 1976 auf eine freundliche Nachfrage der Familie Rieger, wie sein Urlaub gewesen sei, „war ich doch nur auf den Kanarischen Inseln und in Prag, wobei beides sehr schön, wenn auch leicht verschieden war."[175]

---

[174] StadtAM, NL Lamm, Akt 60, Schreiben von Brigitte Schmidt an Lamm, Pessach 1984. Vgl. auch StadtAM, NL Lamm, Akt 56, Schreiben von Lamm an Otto Frick vom 9.12.1981 und Akt 58, Schreiben von M.S. an Lamm vom 4.9.1968. Vgl. auch die Gespräche mit Brigitte Schmidt und das Interview mit Richard Grimm.
[175] StadtAM, NL Lamm, Akt 56, Schreiben von Lamm an Familie Rieger vom 7.1.1976.

Hans Lamm zu Besuch bei seinem Bruder Heinrich, in der Mitte dessen Frau Anni. Texas. undatiert.

Mit zunehmendem Alter waren aber immer häufiger Krankenhaus- und Kuraufenthalte der Grund für Lamms Abwesenheit aus München. Lamm war nicht nur Diabetiker, sondern litt auch an einer chronischen Nierenerkrankung, die ihn im Alter immer stärker einschränkte und regelmäßige Arztbesuche erforderlich machte. Notwendige Untersuchungen und ärztlich verordnete Ruhepausen mied Lamm wenn irgend möglich; meist entschloss er sich erst nach langem Drängen, den Empfehlungen der Ärzte nachzugeben und aufgeschobene Behandlungen zuzulassen.[176] Bei Kuraufenthalten vermisste er oft nicht nur seine gewohnte, vielfältige Zeitungslektüre, sondern auch intellektuell anregende Gespräche.[177]

Trotz aller Verpflichtungen und seiner sich konsequent verschlechternden Gesundheit blieb Lamm auch in den Jahren in München seiner über Jahrzehnte gepflegten Leidenschaft treu: dem journalistischen Schreiben. Bis Ende der 1950er Jahre schrieb er nicht nur, aber vor allem für die *Allgemeine Wochenzeitung der Juden in Deutschland* über das Gegeneinander – Nebeneinander – Miteinander von Juden und Nichtjuden in Deutschland; er beschäf-

[176] Vgl. hierzu z. B. StadtAM. Akt 1. Ärztliches Zeugnis von Dr. Isfried Griebl. ausgestellt am 14.12.1970.
[177] StadtAM. NL Lamm. Akt 58. Schreiben von Lamm an U. vom 28.7.1974; Schreiben von Lamm an die Kurverwaltung Bad Aussee vom 16.8.1974; Schreiben von Lamm an Herrn Dr. R. vom 16.8.1974.

Ein seltener Augenblick für einen rastlosen Menschen: Hans Lamm beim entspannten Lesen.

tigte sich darüber hinaus auch mit den Entwicklungen jüdischen Lebens in anderen Ländern – nicht selten schrieb er über Juden in Israel und in den USA –, bezog Stellung zu aktuellen politischen Themen, veröffentlichte Nachrufe und machte Leser mit wichtigen Autoren und einschlägiger Literatur zu unterschiedlichsten Themen vertraut. Besonders Heinrich Heine gehörte zu den Schriftstellern, denen Lamm sich besonders verbunden fühlte, was nicht zuletzt in seinem Brevier „Ewiger Zeitgenosse Heine" zum Ausdruck kommt. Hatte er bereits während seines Aufenthaltes in Nürnberg viel geschrieben, so steigerte sich die Anzahl der verfassten Artikel, Aufsätze und publizierten Vorträge nach seiner zweiten Rückkehr nach Deutschland noch einmal um ein Vielfaches.[178]

Die hohe Anzahl der Veröffentlichungen macht eine Analyse des Gesamtwerkes Lamms unmöglich. Besonders hervorzuheben sind jedoch Lamms Texte zu dem Thema jüdische Rückkehr und seine in einzelnen Beiträgen geführte Diskussion der Frage nach jüdischem Leben in Deutschland nach dem

---

[178] Aus dem umfangreichen Gesamtwerk Lamms können an dieser Stelle nur einige, für dieses Thema besonders relevanten Aufsätze und Aussagen Lamms vorgestellt werden. Für eine Übersicht über die unterschiedlichen Themen vgl. StadtAM, NL Lamm, Akt 323–325 und das Kapitel Miteinander – Füreinander. Zu Heinrich Heine vgl. Lamm: Der Jude Heinrich Heine; Ders.: Düsseldorf ehrt seinen größten Sohn.

Holocaust.[179] Die Auseinandersetzung mit diesen Themen erfolgte – so
scheint es – einerseits als Reaktion auf die alltägliche Begegnung mit Ver-
gangenem. Andererseits war es Lamm ein Anliegen, in den von ihm verfassten
Artikeln oder in Interviews seine persönlichen Überzeugungen zum Ausdruck
zu bringen. Viele seiner Texte sagen somit erstaunlich viel über seine Einstellung und seine Erfahrungen aus, die er in persönlichen Gesprächen oder Briefen nur selten so klar formulierte.

Lamms „Bemerkungen zur Entwicklung und Wandlung des Deutsch-Jüdischen Lebensgefühls", die im Jahr 1959 veröffentlicht wurden,[180] gehörten zu
den ersten Aufsätzen, in denen er eine intensiv argumentierende und gezielt
kritisierende publizistische Beschäftigung mit dem Thema „Jüdisches Leben
in Deutschland nach dem Holocaust" einforderte. Seinen gegenwartsbezo-
genen Ausführungen stellte er einen historischen Überblick über die Entwicklung des deutsch-jüdischen Lebensgefühls voran, den er mit Moses Mendelssohn beginnen ließ. In einem zweiten Teil setzte er sich mit der Problematik
auseinander, mit der sich die Juden, die den Holocaust überlebt hatten, nach
Ende der nationalsozialistischen Herrschaft konfrontiert sahen. Sein Anliegen
war, die zögernd-abwartende Haltung der Juden in Deutschland gegenüber
der nichtjüdischen Bevölkerung zu erklären, die in Deutschland nach 1945 erkennbar war. Dies tat er nicht, ohne Kritik an dem innerjüdischen Umgang
mit der Vergangenheit zu formulieren.

„Die 12 Jahre des NS-Regimes währten zwar kein Jahrtausend, aber schnitten viel tiefer in
die deutsche und Welt-Geschichte – und vor allem auch in die der Juden – ein als irgend
ein anderes uns bekanntes Jahr-Dutzend. Der Aderlass, den das Judentum erlitt, war ein
an den Wurzeln der Kraft der Gemeinschaft nagender, wenn nicht gar sie zerstörender,
und die Schwächung und Lähmung der wenigen Überlebenden erwies sich bislang noch
als fast unüberwindbar. Die jungen Aufbaukräfte konzentrierten sich auf den Neubau
Israels, und die hier Verbliebenen sind weitgehend in Resignation verfallen. Die Lebens-
kraft von vielen scheint gebrochen oder so vermindert zu sein, dass sie nur noch dazu aus-
reicht, ein zurückgezogenes, unkämpferisches und problemfernes Leben auf noch ein paar
Jährchen zu fristen. Grundsätzliche Diskussionen werden bewusst oder unbewusst vermieden, sei es weil die geistige Voraussetzung fehlt oder der Wille und Mut zur Entscheidung, sei es weil bildungs- und herkunftsmässige Verschiedenheiten gegenüber dem unter-
gegangenen deutschen Judentum so erheblich sind, dass die menschliche Lage gar nicht
mehr jener des 19. und frühen 20. Jahrhunderts entspricht. Dass die Auseinandersetzung
über die Beziehung zum nichtjüdischen Nachbarn generell noch nicht ernsthaft anhob,
kann mit zahlreichen Beispielen belegt werden. Die *Allgemeine Wochenzeitung der Juden
in Deutschland*, die im 13. Jahrgang in Düsseldorf erscheint, bringt fast nie Aufsätze, die zu
Diskussionen führen könnten, die ‚heiße Eisen' des innerjüdischen Lebens bzw. der Be-

[179] Für wissenschaftliche Literatur zum Thema Rückkehr vgl. z.B. Biller: Exilstationen;
Borneman/Peck: Sojourners; Fings/Lissner: Einleitung; Krauss: Heimkehr; Krohn/von zur
Mühlen (Hg.): Rückkehr und Aufbau nach 1945; Röder/Strauss: Einleitung, sowie die erste thematische Einheit des Leo Baeck Institute Year Book, Bd. XLIX (2004). Für weiter-
führende Literatur zum Thema Jüdisches Leben in Deutschland nach 1945 vgl. z.B. Brenner: Nach dem Holocaust; Burgauer: Jüdisches Leben; Geller: Jews in Post-Holocaust
Germany; Ginsburg: Politik danach; Richarz: Juden in der BRD.
[180] Lamm: Bemerkungen. Die folgenden Zitate finden sich auf S. 234f. und S. 237.

ziehung zur Umwelt berühren, oder ansonsten geistige Klärung in den eigenen Reihen fördern könnte. Ob dies Zufall ist, oder aus Rücksicht auf die Heterogenität des Leserkreises des Blatts (zu dem auch viele Nichtjuden zählen) oder mangels derjenigen Persönlichkeiten, die an einer derartigen Aussprache interessiert und zu ihr befähigt wären, unterbleibt, ist wieder Ermessensfrage. Aber auch ein Werk wie die als Privatdruck erschienene Festgabe *Vom Schicksal geprägt*[181] geht hier selten über unverbindliche Allgemeinheiten hinaus. Mehrfache Versuche des Verfassers, diese Aussprache aufs grundsätzliche hinzulenken, blieben ohne feststellbaren Widerhall.

Nach Gründen oder gar nach ‚Schuld‘ angesichts dieser Situation zu fragen ist nicht unsere Aufgabe. Wenn aber Juden in Deutschland – sie nennen sich nicht mehr ‚deutsche Juden’ – einen Vorwurf aus ihrer zögernd-abwartenden Haltung gemacht werden sollte, dann wäre doch zu registrieren, dass die deutsche Öffentlichkeit im allgemeinen in noch höherem und erstaunlicherem Umfang es an Entschiedenheit hat mangeln lassen. [...] Wie kann man es da den Juden verdenken, wenn sie noch nicht lernten, ihren Nachbarn aufs neue zu trauen?“

Da die Sprecher des Judentums in Deutschland – für Lamm der Zentralrat der Juden – eine weltanschauliche Fixierung eines Standpunktes bis Ende der 1950er Jahre vermieden hätten,[182] bleibe die individuelle Lösung dem Zurückgebliebenen und Rückkehrer selbst überlassen, so Lamm.

„Der einzelne steht also wieder vor der Entscheidung und der Frage des Neubeginns: kann er vergessen? kann er vergeben? kann er die Hand wieder zum Nachbarn ausstrecken? sieht er nur blutbefleckte Mörderhände, schlechtes Gewissen, Misstrauen und Missgunst? kann er in der fast ‚judenrein‘ gewordenen Umwelt nimmer leben? oder kann er die Bande der religiösen, nationalen und kulturellen Verwachsenheit von sich streifen und erfolgreich den Versuch unternehmen, im deutschen Volk – als Deutscher unter Deutschen – aufzugehen (oder unterzugehen, wie andere es formulieren würden)?“

Genau diese Punkte griff Lamm in seinem weiteren publizistischen Schaffen auf. Sein erklärtes Ziel war es, die wichtigen zeitpolitischen Fragen öffentlich zu machen. Es war sein Anliegen, eine Diskussion in Gang zu setzen, die sich den grundlegenden Fragen nach jüdischem Leben in Deutschland stellen würde.[183] Mit dem Titel „Heiße Eisen“ überschrieb er später einen Beitrag, in dem

---

[181] Vom Schicksal geprägt, herausgegeben zum 60. Geburtstag von Karl Marx (Düsseldorf) am 9. Mai 1957 von Marcel W. Gärtner, Dr. Hans Lamm und Dr. E. G. Loewenthal. Unter den Beiträgen des Bandes, die, wenn auch nur andeutungsweise, die Problematik deutsch-jüdischen Zusammenlebens in dieser Zeit erwähnen, seien die von Dr. H. G. van Dam, Jeanette Wolff, Dr. Berthold Simonssohn und Heinz Galinski hervorgehoben.

[182] Vgl. Zieher: Weder Privilegierung, S. 193.

[183] Lamms intensive Auseinandersetzung mit diesen Themen begann etwa zeitgleich mit den Untersuchungen einzelner jüdischer Studenten, die sich seit Ende der 1950er Jahre im Rahmen ihrer Promotion mit der Situation jüdischen Lebens in Deutschland beschäftigten. Vgl. z. B. Harry Maor mit seiner Doktorarbeit: Über den Wiederaufbau der jüdischen Gemeinden in Deutschland seit 1945, Phil. Diss. Mainz 1961. Vgl. Richarz: Juden in der BRD, S. 15. Parallel setzte ein erster Wandlung des geschichtlichen Gedächtnisses in Westdeutschland ein, der besonders 1960/61 durch den Eichmann-Prozess in Jerusalem, die Auschwitz-Prozesse 1963–1965, den Sechs-Tage-Krieg 1967 in Israel und die Studentenbewegung in Gang gesetzt wurde. Vgl. Bodemann: Das Klappern; Bergmann: Antisemitismus, S. 502–511.

er unter dem Pseudonym David Melchior seine 1959 noch vergleichsweise zurückhaltend formulierte Kritik an der Tabuisierung gewisser Themen innerjüdischen Lebens auf den Punkt brachte.

„Auf einer Tagung einer jüdischen Organisation sprach jüngst eine führende Persönlichkeit der mittleren Generation und ein Freund, der ihn hörte, berichtete, er hätte eine
Fülle heisser Eisen angepackt und damit bewundernswerten Mut bewiesen. Die Themen,
die der Redner berührt haben soll, umschlossen das Verhältnis der Juden in Deutschland
(oder sagte er: deutsche Juden?) und anderswo zu ihrer nichtjüdischen Umwelt, die Frage der religiösen (wie religiösen?) und nationalen (oder internationalen?) Erziehung unserer Jugend, die Mitsprache der Juden ausserhalb Israels an der Gestaltung der Zukunft
des Judenstaats in aussen- und wirtschaftspolitischer, in religiöser und kultureller Hinsicht, usw., usf. Was war an jenen Eisen heiß und was machte jene Rede so wagemutig
und kühn?
Daß wir überhaupt noch Themen als tabu empfinden, die man nicht berühren solle – da
man an heissen Eisen sich eben verbrennen könne – ist an sich ein beklagenswertes Phänomen. Es ist weder fromme Scheu noch lobenswerte Zurückhaltung, die unseren Weg
mit so vielen Verbotsschildern umsäumt. In einer emanzipierten Gesellschaft – und sollten
gerade die Juden im letzten Drittel dieses Jahrtausends, dessen Kennwort Emanzipation
ist, auf diese bewusstseinsfördernde und frustrationsmindernde Befreiung verzichten wollen? – gibt es nur ein Minimum von Tabus und auch die ergeben sich mehr aus Tradition
und Takt als aus verankerten ethischen Maximen.
Unsere Gesellschaft in allen echten Demokratien ist eine pluralistische, d. h. eine, die den
einzelnen ‚nach seiner Façon se[lig] werden‘ lässt, soweit damit nicht die Entfaltung der
Persönlichkeit der Mitmenschen behindert wird. In einer solchen freien oder nach Freiheit strebenden Gesellschaft verbürgt die (nicht allein im Art. 5 des Grundgesetzes, sondern in jeder freiheitlich-demokratisch verankerten Verfassung) verankerte Meinungs-
freiheit das Äußern und das Propagieren jeder Ansicht. Dieses Recht steht nicht nur der
Mehrheit zu, sondern vor allem der Minderheit. [...] Gibt es überhaupt heisse Eisen? Die
Eisen werden nur von Menschen erhitzt und sind nicht wesensmäßig so. Nichts ist ein
Ärgernis, es sei denn, man macht es zu dem. Wir verbrennen uns Hände und Mund nur
an dem, was wir willkürlich als heisses Eisen abgestempelt haben. Heilige Kühe gab es
nie im Judentum, das freies und individualistisches Denken jahrtausendelang pflegte. Zu
dieser Tradition des An-Allem-Zweifelns heißt es zurückzukehren. Stillstand bedeutet
heute mehr denn je Rückgang und wer heute die Zukunft bejahen will, muß sich allen
Fragen des Tages stellen. Die Judenheiten anderer Länder, besonders die Israels und der
USA, haben dies erkannt und sich den Tagesfragen gestellt: sie wurden damit keinen
Deut weniger jüdisch als andere. Im Gegenteil: sie gewannen die Jugend und zwar nur,
weil sie ihr keine Fesseln anlegten. Nur uns haften noch die Eierschalen des Ghettos an
und ihrer müssen wir ledig werden: um unseretwillen und kommenden Generationen wegen, aber auch um des Judentums willen, wenn wir es nicht als Mumie bewahren, sondern
als lebendige Kraft erhalten wollen."[184]

Am Anfang verfasste Lamm vor allem faktische Analysen der Entwicklung
jüdischen Lebens in Deutschland. 1964 konfrontierte er die Leser seines Beitrags „Juden in Deutschland 1964"[185] beispielsweise mit der Beobachtung:
„Die Juden Deutschlands werden, – ob sie es wollen oder nicht – von der Um-

---

[184] StadtAM, NL Lamm, Akt 325, Heisse Eisen von David Melchior, undatiert. Der Artikel erschien am 2. 4. 1971 in der *Allgemeinen unabhängigen jüdischen Wochenzeitung*.
[185] StadtAM, NL Lamm, Akt 322, Juden in Deutschland 1964, undatiert. Die folgenden
Zitate sind diesem Aufsatz Lamms entnommen.

welt weniger als eine Religionsgemeinschaft – wie es Dutzende in jedem modernen Staat, und so auch in Deutschland gibt – betrachtet, sondern primär als ein Politikum."[186] Dies versucht er zu erklären:

> „Die Gründe für dieses an sich anormale Phänomen liegen in der anormalen Behandlung, die eben dieser Gemeinschaft in ihrer zweitausendjährigen Geschichte in Mittel- und Ost-Europa erfuhr: Ein Schwanken von Tolerierung und Verfolgung, das dann in unserer Zeit zum Crescendo unerhörten Leids und fast völliger Ausrottung führte. Ein Politikum wurde diese fast zum Nichts zusammengeschmolzene Gemeinschaft auch, weil die Umwelt ihre Behandlung im Nachkriegsdeutschland als Gradmesser für das Maß und die Aufrichtigkeit der Demokratisierung des deutschen Volkes betrachtete. So haben Deutsche wie Ausländer den Juden der Bundesrepublik seit Kriegsende ein ungewöhnlich hohes Maß an Aufmerksamkeit geschenkt, eine Entwicklung, die zwar begreiflich, aber nicht unbedingt begrüßenswert ist."

Detailliert beleuchtet Lamm anschließend die Frage, wo und was die sich 1964 in Deutschland zusammengefundenen Juden, seiner Schätzung nach etwa 25 000, waren. Ausgehend von der Anzahl der Gemeinden, die sich wieder begründet hatten, wandte Lamm sich nach einer Analyse ihrer Zusammensetzung ihrem schrittweise erfolgten Wiederauf- bzw. -ausbau zu. Das Gebiet der Restitution wird anhand der zwischen Israel und Deutschland geschlossenen Abkommen erläutert, bevor Lamm die Frage des Antisemitismus thematisiert, die man, wenn man über Juden in Deutschland spreche, nur schwerlich außer Acht lassen könne. Selbst regelmäßig mit unterschiedlichen Formen des Antisemitismus konfrontiert,[187] war Lamm der Überzeugung, dass nur ein unrealistischer Optimist meinen könnte, dass der von Behörden, Schulen und Massenmedien bekämpfte Antisemitismus, der auf eine lange Tradition zurückblicke und mit dem Generationen intensiv identifiziert worden waren, ausgestorben sei. An das Ende seines Exkurses stellte er dennoch eine zukunftsorientierte Schlussfolgerung: Als „hoffnungsvoll" erachtete Lamm die Tatsache, „daß die junge Generation so gut wie frei von Antisemitismus zu sein scheint, bereit und fähig, Juden mit der gleichen unbelasteten Arglosigkeit gegenüber zu treten, wie anderen Völkern oder Gruppen".

Seine Ausführungen beschließt Lamm mit einer kurzen Vorstellung des Zentralrats der Juden in Deutschland, die er mit der Frage verknüpft, „ob emigrierte Juden zur Rückkehr in das deutsche Heimatland, aus dem sie verstoßen wurden, ermutigt werden sollen oder nicht." Seine Antwort:

---

[186] Für die Richtigkeit dieser Beobachtung vgl. Fings: Rückkehr als Politikum; Ginsburg: Politik danach, S. 114f.; Zieher: Weder Privilegierung, S. 198f.

[187] Vgl. hierzu z. B. StadtAM, NL Lamm, Akt 260. In diesem Akt befinden sich einige der an Lamms Privatadresse geschickten Postkarten und Briefe, die eine Vorstellung von der Art antisemitischer Dokumente geben, die Lamm nicht nur nach Hause, sondern auch an die Adresse der Israelitischen Kultusgemeinde und des Bayerischen Rundfunks gesandt wurden. Einige Kollegen der MVHS erwähnten zudem Lamms souveränen Umgang mit „braunen" Gästen bei Vorträgen und Podiumsdiskussionen. Vgl. z. B. Gespräch mit Michael Schanz.

„Letzten Endes ist die Frage im Jahr 1964 – 31 Jahre nach Hitlers Machtergreifung – schon zu einer fast lediglich theoretischen gewordnen: die Auswanderer von damals sind heute meist alte Menschen, die ihren Lebensabend in ihrer zweiten Heimat beschließen wollen. Denjenigen, die den Wunsch hegen, sich wieder in Deutschland anzusiedeln, wird dies niemand verübeln oder erschweren und auch Dr. van Dam erklärte über sie, daß ‚der Zentralrat kein Missfallen gegenüber Rückwanderern habe‘. Weit wichtiger ist jedoch seine abschließende Bemerkung: ‚Ich bin der Meinung, daß die Bundesrepublik politisch so gestaltet werden soll, daß hier Juden als Juden leben können.‘ Was ‚offiziell‘ dazu getan werden konnte, ist im großen und ganzen geschehen. Aber das tagtägliche Leben wird ja nicht von Behörden allein gestaltet. Sind die ‚jüdischen Mitbürger‘ – wie man die Juden in Deutschland oft gern offiziell und offiziös nennt – wieder zu mit Selbstverständlichkeit und Gelassenheit akzeptierten Nachbarn geworden? Dies ist zu bezweifeln. Gerade, weil sie noch immer primär als Politikum – und nicht als Religionsgruppe nur – gewertet werden, weil man sie teils mit besonderer Rücksicht, teils mit Argwohn und Furcht betrachtet und behandelt, ist noch kaum die wünschenswerte Gelassenheit erreicht worden.“

Es ist auffällig, dass Lamm in diesem Beitrag nicht darauf eingeht, was deutsche Juden womöglich zur Verbesserung der Situation tun könnten; seine Aufforderung zur Verhaltensänderung wendet sich nur an die Nicht-Juden. Darüber hinaus ist seine Darstellungsweise ganz distanziert – persönliche Erfahrungen oder Empfindungen bleiben ausgespart.

Ähnlich verhält es sich mit Lamms 1967 veröffentlichten Aufsatz „Kulturpolitische Vorstellungen der Juden in Deutschland“, in dem er darüber schreibt, wie schwierig sich der kulturelle Wiederaufbau jüdischen Lebens in Deutschland nach 1945 gestaltete. Im Zuge dieser Situationsanalyse äußerte Lamm sich auch zu der Beziehung von Juden in Deutschland zum Staat Israel.

„Israel als politischer und kultureller Faktor ist wohl für viele der in Deutschland lebenden Juden ein Element, von dem eine emotionale Stärkung ausgeht, ein Gefühl der jüdischen Zusammengehörigkeit und des durch die Leistungen des jungen Staatswesens erhöhten Selbstbewußtseins, das im Ghetto und auch nach dessen Auflösung wohl nur selten bestand. Andererseits hat die Gründung und Entwicklung dieses Staates die kulturpolitische Lage der Juden Deutschlands nicht erleichtert, nicht etwa, weil sie den Vorwurf doppelter Loyalität bzw. mangelnder Loyalität gegenüber Deutschland zu fürchten hätten (ein Vorwurf, der nur von offenen oder verkappten Antisemiten erhoben werden könnte), sondern, weil sich viele der hier lebenden Juden in seltsamer und tragischer Weise mit Vorwürfen gegenüber Israel herumschlagen, ohne zu irgendeiner befreienden Lösung zu gelangen. Zahlreiche Juden in Deutschland haben mit einem Gefühl der Schuld darauf reagiert und sich selbst angeklagt, daß sie nach der Errichtung des Staates Israel nicht dorthin auswanderten, wie viele ihrer Glaubens- und Schicksalsgenossen es taten. Diese Gefühle der Schuld und Selbstanklage sind noch besonders heftig in denen, die aus den verschiedenartigsten Gründen nach Deutschland zurückgekehrt sind, eine ‚Rückkehr‘, die nur selten als solche eingestanden und nur zu oft als nur ‚vorübergehend‘ bezeichnet wird.“[188]

Auch wenn Lamm in diesem Aufsatz sich mit einem Thema befasst, das in erster Linie als innerjüdisches Problem bezeichnet werden kann, bleibt er, der Verfasser des Beitrages, nach wie vor im Hintergrund. Der Leser erfährt wich-

---

[188] Lamm: Kulturpolitische Vorstellungen, S. 95f. Vgl. hierzu auch Anthony: Ins Land der Väter; Ginsburg: Politik danach, S. 114; Richarz: Juden in der BRD, S. 14f.

tige Details der tagespolitischen Ereignisse und wird auf das von vielen Juden empfundene Loyalitätsproblem gegenüber Israel aufmerksam gemacht; auf eine Ergänzung der Fakten durch persönliche Erfahrungswerte und Aussagen über Lamms Einstellung zu den geschilderten Entwicklungen wartete man jedoch vergeblich.

Der personale Schreibstil wurde von Lamm erst seit Beginn der 1970er benutzt, um etwa mit Rückblicken auf seine eigene Lebensgeschichte die in seinen Aufsätzen beschriebenen Prozesse zu illustrieren. Beispielhaft für diese individualisierte Geschichtsbetrachtung steht Lamms Artikel „Gedanken eines zurückgekehrte Juden", den er 1970 verfasste. Angeregt von dem Geschäftsführer der Zeitschrift *Emuna*[189], der diesen Artikel abdruckte, verwandelte sich Lamms allgemeiner, der Form nach als theoretische Überblicksdarstellung konzipierter Beitrag in einen persönlichen Erfahrungsbericht, dessen Titel Programm war.

An die theoretische Betrachtung des Phänomens der Rückkehr jüdischer Emigranten in ihre alte Heimat schloss Lamm eine ausführliche Darstellung seines eigenen Lebensweges von 1945 bis 1961 an. Es habe ihn interessiert, „ob sich aus den Ruinen neues Leben erwachsen würde", schreibt Lamm über seine Gedanken im Jahr 1945, bevor er in den weiteren Schilderungen seiner Erlebnisse nach 1945 zwei Vorfälle anspricht, die den nichtjüdischen Lesern klarmachen sollten, „wie schwierig oder wenigstens seltsam die Existenz des Juden in Deutschland auch heute noch ist".

„Erlebnis Nr. 1: Vor Jahren wollte ich eine weite Reise (nach Flensburg oder Kiel) machen und der Reisebüroangestellte, der mir bedauernd mitteilte, dass er keine Schlafwagenkarte hatte für mich bekommen können, beteuerte ‚Ich sagte den Leuten, dass es sich um einen besonders wichtigen Gast handele – aber trotzdem konnten sie keinen Schlafplatz finden!'. Nun, er hielt mich natürlich nicht für ‚besonders wichtig', sondern meinte, dass er einen Juden nicht enttäuschen sollte – vielleicht auch, um den Verdacht des Antisemitismus nicht aufkommen zu lassen. Die Kehrseite der Medaille: Erlebnis Nr. 2: Vor einiger Zeit verbrachte ich einen Kuraufenthalt in einem kleinen Badeort im Allgäu und ich war mit der Behandlung recht unzufrieden, fand die mit beim Abschied überreichte Rechnung unbillig und keineswegs im Einklang mit dem Vereinbarten und versprochenen Leistungen. Dennoch zahlte ich ohne vernehmbares Murren, weil ich nicht wollte, dass Dr. X und Familie sich möglicherweise den Mund zerrissen über ‚den geizigen reichen Juden', der von ihrer Liquidation etwas abzuhandeln versuchte. Die Moral von der Geschichte: In völliger Entspanntheit und Gelassenheit lebt wohl kaum ein Jude heute, 25 Jahre nach Hitler, in den Gebieten, die einst das Dritte Reich waren."

Daneben machte Lamm deutlich, dass die Erfahrungen jedes einzelnen Juden während der NS-Herrschaft und den Jahren nach Kriegsende sehr unterschiedlich verlaufen seien und deshalb keine verallgemeinernden Aussagen

---

[189] StadtAM, NL Lamm, Akt 322, Gedanken eines zurückgekehrten Juden. Als Vorlage des folgenden Zitats diente Lamms persönliches im Stadtarchiv abgelegtes Manuskript. Der Artikel erschien in *Emuna. Horizonte* im Oktober/November 1972. Vgl. dazu auch StadtAM, NL Lamm, Akt 336, Wie leben die Juden in der Bundesrepublik?; FernsehArchivBR: Im Schatten von Dachau.

über die Lebenswirklichkeit „der Juden" in Deutschland gemacht werden
können. Dies macht er später noch einmal deutlich:

„Jüdisches Bewusstsein und jüdisches Selbstverständnis – was ich 1938 und 1962 ‚Weltgefühl' genannt habe – scheint sich aus recht verschiedenen Quellströmen zu speisen: 1) Jüdische Religiosität und Kultur, 2) jüdisches Gruppenbewusstsein, das sich im modernen
Zionismus Form und Inhalt gegeben und innerhalb von 60 Jahren zur Staatsgründung Israels geführt hat und 3) in der Abwehr von antijüdischen Angriffen, welche jüdische Ehre
und Eigenart, Existenz im Exil und in Israel zur Zielscheibe gewählt haben.
Auf einen Nenner ist dieses jüdische Selbstbewusstsein, dieses jüdische Weltgefühl nicht
zu bringen, denn es ist kein kodifiziertes oder rational definierbares, universell und für jeden der 17 Millionen Juden in der heutigen Welt einheitliches und konstantes Gefühl. Erkennbar und konkret greifbar ist es in Einzelerlebnissen, sei es die Entrüstung über eine
Ritualmord-Beschuldigung, oder die Verleumdung des Hauptmanns Dreyfus, das Entzü-
cken über einen jüdischen Witz oder die Klänge im Musical ‚Anatewka' (Fidler on the
Roof), die Andachtsstimmung beim Kol Nidre oder bei manch anderen Höhepunkten des
religiösen Lebens, sei es in der ‚Schul' oder zu Hause am Sedertisch oder in der Sukkah,
sei es die Vereintheit bei einer B'rith Mila, einer Hochzeit oder auch am Grab."[190]

Aus diesem Grund machte Lamm seine Lebensgeschichte immer häufiger zu
einem festen Bestandteil seiner Aufsätze, etwa als es darum ging, ob sich Juden „30 Jahre danach" in Deutschland zu Hause fühlen könnten.

„Die etwa 30000 Juden, die heute in Deutschland wohnen (bis auf etwa 1000 in der DDR,
leben alle in der Bundesrepublik und West-Berlin), stellen weder historisch noch sozio-
gisch, weder religiös noch politisch eine uniform denkende und fühlende Gruppe dar. Bei
einem emotional so hochgeladenen Thema sollte keiner versuchen, als Repräsentant aller
zu sprechen: sein Schicksal und seine Reaktion darauf sind die seinigen allein und wenn
sie zum Teil auch auf andere zutreffen, dann soll er es sich dennoch versagen, sein Erleben
als ‚pars pro toto' darzubieten. [...]
Wie ich mit eigenen Erlebnissen begann, so darf ich mit einem persönlichen Bekenntnis
abschließen. Dass ich wieder in meiner Geburtsstadt München lebe und schaffe ist wohl
kein Zufall: es beinhaltet ein Ja-Sagen zu diesem Land und seiner Bevölkerung, auch
wenn sich natürlich die Worte des Überschwangs, die ein Heine und selbst Tucholsky noch
finden konnten, nicht mehr einstellen. Ob die Vokabel ‚Distanzliebe', die Max Brod 1934
geprägt hat, vierzig Jahre später wieder anwendbar sein sollte? Viele – wohl die meisten –
Juden in Deutschland würden sich auch 1975 kaum zu meinem Bekenntnis verstehen. Ihr
Verhalten und ihre Haltung sind nicht frei von rationalen Widersprüchen, aber warum
sollten Juden in ihrer Haltung mehr von kühler Ratio geleitet sein als andere Menschen?
So gibt es Juden hier, die noch immer behaupten, sie sässen auf gepackten Koffern und sie
bauten dennoch ihre Villen mit swimming pools ..."[191]

[190] StadtAM, NL Lamm, Akt 338, Jüdisches Weltgefühl?, abgedruckt in: Neue Jüdische
Nachrichten Nr. 33/34 vom 5./10. 9. 1980, S. 9. Vgl. dazu auch Lamm: Juden in Deutschland
sowie sein Aufsatz Jüdische Einigkeit (StadtAM, NL Lamm, Akt 323) oder zur weiterfüh-
renden Literatur: Kahn: Juden in Deutschland.
[191] StadtAM, NL Lamm, Akt 324, Juden – 30 Jahre danach, undatiert. Der Artikel erschien im Juni 1975 in der *Tribüne*. Das Syndrom des „auf gepackten Koffern sitzens"
entwickelte sich in der unmittelbaren Nachkriegszeit, als viele Juden in Deutschland der
Auffassung waren, dass ihr Aufenthalt im „Land der Mörder" nur ein vorübergehender
Zustand sein könnte bzw. dürfte. Diese Fiktion erhielt sich noch über Jahrzehnte, auch
nachdem feststand, dass – anders als in Spanien 1492 – Juden nach Deutschland zurückkehrten und eine Fortsetzung und Neugründung jüdischen Lebens stattfand. Sie erschwerte

Diese indirekt geäußerte Kritik an dem widersprüchlichen Verhalten einiger Juden in Deutschland thematisierte Lamm auch in anderem Zusammenhang. An der Begrifflichkeit „Juden in Deutschland" versuchte Lamm zu erklären, was ihn an der Einstellung der allermeisten seiner Brüder in diesem Land störte:

> „Den Ausdruck ‚Deutscher Jude', der für jeden Juden, der vor 1933 hier lebte eine unbelastete Selbstverständlichkeit war, gebrauche ich ohne Zögern und ohne Reservatio. Genau wie es deutsche Katholiken gibt, die ein Zentralkomitee haben, das diesen Namen verwendet, wie es deutsche Lutheraner gibt, so gibt es auch deutsche Juden. Für mich impliziert dieser Name weder schwarz-weiß-rote, noch andere nationalistische Bekenntnisse. Hier geboren, hier lebend, hier Staatsbürger und als solcher – nicht nur als Jude! – auch aktiv: warum nicht ‚deutscher Jude'?"[192]

Und an anderer Stelle führte er diesen Gedanken fort: „Seit 1945 ist zwar der Ausdruck ‚Jude in Deutschland' mehr gebraucht und der von mir verwendete mit einem anachronistischen Tabu belegt, aber ich zögere nicht, mich ‚deutscher Jude' zu nennen und zwar nicht nur mit Rücksicht auf historische Gegebenheiten."[193]

Seit Ende der 1970er Jahre positionierte Lamm sich auch in ideologischen Streitfragen ganz eindeutig. Das begann mit der Diskussion um die Fernsehserie „Holocaust – die Geschichte der Familie Weiß", die 1979 in Deutschland ausgestrahlt wurde. Die in den USA produzierte Serie erzählte das fiktive Schicksal einer jüdischen Familie im Nationalsozialismus. Ihre Ausstrahlung löste in Deutschland eine heftige Diskussion aus.[194] Lamm erklärte, „Holocaust" sei es gelungen, die Auseinandersetzung mit der Vergangenheit in Gang zu setzen. Seiner Meinung nach begründete die Sendung darüber hinaus die grundsätzliche Änderung des Bewusstseins von Juden und Nichtjuden in Deutschland, auf die man lange gewartet hatte:

> „Ich stellte jüngst öffentlich fest: Deutschland nach ‚Holocaust' ist anders als Deutschland vor ‚Holocaust' und man hat meine These als übertrieben optimistisch, ja auch als ‚wishful thinking' hingestellt. Ich stehe zu ihr: keine deutsche Fernsehsendung problematischer Natur [...] hat je so erregt, Zuspruch (und vereinzelt auch Widerspruch) hervorgerufen wie ‚Holocaust', dessen geringe historische Fehler nicht schwer wiegen angesichts der historischen Leistung der Filmemacher und der historischen Auswirkung auf die Zuschauer und Zuhörer (selbst bei den über Mitternacht hinauswährenden Diskussionen waren die Einschaltquoten noch erstaunlich hoch, was m. E. beweist, daß es Millionen um Information gegangen ist und nicht um ‚Unterhaltung'). [...] Hat Holocaust Tabus beseitigt und Vorurteile vermindert? Beide Fragen möchte ich bejahen. Ich finde es gut, daß die gesamte Inhumanität des NS-Systems aufgezeigt worden ist, zwar am Beispiel einer jüdischen Familie, aber in der Diskussion auch an Zigeunern."[195]

---

vor allem die Identitätsfindung der zweiten Generation. Vgl. hierzu Richarz: Juden in der BRD, S. 14f. und S. 24 sowie Bubis: Jüdisches Leben, S. 41–43.

[192] StadtAM, NL Lamm, Akt 324, Deutscher Jude 1979.

[193] StadtAM, NL Lamm, Akt 324, Juden – 30 Jahre danach, undatiert. Vgl. hierzu auch Anthony: Ins Land der Väter, S. 65f.

[194] Bergmann: Antisemitismus, S. 351–381; Brandt: Wenig Anschauung?; Bösch: Film, NS-Vergangenheit, bes. S. 3–12.

[195] StadtAM, NL Lamm, Akt 324, Ein Jude sieht „Holocaust".

In seinem Aufsatz „Deutscher Jude 1979" schrieb er darüber hinaus über die Wahrnehmung der Sendung innerhalb der jüdischen Gemeinschaft in Deutschland:

„Die Serie der Fernsehfilme ‚Holocaust' wurde zu einem Erlebnis für 40% der westdeutschen Bevölkerung und für die Juden, die mit Furcht und Schauern den Abenden entgegengezittert und sie durchlitten haben. Daß eine unerwartet gewaltige Schar von deutschen Bürgern, primär jüngere Menschen aber letztlich doch ein breiter Schnitt der Generationen und Gruppen der Bevölkerung diesem Filmwerk gefolgt sind und es in ihrer Mehrheit ‚mit Erleichterung' (wie Walter Scheel sagte) registrierten, das war ein Positivum, das Juden zwar nicht zum ‚Vergessen und Vergeben' geführt hat, aber sie doch befähigte im nichtjüdischen Mitbürger auch einen Mitmenschen zu erkennen. ‚Holocaust' hat bei Älteren alte Wunden aufgerissen und wieder bluten lassen, aber so schmerzhaft auch ‚Holocaust' für die Juden in Deutschland gewesen ist, wie auch für die Großzahl der demokratischen nichtjüdischen Deutschen: dieses Erleben hat die vor Jahrzehnten von Jakob Wassermann beklagte ‚Trägheit des Herzens' und das was Alexander Mitscherlich ‚Die Unfähigkeit zu trauern' genannt hat, zwar nicht aus der Welt geschafft, aber doch eine Wirkung gehabt, die keiner von uns erahnt oder zu erhoffen gewagt hat."[196]

Mit seinen Aussagen zu der Begrifflichkeit „Juden in Deutschland" bzw. „deutsche Juden" und seiner Positionierung nach der Ausstrahlung der Fernsehsendung „Holocaust" griff Lamm schließlich in seinen Beiträgen ideologische Streitfragen auf, die in den 1970er und 80er Jahren die aktuelle politische Diskussion um jüdisches Leben in Deutschland bestimmten. In diesen Beiträgen scheute er sich nicht, eindeutig Stellung zu beziehen. Mit seiner begrifflichen Differenzierung und seiner persönlichen Entscheidung für die Selbstbezeichnung „deutscher Jude", d.h. mit dem Ja-Sagen zu jüdischem Leben in Deutschland und dem überzeugten Bekenntnis zu seiner Geburtsstadt, war Lamm dem sich anbahnenden Wandel innerhalb der jüdischen Gemeinden einen Schritt voraus. Für viele Juden wurde der Begriff „deutscher Jude" erst Ende der 1980er, als Synagogen und Schulen in deutschen Städten entstanden und die Juden wieder für eine Zukunft in Deutschland planten, zum Ausdruck ihres neu gewachsenen Selbstbewusstseins.[197]

Bereits 1972 bekannte sich Lamm in einem vertraulichen Schreiben an den von ihm hochgeschätzten Münchner Alt-Oberbürgermeister Hans-Jochen Vogel, zu dem Zeitpunkt bereits Bundestagsabgeordneter und Landesvorsitzender der bayerischen SPD, zu seinem deutsch-jüdischen Selbstverständnis.

„In Gesprächen der juengsten Tage bezeichneten Sie den Aussenminister bzw. den Botschafter Israels als ‚Ihren' (an mich gerichtet, d.h. also meinen) Aussenminister oder Botschafter. Das hat mich frappiert, denn ‚mein' Aussenminister heisst nicht Eban, sondern Scheel, und der Botschafter nicht Ben-Horin, sondern v. Putkammer. Zweifellos ist dies ein schwieriges Problem und moeglicherweise haben viele Muenchner Juden fuer einen solchen Standpunkt kein Verstaendnis, aber ich mache daraus ja auch keine Ideologie und verkuende kein Dogma. Es ist auch keine Frage des diesem-oder-jenem-Volk-mehr-oder-weniger-Verbundenseins (erfreulicherweise sind Nationalismen heute nicht mehr so ent-

---

[196] StadtAM, NL Lamm, Akt 324, Deutscher Jude 1979.
[197] Vgl. Brenner: Epilog oder Neuanfang?, S. 180f.

scheidend wie früher), aber wie koennte ich z. B. in innerdeutschen Auseinandersetzungen und Wahlkaempfen mich betaetigen, wenn ich mich als ‚Auslands-Israeli' empfaende?"[198]

Mit den Aufsätzen, die Lamm zu Beginn der 1980er Jahre verfasste, gab er seine persönliche Antwort auf die 1959 formulierten Fragen, ob der Einzelne erfolgreich den Versuch unternehmen könnte, im deutschen Volk – als Deutscher unter Deutschen – aufzugehen. Als er 1983 in einem Interview fast wörtlich mit genau den Fragen konfrontiert wurde, die er mehr als 20 Jahre zuvor aufgeworfen hatte – ob er sich, als Deutscher, nach dem, was geschehen ist, mit diesem Land und seinen Menschen identifizieren könne und was in ihm vorgehe, wenn er einen Deutschen seiner Generation treffe, antwortete er:

„Natürlich hat der Krieg in meinem Verwandtenkreis, in meinem Freundeskreis Opfer gefordert, Lücken gerissen, die ich nicht verwinden kann, und die ich nicht mit einem Zuckerguss des Vergessens oder gar Vergebens wovon gar net die Rede sein kann, verniedlichen will. [...] Ob ich mich als deutscher Jude oder als jüdischer Deutscher empfinden würde, wollen wir offen lassen. Aber zu München Ja zu sagen fällt mir nicht schwer, aber ich glaube überhaupt: das Heimatgefühl zu einem Ort, zu einer Stadt ist immer lebendiger als ein Bekenntnis zu Deutschland, das einfach gar nimmer existiert, weder kulturell oder politisch, so wie's eben 1913 oder 1918 oder auch bei meiner Auswanderung 1938 existiert hat. [...] Gelegentlich werd ich auf der Straße angesprochen. Von irgendeinem, der sagt: Ja griaß di, bist du net der Lamm Hans? Und dann sag ich: Ja, ich bin der Lamm Hans. – Ja erinnerst Dich net an mich? – Und dann sag ich in der Regel wahrheitsgemäß dass nicht. – Ja, i bin der soundso und wir sind zusamm' in die Schul' 'gangen. Ja, und dann plaudert man a bisserl zusammen und damit hat sichs. Des heißt ich würde sagen, die Kontakte, die in der Jugend ohnehin zahlenmäßig gering und nicht besonders intensiv waren, die haben sich nicht erneuert. Aber wenn ich die Leute treffe, dann geb ich ihnen die Hand, und bild' mir nicht ein, dass vielleicht diese Hand an der Ermordung von Juden beteiligt gewesen ist, was zwar möglich ist, aber das ist eben das Risiko des Menschen, der hierher zurückgekehrt ist."[199]

[198] StadtAM, NL Lamm, Akt 138, Vertrauliches Schreiben von Lamm an Dr. H.-J. Vogel vom 8.9.1972. Ähnlich wie Lamm äußern sich z. B. Knobloch: Doch ich hatte die Tiere, S. 24f. und Tauchner: „Fünfzehn gradaus", S. 38f.
[199] SchArchivBR: Jenseits der Lebensmitte.

# DER ZURÜCKGELEGTE WEG

Dass sich ein Jude, der 1913 in München geboren wurde, der die ersten Jahre der nationalsozialistischen Schreckensherrschaft in der „Hauptstadt der Bewegung" miterlebte, der 1938 lediglich auf Drängen seines Bruders in die USA floh und nur deshalb dem Tod in den Vernichtungslagern entging – dass dieser Mensch unmittelbar nach Kriegsende in das Land zurückkehrte, aus dem er wenige Jahre zuvor vertrieben worden war, und wieder zu einem positiv-bejahenden, deutsch-jüdischen Selbstverständnis fand, ist außergewöhnlich. Diese Entscheidung für eine Rückkehr nach Deutschland trafen nur wenige der etwa 278 000 deutschen Juden, die sich vor der nationalsozialistischen Verfolgung ins Exil retten konnten. Viele besuchten ihre alte Heimat, manche von ihnen auch regelmäßig oder für längere Zeit, aber nur wenige blieben tatsächlich dauerhaft und bekannten sich zu diesem Land und seiner Bevölkerung als ihrer alten und neuen Heimat.

Auch für Lamm war 1945, als er zum ersten Mal wieder in seine alte Heimat zurückkehrte, nicht absehbar, ob er dauerhaft in dem Land bleiben würde, das weder kulturell noch politisch so existierte, wie es 1913 oder 1918 oder auch bei seiner Auswanderung 1938 gewesen war. Zwischen dem Verlassen seiner Geburtsstadt und seiner endgültigen Heimkehr in die Stadt an der Isar lagen 23 Jahre, in denen der „Wanderer zwischen zwei Welten" gleich zweimal nach Deutschland zurückkehrte. Auch wenn sowohl der ersten als auch der zweiten Rückkehr gemeinsam ist, dass ihnen mehrere Jahre des Aufenthalts in den USA vorausgingen, so lassen sich zwischen den beiden Aufenthalten entscheidende Unterschiede feststellen, die für den Verlauf der Rückkehr nicht unbedeutend sind. Doch auch die genauere Betrachtung des beruflichen Zugangs, der Lamm die Rückkehr nach Deutschland ermöglichte, und seiner Einstellung zu Deutschland und den Deutschen, die seinen Alltag nach der Rückkehr prägte, machen deutlich, dass sich Lamms Verhältnis zu seiner alten Heimat während der Jahre der Rückkehr wandelte. Erst nachdem er erneut in den USA gewesen war, fing Lamm an, Deutschland in seinen journalistischen Arbeiten als seine alte und neue Heimat zu bezeichnen. Wie kam diese Veränderung zustande?

## Lamms persönliche Situation und die Motive

Als Lamm am 29. Juli 1938 in Kansas City ankam, war er ein Flüchtling. Die Einsicht, dass Juden in Deutschland keine Zukunft hätten, hatte ihn dazu gezwungen, seine Geburtsstadt München zu verlassen und seinem Bruder in die USA zu folgen. Vollkommen gegensätzlich verhielt es sich 1952, als Lamm das zweite Mal die USA erreichte. Während seines ersten Aufenthalts in Deutschland gab es Momente, in denen Lamm von einem Gefühl der Enttäuschung über das Verhalten der Deutschen nach dem Ende des Krieges berichtete. Als

im Juli 1952 dann auch noch seine Tätigkeit beim U.S. Court of Restitution
Appeals beendet war, entschied Lamm aus freiem Entschluss, Deutschland
den Rücken zu kehren. Anders als beim ersten Aufbruch kehrte er im August
1952 in ein ihm vertrautes Land zurück. Er war amerikanischer Staatsbürger
geworden, hatte sein Studium im Land absolviert und war beim Aufbruch
nach Deutschland 1945 vor allem beruflich, aber auch sprachlich gut in die
amerikanische Gesellschaft integriert gewesen.

Trotz dieser grundlegenden Unterschiede lassen sich vor allem in den Überlegungen, die ihn zu der Entscheidung für die Rückkehr führten, Parallelen
erkennen. Sowohl von 1938 bis 1945 als auch in den Jahren 1952 bis 1955
setzte Lamm sich intensiv mit Fragen nach seiner Heimat und seiner Zugehörigkeit auseinander. Und auch die von Lamm als Beweggründe für seine
Rückkehr angegebenen Motive sind ähnlich.

Sein Blick blieb in den Jahren seiner Aufenthalte in den USA der alten
Heimat zugewandt, mit der ihn selbst während der Jahre des Exils ein gewisses
Heimatgefühl verband, das jedoch mit einem Wissen um die Vergangenheit,
mit Skepsis und mit Resignation gemischt war. Bis 1945 verfolgte Lamm die
Entwicklungen in Deutschland und sehnte sich danach, Einfluss auf den Ausgang des Krieges nehmen zu können. Die USA blieben für ihn in dieser Zeit
ein schwer verständliches und höchst komplexes Problem, ein Land, mit dem
er sich nie in der Form verbunden fühlte wie mit Deutschland. Seine Antwort
auf die Frage der Zugehörigkeit fiel 1954, ein Jahr vor seiner dauerhaften
Rückkehr nach Deutschland, deutlich positiver aus: Er bezeichnete Deutschland *und* die USA als seine Heimat, auch wenn er nach wie vor einen Unterschied in der emotionalen Bindung zu beiden Ländern feststellte. Das Ende
der nationalsozialistischen Herrschaft war die Voraussetzung für Lamms
Rückkehr nach Deutschland und für dieses doppelte Zugehörigkeitsgefühl,
das Lamm durch eine dritte Tradition, das Judentum, verbunden wusste.

Die Sehnsucht nach der Heimat, die emotionale Verknüpfung mit Deutschland, die Lamm verspürte, gepaart mit der Überzeugung, durch seine Erfahrung innerhalb und außerhalb Deutschlands einen Beitrag zur Erneuerung
und Demokratisierung Deutschlands leisten zu können, gab Lamm selbst als
Motivation für seine Rückkehr an. Und auch wenn er behauptete, wirtschaftliche Gründe hätten ihn nicht dazu veranlasst, nach Deutschland zurückzukehren, so waren die finanziellen Anreize für Remigranten bei seiner zweiten
Rückkehr sicher keine Abschreckung.

### Lamms beruflicher Zugang

Auf den ersten Blick entdeckt man zwischen Lamms beruflichen Tätigkeiten,
die er unmittelbar nach der ersten bzw. zweiten Rückkehr in Deutschland ausübte, viele Parallelen. Bei beiden Arbeitgebern, der American Jewish Conference und dem Zentralrat der Juden in Deutschland, handelte es sich um
jüdische Organisationen, die einen Beitrag zum Wiederaufbau jüdischen Le-

bens in Deutschland leisteten. Sowohl als Vertreter der AJCon als auch als Kulturdezernent des Zentralrats arbeitete Lamm eng mit den Überlebenden des Holocaust und den neu gegründeten jüdischen Gemeinden zusammen. Außerdem waren zahlreiche Reisen, die Lamm in alle Teile Nachkriegsdeutschlands bzw. der Bundesrepublik und Berlin und immer wieder auch nach München führten, fester Bestandteil seiner Arbeit.

Größer als die Gemeinsamkeiten sind jedoch die Unterschiede: Die erste Organisation, für die Lamm tätig war, war *amerikanisch*-jüdisch, die zweite *deutsch*-jüdisch. Und auch wenn Lamms Arbeit in beiden Fällen der jüdischen Gemeinschaft in Deutschland diente, so geschah dies unter anderen Voraussetzungen und mit anderen Absichten. 1945 hatte Lamm nicht die Absicht, dauerhaft zurückzukehren, sondern er wirkte als Repräsentant der amerikanischen Siegermacht in Deutschland, ohne sich der Gruppe der Juden in Deutschland, für die und mit denen er arbeitete, zugehörig zu fühlen.

Im Jahr 1955 kam er unter anderen Voraussetzungen nach Deutschland. Er hatte sich aktiv um eine Beschäftigung in Deutschland bemüht und reiste zwar mit seinem amerikanischen Pass nach Deutschland ein, trat in seiner Funktion des Kulturdezernenten in der Öffentlichkeit jedoch nicht als Amerikaner, sondern als Jude auf, der sich der jüdischen Gemeinschaft in Deutschland zugehörig fühlte. Außerdem kam Lamm in ein Land, das ihm durch seinen ersten Aufenthalt bereits wieder vertrauter war.

## Lamms Einstellung zu Deutschland und den Deutschen

Lamms Alltag nach der Rückkehr 1945 unterschied sich aus verschiedenen Gründen von dem Leben in Deutschland nach 1955. Äußere Faktoren waren ebenso dafür verantwortlich wie Lamms persönliche Einstellung zu Deutschland und den Deutschen.

1945 erreichte Lamm ein besiegtes Land, das vollkommen zerstört war. 1955 kehrte er in ein Land zurück, dessen erste Schritte des politischen, wirtschaftlichen und kulturellen Wiederaufbaus er noch miterlebt und dann aus den USA verfolgt hatte. Während in den ersten Nachkriegsjahren Lebensmittelversorgung, Kommunikation und Bewegungsfreiheit eingeschränkt waren, war 1955 das demokratische System schon gefestigt; der Lebensstandard war mit dem einsetzenden „Wirtschaftswunder" gestiegen. Von jüdischer Seite wurden vor allem der Fortschritt in den Wiedergutmachungsverhandlungen und die begonnene Entschädigung für die Opfer der nationalsozialistischen Verfolgung wahrgenommen, die für viele jüdische Emigranten ein Leben in Deutschland erst wieder möglich machten.

Während der Jahre seiner ersten und zweiten Rückkehr nach Deutschland bestimmten drei unterschiedliche Aspekte Lamms persönliches Verhältnis zu Deutschland und den Deutschen: seine berufliche Tätigkeit, sein neben- bzw. außerberufliches Engagement sowie seine persönliche Auseinandersetzung und Verarbeitung der Vergangenheit.

Als Angestellter der amerikanischen Besatzungsmacht 1946 bis 1952 war Lamm deutlich von der deutschen Bevölkerung getrennt. Er arbeitete zwar im American German Youth Club Nuremberg mit, war dort aber ein Repräsentant der amerikanischen Seite. Sein Engagement im Club und seine zahlreichen Artikel für deutsche Zeitungen zeugten von seinem Interesse, an der „democratic reorientation and reeducation"[1] der Deutschen mitzuwirken, als Deutscher fühlte er sich selbst aber nicht.

Anders verhielt es sich nach 1955. Das deutlichste Zeichen für Lamms Sinneswandel war, dass er sogar das Risiko einging, durch die dauerhafte Beschäftigung bei einem deutschen Arbeitgeber die amerikanische Staatsbürgerschaft zu verlieren. Als Repräsentant des Zentralrats fühlte er sich außerdem der jüdischen Gemeinschaft in Deutschland zugehörig. Durch seine Tätigkeit entwickelte sich ein intensiver Kontakt zu den Juden in Deutschland und der deutschen Bevölkerung. Als Vortragender, Veranstalter von Tagungen etc. stand Lamm häufig im Licht der Öffentlichkeit. Der Aufbau und die Verbesserung der Beziehungen von Juden und Nichtjuden in Deutschland wurden in den folgenden Jahren zu einem seiner wichtigsten Ziele. Je länger er sich in Deutschland aufhielt, umso zahlreicher wurden seine Mitgliedschaften in Vereinen, Gesellschaften und Kuratorien. Diese Tätigkeiten veranschaulichen Lamms Interesse an Deutschland sowie seine gelungene Re-Integration in die deutsche Gesellschaft, die unmittelbar nach seiner Rückkehr 1955 begann. Die Wahl zum Präsidenten der IKG München 1970 lässt außerdem erkennen, dass Lamm nicht nur in die deutsche Gesellschaft integriert, sondern auch bereit war, in führender Position Verantwortung für die Entwicklung jüdischen Lebens in Deutschland zu tragen und an der Gestaltung der Beziehungen zwischen Juden und Nichtjuden mitzuwirken.

Am deutlichsten wird Lamms persönliche Entwicklung jedoch, wenn man seinen Umgang mit der Vergangenheitsbewältigung betrachtet. Während der Jahre seiner ersten Rückkehr setzte Lamm sich intensiv mit der Geschichte Deutschlands von 1933 bis 1945 auseinander. Dies geschah zum einen durch die Nürnberger Prozesse, bei denen er unmittelbar mit den Verbrechen und den Hauptverantwortlichen konfrontiert war. Für seine persönliche Aufarbeitung der Geschehen im Dritten Reich wählte Lamm die Form, die seinem journalistischen Interesse entsprach: Er promovierte „Über die innere und äußere Entwicklung des deutschen Judentums zur Zeit des Dritten Reichs". Aus dieser Beschäftigung mit den Geschehnissen während der NS-Zeit heraus ergab sich für Lamm ein düsteres Bild der Gegenwart: Er fragte sich, ob die deutsche Gesellschaft aus den Ereignissen des Dritten Reiches gelernt hatte, und befürchtete, dass das Judentum in Deutschland keine Zukunft haben würde. Umgekehrt war er jedoch schon zu diesem Zeitpunkt überzeugt, dass die Rückwanderung einer größeren Zahl früherer deutscher Ju-

---

[1] StadtAM, NL Lamm, Akt 133, Schreiben Lamm an Hon. John J. McCloy, High Commissioner for Germany, vom 2.8.1949.

den eine Erneuerung und einen Wiederaufbau der jüdischen Gemeinschaft in Deutschland ermöglichen könnte. Diese Feststellung zeugt nicht nur von Lamms differenzierter Analyse der Situation für Juden in Deutschland, sondern auch von einer intensiven persönlichen Auseinandersetzung mit dieser Frage.

Bei seiner Rückkehr 1955 hatte Lamm diese Frage für sich beantwortet: Er hatte entschieden, selbst – als Remigrant – einen Beitrag zur Demokratisierung zu leisten und sich mit all seiner Schaffenskraft am Wiederaufbau jüdischen Lebens in Deutschland zu beteiligen. Am Beispiel der Gründung des Ner-Tamid-Verlags 1957 lassen sich zwei konkrete Unterschiede in Lamms Einstellung zu Deutschland zur Zeit der ersten bzw. zweiten Rückkehr gegenüberstellen: Während Lamm in den Jahren seiner ersten Rückkehr für die Besatzungsmacht tätig gewesen war, versuchte er 1957 durch den Aufbau einer von anderen Organisationen und politischen Entwicklungen unabhängigen Existenzgrundlage, d.h. der Gründung des Ner-Tamid-Verlags, sein Verbleiben in Deutschland abzusichern. Und hatte er sich in der journalistischen und ehrenamtlichen Tätigkeit bis 1952 vor allem für die Vermittlung von amerikanischen Werten und amerikanischem Demokratieverständnis eingesetzt, verfolgte Lamm mit dem Verlag von deutschsprachiger jüdischer Literatur das Ziel, einen persönlichen Beitrag zum Kulturleben der Bundesrepublik zu leisten, der den deutschsprechenden Juden und der interessierten nichtjüdischen Öffentlichkeit gleichermaßen dienen sollte. Dass er zu diesem Zweck Geld einsetzte, das ihm aus den Wiedergutmachungsverfahren zugesprochen wurde, ist ein besonders sprechendes Detail.

Die Gegenüberstellung der persönlichen Erfahrungs- und Entscheidungsmomente Lamms zeigt sehr deutlich, dass nicht nur zwischen der jeweiligen Vorgeschichte bzw. dem Ausgangspunkt für seine erste und zweite Rückkehr Unterschiede bestehen, sondern auch der von ihm gewählte Zugang zu Deutschland ein anderer war, seine persönliche Annäherung an die alte Heimat sich anders gestaltete. Das Quellenstudium lässt darüber hinaus aber auch erkennen – und das sollte betont werden –, dass sich Lamms persönliche Einstellung gegenüber der deutschen Bevölkerung im Zuge der Rückkehr nicht grundlegend veränderte. Auch wenn er sehr wohl Momente der Enttäuschung erlebte, zwischenzeitlich das Gefühl der Unsicherheit über die kommenden Entwicklungen verspürte und sich intensiv mit der Frage der Zugehörigkeit auseinander setzte, die ihn besonders in den Jahren seines zweiten Aufenthaltes in den USA sehr beschäftigte, so wurden seine Handlungen und somit der Verlauf seiner Rückkehr letztlich nicht durch die Erfahrungen mit der deutschen Bevölkerung, sondern vielmehr durch berufliche und finanzielle Aspekte bestimmt.

Lamms Entscheidung für die dauerhafte Rückkehr nach Deutschland und sein positives Ja-Sagen zu seinem Geburtsland, zu dem er sich trotz der Erfahrungen in den 1930er Jahren und trotz seines erzwungenen Exils bekannte, sind also keineswegs eine Selbstverständlichkeit, die sich bereits beim ersten

Betreten deutschen Bodens abzeichnete. Seine Rückkehr nach Deutschland ist
ein Prozess, dessen Verlauf von seiner Persönlichkeit, der Vorgeschichte der
Rückkehr und seinen Erfahrungen bestimmt wurde, und nur als fortlaufende
Entwicklung analysiert und in diesem Zusammenhang verstanden werden
kann.

Im Februar 1985 flog Lamm trotz schwerer Krankheit als Berater bei Dreharbeiten für eine Dokumentationssendung des Bayerischen Rundfunks nach
Israel. Kurz nach seiner Rückkehr verschlechterte sich sein Gesundheitszustand so stark, dass er ins Krankenhaus eingeliefert werden musste. Zunächst
wirkte es, als ob er sich wieder erholen könnte, aber seine Kraft war erschöpft.
Am 23. April 1985 starb Hans Lamm im Alter von 71 Jahren.[2] Mehr als 400
Menschen kamen am 25. April 1985 auf dem jüdischen Friedhof in der Gar-
chinger Straße zusammen, um im Rahmen einer Trauerfeier von einem „der
bedeutendsten Vertreter des Münchner und des deutschen Judentums"[3] Abschied zu nehmen.[4] Sein positives Wollen, sein vielseitiges Engagement sowie
seine unermüdliche Energie, die er seit seiner Heimkehr nach München noch
gezielter dafür einsetzte, für Verständigung zu werben und ein neues Miteinander zwischen Juden und Nichtjuden in Deutschland zu gestalten, waren seine
persönliche Art des gelebten Beweises, dass jüdisches Leben in Deutschland
möglich ist und Zukunft hat. Stellvertretend für die zahlreichen Nachrufe, die
in den Zeitungen Deutschlands, der USA und Israels erschienen, sei abschließend aus dem seines Wegbegleiters Schalom Ben-Chorin zitiert, der seine Erinnerungen an den langjährigen Freund mit folgenden Worten enden ließ:

„Ein reiches, ein erfülltes Leben ist zu Ende gegangen. Hans Lamm war ein
bewusster Jude und nicht minder bewusster Weltbürger, und doch waren die
Wurzeln seiner Existenz tief eingesenkt in den Boden seiner Geburtsstadt
München. Ich muss an zwei Zeilen aus der Ballade ‚Archibald Douglas' von
Fontane denken:

Der ist in tiefster Seele treu.
Der die Heimat so liebt wie Du ..."[5]

[2] StadtAM, NL Lamm, Akt 6, Todesanzeigen Lamm; Schwierz: Steinerne Zeugnisse, S. 17
und S. 315.
[3] Woock: „Eine Lücke die kaum zu schließen sein wird", in: Münchner Merkur, Nr. 97
vom 26. 4. 1984.
[4] Wegen Platzmangels in der Aussegnungshalle wurde die Trauerfeier mit Lautsprechern
auf den Vorplatz übertragen. Die Rednerliste umfasste 16 Namen. Vgl dazu Freudenreich:
Letzte Ehre für Hans Lamm, in: Süddeutsche Zeitung, Nr. 97 vom 26. 4. 1985.
[5] Ben-Chorin: Mein Freund Hans Lamm, in: Israel Nachrichten vom 10. 5. 1985.

# ANHANG

## Biogramm Hans Lamm

Geboren am 8. Juni 1913 in München.
- Eltern: Ignaz (geb. 13.1.1875 in Buttenwiesen; gest. 4.6.1944, La Feria, Texas) und Martha Lamm, geb. Pinczower (geb. 13.5.1884 in Ratibor; gest. 1931 in München)
- Bruder: Heinrich Lamm (geb. 19.1.1908 in München; gest. 12.7.1974 in Harlingen, Texas), verheiratet mit Annie Thea, geb. Hirschel (geb. 4.8.1907 in Breslau), Sohn, Michael (geb. 11.2.1936 in London) und Tochter, Miriam Elisabeth (geb. 26.5.1938 in Kansas City)

Deutschland 1913–1938

| | |
|---|---|
| 1919–1920 | Türkenschule (1. Klasse) |
| 1920–1923 | St. Anna Schule (2.–4. Klasse) |
| 1923–1932 | Luitpold-Oberrealschule (5.–13. Klasse), 1932 Abitur |
| seit 1928 | Lamm bezeichnet sich selber als Journalist |
| 1932–1933 | Studium an der Ludwig-Maximilians-Universität München: Jura und Zeitungswissenschaft (Sommersemester 1932 – Sommersemester 1933) |
| 1934–1937 | Helfer der Sozialabteilung der Israelitischen Kultusgemeinde München, Assistent des Leiters des Jüdischen Lehrhauses und des Bibliothekars dieser Gemeinde |
| | Leiter des Jugenderziehungswesens des Verbandes Bayerischer Israelitischer Kultusgemeinden |
| 1937–1938 | Studium an der Hochschule (damals Lehranstalt) für die Wissenschaft des Judentums, Berlin: Judaistik (Sommersemester 1937 – Sommersemester 1938) |
| 1938 | Intensivkurs Englisch vom Lehrhaus und der Reichsvertretung, Berlin |
| 30.6.1938 | Erlaubnis zur Ausreise aus Deutschland |
| 16.7.1938 | Ausreise aus Deutschland |

USA 1938–1945

| | |
|---|---|
| 29.7.1938 | Ankunft in Kansas City, Missouri |
| 1938–1941 | Boy's supervisor und Secretary to President im Jewish Children's Home, Kansas City |
| 1939–1941 | Studium an der University of Kansas City: Soziologie, Abschluss: M.A. |
| 8.9.1939 | Ausbürgerung durch die Nationalsozialisten |
| 1940–1942 | Studium an der George Warren Brown School of Social Work, Washington University, Saint Louis, Missouri: Social Work, Abschluss: M.A. |
| 1942–1943 | Director of Research in der Jewish Welfare Federation of Greater Kansas City |
| 1943–1945 | Assistent des Direktors beim American Zionist Emergency Council, New York |
| 5.6.1944 | Einbürgerung vor dem United States Court District of Kansas City |

Deutschland 1945–1952

| | |
|---|---|
| 1945–1946 | Gesandter der AJCon in Deutschland |
| 7.11.1945 | Lamm verlässt die USA |
| 17.11.1945 | Ankunft in Wiesbaden, UNRRA-Hauptquartier |
| seit ca. 15.12.1945 | Beginn der Tätigkeit für die AJCon in München |
| 9.2.1946 | Ankunft in London, Vertretung des Leiters des dortigen Büros |

|              | März 1946 Rückkehr nach München |
|--------------|---------------------------------|

März 1946  Rückkehr nach München
Mai 1946  Aufbruch zur abschließenden Berichterstattung nach New York

1946–1952  Gerichtsdolmetscher im Dienste amerikanischer Behörden
Mai 1946  Tätigkeitsbeginn als Dolmetscher des International Military Tribunal I, Nürnberg
1946–1949  Tätigkeit als Dolmetscher des U.S. Military Court, Nürnberg
1950–1952  Tätigkeit als Dolmetscher des U.S. Court of Restitution Appeals, Nürnberg

5.11.1947  Gründung des American German Youth Club, Nürnberg, Lamm ist Mitglied, Förderer und Vorsitzender, später Ehrenvorsitzender

1949–1952  Anmeldung des Anspruches auf die Rückerstattung feststellbarer Vermögenswerte nach dem AmReg Nr. 59

1949–1951  Promotionsstudium an der Universität Erlangen (Wintersemester 1949/50 – Wintersemester 1950/51), Abschlussnote: cum laude

August 1952  Aufbruch in die USA (von Bremerhaven)


USA 1952–1955
August 1952  Ankunft in den USA (New York)

Herbst 1952  Verhandlungen mit Who's Who über den Alleinvertrieb in den USA bzw. Deutschland

Oktober 1952  Bewerbung beim IfZ München scheitert

1952–1954  Public Relations Director des Community Chest of Scranton-Dunmore und Research Director des Welfare Council of Lackawanna County (Joint position), Scranton (Pennsylvania)

Frühjahr 1954  Lamm bewirbt sich für einen Posten in der Geschäftsführung bei der Zentralwohlfahrtsstelle der Juden in Deutschland.

1954–1955  Director des Office of Historical Information der American Jewish Historical Society und der American Jewish Tercentenary

1955  Arbeitslosigkeit (Juni–August)

Sommer 1955  Lamm beantragt erfolglos ein Stipendium der Claims Conference in Höhe von $2500 für eine umfangreiche Forschungsarbeit über das Deutsche Judentum von 1918 bis 1945 für das Akademische Jahr 1955/56


Deutschland 1955–1985
1955–1960  Kulturdezernent des Zentralrats der Juden in Deutschland

Mitte der 1950er  Beginn der Tätigkeit als freier Mitarbeiter der *Allgemeinen Wochenzeitung der Juden in Deutschland*, Düsseldorf (erste Beiträge schrieb Lamm bereits während seiner Zeit in New York, 1954)

1954–1965  Entschädigungsverfahren nach dem BEG; Lamm bekommt insgesamt DM 10 000 wegen Schadens in der Ausbildung und im beruflichen Fortkommen zugesprochen

1957–1985  Ansprüche nach dem BWGöD; Lamm wird eine Grundentschädigung von DM 297,60 monatlich zugesprochen

1957–1962  Ner-Tamid-Verlag
1.10.1957  Gründung des Ner-Tamid-Verlags
23.12.1957  Unterzeichnung des Gesellschaftsvertrags zwischen Dr. Hans Lamm und Dr. Else Romberg. Der Ner-Tamid-Verlag wird eingetragene GmbH mit Sitz in München
1.6.1960  Shlomo Lewin steigt als Gesellschafter in die GmbH ein
14.6.1960  Ner-Tamid-Verlags GmbH wird in eine OHG, Firma Ner-Tamid-Verlag, Dr. Lamm und Lewin mit Sitz in München umgewandelt

| November 1960 | Verlegung des Lagers und des Versandes in Lamms Wohnung nach Düsseldorf |
| Dezember 1960 | Unterzeichnung eines Zusatzvertrags zum OHG Vertrag zwischen Lamm und Lewin |
| 31.12.1960 | Ende der Zusammenarbeit mit Dr. Else Romberg |
| 1.1.1961 | Verlegung des Verlagsitzes von München nach Frankfurt am Main |
| 15.3.1962 | Offizieller Ausstieg Lamms aus dem Ner-Tamid-Verlag |
| 1987 | Ner-Tamid-Verlag wird aus dem Handelsregister gestrichen |
| 1961 | Redakteur bei der Freien Fernsehen GmbH, Eschborn im Taunus |
| 1961–1964 | mit der Aufnahme der Tätigkeit für einen deutschen Arbeitgeber Verstoß gegen Section 352(a)(1) des Immigration and Nationality Act der Vereinigten Staaten: Gefahr der Ausbürgerung |
| 9.5.1962 | Beantragung der deutschen Staatsbürgerschaft |
| 1963 | Lamms amerikanische Staatsbürgerschaft wird nach einer Entscheidung des Supreme Court gegen den Immigration and Nationality Act verlängert |
| 1961 | Arbeitslosigkeit (Juli–September) |
| 1961–1978 | Abteilungsleiter der Münchner Volkshochschule, Fachbereich Heimat und Welt sowie für unterschiedlich lange Zeitspannen auch Abteilungsleiter für den Bereich Kunstverständnis und Kunstgeschichte, Presse und Film, Praktische Lebenshilfe und das Fach Englisch der Programmgruppe Sprachen |
| 1.10.1961 | Beginn der Tätigkeit |
| Juni 1978 | Ruhestand |
| 6.7.1978 | Offizielle Verabschiedung im Haus Buchenried |
| 20.11.1979 | Medaille „In Honorem Faustis" |
| Mitte der 60er | Beginn der Tätigkeit Lamms als freier Mitarbeiter des Bayerischen Rundfunks, München |
| Februar 1967 | Wahl in das Kuratorium der Gesellschaft für christlich-jüdische Zusammenarbeit München |
| 1967 | Verleihung des „Joseph-E.-Drexel-Preis" für journalistischen Leistungen vor allem auf dem Gebiet der Förderung des christlich-jüdischen Gespräches |
| 1969 | Ernennung zum Ehrenmitglied der Gesellschaft für christlich-jüdische Zusammenarbeit in Offenbach |
| 1970–1985 | Präsident der Israelitischen Kultusgemeinde München und Oberbayern |
| seit 9.5.1971 | Mitglied des Direktoriums des Zentralrats der Juden in Deutschland |
| seit 1.5.1972 | Vertretung der Israelitischen Kultusgemeinden in Bayern im Rundfunkrat des Bayerischen Rundfunks |
| 23.4.1985 | Ausscheiden aus dem Amt des Präsidenten |
| 8.6.1977 | Verleihung des Bayerischen Verdienstorden |
| 8.6.1978 | Überreichung der Medaille „München leuchtet – den Freunden der Stadt" in Gold durch Oberbürgermeister Erich Kiesl |
| 8.6.1978 | Einrichtung des Ignaz-und-Martha-Lamm-Stipendienfonds an der Hebräischen Universität Jerusalem |
| 3.11.1981 | Überreichung des Bundesverdienstkreuzes durch Staatsminister Prof. Hans Maier |
| 1983 | „Vergangene Tage. Jüdische Kultur in München" erscheint im Langen-Müller Verlag |
| 1984 | „Hans Lamm. Deutsch-jüdischer Publizist" erscheint im K.G. Saur Verlag |

Gestorben am 23. April 1985 in München

# Abkürzungsverzeichnis

| | |
|---|---|
| AHB | Archiv des Hauses Buchenried der Münchner Volkshochschule, Leoni |
| ÄndGes | Änderungsgesetz |
| AJCon | American Jewish Conference |
| AmReg | Amerikanisches Rückerstattungsgesetz Nr. 59 „Rückerstattung feststellbarer Vermögenswerte" |
| Archiv der LMU | Archiv der Ludwig-Maximilians-Universität, München |
| AVB | Archivbestände des Verlags des Börsenvereins |
| B.Anz. | Bundesanzeiger |
| BEG | Bundesgesetz zur Entschädigung für Opfer der nationalsozialistischen Verfolgung vom 29. 6. 1956 |
| BEG-SchlG | Zweites Gesetz zur Änderung des Bundesentschädigungsgesetzes (BEG-Schlußgesetz) vom 14. 9. 1965 |
| BErgGes | Bundesergänzungsgesetz zur Entschädigung für Opfer der nationalsozialistischen Verfolgung vom 18. 9. 1953 |
| BGBl. | Bundesgesetzblatt |
| BLEA | Bayerisches Landesentschädigungsamt |
| BR | Bayerischer Rundfunk |
| BWGöD | Gesetz zur Regelung der Wiedergutmachung nationalsozialistischen Unrechts für Angehörige des öffentlichen Dienstes |
| Claims Conference | Conference on Jewish Material Claims Against Germany |
| C.V. | Centralverein Deutscher Staatsbürger Jüdischen Glaubens |
| DP(s) | Displaced Person(s) |
| FAUEN | Friedrich-Alexander-Universität Erlangen-Nürnberg |
| FernsehArchivBR | Fernseharchiv des Bayerischen Rundfunks, München |
| FGG | Gesetz über die Angelegenheiten der freiwilligen Gerichtsbarkeit |
| GI | Bezeichnung für einfache US-amerikanische Infanterie-Soldaten |
| HGB | Handelsgesetzbuch |
| HistArchivBR | Historisches Archiv des Bayerischen Rundfunks, München |
| IfSF/M | Institut für Stadtgeschichte Frankfurt am Main |
| IfZ | Institut für Zeitgeschichte |
| IKG | Israelitische Kultusgemeinde |
| IMT | Internationales Militärtribunal |
| IRO | International Refugee Organization |
| JRSO | Jewish Restitution Successor Organization |
| LBI | Leo Baeck Institut |
| LEA | Landesentschädigungsamt |
| LMU | Ludwig-Maximilians-Universität |
| MVHS | Münchner Volkshochschule |
| NL | Nachlass |
| NS | Nationalsozialismus / Nationalsozialistisch(e) |
| NSDAP | Nationalsozialistische Deutsche Arbeiterpartei |
| NYC | New York City |
| OHG | Offene Handelsgesellschaft |
| PG | Parteigenosse, ein Mitglied der NSDAP |
| RA | Rechtsanwalt |
| RR | Rundfunkrat |
| SBC | Schalom Ben-Chorin |
| SchArchivBR | Schallarchiv des Bayerischen Rundfunks |

| | |
|---|---|
| StadtAM | Stadtarchiv München |
| SWF | Südwestrundfunk |
| SZ | Süddeutsche Zeitung |
| UNRRA | United Nations Relief and Rehabilitation Administration |
| Unterlagen der FAUEN | Unterlagen der Friedrich-Alexander-Universität Erlangen-Nürnberg, Dekanat der Philosophischen Fakultät I |
| VR | Verwaltungsrat |
| VZK | Verleger-Zentralkartei (der Abteilung „Firmendokumentation" der Buchhändler-Vereinigung) |
| YIVO | Institute for Jewish Research |
| ZA | Zentralarchiv zur Erforschung der Geschichte der Juden in Deutschland, Heidelberg |
| ZArchivBR | Zeitungsarchiv des Bayerischen Rundfunks, München |
| ZAus | Zeitungsausschnitt(e) |
| Zentralrat | Zentralrat der Juden in Deutschland |
| ZWST | Zentralwohlfahrtsstelle der Juden in Deutschland e.V. |

# Quellen- und Literaturverzeichnis

## I. Ungedruckte Quellen

1. *Archiv der Ludwig-Maximilians-Universität (Archiv der LMU), München*
   - Stud-Kartei-I (Hans Lamm).
   - Stud-Kartei-I (Heinrich Lamm).
2. *Archiv des Hauses Buchenried der Münchner Volkshochschule (AHB), Leoni*
   - Nr. 5.1 Veranstaltungsprotokolle.
   - Programme der Münchner Volkshochschule seit 1946.
3. *Archivbestände des Verlags des Börsenvereins (AVB), Frankfurt am Main*
   - Mitgliedsakte Dr. Hans Lamm.
   - Mitgliedsakte Shlomo Lewin.
   - Verlegerzentralkartei (VZK), Ner-Tamid-Verlag GmbH.
   - Verlegerzentralkartei (VZK), Ner-Tamid-Verlag Shlomo Lewin.
4. *Fernseharchiv des Bayerischen Rundfunks (FernsehArchivBR)*
   - Juden in München. Erstsendung am 11.2.1982, BR-1-regional. Dauer: 6'31". Produktionsnummer 821916.
   - Im Schatten von Dachau. Erstsendung 16.2.1983, BFS-3. Dauer: 44'20". Produktionsnummer 335340.
5. *Historisches Archiv des Bayerischen Rundfunks (HistArchivBR), München*
   - Schriftwechsel mit RR und VR Mitgliedern vom 1.1.1972 bis 31.12.1972.
6. *Institut für Stadtgeschichte, Frankfurt am Main (IfSF/M), Frankfurt am Main*
   - Gewerberegisterkartei Firma Ner-Tamid-Verlag Shlomo Lewin.
7. *Schallarchiv des Bayerischen Rundfunks (SchArchivBR), München*
   - Gespräch zwischen Dr. Hans Lamm und Schalom Ben-Chorin. Vorratsaufnahme vom 10.5.1983. Band 1: 42'30. Band 2: 32'15. Produktionsnummer PR00665/01-02.
   - Jenseits der Lebensmitte. Jüdisches Leben in Bayern – gestern und heute (Autorin: Eva Kirchhoff). Aufnahmedatum: 18.6.1983. Dauer: 28'00". Produktionsnummer PR 01967.
8. *Stadtarchiv München (StadtAM), München*
   - Abgabe Leihamt, Rückerstattungsakte Lamm.
   - Amtsbibliothek
     Redemanuskript Andreas Heusler, Eröffnung der Ausstellung „Kristallnacht", München 9.11.1998.
   - Kulturamt
     Akt 1648: Volkshochschule, auch Personalia (1978, April 27–Dezember 20).
   - Nachlass Hans Lamm (NL Lamm)

   | | |
   |---|---|
   | Akt 1: | Reisepässe, Ausweise und andere amtliche Dokumente |
   | Akt 2: | Studienunterlagen |
   | Akt 3: | Zeugnisse, Empfehlungen, Dank- und Kündigungsschreiben v. a. zur Tätigkeit als Dolmetscher in Nürnberg |
   | Akt 4: | Bewerbungsunterlagen |
   | Akt 5: | Korrespondenz zu Staatsbürgerschaftsfragen Hans Lamm |
   | Akt 6: | Familie Lamm |
   | Akt 7: | Publikationen von und über Heinrich und Louis Lamm |
   | Akt 8: | Artikel und Presseberichte über Hans Lamm |
   | Akt 9: | Bibliographie Hans Lamm (unvollständig) |
   | Akt 11: | Korrespondenz und amtliche Dokumente zu Rückerstattungsansprüchen nach Sophie, Ludwig, Ignaz, Carl und Louis Lamm sowie Herbert und Selma Kahn |
   | Akt 12: | Korrespondenz zu Anträgen nach dem Bundesentschädigungsgesetz und auf Aufbaufinanzierung |

| | |
|---|---|
| Akt 14: | Korrespondenz zur USA-Vertretung Hans Lamms des „Who is who in Israel" |
| Akt 15: | Korrespondenz zur gewerblichen Aufstellung von Musik- und Spielautomaten |
| Akt 16: | Verträge und Abrechnungen zu Arbeiten für den Bayerischen Rundfunk |
| Akt 18: | Korrespondenzen zu dem Vorwurf des Loyalty Security Board der angeblich in der Jugendarbeit des Deutsch-Amerikanischen Jugendclubs in Nürnberg zum Ausdruck gekommenen prokommunistischen und prosowjetischen Haltung Hans Lamms |
| Akt 19: | Korrespondenz zur Schöffentätigkeit Hans Lamms |
| Akt 29: | Rundbriefe Hans Lamms an seine Freunde |
| Akt 30: | Schalom Ben-Chorin |
| Akt 32: | Martin Buber |
| Akt 54: | Personen A–G |
| Akt 55: | Personen H–O |
| Akt 56: | Personen P–Z |
| Akt 57: | Korrespondent 1950–1969 |
| Akt 58: | Korrespondenz 1970–1979 |
| Akt 59: | Korrespondenz 1980–1985 |
| Akt 60: | Korrespondenz – undatiert |
| Akt 65: | Jewish Olympic Guide |
| Akt 80: | Korrespondenz zur Verleihung des Bayerischen Verdienstordens an Hans Lamm (1977) |
| Akt 81: | Korrespondenz zur Verleihung des Bundesverdienstkreuzes an Hans Lamm (1981) |
| Akt 86: | Korrespondenz zu Vorschlägen der Verleihung des Moses-Mendelssohn-Preises des Landes Berlin 1982 und 1984 an Hans Lamm |
| Akt 89: | Zentralrat der Juden in Deutschland |
| Akt 91/1: | Israelitische Kultusgemeinde München/B'nai B'rith |
| Akt 91/2: | Israelitische Kultusgemeinde München/B'nai B'rith |
| Akt 104: | American Jewish Conference/World Jewish Congress/The Board of Deputies of British Jews |
| Akt 111: | Gesellschaften für christlich-jüdische Zusammenarbeit/Council of Christians and Jews/Internationaler Rat der Christen und Juden |
| Akt 112: | Gesellschaft für christlich-jüdische Zusammenarbeit |
| Akt 133: | Deutsch-Amerikanischer Jugendclub Nürnberg |
| Akt 138: | Parteien und Politiker in München |
| Akt 149: | Volkshochschulen |
| Akt 150: | Ner-Tamid-Verlag 1958–1959 |
| Akt 151: | Ner-Tamid-Verlag 1960 |
| Akt 152: | Ner-Tamid-Verlag 1961–1962 |
| Akt 153: | Ner-Tamid-Verlag 1964–1980 |
| Akt 154: | Ner-Tamid-Verlag – undatiert |
| Akt 155: | Ner-Tamid-Verlag – „Unknown Europe" |
| Akt 156: | Korrespondenz zu der Meldung der Deutschen Wochen-Zeitung „Levin und der Gauamtsleiter – Vorbereitungen für Synagoga" |
| Akt 173: | Frankfurter Hefte |
| Akt 197: | K. G. Saur Verlag |
| Akt 200: | Süddeutsche Zeitung/Süddeutscher Verlag |
| Akt 201: | Tribüne – Zeitschrift zum Verständnis des Judentums |
| Akt 205: | Weitere Verlage, Zeitschriften, Zeitungen, Periodika A–Z |
| Akt 206: | Bayerischer Rundfunk 1960–1971 |

Akt 207: Bayerischer Rundfunk/Rundfunkrat 1972
Akt 208: Bayerischer Rundfunk/Rundfunkrat 1973
Akt 209: Bayerischer Rundfunk/Rundfunkrat 1974
Akt 210: Bayerischer Rundfunk/Rundfunkrat 1975
Akt 211: Bayerischer Rundfunk/Rundfunkrat 1976
Akt 212: Bayerischer Rundfunk/Rundfunkrat 1977
Akt 213: Bayerischer Rundfunk/Rundfunkrat 1978
Akt 214: Bayerischer Rundfunk/Rundfunkrat 1979
Akt 215: Bayerischer Rundfunk/Rundfunkrat 1980
Akt 216: Bayerischer Rundfunk/Rundfunkrat 1981, Jan.–Juni
Akt 217: Bayerischer Rundfunk/Rundfunkrat 1981, Juli–Dez.
Akt 218: Bayerischer Rundfunk/Rundfunkrat 1982, Jan.–Juni
Akt 219: Bayerischer Rundfunk/Rundfunkrat 1982, Juli–Dez.
Akt 220: Bayerischer Rundfunk/Rundfunkrat 1983, Jan.–Juni
Akt 221: Bayerischer Rundfunk/Rundfunkrat 1983, Juli–Dez.
Akt 222: Bayerischer Rundfunk/Rundfunkrat 1984
Akt 223: Bayerischer Rundfunk/Rundfunkrat 1985
Akt 224: Bayerischer Rundfunk/Rundfunkrat – undatiert
Akt 230: Schreiben Hans Lamms aus Beständen der Stadtbibliothek München
Akt 260: Antisemitisches, Antizionistisches und Neonazistisches Propagandamaterial sowie Antisemitische Pornographie
Akt 262: „Wiedergutmachung" und politische Lage nach 1945
Akt 265/1: Nürnberger Prozesse
Akt 265/2: Nürnberger Prozesse
Akt 291: Ner-Tamid-Verlag
Akt 322: Manuskripte zu Zeitungsartikeln und Aufsätzen I, undatiert
Akt 323: Manuskripte zu Zeitungsartikeln und Aufsätzen II, undatiert
Akt 324: Manuskripte zu Zeitungsartikeln und Aufsätzen III, undatiert
Akt 325: Manuskripte zu Zeitungsartikeln und Aufsätzen IV, undatiert
Akt 326: Manuskripte zu Zeitungsartikeln und Aufsätzen V, undatiert
Akt 333: Gedruckte Artikel 1934–1949 sowie Beiträge Hans Lamms für die Schülerzeitung „Das Band" 1929/1930
Akt 334: Gedruckte Artikel 1950–1959
Akt 335: Gedruckte Artikel im Sammelalbum
Akt 336: Gedruckte Artikel 1960–1969
Akt 338: Gedruckte Artikel 1980–1985
Akt 347: Verschiedene einzelne Dokumente
- JUDAICA-Varia
  Nr. 1      NL Schalom Ben-Chorin
  Nr. 55    NL Schalom Ben-Chorin
- Schulamt/NL Fingerle
  Akt 6796: Laufende Ereignisse, Bildungsangebote (1950–1969)
  Akt 6797: Laufende Ereignisse, Bildungsangebote (1970–1976)
  Akt 7415: Veranstaltungen der Münchener Volkshochschule (1954–1965)
  Akt 7433: Personalangelegenheiten; verschiedene Vorgänge (1957–1967)
  Akt 7497: verschiedene Vorgänge; Veranstaltungen (1960–1971)
  Akt 7751: Korrespondenzen Anfangsbuchstaben A–L (1955–1967)
  Akt 7752: Korrespondenzen Anfangsbuchstaben M–Z (1955–1965)
  Akt 7927: Sitzungen des Stadtrats (Vollversammlung Hauptausschuß) März–Juli 1959.
  Akt 7929: Vorstands- und Kuratoriumssitzungen, Mitgliederversammlungen (1954–1964)

– ZAus, Personen, Hans Lamm:
Die Medaille „In honorem faustis", in: Süddeutsche Zeitung, Nr. 271 vom 23. 11. 1979.
Dr. Lamm neuer Präsident der israelitischen Kultusgemeinde, in: Münchner Merkur, Nr. 60 vom 13. 3. 1970.
Ehrenbürgerwürde, in: Münchner Merkur, Nr. 263 vom 14. 11. 1979.
Geehrt wurden, in: Münchner Stadtanzeiger, Nr. 45 vom 15. 6. 1978.
Hans Lamm erhielt Verdienstkreuz, in: Münchner Merkur, Nr. 254 vom 4. 11. 1981.
„München leuchtet" für Hans Lamm, in: Süddeutsche Zeitung, Nr. 131 vom 10./11. 6. 1978.
Stipendienfonds an der Universität Jerusalem errichtet, in: Süddeutsche Zeitung, Nr. 270 vom 23. 11. 1978.
Karl Ude: Münchner Kulturbummel, in: Münchner Stadtanzeiger, Nr. 32 vom 26. 4. 1985.
Verdienstkreuz für Hans Lamm, in: Süddeutsche Zeitung, Nr. 267 vom 20. 11. 1981.

9. *Unterlagen der Friedrich-Alexander-Universität Erlangen-Nürnberg, Dekanat der Philosophischen Fakultät I (Unterlagen der FAUEN), Erlangen*
– Personalakte Hans Lamm.

10. *Zeitungsarchiv des Bayerischen Rundfunks (ZArchivBR), München*
– Personenmappe Hans Lamm (Sammlung von Zeitungsartikeln über Lamm):
BR-Rundfunkrat Hans Lamm wehrt sich gegen Vereinnahmung für Schönhuber Buch, in: Kirche und Rundfunkrat. Informationsdienst für Hörfunk und Fernsehen. Evangelischer Pressedienst, Zentralredaktion Frankfurt am Main, Haus der Evangelischen Publizistik, Nr. 91 vom 25. November 1981, S. 15.
Ehrenbürgerwürde, in: Münchner Merkur, Nr. 263 vom 14. 11. 1979.
Hans Lamm zum Gedenken, in: gehört gelesen (6/1985), S. 4f.
Hebräische Universität ehrt Dr. Hans Lamm, in: Allgemeine Jüdische Volkszeitung vom 16. 12. 1983, S. 30.
Kurt Hofner: Im Gespräch: Dr. Hans Lamm. Präsident der Israelitischen Kultusgemeinde München, in: Mittelbayerische Zeitung Regensburg vom 24. 3. 1984.
Mahnen und Versöhnen: Dr. Hans Lamm wird 70, in: TZ München vom 7. 6. 1983.
Martin Rehm: Versöhnung ist sein Lebensziel. Der Publizist und Journalist Hans Lamm wird heute 70/Feier im Rathaus, in: Süddeutsche Zeitung, Nr. 129 vom 8. 6. 1983, S. 17.
Stipendienfonds an der Universität Jerusalem errichtet, in: Süddeutsche Zeitung, Nr. 270 vom 23. 11. 1978.

11. *Zentralarchiv zur Erforschung der Geschichte der Juden in Deutschland (ZA), Heidelberg*
– B. 1/7
Nr. 110      Generalsekr. u. Hans Lamm (1954–1983, vorgelegt nur bis 1975)
Nr. 135      Kulturdezernat, 1954–1963
Nr. 243      Kulturdezernat, 1954–1963
Nr. 336      Kulturdezernat, 1954–1963
Nr. 337      Kulturdezernat, 1954–1963
Nr. 518      Kulturdezernat, 1954–1963
Nr. 830      Direktorium, 1970–1971
Nr. 831      Direktorium, 1972–1973

12. *Quellen aus Privatbesitz (Privat)*
– Hans Lamm Reminiscences, 6/5/77 (Abschrift eines Gesprächs zwischen Hans Lamm und seinem Neffen Michael, Sohn seines Bruders Heinrich, geb. am 11. 2. 1936 in London, aufgezeichnet am 5. 6. 1977).
– Schreiben von Lamm an die Vorstandsmitglieder und jüdischen Vereinigungen in München, sowie an alle Kultusgemeinden des Landes vom 28. 6. 1983, Privat.

– Schreiben von Dr. K. M. an die Israelitische Kultusgemeinde, Hauptverwaltung vom 27.6.1983, Privat.
– Schreiben von Hans Lamm an Eli Stern vom 17.2.1983, Privat.
– Erklärung Lamms vor dem Fernsehausschuß des BR am 30.6.1983, Privat.
– Schreiben von Lamm an den Vorstand und das Kuratorium des Jüdischen Museumsvereins in Bayern vom 25.5.1983 sowie Schreiben von Ruth Steinführer an Vorstand und Kuratorium des Jüdischen Museumsvereins in Bayern vom 16.6.1983, beides Privat.

*13. Onlinequellen*

Jüdisches Leben in München. Eine Dokumentation von Chaim Frank, Dokumentations-Archiv, München 2001, in:
http://www.juedisches-archiv-chfrank.de/kehilot/deutsland/jew-muc45.htm (13.7.2007).
Selbstdarstellung des BR im Internet,
http://www.br-online.de/br-intern/organisation/rundfunkrat.shtml (22.4.2007).
Selbstdarstellung der IKG: http://www.ikg-muenchen. de (30.10.2007).

*II. Mündliche Quellen (nicht publizierte Interviews und Gespräche)*

Gespräch mit Avital Ben-Chorin, Witwe von Schalom Ben-Chorin, in München am 18. Mai 2005.
Gespräch mit Dr. Klaus-Josef Notz, Fachgebietsleitung *Religion und Spiritualität* der MVHS, am 31. Mai 2005.
Gespräch mit Michael Schanz, verantwortlich für das Haus Buchenried der MVHS, am 27. September 2005.
Interview mit Bernhard Schoßig, 1971–1976 hautamtlicher Mitarbeiter der MVHS (zunächst wissenschaftlich-pädagogischer Assistent, dann Jugendreferent für politische Bildung), heute freiberuflich tätig, u. a. als Lehrbeauftragter an der LMU, Dozent der MVHS, Kurator eines Ausstellungsprojektes „Jüdisches Leben in Pasing" und als Autor, am 17. Januar 2007.
Interview mit Ellen Presser, Leiterin des Kulturzentrums der Israelitischen Kultusgemeinde München, am 13. Februar 2007.
Gespräch mit Helmuth Ettenhuber, ehemaliger Sekretär Hans Lamms an der Volkshochschule München, heute als Dozent im Fachbereich Englisch tätig, am 19. Februar 2007.
Gespräch mit Helga von Loewenich, einer guten Freundin Lamms, heute wohnhaft in Berlin, am 20. Februar 2007.
Interview mit Dr. Hans-Jochen Vogel am 22. Februar 2007. Hans-Jochen Vogel war von 1960 bis 1972 Oberbürgermeister der Landeshauptstadt München, von 1972 bis 1974 Bundesminister für Raumordnung, Bauwesen und Städtebau, anschließend bis 1981 Bundesminister der Justiz und schließlich im Jahr 1981 Regierender Bürgermeister von Berlin. Von 1987 bis 1991 war er Bundesvorsitzender der SPD, von 1983 bis 1991 Vorsitzender der SPD-Bundestagsfraktion.
Interview mit Hans Limmer, ehemaliger Kollege Lamms, Abteilungsleiter (Abt. Politische und Berufliche Bildung seit 1965) und späterer Programmdirektor der Volkshochschule München i. R., am 23. Februar 2007.
Interview mit Uri Siegel, Rechtsanwalt in München, am 28. Februar 2007.
Interview mit Ruth Steinführer, ehemalige Sekretärin von Hans Lamm in der Israelitischen Kultusgemeinde München von 1970 bis 1985, am 28. Februar 2007.
Interview mit Richard Grimm, ehemaliger Sekretär Lamms in der Münchner Volkshochschule und Betreiber des Jüdischen Museums in der Maximilianstraße, am 1. März 2007.
Interview mit Alfred Lottmann, ehemaliger Kollege Lamms, Abteilungsleiter der MVHS i. R. (Abt. Berufliche Bildung) sowie ehrenamtlicher Stadtrat (SPD) in München von 1972–1996, am 13. März 2007.

Gespräch mit Ingrid Gailhofer, ehemalige Sekretärin Lamms und auch heute noch Mitarbeiterin der MVHS, am 13. März 2007.
Gespräch mit Jörg Schröder, Gründer des März Verlags und Bekannter Hans Lamms aus der Zeit in Düsseldorf, am 8. Mai 2007.
Gespräche mit Brigitte Schmidt, Lamms letzter Privatsekretärin, zuletzt am 15.5.2007.


*III. Verwendete Werke, Zeitungsartikel und Leserbriefe von Hans Lamm in chronologischer Ordnung*

Unsere Aufgabe, in: Aufbau, Jg. 5, Nr. 3 vom 15. Februar 1939, S. 7f.
Anti-Nazi-Bücher, in: Aufbau, Jg. 5, Nr. 17 vom 15. September 1939, S. 14.
Louis Adamic: „From Many Lands", in: Aufbau, Jg. 6, Nr. 48 vom 29. November 1940, S. 9.
Geistige Amerikanisierung, in: Aufbau, Jg. 8, Nr. 6 vom 6. Februar 1942, S. 17.
Das Deutsche Judentum lebt noch, in: Aufbau, Jg. 12, Nr. 24 vom 14. Juni 1946, S. 15.
Philipp Auerbach. Ein Mann und sein Programm, in: Aufbau, Jg. 12, Nr. 40 vom 4. Oktober 1946, S. 17.
Für die Einheit der Juden Deutschlands, in: Aufbau, Jg. 13, Nr. 28 vom 11. Juli 1947, S. 21.
Germany's Jews Recreate Their Community, in: American Jewish Conference Record, Juli 1947, S. 11.
[Halm, Peter:] Aufhören toll zu sein, in: Frankfurter Hefte (Januar 1950), S. 16–19.
Wie Franklin D. Roosevelt, der „Champ", starb, in: Nürnberger Nachrichten, Jg. 6, Nr. 57 vom 13. April 1950, S. 7.
Die Zukunft des Fernsehens, in: Nürnberger Nachrichten, Jg. 6, Nr. 124 vom 12. August 1950, S. 6.
Überraschung bei den Wahlen in den USA, in: Nürnberger Nachrichten, Jg. 6, Nr. 175 vom 10. November 1950, S. 5.
„Über die innere und äußere Entwicklung des deutschen Judentums im Dritten Reich", [masch.] Diss. 1951.
„Wie ist es mit Nürnberg, Herr General?", in: Nürnberger Nachrichten, Jg. 8, Nr. 58 vom 12. April 1952, S. 8.
6. Oktober – Deutscher Feiertag in New York, in: Nürnberger Nachrichten, Jg. 9, Nr. 181 vom 7. August 1953.
Amerikaner keine eifrigen Bücherleser, in: Nürnberger Nachrichten vom 2. September 1955.
Jüdische Erziehung in Deutschland. Jüdische Lehrer beschließen praktische Maßnahmen – Abschluß pädagogischer Fachtagung, in: Allgemeine Wochenzeitung der Juden in Deutschland, Jg. 10, Nr. 30 vom 30. Dezember 1955, S. 8.
Ewiger Zeitgenosse Heine. Ein Brevier, Düsseldorf 1956.
Düsseldorf ehrt seinen größten Sohn. Feierstunden zum hundertsten Todestag Heinrich Heines am 17. Februar 1956, in: Allgemeine Wochenzeitung der Juden in Deutschland, Jg. 10, Nr. 47 vom 24. Februar 1956, S. 5.
Diener der jüdischen Gemeinschaft. Moses Lustig zum 50. Geburtstag, in: Allgemeine Wochenzeitung der Juden in Deutschland, Jg. 11, Nr. 39 vom 28. Dezember 1956, S. 10.
Säen und pflanzen für heute und morgen. Ein Bericht von dem ersten Fachlehrgang für jüdische Jugendleiter in Wembach, in: Allgemeine Wochenzeitung der Juden in Deutschland, Jg. 11, Nr. 41 vom 11. Januar 1957, S. 3.
Der Jude Heinrich Heine. Auszüge aus seinen Schriften. Zusammengestellt von Hans Lamm, in: Allgemeine Wochenzeitung der Juden in Deutschland, Jg. 11, Nr. 45 vom 8. Februar 1957, S. 5 sowie Allgemeine Wochenzeitung der Juden in Deutschland, Jg. 11, Nr. 46 vom 15. Februar 1957, S. 5.
Jugend schlägt Brücken. Von Dr. Hans Lamm, Kulturdezernent des Zentralrats der Juden in Deutschland, in: Allgemeine Wochenzeitung der Juden in Deutschland, Jg. 11, Nr. 50 vom 15. März 1957, S. 2 und S. 4.

Salut für den Sonnenberg, in: Allgemeine Wochenzeitung der Juden in Deutschland, Jg. 12,
    Nr. 14 vom 5. Juli 1957, S. 4.
Ein jüdisches Museum in Deutschland?, in: Allgemeine Wochenzeitung der Juden in
    Deutschland, Jg. 12, Nr. 18 vom 2. August 1957, S. 4.
Geistige und menschliche Begegnung. Das dritte Treffen der Arbeitsgemeinschaft „Drei
    Ringe", in: Allgemeine Wochenzeitung der Juden in Deutschland, Jg. 12, Nr. 34 vom
    22. November 1957, S. 6.
[Hg.:] Von Juden in München. Ein Gedenkbuch, München 1958.
Bemerkungen zur Entwicklung und Wandlung des Deutsch-Jüdischen Lebensgefühls, in:
    Hellmut Diwald (Hg.): Lebendiger Geist. Hans-Joachim Schoeps zum 50. Geburtstag
    von Schülern dargebracht, Leiden/Köln 1959, S. 225–238.
Eine neue Generation wächst heran, in: Presse- und Informationsamt der Landeshaupt-
    stadt München (Hg.): Heimweh nach München. Das Schicksal der emigrierten jüdischen
    Bürger Münchens, München 1965, S. 3.
Kulturpolitische Vorstellungen der Juden in Deutschland, in: Hans-Jochen Gamm/Franz
    Pöggeler (Hg.): Streitfragen der Bildungspolitik. Die bildungs- und kulturpolitischen
    Konzeptionen der Kirchen und Parteien in Deutschland (Das pädagogische Gespräch.
    Aktuelle Veröffentlichungen des Willmann-Institutes München-Wien), Freiburg i. Br.
    1967, S. 93–101.
Vom Ebenbild G'ttes, in: Allgemeine unabhängige jüdische Wochenzeitung, Jg. 25, Nr. 37
    vom 11. 9. 1970.
Heiße Eisen?, in: Allgemeine unabhängige jüdische Wochenzeitung, Jg. 26, Nr. 14 vom
    2. April 1971, S. 1.
Gedanken eines zurückgekehrten Juden, in: Emuna. Horizonte, Jg. 7, Nr. 5/6 (Oktober/No-
    vember 1972), S. 373–377.
„Dr. Heinrich Lamm (Harlingen)", in: Münchner Jüdische Nachrichten, Jg. 24, Nr. 46 vom
    13. Dezember 1974, S. 2.
„Zum Ableben von Dr. Heinrich Lamm", in: Allgemeine jüdische Wochenzeitung, Jg. 29,
    Nr. 51/52 vom 20.–27. Dezember 1974 (im Münchner Gemeindebericht), S. 14.
Juden – 30 Jahre danach, in: Tribüne. Zeitschrift zum Verständnis des Judentums, Jg. 14,
    Heft 54 (Juni 1975), S. 6270–74.
mit Jakob Katz: Geschichte der jüdischen Erwachsenenbildung, in: Franz Pöggeler (Hg.):
    Geschichte der Erwachsenenbildung, Stuttgart u. a. 1975, S. 353–365.
Zur Frage Jüdischer Museen in Deutschland, in: Allgemeine jüdische Wochenzeitung,
    Jg. 32, Nr. 2 vom 14. Januar 1977, S. 7.
[Hg.:] Vergangene Tage. Jüdische Kultur in München, Erweiterte und neu durchgesehene
    Ausgabe des 1958 erschienenen Bandes „Von Juden in München – Ein Gedenkbuch",
    München/Wien 1982.
Juden in Deutschland heute, in: Kurt E. Becker/Peter Popitz/Hans-Peter Schreiner (Hg.):
    Juden in Deutschland 1983 – Integriert oder Diskriminiert? Ein Symposium, Landau
    (Pfalz) 1983, S. 127–136.
[Hg.:] Hans Lamm. Deutsch-Jüdischer Publizist: ausgewählte Aufsätze 1933–1983 mit aus-
    führlicher Bibliographie, München u. a. 1984.

## IV. Gedruckte Quellen und Literatur

Ackermann, Volker: Migration in Deutschland 1945–1955, in: Unter Vorbehalt. Rückkehr
    aus der Emigration nach 1945, hg. vom Verein EL-DE-Haus Köln. Bearbeitet von Wolf-
    gang Blaschke, Karola Fings und Cordula Lissner, Köln 1997, S. 13–21.
Adler, Peter: Die Vergessenen. Drei Stücke zur jüdischen Zeitgeschichte, München 1959.
Alexander, Charles W./Keeshan, Anne: Justice at Nuernberg. A pictorial record of the trial
    of Nazi war criminals by the International Tribunal at Nuernberg, Germany, 1945–46,
    Chicago 1946.

Angermair, Elisabeth: Eine selbstbewusste Minderheit (1892–1918), in: Richard Bauer/Michael Brenner (Hg.): Jüdisches München. Vom Mittelalter bis zur Gegenwart, München 2006, S. 110–136.

Angress, Werner T.: Generation zwischen Furcht und Hoffnung. Jüdische Jugend im Dritten Reich, Hamburg 1985.

Angster, Julia: „Parteipolitische Diskussionen gehören nicht in die Gewerkschaft". Kuno Brandel und Gewerkschaftszeitung Metall 1949–1961, in: Claus-Dieter Krohn/Axel Schildt (Hg.): Zwischen den Stühlen? Remigranten und Remigration in der deutschen Medienöffentlichkeit der Nachkriegszeit, Hamburg 2002, S. 267–293.

Anthony, Tamara: Ins Land der Väter oder der Täter? Israel und die Juden in Deutschland nach der Schoah, Berlin 2004.

Arad, Gulie Ne'eman: Patriotismus als Agens von Akzeptanz. Sein Gebrauch und Mißbrauch durch die amerikanisch-jüdische Führung während der Nazi-Ära, in: Babylon. Beiträge zur jüdischen Gegenwart, Heft 13/14 (1994), S. 12–38.

Aus dem Bericht des Kulturdezernenten, in: Allgemeine Wochenzeitung der Juden in Deutschland, Jg. 11, Nr. 38 vom 31. Dezember 1956, S. 9.

Ausstellung München 1927. Das Bayerische Handwerk. Amtlicher Katalog, hg. von der Ausstellungsleitung, München 1927.

Bärsch, Claus-E.: Das Urteil von Nürnberg. Zur Aktualität der Anklage gegen „Hermann Göring und andere", in: Babylon. Beiträge zur jüdischen Gegenwart, Heft 1 (Oktober 1986), S. 45–54.

Bauer, Richard/Brenner, Michael (Hg.): Jüdisches München. Vom Mittelalter bis zur Gegenwart, München 2006.

Ben-Chorin, Schalom: Jugend an der Isar, München 1974.

Ben-Chorin, Schalom: Mein Freund Hans Lamm, in: Israel Nachrichten vom 10. 5. 1985.

Ben-Chorin, Schalom: Teth-Sajin Marcheschwan – ein neuer juedischer Gedenktag, in: Jedioth Chadaschoth vom 15. November 1952.

Bentwich, Norman: Jewish Successor Organizations, in: Encyclopaedia Judaica, Vol. 10 (Jes-Lei), Jerusalem 1971, Sp. 93f.

Benz, Wolfgang: Das Exil der kleinen Leute, in: Wolfgang Benz (Hg.): Das Exil der kleinen Leute. Alltagserfahrungen deutscher Juden in der Emigration, München 1991, S. 7–37.

Benz, Wolfgang: Emigration. Möglichkeiten und Grenzen jüdischer Flucht aus Deutschland, in: Wolfgang Benz/Angelika Königseder (Hg.): Judenfeindschaft als Paradigma. Studien zur Vorurteilsforschung, Berlin 2002, S. 187–193.

Bergmann, Werner: Antisemitismus als politisches Ereignis. Die antisemitische Schmierwelle im Winter 1959/60, in: Ders./Rainer Erb (Hg.): Antisemitismus in der politischen Kultur nach 1945, Opladen 1990, S. 253–275.

Bergmann, Werner: Antisemitismus in öffentlichen Konflikten. Kollektives Lernen in der politischen Kultur der Bundesrepublik 1949–1989, Frankfurt am Main/New York 1997.

Biller, Marita: Exilstationen. Eine empirische Untersuchung zur Emigration und Remigration deutschsprachiger Journalisten und Publizisten, Diss. Münster (Westfalen) 1992.

Biller, Marita: Remigranten in der Publizistik im Nachkriegsdeutschland, in: Claus-Dieter Krohn/Patrik von zur Mühlen (Hg.): Rückkehr und Aufbau nach 1945. Deutsche Remigranten im öffentlichen Leben Nachkriegsdeutschlands, Marburg 1997, S. 275–287.

Blasius, Rainer A.: *Fall 11*: Der Wilhelmstraßen-Prozeß gegen das Auswärtige Amt und andere Ministerien, in: Gerd R. Ueberschär (Hg.): Der Nationalsozialismus vor Gericht. Die alliierten Prozesse gegen Kriegsverbrecher und Soldaten 1943–1952 (Die Zeit des Nationalsozialismus), 2. Auflage Frankfurt am Main 2000, S. 187–198.

Bodemann, Y. Michal: Das Klappern der Holzschuhmänner. Der Weg zur Erinnerungsexplosion in Deutschland 1960–1975, in: Ders.: In den Wogen der Erinnerung. Jüdische Existenz in Deutschland, München 2002, S. 62–84.

Bodemann, Y. Michal: Gedächtnistheater. Die jüdische Gemeinschaft und ihre deutsche Erfindung. Mit einem Beitrag von Jael Geis, Hamburg 1996.

Boll, Bernd: *Fall 6*: Der IG-Farben-Prozeß, in: Gerd R. Ueberschär (Hg.): Der Nationalsozialismus vor Gericht. Die alliierten Prozesse gegen Kriegsverbrecher und Soldaten 1943–1952 (Die Zeit des Nationalsozialismus), 2. Auflage Frankfurt am Main 2000, S. 133–143.

Borneman, John/Peck, Jeffrey M.: Sojourners. The Return of German Jews and the Question of Identity, Lincoln/London 1995.

Bösch, Frank: Film, NS-Vergangenheit und Geschichtswissenschaft. Von „Holocaust" zu „Der Untergang", in: Vierteljahrshefte für Zeitgeschichte, Jg. 54, Heft 1 (2007), S. 1–32.

Bosl, Karl u. a. (Hg.): Bayern im Umbruch. Die Revolution von 1918, ihre Voraussetzungen, ihr Verlauf und ihre Folgen, München 1969.

Brand, Joel: Adolf Eichmann. Fakten gegen Fabeln (Vom Gestern zum Morgen, Bd. 10), München/Frankfurt am Main 1961.

Brandt, Susanne: „Wenig Anschauung"? Die Ausstrahlung des Films „Holocaust" im westdeutschen Fernsehen (1978/79), in: Christoph Cornelißen/Lutz Klinkhammer/Wolfgang Schwentker (Hg.): Erinnerungskulturen. Deutschland, Italien und Japan seit 1945, Frankfurt am Main 2003, S. 257–268.

Brenner, Michael: Aufbruch in die Zukunft (1970–2006), in: Ders./Richard Bauer (Hg.): Jüdisches München. Vom Mittelalter bis zur Gegenwart, München 2006, S. 209–223.

Brenner, Michael: Epilog oder Neuanfang? Fünf Jahrzehnte jüdischen Lebens im Nachkriegsdeutschland: Eine Zwischenbilanz, in: Tribüne. Zeitschrift zum Verständnis des Judentums, Jg. 37, Heft 148 (1998), S. 174–185.

Brenner, Michael: Nach dem Holocaust. Juden in Deutschland 1945–1950, München 1995.

Brenner, Michael: Wider den Mythos der „Stunde Null". Kontinuitäten im innerjüdischen Bewußtsein und deutsch-jüdischen Verhältnis nach 1945, in: Menora. Jahrbuch für deutsch-jüdische Geschichte, Bd. 3 (1992), S. 155–181.

Buber, Martin: Die Juden und die UdSSR (Vom Gestern zum Morgen, Bd. 8), München/Frankfurt am Main 1961.

Bubis, Ignatz: Jüdisches Leben in Deutschland 1945–1995, in: Günther B. Ginzel (Hg.): Der Anfang nach dem Ende. Jüdisches Leben in Deutschland 1945 bis heute, Düsseldorf 1996, S. 37–51.

Bundesergänzungsgesetz zur Entschädigung für Opfer der nationalsozialistischen Verfolgung vom 18. 9. 1953 in BGBl. 1953 I.

Bundesgesetz zur Entschädigung für Opfer der nationalsozialistischen Verfolgung vom 29. 6. 1956 in BGBl. 1956 I.

Burgauer, Erica: Jüdisches Leben in Deutschland (BRD und DDR) 1945–1990, Phil. Diss. Zürich 1992.

Davis, Eli: American Jewish Conference, in: Encyclopaedia Judaica, Vol. 2 (A–Aug), Jerusalem 1971, Sp. 825.

Demirović, Alex: Das Glück der Wahrheit. Die Rückkehr der „Frankfurter Schule", in: Frankfurter Hefte, Jg. 36, Nr. 8 (August 1989), S. 700–707.

De Zayas, Alfred-Maurice: Der Nürnberger Prozeß vor dem internationalen Militär Tribunal (1945–1946), in: Alexander Demandt (Hg.): Macht und Recht. Große Prozesse in der Geschichte, 2., unveränderte Auflage München 1991, S. 249–270.

Die Juden in München, in: Neue Ruhrzeitung Essen-Oberhausen vom 28. 8. 1958.

Diner, Dan: Negative Symbiose – Deutsche und Juden nach Auschwitz, in: Micha Brumlik, u. a. (Hg.): Jüdisches Leben in Deutschland seit 1945, Frankfurt am Main 1988, S. 243–257.

Dinnerstein, Leonard: Britische und amerikanische DP-Politik, in: Überlebt und unterwegs. Jüdische Displaced Persons im Nachkriegsdeutschland, hg. vom Fritz Bauer Institut, Frankfurt am Main/New York 1997, S. 109–117.

Dinnerstein, Leonard: The U.S. Army and the Jews. Politics Toward The Displaced Persons After World War II, in: American Jewish Studies, Jg. 68, Heft 3 (1979), S. 253–366.

Distel, Barbara: Hilferuf nach Dachau. Lücken im Netz der Entschädigung, in: Hans Günter Hockerts/Christiane Kuller (Hg.): Nach der Verfolgung. Wiedergutmachung nationalsozialistischen Unrechts in Deutschland?, Göttingen 2003, S. 229–239.

Dyck, Richard: Das waren die Juden von München, in: Aufbau vom 29.8.1958, S. 17.

Eckart, Wolfgang U.: *Fall I*: Der Nürnberger Ärzteprozess, in: Gerd R. Ueberschär (Hg.): Der Nationalsozialismus vor Gericht. Die alliierten Prozesse gegen Kriegsverbrecher und Soldaten 1943–1952 (Die Zeit des Nationalsozialismus), 2. Auflage Frankfurt am Main 2000, S. 73–85.

Ein Beitrag zur 800-Jahr-Feier der Stadt München, in: Münchner Jüdische Nachrichten, Nr. 28 vom 25.7.1958.

Fickers, Andreas: „Politique de la grandeur" versus „Made in Germany". Politische Kulturgeschichte der Technik am Beispiel der PAL-Secam-Kontorverse, München 2007.

Fings, Karola/Lissner, Cordula: Einleitung, in: Unter Vorbehalt. Rückkehr aus der Emigration nach 1945, hg. vom Verein EL-DE-Haus Köln. Bearbeitet von Wolfgang Blaschke, Karola Fings und Cordula Lissner, Köln 1997, S. 9–12.

Fings, Karola: Rückkehr als Politikum. Remigration aus Israel, in: Unter Vorbehalt. Rückkehr aus der Emigration nach 1945, hg. vom Verein EL-DE-Haus Köln. Bearbeitet von Wolfgang Blaschke, Karola Fings und Cordula Lissner, Köln 1997, S. 22–32.

Fischer, Otto: „Wille zum Frieden stärker als blindwütiger Haß". 20000 Menschen demonstrieren gegen die Bluttat der palästinensischen Terroristen, in: Süddeutsche Zeitung vom 7.9.1972.

Flügel, Rolf: Auf Münchens Geburtstagstisch, in: Münchner Merkur vom 28./29.6.1958.

Foitzik, Jan: Die Rückkehr aus dem Exil und das politisch kulturelle Umfeld der Reintegration sozialdemokratischer Emigranten in Westdeutschland, in: Manfred Briegel/Wolfgang Frühwald: Die Erfahrung der Fremde. Kolloquium des Schwerpunktprogramms „Exilforschung" der Deutschen Forschungsgemeinschaft, Weinheim u. a. 1988, S. 255–270.

Foitzik, Jan: Remigranten in parlamentarischen Körperschaften Westdeutschlands. Eine Bestandsaufnahme, in: Claus-Dieter Krohn/Patrik von zur Mühlen (Hg.): Rückkehr und Aufbau nach 1945. Deutsche Remigranten im öffentlichen Leben Nachkriegsdeutschlands, Marburg 1997, S. 71–90.

Foschepoth, Josef: Die Gründung der Gesellschaften für Christlich-Jüdische Zusammenarbeit, in: Julius H. Schoeps (Hg.): Leben im Land der Täter. Juden im Nachkriegsdeutschland (1945-1952), München 2001, S. 254–266.

Foschepoth, Josef: Im Schatten der Vergangenheit. Die Anfänge der Gesellschaften für Christlich-Jüdische Zusammenarbeit, Göttingen 1993.

Freeden, Herbert: Die jüdische Presse im Dritten Reich, Frankfurt 1987.

Frei, Norbert: 1945 und wir. Das Dritte Reich im Bewusstsein der Deutschen, München 2005.

Frei, Norbert: Vergangenheitspolitik. Die Anfänge der Bundesrepublik und die NS-Vergangenheit, München 1996.

Frei, Norbert: Von deutscher Erfindungskraft. Oder: Die Kollektivschuldthese in der Nachkriegszeit, in: Ders.: 1945 und wir. Das Dritte Reich im Bewusstsein der Deutschen, München 2005, S. 145–155.

Freudenreich, Johann: Letzte Ehre für Hans Lamm. Repräsentanten von Staat, Stadt, Parteien und Kirchen bei der Trauerfeier, in: Süddeutsche Zeitung, Nr. 97 vom 26.4.1985.

Frey, Gerhard: Hans Lamm, in: Ders.: (Hg.): Prominente ohne Maske, München 1984, S. 263.

Fried, Albert: McCarthyism. The Great American Red Scare. A Documentary History, New York 1997.

Gärtner, Marcel W. / Loewenthal, E. G. / Lamm, Hans (Hg.): Vom Schicksal geprägt. Freundesgabe zum 60. Geburtstag von Karl Marx, 9. Mai 1957, Düsseldorf 1957.

Gandhi, Mohandas Karamcand/Buber, Martin: Juden, Palästina und Araber (Vom Gestern zum Morgen, Bd. 4), München 1961.

Geis, Robert Rafael: Männer des Glaubens im deutschen Widerstand. Leo Baeck, Dietrich Bonhoeffer, Alfred Delp, München 1959.

Geller, Jay Howard: Die Entstehung des Zentralrats der Juden in Deutschland, in: Susanne Schönborn (Hg.): Zwischen Erinnerung und Neubeginn. Zur deutsch-jüdischen Geschichte nach 1945, München 2006, S. 66–75.

Geller, Jay Howard: Jews in Post-Holocaust Germany, 1945–1953, Cambridge 2005.

Gesetz Nr. 59. Militärregierung Deutschland: Amerikanisches Kontrollgebiet: Rückerstattung feststellbarer Vermögenswerte nebst Ausführungsverordnungen und Allgemeinen Genehmigungen vom 10. 11. 1947, Frankfurt am Main 1948.

Gesetz zur Regelung der Wiedergutmachung nationalsozialistischen Unrechts für Angehörige des öffentlichen Dienstes in der Fassung des Dritten ÄndGes vom 23. 12. 1955 (BGBl. 1955 I), München und Berlin 1957.

Gesetz zur Regelung der Wiedergutmachung nationalsozialistischen Unrechts für die im Ausland lebenden Angehörigen des öffentlichen Dienstes vom 18. 3. 1952 in BGBl. 1952 I.

Gienow-Hecht, Jessica C. E.: Zuckerbrot und Peitsche. Remigranten in der Medienpolitik der USA und der US-Zone, in: Claus-Dieter Krohn/Axel Schildt (Hg.): Zwischen den Stühlen? Remigranten und Remigration in der deutschen Medienöffentlichkeit der Nachkriegszeit, Hamburg 2002, S. 23–49.

Ginsburg, Hans Jakob: Politik danach – Jüdische Interessenvertretung in der Bundesrepublik, in: Micha Brumlik, u. a. (Hg.): Jüdisches Leben in Deutschland seit 1945, Frankfurt am Main 1988, S. 108–118.

Ginzel, Günther B.: Jüdischer Alltag in Deutschland 1933–1945, Düsseldorf 1984.

Golczewski, Frank: Rückkehr aus dem Exil an die Universität – Überlegungen zu Lebens- und Organisationsentscheidungen, in: Unter Vorbehalt. Rückkehr aus der Emigration nach 1945, hg. vom Verein EL-DE-Haus Köln. Bearbeitet von Wolfgang Blaschke, Karola Fings und Cordula Lissner, Köln 1997, S. 33–43.

Goldschmidt, Hermann Levin: Hans Lamm: Von Juden in München, in: Deutsche Universitätszeitung, Heft 10 (1958), S. 636f.

Goschler, Constantin: Die Bedeutung der Entschädigungs- und Rückerstattungsfrage für das Verhältnis von Juden und deutscher Nachkriegsgesellschaft, in: Julius H. Schoeps (Hg.): Leben im Land der Täter. Juden im Nachkriegsdeutschland (1945–1952), Berlin 2001, S. 219–235.

Goschler, Constantin: Die Politik der Rückerstattung in Westdeutschland, in: Ders./Jürgen Lillteicher (Hg.): „Arisierung" und Restitution. Die Rückerstattung jüdischen Eigentums in Deutschland und Österreich nach 1945 und 1989, Göttingen 2002, S. 99–125.

Goschler, Constantin: Schuld und Schulden. Die Politik der Wiedergutmachung für NS-Verfolgte seit 1945, Göttingen 2005.

Goschler, Constantin: Wiedergutmachung. Westdeutschland und die Verfolgten des Nationalsozialismus (1945–1954), München 1992.

Grau, Bernhard: Kurt Eisner, 1867–1919. Eine Biographie, München 2001.

Greiner, Bernd: Die Utopie an der Macht. Remigranten über den Nürnberger Prozess, in: Claus-Dieter Krohn/Axel Schildt (Hg.): Zwischen den Stühlen? Remigranten und Remigration in der deutschen Medienöffentlichkeit der Nachkriegszeit, Hamburg 2002, S. 145–160.

Grinberg, Léon/Grinberg, Rebeca: Psychoanalyse der Migration und des Exils, München/Wien 1990.

Gruner, Wolfgang: Alfred Kantorowicz – Wanderer zwischen Ost und West, in: Claus-Dieter Krohn/Axel Schildt (Hg.): Zwischen den Stühlen? Remigranten und Remigration in der deutschen Medienöffentlichkeit der Nachkriegszeit, Hamburg 2002, S. 294–315.

Haller, Roman (Hg.): ... und bleiben wollte keiner. Jüdische Lebensgeschichten im Nachkriegsbayern, München/Hamburg 2004.

Hanke, Peter: Zur Geschichte der Juden in München zwischen 1933 und 1945, München 1967.

Hans Lamm, in: Aufbau, Jg. 8, Nr. 24 vom 12.6.1942, S. 14.

Hans Lamm, in: Aufbau, Jg. 8, Nr. 28 vom 10.7.1942, S. 16.

Hans Lamm to Finish Graduate Work at K. C. U., in: Aufbau, Jg. 7, Nr. 26 vom 27.6.1941, S. 23.

Haynes, John E.: Red Scare or Red Menace? American Communism and Anticommunism in the Cold War Era, Chicago 1996.

Heimannsberg, Joachim (Hg.): Klaus Mann: Tagebücher 1931–1949 (Auszüge), Rowohlt, 1989–1991.

Hepp, Michael (Hg.): Die Ausbürgerung deutscher Staatsangehöriger 1933–45 nach den im Reichsanzeiger veröffentlichten Listen/Expatriation Lists as Published in the „Reichsanzeiger" 1933–45, Bd. 1. Listen in chronologischer Reihenfolge, eingeleitet von Hans Georg Lehmann und Michael Hepp, München u. a. 1985.

Hertzberg, Arthur: Judaismus. Die Grundlagen der jüdischen Religion, Reinbek bei Hamburg 1996.

Heusler, Andreas: Verfolgung und Vernichtung (1933–1945), in: Richard Bauer/Michael Brenner (Hg.): Jüdisches München. Vom Mittelalter bis zur Gegenwart, München 2006, S. 161–184.

Heusler, Andreas: Vorwort, in: Roman Haller (Hg.): ... und bleiben wollte keiner. Jüdische Lebensgeschichten im Nachkriegsbayern, München/Hamburg 2004, S. 8f.

Heusler, Andreas/Weger, Tobias (Hg.): „Kristallnacht". Gewalt gegen die Münchner Juden im November 1938, München 1998.

Heuss, Theodor: An und über Juden, zusammengestellt und hg. von Hans Lamm, 2. Auflage Düsseldorf/Wien 1964.

Hirsch, Helmut: Von Juden in München, in: Rheinischer Merkur, Nr. 45 vom 7.11.1958, S. 17.

Hockerts, Hans Günter: Anwälte der Verfolgten. Die United Restitution Organisation, in: Constantin Goschler/Ludolf Herbst (Hg.): Wiedergutmachung in der BRD, München 1989, S. 249–271.

Hockerts, Hans Günter: Wiedergutmachung. Ein umstrittener Begriff und ein weites Feld, in: Hans Günter Hockerts/Christiane Kuller (Hg.): Nach der Verfolgung. Wiedergutmachung nationalsozialistischen Unrechts in Deutschland?, Göttingen 2003, S. 7–33.

Hockerts, Hans Günter: Wiedergutmachung in Deutschland. Eine historische Bilanz 1945–2000, in: Vierteljahrshefte für Zeitgeschichte, Jg. 49, Heft 2 (2001), S. 167–214.

Hockerts, Hans Günter/Kuller, Christiane (Hg.): Nach der Verfolgung. Wiedergutmachung nationalsozialistischen Unrechts in Deutschland?, Göttingen 2003.

Hoffmann, Christhard (Hg.): Preserving the Legacy of German Jewry. A History of the Leo Baeck Institute 1955–2005, Tübingen 2005.

Honigmann, Peter: Das Projekt von Rabbiner Dr. Bernhard Brilling zur Errichtung eines jüdischen Zentralarchivs im Nachkriegsdeutschland, in: Klaus Hödl (Hg.): Historisches Bewusstsein im jüdischen Kontext. Strategien – Aspekte – Diskurse, Innsbruck u. a. 2004, S. 223–241.

Jacobmeyer, Wolfgang: Die Lager der jüdischen Displaced Persons in den deutschen Westzonen 1946/47 als Ort jüdischer Selbstvergewisserung, in: Micha Brumlik, u. a. (Hg.): Jüdisches Leben in Deutschland seit 1945, Frankfurt am Main 1988, S. 31–48.

Jacobmeyer, Wolfgang: Jüdische Überlebende als „Displaced Persons", in: Geschichte und Gesellschaft 9 (1983), S. 429–444.

Janowski, Juri: Sprachgewirr, in: Stefan Radlmaier (Hg.): Der Nürnberger Lernprozess. Von Kriegsverbrechern und Starreportern (Die andere Bibliothek), Frankfurt am Main 2001, S. 64f.

Jordan, Ulrike: Die Remigration von Juristen und der Aufbau der Justiz in der britischen und amerikanischen Besatzungszone, in: Claus-Dieter Krohn/Patrik von zur Mühlen (Hg.): Rückkehr und Aufbau nach 1945. Deutsche Remigranten im öffentlichen Leben Nachkriegsdeutschlands, Marburg 1997, S. 305–320.

Judaica. Die Sammlung Berger. Kult und Kultur des europäischen Judentums. Text von Wolfgang Häusler, Fotos von Erich Lessing und Katalog von Max Berger, Wien/München 1979.

Kagan, Saul: Conference on Jewish Material Claims against Germany, in: Encyclopaedia Judaica, Vol. 5 (C–Dh), Jerusalem 1971, Sp. 872–874.

Kahn, Charlotte: Juden in Deutschland, deutsche Juden oder jüdische Deutsche? Selbstverständnis und Perspektiven der in Deutschland lebenden Juden, in: Susanne Schönborn (Hg.): Zwischen Erinnerung und Neubeginn. Zur deutsch-jüdischen Geschichte nach 1945, München 2006, S. 284–303.

Kalender, Barbara/Schröder, Jörg: „Schröder erzählt", 17. Folge, „Kalt getrunken", März Desktop Verlag, Fuchstal-Leeder 1994, S. 5–12.

Kastner, Klaus: Von den Siegern zur Rechenschaft gezogen. Die Nürnberger Prozesse, Nürnberg 2001.

Kauders, Anthony D.: Democratization and the Jews. Munich, 1945–1965, Lincoln u. a. 2004.

Kauders, Anthony D./Lewinsky, Tamar: Neuanfang mit Zweifeln (1945–1970), in: Richard Bauer/Michael Brenner (Hg.): Jüdisches München. Vom Mittelalter bis zur Gegenwart, München 2006, S. 185–208.

Kaufmann, Menahem: American Zionist Emergency Council, in: Encyclopaedia of the Holocaust, Bd. 1, New York/London 1990, S. 42–44.

Kaufmann, Menahem: B'nai B'rith, in: Encyclopaedia of the Holocaust, Bd. 1, New York/London 1990, S. 223f.

Keilson, Hans: Die Reparationsverträge und die Folgen der „Wiedergutmachung", in: Micha Brumlik, u. a. (Hg.): Jüdisches Leben in Deutschland seit 1945, Frankfurt am Main 1988, S. 121–139.

Kenkmann, Alfons: Konfrontationen. Biographische Zugänge zu Verfolgern und Verfolgten zwischen Raub und Rückerstattung, in: Hans Günter Hockerts/Christiane Kuller (Hg.): Nach der Verfolgung. Wiedergutmachung nationalsozialistischen Unrechts in Deutschland?, Göttingen 2003, S. 177–198.

Kennedy, John Fitzgerald: Amerika in der Welt von morgen. Reden (Vom Gestern zum Morgen, Bd. 9), Frankfurt am Main 1961.

Kennedy, John Fitzgerald: Amerikas Weg in die Zukunft (Vom Gestern zum Morgen, Bd. 2), München 1960.

Kes, Ester: Mitten im Leben. Die Münchner Freiheit, in: Roman Haller (Hg.): ... und bleiben wollte keiner. Jüdische Lebensgeschichten im Nachkriegsbayern, München/Hamburg 2004 , S. 128–135.

Kiesl, Erich: Geleitwort, in: Hans Lamm (Hg.): Vergangene Tage. Jüdische Kultur in München, Erweiterte und neu durchgesehene Ausgabe des 1958 erschienenen Bandes „Von Juden in München – Ein Gedenkbuch", München/Wien 1982, S. 11f.

Kisch, Guido/Roepke, Kurt: Schriften zur Geschichte der Juden. Eine Bibliographie der in Deutschland und der Schweiz 1922–1955 erschienenen Dissertationen, Tübingen 1959.

Knobloch, Charlotte: Doch ich hatte die Tiere. Kühe, Gänse, Hühner und Katzen als Verbündete, in: Roman Haller (Hg.): ... und bleiben wollte keiner. Jüdische Lebensgeschichten im Nachkriegsbayern, München/Hamburg 2004 , S. 12–25.

Köhrer, Helmut: Entziehung und Rückerstattung. Entwicklung und Erscheinungsformen der sozialen Beziehungen zwischen Juden und Nichtjuden durch Verfolgungs- und Restitutionsmaßnahmen, Wirtsch.- und sozialwiss. Diss. [masch.] Köln 1951.

Königseder, Angelika/Wetzel, Juliane: Jüdische Displaced Persons im Nachkriegsdeutschland, in: Wolfgang Benz/Angelika Königseder (Hg.): Judenfeindschaft als Paradigma. Studien zur Vorurteilsforschung, Berlin 2002, S. 180–184.

Königseder, Angelika/Wetzel, Juliane: Lebensmut im Wartesaal. Die jüdischen DPs (Displaced Persons) im Nachkriegsdeutschland, Frankfurt am Main 1994.

Krauss, Marita: Das „Emigrantensyndrom". Emigranten aus Hitlerdeutschland und ihre mühsame Annäherung an die ehemalige Heimat, in: Georg Jenal (Hg.) unter Mitarbeit von Stephanie Haarländer: Gegenwart in Vergangenheit. Beiträge zur Kultur und Geschichte der Neueren und Neuesten Zeit. Festgabe für Friedrich Prinz zu seinem 65. Geburtstag, München 1993, S. 319–334.

Krauss, Marita: Die Region als erste Wirkungsstätte von Remigranten, in: Claus-Dieter Krohn/Patrik von zur Mühlen (Hg.): Rückkehr und Aufbau nach 1945. Deutsche Remigranten im öffentlichen Leben Nachkriegsdeutschlands, Marburg 1997, S. 23–37.

Krauss, Marita: Hans Habe, Ernst Friedlaender, Hermann Budzislawski – Drei Zonen, drei Städte, drei Schicksale, in: Claus-Dieter Krohn/Axel Schildt (Hg.): Zwischen den Stühlen? Remigranten und Remigration in der deutschen Medienöffentlichkeit der Nachkriegszeit, Hamburg 2002, S. 245–266.

Krauss, Marita: Heimkehr in ein fremdes Land. Geschichte der Remigration nach 1945, München 2001.

Krauss, Marita: Jewish Remigration: An Overview of an Emerging Discipline, in: Leo Baeck Institute Year Book, Bd. XLIX (2004), S. 107–119.

Krohn, Claus-Dieter: „Deutschlands geistige Reserven im Ausland"? Emigranten in Nachkriegszeitschriften 1945–1949, in: Claus-Dieter Krohn/Axel Schildt (Hg.): Zwischen den Stühlen? Remigranten und Remigration in der deutschen Medienöffentlichkeit der Nachkriegszeit, Hamburg 2002, S. 115–144.

Krohn, Claus-Dieter: Einleitung. Remigranten in der westdeutschen Nachkriegsgesellschaft, in: Claus-Dieter Krohn/Patrik von zur Mühlen (Hg.): Rückkehr und Aufbau nach 1945. Deutsche Remigranten im öffentlichen Leben Nachkriegsdeutschlands, Marburg 1997, S. 7–21.

Krohn, Claus-Dieter/Schildt, Axel: Einleitung, in: Dies. (Hg.): Zwischen den Stühlen? Remigranten und Remigration in der deutschen Medienöffentlichkeit der Nachkriegszeit, Hamburg 2002, S. 9–17.

Krohn, Claus-Dieter/von zur Mühlen, Patrik (Hg.): Rückkehr und Aufbau nach 1945. Deutsche Remigranten im öffentlichen Leben Nachkriegsdeutschlands, Marburg 1997.

Kurzke, Werner: Zur Rolle des Biographen. Erfahrungen beim Schreiben einer Biographie, in: Christian Klein (Hg.): Grundlagen der Biographik. Theorie und Praxis des biographischen Schreibens, Stuttgart/Weimar 2002, S. 173–178.

Lamm, Hans, in: Deutsche Biographische Enzyklopädie (DBE), Bd. 6, München 1997, S. 206.

Lamm, Hans, in: Men of Achievement, Volume three, Cambridge 1976, S. 402f.

Lamm, Hans (Dr. phil.), in: Who's Who in Germany. The German Who's who from Book & Publishing Ltd., Band A–L, edited by Otto J. Groeg, 4. Auflage Ottobrunn 1972, S. 862.

Lamm, Hans, in: Who' Who in Israel and in the work for Israel Abroad 1973–74. Special Jubilee Issue (Israel's 25th Anniversary), 16th biannual printing, Tel Aviv 1973, S. 229.

Lamm, Hans, in: Who's who in World Jewry. A Biographical Dictionary of Outstanding Jews, New York 1955, S. 428f.

Lamm, Hans, in: Who's Who in World Jewry. A Biographical Dictionary of Outstanding Jews, Tel-Aviv 1978, S. 514.

Lamm, Louis: Meine Buchhandlung, in: Neue jüdische Monatshefte, Heft 2 vom 25. 10. 1919, S. 80f.

Lamm, Louis: Mein Verlag, in: Neue jüdische Monatshefte, Heft 2 vom 25. 10. 1919, S. 78f.

Larsen, Egon: Munich and its Jews, in: AJR INFORMATION, September 1958.

Lavsky, Hagit/Dinnerstein, Leonard: Displaced Persons, Jewish, in: Encyclopaedia of the Holocaust, Bd. 1, New York/London 1990, S. 377–390.

Lehmann, Hans Georg: Rückkehr nach Deutschland? Motive, Hindernisse und Wege von Remigranten, in: Claus-Dieter Krohn/Patrik von zur Mühlen (Hg.): Rückkehr und Aufbau nach 1945. Deutsche Remigranten im öffentlichen Leben Nachkriegsdeutschlands, Marburg 1997, S. 39–70.

Levin und der Gauamtsleiter. Vorbereitungen für Synagoga, in: Deutsche Wochen-Zeitung. Für nationale Politik, -kultur und Wirtschaft, Jg. 2, Nr. 42 vom 15. Oktober 1960, S. 4.

Lichtenstein, Heiner: NS-Prozesse. Ein Kapitel deutscher Vergangenheit und Gegenwart, in: Micha Brumlik, u. a. (Hg.): Jüdisches Leben in Deutschland seit 1945, Frankfurt am Main 1988, S. 70–87.

Lichtenstein, Heiner: NS-Prozesse. Ein nicht zu bewältigendes Stück deutscher Geschichte, in: Tribüne. Zeitschrift zum Verständnis des Judentums, Jg. 37, Heft 148 (1998), S. 165–173.

Liepmann, Heiz: Ein deutscher Jude denkt über Deutschland nach (Vom Gestern zum Morgen, Bd. 5), München 1961.

Lissner, Cordula: Den Fluchtweg zurückgehen. Remigration nach Nordrhein und Westfalen 1945–1955, Essen 2006.

Löw-Beer, Martin: Verschämter oder missionarischer Völkermord? Eine Analyse der Nürnberger Prozesse, in: Babylon. Beiträge zur jüdischen Gegenwart, Heft 1 (Oktober 1986), S. 55–69.

Loewenthal, Dr. E. G.: Das Erbe unserer eigenen Vergangenheit. Von den Arbeiten und Aufgaben des „Leo Baeck Institute", in: Allgemeine Wochenzeitung der Juden in Deutschland, Jg. 12, Nr. 14 vom 5. Juli 1957, S. 3.

Loewenthal, Dr. E. G.: „Von Juden in München", in: Buenos Aires Semana Israelita, Jg. 19, Nr. 1609 vom 19. 8. 1958.

Lucas, Eric: Junge Juden in München unter Hitler, in: Jüdisches Leben in München. Lesebuch zur Geschichte des Münchner Alltags. Geschichtswettbewerb 1993/94, hg. von der Landeshauptstadt München, München 1995, S. 49–51.

Lübke, Heinrich: Zur Einführung in die „Synagoga". Ansprachen zur Eröffnung der Ausstellung am 3. November 1960 in Recklinghausen, München 1960.

Luetgenhorst, Manfred: Quer durch den Justizpalast. Am Rande des Nürnberger Prozesses, in: Bayerische Rundschau. Halbmonatsschrift der christlich-sozialen Union in Bayern, Jg. 1, Nr. 7 (München, Mitte September 1946), S. 105–108.

Mann, Golo: Der Antisemitismus. Wurzeln, Wirkung und Überwindung (Vom Gestern zum Morgen, Bd. 3), München 1960.

Mann, Klaus: Der Wendepunkt. Ein Lebensbericht, Erweiterte Neuausgabe, mit Textvariationen und Entwürfen im Anhang hg. und mit einem Nachwort von Fredric Kroll, Reinbek 2006.

Mann, Klaus: Kind dieser Zeit, Erweiterte Neuausgabe, Reinbek 2000.

Mann, Thomas: Tagebücher 1918–1921, hg. von Peter de Mendelssohn, Frankfurt am Main 1979.

Maor, Harry: Über den Wiederaufbau der jüdischen Gemeinden in Deutschland seit 1945, Phil. Diss. Mainz 1961.

Marwitz, Roland: Jüdische Chronik, in: Frankfurter Neue Presse vom 12. 11. 1958.

Mehringer, Hartmut/Röder, Werner/Schneider, Marc Dieter: Zum Anteil ehemaliger Emigranten am politischen Leben der Bundesrepublik Deutschland, der Deutschen Demokratischen Republik und der Republik Österreich, in: Wolfgang Frühwald/Wolfgang Schieder (Hg.): Leben im Exil. Probleme der Integration deutscher Flüchtlinge im Ausland 1933–1945, Hamburg 1981, S. 207–223.

Mendel, Meron: The Policy for the Past in West Germany and Israel. The Case of Jewish Remigration, in: Leo Baeck Institute Year Book, Bd. XLIX (2004), S. 121–136.

Meyer, Hans Chanoch/Michaelis, Wilhelm/Lorenz, Franz (Hg.): Ernte der Synagoga, Recklinghausen. Zeugnisse jüdischer Geistigkeit, Frankfurt 1962.

Meynert, Joachim: „Ich habe Narben von Kopf bis Fuß". Deutschland nach 1945 aus Sicht jüdischer Emigranten, in: Frankfurter Hefte, Jg. 36, Nr. 8 (August 1989), S. 707–713.

Möller, Horst: Exodus der Kultur. Schriftsteller, Wissenschaftler und Künstler in der Emigration nach 1933, München 1984.

München, in: Israelitisches Wochenblatt der Schweiz vom 30. 5. 1958.

Münchner Volkshochschule 1953 bis 2003. 50 Jahre Haus Buchenried, hg. von der Münchner Volkshochschule GmbH, Neuried 2003.

Munich and its Jews, in: Jewish Affairs, Johannesburg S. A., November 1958, S. 53–55.

Nattermann, Ruth: Deutsch-jüdische Geschichtsschreibung nach der Shoah. Die Gründungs- und Frühgeschichte des Leo Baeck Institute, Essen 2004.

Ogorreck, Ralf/Rieß, Volker: *Fall 9*: Der Einsatzgruppenprozeß (gegen Otto Ohlendorf und andere), in: Gerd R. Ueberschär (Hg.): Der Nationalsozialismus vor Gericht. Die alliierten Prozesse gegen Kriegsverbrecher und Soldaten 1943–1952 (Die Zeit des Nationalsozialismus), 2. Auflage Frankfurt am Main 2000, S. 164–175.

Ohlen, Eva: Oberbayerische Kreis-Heil- und Pflegeanstalt Eglfing-Haar, in: Winfried Nerdinger (Hg.): Ort und Erinnerung. Nationalsozialismus in München, Salzburg/München 2006, S. 153.

Ophir, Baruch Z./Wiesemann, Falk (Hg.): Die jüdischen Gemeinden in Bayern, 1918–1945. Geschichte und Zerstörung, München u. a. 1979.

Ostendorf, Heribert: Die Bedeutung der Nürnberger Prozesse für die Strafverfolgung von Kriegsverbrechen durch die UN, in: Gerd R. Ueberschär (Hg.): Der Nationalsozialismus vor Gericht. Die alliierten Prozesse gegen Kriegsverbrecher und Soldaten 1943–1952 (Die Zeit des Nationalsozialismus), 2. Auflage Frankfurt am Main 2000, S. 262–274.

Papadopoulos-Killius, Rosemarie: Der letzte Akt. Das IMT aus der Sicht von Übersetzern und Prozessbeobachtern, in: Gerd R. Ueberschär (Hg.): Der Nationalsozialismus vor Gericht. Die alliierten Prozesse gegen Kriegsverbrecher und Soldaten 1943–1952 (Die Zeit des Nationalsozialismus), 2. Auflage Frankfurt am Main 2000, S. 45–59.

Presser, Ellen: Lamm, in: Neues Lexikon des Judentums, überarbeitete Auflage, Gütersloh 2000, S. 497.

Probe mit Scheinwerfern und Kopfhörern. Letzte Vorbereitungen für den Kriegsverbrecherprozess, in: Nürnberger Nachrichten vom 17. November 1945, abgedruckt in: Stefan Radlmaier (Hg.): Der Nürnberger Lernprozess. Von Kriegsverbrechern und Starreportern, Frankfurt am Main 2001, S. 26f.

Reichmann, Eva G.: Jüdisches Lehrhaus – 1936, in: Dies.: Größe und Verhängnis deutsch-jüdischer Existenz. Zeugnisse einer tragischen Begegnung, München 1974, S. 79–82.

Reichmann, Eva G.: Vom Sinn deutsch-jüdischen Seins [1934], in: Dies.: Größe und Verhängnis deutsch-jüdischer Existenz. Zeugnisse einer tragischen Begegnung, München 1974, S. 48–62.

Richarz, Monika: Juden in der Bundesrepublik Deutschland und in der Deutschen Demokratischen Republik seit 1945, in: Micha Brumlik, u. a. (Hg.): Jüdisches Leben in Deutschland seit 1945, Frankfurt am Main 1988, S. 13–30.

Rieger, Franz: Dr. Hans Lamm zum Sechzigsten, in: Das Forum. Zeitschrift der Volkshochschulen Bayerns, Jg. 13, Nr. 2 (April–Juni 1973), S. 55.

Rieß, Rolf (Hg.): Gesammelte Aufsätze zur jüdischen Geschichte. Von Ludwig Feuchtwanger, Berlin 2003.

Röder, Werner: The political Exiles: their Policies and their Contribution to Post-War Reconstruction, in: Ders./Herbert A. Strauss (Hg.): International Biographical Dictionary of Central European Emigrés 1933–1945, Vol. II/Part I (A–K): The Arts, Sciences, and Literature, München u. a. 1983, S. XXVII–XL.

Röder, Werner/Strauss, Herbert A.: Einleitung, in: Dies. (Hg.): Biographisches Handbuch der deutschsprachigen Emigration nach 1933, Bd. 1: Politik, Wirtschaft, Öffentliches Leben, München u. a. 1980, S. XIII–LVIII.

Röder, Werner/Strauss, Herbert A.: Lamm, Hans, in: Dies. (Hg.): Biographisches Handbuch der deutschsprachigen Emigration nach 1933, Bd. 1: Politik, Wirtschaft, Öffentliches Leben, München u. a. 1980, S. 410.

Röder, Werner/Strauss, Herbert A.: Schoeps, Hans Joachim, in: Dies. (Hg.): International Biographical Dictionary of Central European Emigrés 1933–1945, Volume II/Part 2 (L–Z): The Arts, Sciences, and Literature, München u. a. 1983, S. 1049.

Röder, Werner/Strauss, Herbert A.: Van Dam, Hendrik George, in: Dies. (Hg.): Biographisches Handbuch der deutschsprachigen Emigration nach 1933, Bd. 1: Politik, Wirtschaft, Öffentliches Leben, München u. a. 1980, S. 778.

Roemer, Nils: The Making of a New Discipline. The London LBI and the Writing of the German-Jewish Past, in: Christhard Hoffmann (Hg.): Preserving the Legacy of German Jewry. A History of the Leo Baeck Institute, 1955–2005, Tübingen 2005, S. 173–199.

Rosenberg, Leibl: Wie ein Raumschiff auf einem fremden Planeten. Geschichten aus Föhrenwald, in: Roman Haller (Hg.): ... und bleiben wollte keiner. Jüdische Lebensgeschichten im Nachkriegsbayern, München/Hamburg 2004, S. 90–106.

Rusk, Dean: Der Präsident und die Außenpolitik der USA (Vom Gestern zum Morgen, Bd. 6), München 1961.

Sagi, Nana: Die Rolle der jüdischen Organisationen in den USA und die Claims Conference, in: Ludolf Herbst/Constantin Goschler: Wiedergutmachung in der BRD, München 1989, S. 99–118.

Schanz, Michael: Geschichte des Anwesens und seiner Umgebung, in: Münchner Volkshochschule 1953 bis 2003. 50 Jahre Haus Buchenried, hg. von der Münchner Volkshochschule GmbH, Neuried 2003, S. 4–19.

Schmid, Carlo: Der Mensch im Staat von morgen. Vortrag (Vom Gestern zum Morgen, Bd. 1), München 1960.

Schmidt, Brigitte: Hans Lamm (1913–1985). Präsident der Israelitischen Kultusgemeinde München, in: Manfred Treml/Wolfgang Weigand (Hg.): Geschichte und Kultur der Juden in Bayern. Lebensläufe, München 1988, S. 321–324.

Schochow, Werner: Deutsch-Jüdische Geschichtswissenschaft. Eine Geschichte ihrer Organisationsformen unter besonderer Berücksichtigung der Fachbibliographie, Phil. Diss. Berlin 1966.

Schoeller, Wilfried F. (Hg.): Diese merkwürdige Zeit. Leben nach der Stunde Null. Ein Textbuch aus der „Neuen Zeitung", Frankfurt am Main 2005.

Schoeps, Hans-Joachim: Beiträge zur Entwicklung religionssystematischen Denkens im Judentum des 19. Jahrhunderts, Teil 1, Phil. Diss. Leipzig 1934.

Schoeps, Hans-Joachim, in: Deutsche Biographische Enzyklopädie, Bd. 9, München 1998, S. 103.

Scholem, Gershom: Von Berlin nach Jerusalem, Frankfurt am Main 1994.

Schoßig, Bernhard: Das Zentrum in der Möhlstraße. Erst die große Auswanderungswelle 1950 setzte der dort regen Szene ein Ende, in: Münchner Stadtanzeiger, Nr. 20 vom 19. 5. 1993, S. 14.

Schoßig, Bernhard: Die Münchner Volkshochschule 1945–1949, in: Paul Ciupke/Franz-Josef Jelich (Hg.): Einneuer Anfang? Politische Jugend- und Erwachsenenbildung in der westdeutschen Nachkriegsgesellschaft, Essen 1999, S. 231–247.

Schoßig, Bernhard: Eduard Weitsch und die Münchner Volkshochschule nach 1945, oder: Mutmaßungen, warum ein „rein preußischer Herr" nicht Gründungsdirektor der Nachkriegsvolkshochschule in München wurde, in: Paul Ciupke/Franz-Josef Jelich (Hg.): Experimentiersozietas Dreißigacker. Historische Konturen und gegenwärtige Rezeption eines Erwachsenenbildungsprojektes der Weimarer Zeit, S. 243-253.

Schoßig, Bernhard: Neubeginn im Land der Mörder. 1933 lebten an der Isar 9005 Hebräer, im April 1945 waren es gerade noch 84, in: Münchner Stadtanzeiger, Nr. 19 vom 13. 5. 1993, S. 14.

Schrecker, Ellen: Many Are The Crimes. McCarthyism in America, Princeton 1999.

Schröder, Anneliese (Red.): Synagoga. Kultgeräte und Kunstwerke von der Zeit der Patriarchen bis zur Gegenwart, hg. unter dem Agreement der International Council of Museum, Ausstellung Städtische Kunsthalle Recklinghausen vom 3. 11. 1960-15. 1. 1961, Recklinghausen 1960.

Schüler-Springorum, Stefanie: The „German Question". The Leo Baeck Institute in Germany, in: Christhard Hoffmann (Hg.): Preserving the Legacy of German Jewry. A History of the Leo Baeck Institute, 1955-2005, Tübingen 2005, S. 201-236.

Schümann, Kurt: Im Bannkreis von Gesicht und Wirken. Max Brod, Else Lasker-Schüler, Kurt Tucholsky, Alfred Delp. Vier Vortragsstudien, München 1959.

Schwarz, Walter: Die Wiedergutmachung nationalsozialistischen Unrechts durch die Bundesrepublik Deutschland. Ein Überblick, in: Ludolf Herbst/Constantin Goschler: Wiedergutmachung in der BRD, München 1989, S. 33-54.

Schwarz, Walter: Rückerstattung nach den Gesetzen der Alliierten Mächte (Die Wiedergutmachung nationalsozialistischen Unrechts durch die Bundesrepublik Deutschland, hg. vom Bundesminister der Finanzen in Zusammenarbeit mit Walter Schwarz, Bd. I), München 1974.

Schwierz, Israel: Steinerne Zeugnisse jüdischen Lebens in Bayern. Eine Dokumentation, München 1988.

Seelig, Lorenz: Die Zwangsablieferung von Silbergegenständen aus jüdischem Besitz in München 1939-1940, in: Landesstelle für die nichtstaatlichen Museen in Bayern (Hg.): Kulturgutverluste, Provenienzforschung, Restitution. Sammlungsgut mit belasteter Herkunft in Museen, Bibliotheken und Archiven, München/Berlin 2007, S. 125-141.

Seidel, Dr. Hans: Für immer bewahrte Zukunft, in: Jüdische Allgemeine Wochenzeitung, Nr. 24 vom 12. 9. 1958.

Selig, Wolfram: Richard Seligmann. Ein Jüdisches Schicksal, München 1983.

Sellenthin, H. G.: Die Juden in München, in: Allgemeine Zeitung für Württemberg, Stuttgart, Nr. 182 vom 11. 8. 1958, S. 9.

Silberklang, David: American Jewish Conference, in: Encyclopaedia of the Holocaust, Bd. 1, New York/London 1990, S. 36.

Sinn, Andrea: Begegnung mit dem „Rest der Geretteten". Hans Lamms Berichte aus dem Nachkriegsdeutschland, in: Münchner Beiträge zur Jüdischen Geschichte und Kultur 1 (April 2007), S. 33-40.

Snopkowski, Simon: Zuversicht trotz allem. Erinnerungen eines Überlebenden in Deutschland, München 2000.

Sonnenfeldt, Richard W.: Mehr als ein Leben. Vom jüdischen Flüchtlingsjungen zum Chefdolmetscher der Anklage bei den Nürnberger Prozessen, Bern 2003.

Specht, Heike: Die Feuchtwangers. Familie, Tradition und jüdisches Selbstverständnis im deutsch-jüdischen Bürgertum des 19. und 20. Jahrhunderts, Göttingen 2006.

Specht, Heike: Zerbrechlicher Erfolg (1918-1933), in: Richard Bauer/Michael Brenner (Hg.): Jüdisches München. Vom Mittelalter bis zur Gegenwart, München 2006, S. 137-160.

Spitzer, Leo: Hotel Bolivia. Auf den Spuren der Erinnerung an eine Zuflucht vor dem Nationalsozialismus, Wien 2003.

Stadtarchiv München (Hg.): „Beth ha-Knesseth – Ort der Zusammenkunft". Zur Geschichte der Münchner Synagoge, ihrer Rabbiner und Kantoren, München 1999.

Stadtarchiv München (Hg.): Das Jüdische Museum München. 1989 bis 2006 – ein Rückblick, München 2006.

Steinbach, Peter: Der Nürnberger Prozeß gegen die Hauptkriegsverbrecher, in: Gerd R. Ueberschär (Hg.): Der Nationalsozialismus vor Gericht. Die alliierten Prozesse gegen Kriegsverbrecher und Soldaten 1943-1952 (Die Zeit des Nationalsozialismus), 2. Auflage Frankfurt am Main 2000, S. 32–44.

Stöhr, Martin: Gespräche nach Abels Ermordung – Die Anfänge des jüdisch-christlichen Dialogs, in: Micha Brumlik (Hg.): Jüdisches Leben in Deutschland seit 1945, Frankfurt 1998, S. 198–229.

Straus, Rahel: Wir lebten in Deutschland. Erinnerungen einer deutschen Jüdin 1889–1933, hg. von Max Kreutzberger, Stuttgart 1962.

Strauss, Herbert A.: Introductions. Jews in German History: Persecution, Emigration, Acculturation, in: Ders./Werner Röder (Hg.): International Biographical Dictionary of Central European Emigrés 1933-1945, Vol. II/Part 1 (A–K): The Arts, Sciences, and Literature, München u. a. 1983, S. XI–XXVI.

Tauchner, Paul: „Fünfzehn gradaus". Die Faszination des Trambahnfahrens, in: Roman Haller (Hg.): ... und bleiben wollte keiner. Jüdische Lebensgeschichten im Nachkriegsbayern, München/Hamburg 2004, S. 26–39.

Theoharis, Athan G.: The FBI and American Democracy. A Brief Critical History, Kansas 2004.

Traueranzeige für die Opfer der Altenheim-Brandstiftung, in: Münchner Merkur, Nr. 40 vom 18. 2. 1970.

Tuchel, Johannes: Fall 4: Der Prozeß gegen Oswald Pohl und andere Angehörige des SS-Wirtschafts-Verwaltungshauptamtes, in: Gerd R. Ueberschär (Hg.): Der Nationalsozialismus vor Gericht. Die alliierten Prozesse gegen Kriegsverbrecher und Soldaten 1943-1952 (Die Zeit des Nationalsozialismus), 2. Auflage Frankfurt am Main 2000, S. 110–120.

Ude, Christian: Geleitwort, in: Stadtarchiv München (Hg.): Das jüdische Museum München. 1989 bis 2006 – ein Rückblick, München 2006, S. 6f.

Ueberschär, Gerd R. (Hg.): Der Nationalsozialismus vor Gericht. Die alliierten Prozesse gegen Kriegsverbrecher und Soldaten 1943-1952 (Die Zeit des Nationalsozialismus), 2. Auflage Frankfurt am Main 2000.

Unser Mitarbeiter Hans Lamm, in: Aufbau, Jg. 6, Nr. 38 vom 20. 9. 1940, S. 10.

Unser Mitarbeiter Hans Lamm, in: Aufbau, Jg. 9, Nr. 52 vom 24. 12. 1943, S. 7.

Unter Tiefstrahlern. Ein Stimmungsbild vom Gerichtssaal, in: Nürnberger Nachrichten vom 21. November 1945, abgedruckt in: Radlmaier, Stefan (Hg.): Der Nürnberger Lernprozess. Von Kriegsverbrechern und Starreportern (Die andere Bibliothek), Frankfurt am Main 2001, S. 42f.

Vansant, Jacqueline: Reclaiming Heimat. Trauma and mourning in memoirs by Jewish Austrian reémigrés, Detroit 2001.

Vinz, Curt/Olzog, Günther (Hg.): Dokumentation deutschsprachiger Verlage, 1. Ausgabe, München/Wien 1962.

Vinz, Curt/Olzog, Günther (Hg.): Dokumentation deutschsprachiger Verlage. Mit 207 Abbildungen auf Kunstdrucktafeln und 685 Signeten im Text, 2. Ausgabe, München/Wien 1965.

Vinz, Curt/Olzog, Günther (Hg.): Dokumentation deutschsprachiger Verlage. Mit 198 Abbildungen auf Kunstdrucktafeln und 629 Signeten im Text, 3. Auflage, München/Wien 1968.

Walk, Joseph: Jüdische Schule und Erziehung im Dritten Reich, Frankfurt 1991.

Weigel, Sigrid: Korrespondenzen und Konstellationen. Zum postalischen Prinzip biographischer Darstellungen, in: Christian Klein (Hg.): Grundlagen der Biographik. Theorie und Praxis des biographischen Schreibens, Stuttgart/Weimar 2002, S. 41–54.

Weiß, Hermann (Hg.): Biographisches Lexikon zum Dritten Reich, Frankfurt am Main 1998.

Wetzel, Juliane: Jüdisches Leben in München, in: Julius H. Schoeps (Hg.): Leben im Land der Täter. Juden im Nachkriegsdeutschland (1945–1952), Berlin 2001, S.81–96.

Wetzel, Juliane: „Mir szeinen doh". München und Umgebung als Zuflucht von Überlebenden des Holocaust 1945–1948, in: Martin Broszat u.a. (Hg.): Von Stalingrad zur Währungsreform. Zur Sozialgeschichte des Umbruchs in Deutschland, München 1988, S.327–364.

Wetzel, Juliane: Westmächte, DPs und Antisemitismus, in: Tribüne. Zeitschrift zum Verständnis des Judentums, Jg.43, Heft 172 (4.Quartal 2004), S.155–168.

Wilke, Jürgen (Hg.): Mediengeschichte der Bundesrepublik Deutschland, Bonn 1999.

Winstel, Tobias: „Healed Biographies"? Jewish Remigration and Indemnification for National Socialist Injustice, in: Leo Baeck Institute Year Book, Bd.XLIX (2004), S.137–152.

Winstel, Tobias: Über die Bedeutung der Wiedergutmachung im Leben der jüdischen NS-Verfolgten. Erfahrungsgeschichtliche Annäherungen, in: Hans Günter Hockerts/ Christiane Kuller (Hg.): Nach der Verfolgung. Wiedergutmachung nationalsozialistischen Unrechts in Deutschland?, Göttingen 2003, S.199–227.

Winstel, Tobias: Verhandelte Gerechtigkeit. Rückerstattung und Entschädigung für jüdische NS-Opfer in Bayern und Westdeutschland, München 2006.

Woock, Fritz: „Eine Lücke die kaum zu schließen sein wird". Abschied vom Präsidenten der Israelitischen Kultusgemeinde Hans Lamm – „Brücken der Verständigung", in: Münchner Merkur, Nr.97 vom 26.4.1984.

Wright, Richard: Die psychologische Lage unterdrückter Völker (Vom Gestern zum Morgen, Bd.7), München 1961.

Zieher, Jürgen: Weder Privilegierung noch Diskriminierung. Die Politik des Zentralrats der Juden in Deutschland von 1950 bis 1960, in: Jahrbuch für Antisemitismusforschung, Bd.13 (2004), S.187–211.

Zimmermann, Moshe: Die deutschen Juden 1914–1945, München 1997.

Zum 65.Geburtstag: Dr. Hans Lamm, in: Das Forum. Zeitschrift der Volkshochschulen Bayerns, Jg.18, Nr.2 (April–Juni 1978), S.59f.

Zweig, Ronald W.: German Reparations and the Jewish World. A History of the Claims Conference, 2.Auflage London 2001.

Zweig, Ronald W.: Restitution and the Problem of Jewish Displaced Persons in Anglo-American Relations, 1944–1948, in: American Jewish History. An American Jewish Historical Society Quarterly Publication, Jg.78, Heft 1 (1988), S.54–78.

Zweig, Stefanie: Kaleidoskop der Ereignisse, in: Allgemeine Wochenzeitung der Juden, Nr.15 vom 11.7.1958.

Zweites Gesetz zur Änderung des Bundesentschädigungsgesetzes (Bundesentschädigungs-Schlußgesetz) vom 14.9.1965 in BGBl. 1965 I.

# Bildnachweis

# Personenregister

Abraham 155
Adenauer, Konrad 135
Adler, Peter 123
Ambros, Otto 67
Anochi, Ivri s. Lamm, Hans (Pseudonym)
Ascher, Edith 13
Ascher, Isidor 13f.
Ascher, Menny 13f.
Ascher, Ruth Carola 13
Auerbach, Berthold 168
Auerbach, Philipp 81

Babett (Haushälterin) 8f.
Bachmann, Max 157
Baeck, Leo 31, 116, 123, 126
Baerwald, Leo 18
Bat Dori, Shulamit 33
Becker, Friedebert 85
Ben-Chorin, Schalom (Fritz Rosenthal)
  1, 2, 4, 9 (bes. Anm. 11), 10f., 25-27,
  31, 35f., 42-45, 47f., 71, 93, 136, 154,
  200
Ben-Horin, Eljashiv 193
Berger, Max 172
Bernstein, Phil 58
Bixby, Ernest A. 85
Bongers, Aurel 130-132
Bonhoeffer, Dietrich 123
Bormann, Martin 64
Brandstätter, Horst 168
Bretton, Max 43
Brilling, Bernhard 114
Brod, Max 191
Brüning, Heinrich 19
Buber, Martin 24, 27, 30, 33 Anm. 73, 71,
  165
Bubis, Ignatz 111 Anm. 2

Chaplin, Charlie 11
Churchill, Winston 87

David, Leo 124 Anm. 74
Delp, Alfred 123
d'Ester, Karl 20, 25
Dönitz, Karl 64
Drexel, Joseph E. 85, 150, 205
Dreyfus, Alfred 191

Eban, Abba 193
Ehrlich, Ernst Ludwig 124 Anm. 74
Eisenberg, Saul 170

Eisenhower, Dwight D. 87
Eisner, Kurt 17, 40
Elbogen, Ismar 20, 31
Engelhard, Hans A. 162

Feuchtwanger, Lion 27
Feuchtwanger, Ludwig 27, 56
Fingerle, Anton 4, 138
Fraenkel, Sigmund 19
Frank, Hans 64
Frey, Gerhard 152, 169
Fritzsche, Hans 64
Funk, Walter 64

Gamm, Jochen 127
Geis, Robert Raphael 123
Gienow-Hecht, Jessica C. E. 79
Goebbels, Joseph 25
Goldfarb, William B. 44
Göring, Hermann 64
Graf, Babette 103
Graf, Julius 103
Grimm, Richard 5, 173
Grinberg, Léon 54
Grinberg, Rebecca 54
Guggenheimer, Walter Maria 96

Halm, Peter s. Lamm, Hans (Pseudo-
  nym)
Harrison, Earl G. 49
Härtle, Heinrich 131
Heiden, Konrad 41
Heine, Heinrich 129, 184, 191
Held, Hans-Ludwig 56
Hellmann, Maximilian 159
Henselder, Peter 127-129
Heß, Rudolf 64
Heubl, Franz 162
Heuss, Theodor 148f.
Himmler, Heinrich 52
Hindenburg, Paul von 19
Hintermwald, Michael s. Mohler, Armin
  (Pseudonym)
Hirschel, Annie Thea s. Lamm, Annie
  Thea
Hitler, Adolf 2, 18f., 21, 24, 30, 35, 51f.,
  72, 76, 89, 105, 189
Hoffmann, Karl 105-110
Hohenemser, Herbert 136-140

Isch-Schalom, Mordechai 137

www.ingramcontent.com/pod-product-compliance
Lightning Source LLC
Chambersburg PA
CBHW030809100426
42814CB00002B/63